366個智慧良言

心靈晨澱

Quiet

Moments

366 Days of Wisdom

你的話是我腳前的燈，路上的光。
你是我藏身之處，又是我的盾牌。

～ 細小卻震動生命的聲音 ～

有一個詩人說：「你在等海水嗎／海水和沙子／你知道最後碎了的不是海水／你在等消息嗎／這消息／像一隻鳥要飛起來！」

恭喜你，當此時打開這本書，每一篇章都是一個好的消息，在每一個清晨，將神的話語，隨晨光明亮呈現，像清風清新觸摸，將愛與盼望、信心與應許、感悟與啟示灌注於我們的心靈，成為改變生命的祝福！

這是一本給基督徒的心靈饗宴，為每一個平凡生命乾涸的心田，提供滋養的清泉甘露；有別於坊間一般翻譯自西方的屬靈文章。《心靈晨澱——366個智慧良言》以更貼近本地的生活價值，邀請二十四位優秀的華人牧者、傳道人、教友，取材自圍繞身邊發生的點滴小事，一同分享他們的經驗與感動、教導和生命氣息。

這裡有關遵守與祝福的解讀，關於教育方式的真諦、關於信心與專注、關於相信與應許、關於盼望和救贖、甚至關於獲得友情、知識、智慧的真途徑……題材廣泛，不勝枚舉。點滴進入生活、工作、學習、家庭的各個角落，是一本可隨時幫助靈命的生活指引。

不斷的堅固屬靈的生命，熱切而堅定的朝著神指引的路，原本就是一個基督徒該有的決志和功課；但更重要的，則是為那些「無主所依」、更需要屬靈支撐的靈魂，提供生命的方向和出口。

以聖經詩篇119篇的二十二個主題結構全書，這二十二個主題是決定一個人生命質量最重要的智慧，上帝以祂的經義為旗，引導二十四位作者經典詮釋成為祝福的途徑，讓你我在每一個清晨都可以沉潛在柔美的告誡中。

你，在等海水嗎？我相信你的心，不是頑石，最後碎了的不是海水；你是在等消息嗎？那麼就是現在，打開這本書，讓這個好消息，像鳥一樣的——飛進來！

時兆文化　謹識

心靈晨殿
366個智慧良言
Quiet Moments
366 Days of Wisdom

Contents

旅人的祈禱

希伯來文經文中的詩歌

◎ 蕭希聖

　　詩歌在舊約聖經中占了三分之一的篇幅,創作的年代跨越了以色列歷史的不同階段,主題的選擇也涵蓋了他們民族經驗中各個層面。以色列人藉著詩歌來詮釋生命,也透過詩歌理解多變的命運。詩歌表現出他們信仰的韌性,又塑造他們心靈的疆域。有些詩歌內容抒發了個人的情感,有些卻凝聚了聖民集體的意識。乘駕著信徒的想像力,聖經的詩歌創造了一個井然有序的宇宙,在上帝公義與慈悲的治理下,逐漸瓦解充滿苦難與委屈的現實世界。

詩篇中的 119 篇

　　1.幅度:在希伯來文學裡,詩篇119篇無論幅度與內涵,都令人嘆為觀止。洋洋灑灑的176節,分量約為居次的詩篇78篇兩倍以上。在舊約其他經卷中,詩篇119篇的長度,趨近路得記與雅歌,而遠超過約珥、哈巴谷、西番雅,及瑪拉基諸先知的著作。就字數而言,本詩約為那鴻書與哈該書的總和;即使將約拿書與俄巴底亞書相加,也難與之相提並論。因此單以篇幅來說,詩篇119篇就已不容小覷。

　　2.格式:詩篇119篇的格式、主題與內容,都流露出作者文思的精湛、對生命的洞察,與靈性的深度。古典希伯來人的文字,運用了22個不同的字母組合而成。寫作詩歌時,若依循字母的順序,逐一開展22個句子,這種格式就叫做**離合體**。換句話說,以離合體格式寫作的詩歌,

每節的首字，按次序選用一個不同的字母編排而成。這種規律儘管不難奉行，但若同時要保有詩詞的連貫與吟誦的韻律，作者就得費神兼顧不同的層面了。易言之，作詩的靈感經常即興而起，離合體的詞句卻需要全盤的計畫。藝術的豪放與格式的規範，在本詩中獲得了微妙的平衡。

描述紀元前第6世紀耶路撒冷殞落與殘破的耶利米哀歌，是離合體詩句的實例。哀歌的頭兩章，各有22節，每節依序以一個字母起頭；到了第3章，寫詩的人流露出慧黠的創意，將每個字母重複3次，完成了22×3=66節的作品。這種巧思，在詩篇119篇中更加發揮地淋漓盡致。本篇作者使用22×8=196節的規模，來建構這首離合體的鉅作，把每個字母各編成8組對句，以重複的頭韻，藉著不同的字眼，傳達自己對主題的認知。

我們無從得知兩位詩人為何異曲而同工？各自想表達的意念又是什麼？然而，文中的蛛絲馬跡，卻也留給我們一些線索。首先，格式利於學習：漸進的結構有助於流暢的記憶。其次，所有字母的匯集，意味著主題的完整性：完備的文字傳達了完備的信息。其三，結構的規律襯托出上帝計畫的合理性：在上帝智慧的光照下，生命中的意外是有意義的。

3.內涵：那麼，詩篇119篇為什麼又以8組對句來搭建此一碩大的文學作品呢？這問題的答案，可能和文中表述上帝作為的8個希伯來文鑰字有關：律法（25次）、話（24次）、典章、法度（各23次）、命令（22次）、律例、訓辭（各21 次），及應許（19次）。字句的重複及辭彙的輔助，突顯出詩人寫作的核心思想。既然這8個詞彙與本詩的主題息息相關，下文的分析應能協助釐清作者的主旨。

4.律法（torah）：一詞原意為「教導」（伯22：22），在希伯來經文中意指：上帝藉著摩西所給的諭令（書1：8），或先知所傳的訓言（賽30：9）。律法規範了族群的生活（申17：8—11），並賦予世界一個以祭禮為核心的結構（利1—7章）。以色列的國君應以律法為師，學習敬神愛人的道理（申17：15—20）。上帝的律法也是以色列人代代相傳的家業（申33：4），更要成為他們談話的內容，行動的綱領，及成功的蹊徑（書1：8）。上帝的教導值得聖民珍藏與遵循（詩119：34），縱然遭受傲慢的質疑，仍應須臾不離（51節）。律法不但不與恩典對立，反而是上帝的恩寵（29節）。因此，詩人珍惜律法，超過貴重的精品（72節）。或在險境（109節），或是安逸（165節），上帝的律法都是聖民默想的主題（97節）。

5.話（dabar）：指發出的言語。話語的背後蘊含著意志，話語的本身則帶有能力。上帝的話創造了諸天（詩33：6）；天上的使者（詩103：20）及自然界的力量，都聽從祂的命令（詩148：8）。人類的歷史，是上帝貫徹祂旨意的舞台（王上2：27）；而祂的話語也必永遠立定（賽40：8），因為祂記念自己的聖言（詩105：42）。上帝的話語能賜人生命（詩119：25，107），賦予人判斷的智慧（130節），並挺起力竭而倒的人（28節）。祂的話也是聖民信念的根據（42節）與盼望的來源（49，74，81節）。上帝的承諾是堅定的（89節）、真實的（43，160節），是祂善待信徒的保證（65節）。

詩人從上帝的話語，進而談到祂的**典章**（mishpat）。這詞的字源與「判斷」有關。譯為「典章」雖不失貼切，卻遺漏了原文中動態的精神。更恰當地說，典章一詞不僅包括定案的法理，還涵蓋了公理的實

踐。既為法理，就應加以伸張（利18：4）；既說實踐，就該斷以正義（利19：15）。立法的精神是普遍的，不但適用於信仰的族群，也保障了境內的遊民（民15：15－16）；上帝顧念社會中無助的人（申10：18），祂的典章與審判是申訴的終極權威（申1：17）。上帝公義的典章喚醒人正直的心思（詩119：7），是信徒行事為人的準繩（30節）。萬物都臣服於上帝治理的原則，並從而運行不息（91節）。另一方面，上帝公正的審判，則是受冤之人的盼望（43節）及安慰，因為上帝的拯救歷久彌新（52，62節）。祂施以忠誠的懲戒（75節）；然而愛上帝的人仍可以指望祂的憐憫（132節），藉祂的慈悲重獲新生（149，156節）。

6.法度（'edah）：帶有「重複」與「執著」的意義，原指法庭上的「證詞」。希伯來經文25次用到這個字眼，其中14次出現於本詩裡。證詞確認了兩造之間的承諾（創31：52），並保障約定的有效性（書24：27）。就古希伯來人的認知，證詞不僅指著合約的條款（法度），更囊括了協議的緣由（歷史）。上帝與以色列人在西乃山立約時，先重述了祂的救恩，才頒布法律的條文（出20：1－3）。同樣地，摩西在約旦河東向以色列人重申律法時，也以覆述上帝的作為開始（申5：6－7）。因此，一切的「重述」都以上帝的拯救作為起點（申6：20－25）。記得上帝救恩的人有福了（詩119：2），述說祂的拯救必不令人羞愧（46節）。蒙恩的人欣然奉行上帝的法度（146節），以忠誠回應祂的恩惠（59，125節），並以熱愛接受祂的意旨（119，167節）。

7.**命令（mitsvah）：** 泛指上帝的吩咐，但也可以引申為成文的法典（出24：12）。上帝的命令足以規範人的行為（出15：26），漠視或違背上帝的吩咐，是為過失（利5：17）；過失引來疫病、戰禍與欠收（利26：14－20）。反之，信守祂命令的必得恩寵（出20：6），安享天地間的和諧（利26：3－6），並世代代蒙恩得福（申5：29）。愛上帝與守祂誡命互為表裡，以色列人據此與上帝立約，而上帝也以忠信與慈愛來善待自己的子民（申7：9）。因此，詩人鍾愛上帝的訓示（詩119：48），熱切地遵循祂的吩咐（60節），並忘情於上帝的律法間（47節），深得其中之樂（35節）。上帝命令的寬廣（96節）擴展了詩人的心胸（32節），開啟了他的智慧（98節），並提升了他的見識和品味（66節）；因為發令的主，就是創造的上帝（73節）。

8.**律例（choq）：** 本字有「鑿入」（賽22：16）及「銘刻」（賽30：8）的涵義。希伯來文聖經常使用這字表示約定俗成的規矩（創47：26；出12：24；利6：18），因此譯成「律例」名符其實。個人的生命因奉行律例得以延續（王上3：14），族群的福祉也賴信守律例獲得保障（申6：24）；盡心盡性實行律例及典章，必得尊榮與昌盛（申26：16－19）。律例不僅規範了人的世界，也劃定了空間（伯26：10）、時間（伯14：13）、與境遇的極限（伯23：14）。以色列人實踐上帝律例的遠見，終必獲得列邦的肯定；他們所承受的地業，也將成為推行這些律例的疆土（申4：1－8）。遵行上帝的律例，就能無愧地祈禱（詩119：8）；尋求上帝的心意，便能期待祂的保守（5節）。詩人默想上帝的律例（48節），並懇求祂的教導（12，26節）。身在他鄉，上帝的律例成了遊子的詩歌（54節）；陷於困境，上帝的美善仍無處不在（71

節）；這種如一的聖德，就成了詩人嚮往的課題（64，68節）。苦難縱有緩解，救恩仍是人最終的希望，因為只有得救的人能恪遵上帝的律例（117節）。遭難之人，以此為願（145節）；受教之士，歌詠為報（171節）。

9.訓詞（piqqudim）：原有「指定」之意，其動詞表示「指派」：祭司各有「派定」的職責（民4：27），而上帝統治全地的職權，無人能「指定」（伯34：13）。這字的名詞在希伯來經文中共出現24次，詩篇119篇就占了21次。耶和華的訓詞正直，使人心快樂（詩19：8）；祂的訓言確實，永遠堅定（111：7-8）。上帝的訓示應殷勤遵守（119：4），祂的指令不容疏忽遺忘（141節）。祂施政的原則，令人心渴慕（40節）；尋求祂的訓言，便能海闊天空（45節）。狂妄的人儘管百般陷害，詩人仍忠貞不渝（69，78，87節），因為上帝的諭令正是他生命的根源（93節）。人對上帝的忠誠，藉著遵行祂的訓詞得到證實（168節）；在此基礎上，上帝的子民可以懇求上帝的救援（94節）與幫助（173節）。

10.應許（'imrah）：是由動詞「說」或「宣布」演變而來。在希伯來人的認知裡，語言的宣示不僅是聲音的傳達，也包括心思的表現。故此摩西的話語被描繪為甘霖與朝露，沁流於天地之間，並喚起萬物的響應（申32：1-3）。藉由記憶或筆錄，聖民保存了上帝話語中的動力，從而瞥見祂行動的方針。上帝的承諾精湛洗鍊，值得信賴（詩12：6）；祂的話語既檢驗人（詩105：19），也受檢驗（撒下22：31；詩18：30）。橫逆之中，詩人祈禱上帝的慈愛與拯救依約實現（詩119：

41，58）；憂患之時，詩人懇求祂的安慰如願來到（76，82節）。應許若成就，信徒的敬畏便由衷而發（38節）。上帝的宣示令人回味無窮（103節）、輾轉縈懷（148節）。祂的言詞是公正的（123節），令人心悅誠服（140，162節）；祂的話語是純潔的，教人行為端正（11節）。

詩篇 119 篇的主題與精神

1.**主題**：由上文的討論可見，詩篇119篇的要旨並未局限於律法的觀念。固然詩人所用的主要詞彙都與律法有關，他的視野卻已遠遠超越了律法的範疇。詩篇119篇的主題，包括了上帝的啟示及祂的作為，涵蓋了救恩的歷史及信徒的徬徨，更融會了聖民的心願與上帝的回應。

2.**精神**：詩篇119篇是心靈的呼喊，也是個已經全然交託者，向賞賜萬有的上帝發出的懇求。詩人提到一件又一件的憂患來對上帝傾吐；又訴說一幕又一幕的窘境，來催促上帝展現祂的誠意。連串的懇求如同波浪般地湧向上帝，要求祂的關注與仲裁。這種在上帝面前的謙遜和執著，形成了祈禱的精神。

詩篇119 篇的布局

1.**有福了**：詩篇119篇中，創造、律法、智慧及衝突的主題，固然相互交織，祈禱卻是統合一切的架構。這篇禱詞發自與傳統信仰的對話，開頭的文句（1－3節）與詩篇第1篇的風格極為相似，客觀地陳述遵守律法之人的福分。從4節開始，詩人轉為第二人稱，用「我」與「你」（I and Thou）的口吻，反覆檢驗先前的陳述。隨著對象的轉變，詩的脈動逐漸急切，起伏的情緒也取代了持平的論調。

2.面對矛盾：到了17節，詩人失去了往昔的天：他發現自己一直堅持的原則，竟然引來嘲弄與攻擊。他所懷抱的價值，遭人棄若敝屣，生命的重量，也變得有如鴻毛之輕。詩人檢視自己搖擺脆弱的本質，並誠實地在永恆全能的主面前要求祂的憐憫。雖然所見的與所信的經常大相逕庭，但他期盼上帝能為他解明，並為他整合支離破碎的宇宙。他疲憊的肢體需要復興，受創的生命需要醫治，然而他卻不明白為何創造他、救贖他的上帝，還遲遲不願行動。

3.還有多久：詩人三次向上帝發出一個古老的問題：「主啊！還有多久？」（82，84節）這個問題也困擾了歷代的聖徒，他們也都曾在生命裡灰暗的角落、生活中沮喪的時刻，發出同樣的呼求。詩篇119篇將人類對苦難的抗議忠實地記錄下來，成為信仰史上輝煌的篇章。

在認知的矛盾中，詩人益發轉向信仰的世界；面對價值的困惑，他更加執著於上帝的教導。秉持堅毅的信心，他的目光注視著歷史的終點。儘管上帝的拯救似乎遙遙無期，但他仍立志要「永遠遵行，一直到底。」（33，112節）這段經文中表示「底」或「結局」的字眼（'ēqeb），也可以譯成「獎賞」（詩19：11）：在全心倚靠上帝的人眼中，結局與獎賞是不容分割的。他對機遇縱有失落之憾，對結局卻充滿了期待；對現實雖然懷著不解，對上帝卻充滿了確信。

4.期待新世界：一連串的挫折，使詩人意識到需要更新的不只是他本人。只要世界不放棄對上帝的敵意，仇恨就不會消失；只要隱身各行各業中的狂妄之徒，不停止漠視天地間的公理，不安仍會蔓延。因此，詩人所要的是一個新造的世界，一個不再使他困惑、不再令他灰心的安

身之處。很奇妙地，在希伯來人的經典中，他找著了這個地方，在聖史的字裡行間，他發現了這片樂土。

安慰（詩119：52）、平安（165節）、喜樂（35節）、甚至生命的契機（116節），都經由上帝的話語源源不絕地臨到他的身上。透過上帝的律法，詩人看見了神蹟（18節）；經過順從的道路，他目睹了奇事（27節）。上帝不再是遙不可及，藉著救恩的故事與諄諄的教誨，祂真實活躍地顯現在詩人的眼前。一時間，經文成為聖所，成了信徒與上帝會面的地方（48節）。他在這片新天新地裡追尋主（10節），聆聽祂的聲音（26節），懇求祂的救贖（154節），經歷祂的恩惠（65節），接受祂的統治（52節），並讚美祂的作為（12，62節）。

5.更貼近神：然而，在詩人的祈禱與上帝的回應之間，似乎缺少了明確的交集。無盡的自白，模糊了上帝的話語；繁多的動作，掩蓋了上帝的足跡。因此，隨著尾聲的迫近，詩人的抑鬱有增無減，他越發正視仇敵的威脅（139，143，157節），也更加想要脫離苦難的煎熬（107，153節）。他的禱詞逐漸聚焦於心靈終極的關懷，因為上帝親手塑造了他（73節），也知悉他一切的舉動（168節）。他逕自向上帝發出呼籲和懇求（169，170節），並兩次要求祂的援助（173，175節）。面對步步進逼（qarab）的仇敵（150節），他也只能更貼近（qarab）上帝的聖顏（169節）。

6.祈求與頌讚：如同所羅門向上帝要求智慧（王上3：9），詩人所發出的也是王者的祈禱。他最後向上帝祈求的悟性，沒有預設的動機，因為生命的本身原就充滿了驚奇；他所需要的救拔，也沒有特定的對

象，因為生命的過程就充滿了危機。作者在上帝的面前越謙虛，就越發接近生命的本質。「願我的性命存活，得以讚美（halal）。」詩人寫道（175 節）。無疑地，完整的生命必不缺乏對上帝的頌讚；真實的信仰終隱藏不了哈利路亞的聲音。

詩篇 119 篇的作者是誰

那麼，詩篇119篇的作者又是誰呢？答覆這個問題前，必須考量幾個因素。首先，詩篇的編輯（團隊），已經針對每篇詩詞的資訊與出處，做了極詳盡的蒐集，他們在時空上占有的優勢，後人難能望其項背；他們整理研究的成果，少有人能取而代之。

1.詩篇的署名：今天基督徒傳承的詩篇，其中73篇無疑地是大衛的筆墨。亞薩以12篇的數目居次，總字數多過阿摩司或彌迦的著作。可拉的後裔們也貢獻了12篇，位列第三。以斯拉人以探名下的詩篇89篇排名第四；所羅門以詩篇72及127篇居第五位，與以探的作品相較，約短少一半。最後是摩西，他所寫的詩篇90篇莊嚴摯誠，令人動容。

詩篇中另有47篇作者不詳，而文選的編輯也拒絕穿鑿附會，不肯隨意張冠李戴。如此嚴謹保守的態度，不僅主導了詩篇成冊的過程，也為繼起的經文研究，樹立了良好的典範。詩篇119篇的作者，只留下自己心靈的經歷，而略過個人的名號，就和信仰史上眾多的無名英雄一樣。他們的身分雖被遺忘，走過的蹤跡卻成了受惠之人長久的回憶。對個人而言，名號固然重要；然而在浩瀚的人海裡，正被記念的，卻是事蹟。名號因事蹟而存，事蹟因恩澤而貴。詩篇119篇的作者，「選擇了那上好的福分。」

2.對聖殿隻字未提：以色列的法典，十分著重以聖殿為中心的信仰盟約（申12－26章），及以祭禮為機制的道德淨化（利17－26章）。反觀詩篇119篇，其中談及盟約（154節），卻對聖殿隻字不提（48節）；說到淨化（9節），卻將祭禮昇華為口中的讚美（108節）。這種種跡象，使人聯想到一個遠離以色列信仰核心的社會結構。生活在這種環境裡，正義經常遭到扭曲，法律也飽受人為的操縱（23，161節）。強權相互糾結，以謊言及詭詐形成聲勢（69，85節），終致是非顛倒，人心紊亂（51，78節）。儘管如此，作者並未完全孤立無援：他投身於一個信仰的社團之中，藉著彼此鼓舞，尋得生命的資源（63，74，79節）。

3.寄居者的關懷：詩篇119篇2次提到「寄居」（19，54節）。在先祖的時代，外來的遊民無權擁有房產（創15：13；23：4），有的甚至流離失所（伯31：32）。因此寄居的人常與孤兒及寡婦並列為國內的弱勢族群（詩94：6；結22：29；瑪3：5）。

大衛曾稽徵全國的外族人服勞役，令他們承擔聖殿的工事（代上22：2）。紀元前第十世紀時，以色列國內接近十分之一的人口無法享有公民的保障，被迫成為徵調的勞工（代下2：17；比較代上21：5）。雖然這種政策很容易為國家與社會接受，希伯來人的宗教卻難能釋懷。因為以色列人的祖先也曾經是寄居的，他們對境內的外族人更需報以同情。

占領迦南時，認同以色列信仰的外族人曾被納入盟約（書8：33－35），並享有基本的人權（出20：11；民9：15；15：25，26；申26：13）。此後的收成季節，以色列人更銜命將剩餘的出產留給窮人與寄居的，使他們得以維生（利19：10；23：22）。

舊約的先知們將寄居之人所受的待遇，當成社會良心的指標，並對剝奪他們正義的行徑，加以口誅筆伐（耶22：3－5；結22：7；亞7：9－12）。這種信仰最終的認知，便是將應許之地看作上帝的產業，而以色列人在祂面前不過是寄居的客旅（利25：23）。

4.詩人的景況： 前述的觀念固然有其靈性的深度，卻不盡能解釋詩篇119篇的景況。詩人生命的歷程，充滿了陌生的境遇；他的不安，泰半來自這不友善的環境。他經歷了羞辱、藐視（22節）、嘲弄（42節）、侮慢（51節）、逼迫（84節）、欺壓（134節）、患難（143節），也感受到憂愁（28節）、恐懼（39節）、焦慮（143節）等難堪的情緒。價值的矛盾，迫使他重新檢視自己的信仰，並面對希望幻滅的羞恥（31，80，116節）。

詩人不願迷失（10節），但又體察到自己的無助與失落（176節）。他在夜間輾轉反側（147，148節），對上帝的拯救望眼欲穿（81－83節）。以尚輕的年紀（9節），作者的歷練使他具有老成的智慧（99，100節）。他放棄了世俗的期待，擁抱祭司的祝福（民6：24－26）：「求你轉向我，憐憫我⋯⋯ 求你用臉光照僕人⋯⋯」（132，135節），「愛你律法的人有大平安」（165節）。

5.祭司或利未人： 本詩的作者，很可能就來自祭司或利未人的行列。他自稱為「在地上作寄居的」（19節）；也把自己的住所叫作「旅舍」（54節）。他還將上帝的法度當作自己永遠的產業（111節）。以色列人把兒女看為上帝所賜的產業（詩127：3）；希伯來經文在此，也並非首次把律法稱為世世代代傳承的基業（申33：4）；但本文作者對地

業的沉默，卻透露出他的言外之意。

詩人說：「耶和華是我的福分（chalaq）」（詩119：57）；這段經文同樣源自利未人的圈子。進入應許之地後，以色列的眾支派各自領有轄域，並將其視為祖業。然而，耶和華對亞倫說：「你在以色列人的境內不可有產業……我就是你的分（chalaq）」（民18：20）。

利未人的命運與上帝緊緊結合在一起，他們不從田產的經營中謀生，卻倚靠上帝的供應來度日。他們要藉著虔心於上帝的事工而經歷祂的恩典，並透過深植上帝寬恕的信念，來獲得同胞的敬重。利未人生活的態度，為汲汲衣食的人們提示了生命更深一層的意義。信仰帶著風險，但絕不落空。持久與忠心的事奉，及發自熱誠的耕耘，必帶來收成的歡呼。

旅人的祈禱

1.疏離的世界：雖然作者的身分不容易確認，但他的心境卻可以為人體會。他活在異鄉，住在一個疏遠的地域，舊日熟悉的價值與秩序蕩然無存。他與以色列宗教的重心，執行祭典的所在分離了，因此四時的變化與生命的節奏，都失去了往昔的光彩。他每次與當權者交往，總是以隱忍收場；他所受的委屈，除了上帝以外，沒有其他申訴的對象。他孤獨地擁抱著長久以來所信奉的律法，卻反成了旁人取笑的題材。他越捉住民族的傳統，就越脫離現實的演變。

2.最終的盼望：神的作為是那麼地遙遠，詩人只能在遠古的故事裡重溫舊夢；只能從祖先的教誨中享有片刻的心安。他承認自己身為客旅的處境，時刻需要上帝來帶領他的腳步。他一面懷念民族過去輝煌的歷

史，一面卻深知人最終的盼望，是上帝將來的拯救。

詩篇119篇是個旅人的祈禱，而其作者是個祈禱的旅人。雖然離鄉背井，他仍堅持自己屬於上帝，是另一個國度的子民。他看出自己雖然矢志忠心，對信仰的義務有頑強的認知，卻仍是失落的客旅，需要上帝來尋找，需要上帝自己來光照。他的心願，是歷代信徒共同的呼聲，是人間所有過客每日的祈禱。

懇求慈光，導引脫離黑蔭，導我前行！
黑夜漫漫，我又遠離家庭，導我前行！
我不求主指引遙遠路程，我祇懇求，一步一步導引。
久蒙引導，如今定能繼續，導我前行，
經過洪濤，經過荒山空谷，夜盡天明；
夜盡天明，晨曦光裡重逢，多年契闊，我心所愛笑容。

——約翰‧亨利‧紐曼
（John H. Newman, 1801-1890）

1 | JANUARY
遵行主律法的人是有福的

我既然認識了你的公義，
我便要存著正直的心來稱謝你。

「行為完全，遵行耶和華律法的，這人便為有福。」

詩119：1

◎ 蘇春惠

今天報紙的頭條新聞刊載，政府為了遏止層出不窮的酒駕事件，提出了一個方案，即針對駕駛酒後開車，同車乘客也將採「連坐」處分。原來，依據警政署「道路交通事故統計死亡事故資料」顯示，2005年就有2894人因此死亡，其中以「酒後駕駛失控」所造成的死亡人數最多，達547人，占18.9％之多。

但是，此一方案提出時，有些人深表贊同，也有些人覺得，是不是連酒商也應當受到連坐處分？不管這個方案最後是否通過，若仔細反思一下，最終的問題在於：這都是人民不遵守法律規定而引起的。

當我們看電視新聞報導時，常會大聲指責那些酒後駕車的肇事者，但想一想，自己在路口看到黃燈時，不也會踩著油門加速衝過；或是在街口時，不管過馬路的行人，強按喇叭，只為了讓自己能順利通過。幸運的是，你沒發生車禍罷了！

法律的用意，除了維持社會的基本秩序之外，其實，它還有更深一層的意義，對我們也是一種祝福，為了使我們免於陷入不必要的災難之中。

神的律法也是一種祝福，它讓我們在神的控制之中，而不是在撒但的掌控裡；它讓神對我們負責任，而不是撒但；它讓我們在神的祝福之中，而不是在撒但的咒詛裡。你是否想要得到這美好的祝福呢？學習遵行神的律法吧！

「遵守他的法度、一心尋求他的，這人便為有福！」

詩119：2

◎ 蘇春惠

前幾天，我遇到一位許久沒見面的朋友，她很高興聊及生活近況。上個月她的偶像來台灣開演唱會，為了見到心儀的偶像，她很早就把演唱會的路線都記清楚，並在演唱會的前一天，特地準備一份禮物——一張自製的DVD和手工飾品要送給她的偶像。甚至，在演唱會結束之後，一路追著偶像到用餐的地方，在餐廳門外守候，只為了親手把禮物交給他，即使錯過了最後一班車也不後悔，回到家時已是凌晨兩、三點了。在車上聽她講述這段經歷時，看見她神采奕奕的神情，就知道她非常喜歡這位偶像。

我們也常全神貫注地尋求我們心目中的偶像、事業、金錢等。追尋偶像，很快就會被另一位所取代；追求事業，但大多是令人沮喪的；追求金錢，結果卻被錢追著跑。全心尋求的結果，常是短暫、不如意，甚至是失望的。

詩篇作者告訴我們，若我們「全心」尋求神，並遵守祂的法度，是被神祝福的。正如聖經所載：「愛我、守我誡命的，我必向他們發慈愛，直到千代。」（出20：6）那是永恆的，甚至這福分會流傳到後代子孫身上。如亞伯拉罕、約瑟、但以理，他們就承受了上帝的應許。（賽41：10）於是，亞伯拉罕百歲能生子；約瑟在異邦高升為宰相，救了家人和埃及全國；但以理歷經兩朝

仍居高位，甚被器重。

　　願我們的心，都能全心地來尋求那位賜人平安和喜樂的主，使祂的祝福充滿我們，也成為我們個人家中、工作場所，甚至是我們國家的祝福。

「這人不做非義的事，但遵行他的道。」

詩119：3

◎ 蘇春惠

現代中文譯本修訂版的翻譯是這樣的：「這樣的人不做壞事，他們只走上主的道路。」我的姪女，今年念小學三年級，每次我跟姐姐閒話家常時，她常冷不防地插上一句話。姐姐便十分生氣的說：「妳不是在寫功課嗎？」姪女常分心，寫功課總要花上很長的時間，無法專心在一件事情上。

她讓我想到最近常聽到的一個名詞「過動兒」。研究顯示，現在台灣的小學生，每十個兒童中就有一個是過動兒，其人數約是氣喘兒的一半。這些學生在上課時，無法專心聽老師講解，他們不只是看黑板上的字，他們還會注意黑板不乾淨、地上剛剛有隻蟑螂爬過、電風扇轉動的聲音、外面的樹影搖晃等。

只要每個刺激進入他們的腦部，他們都會回應，不時冒出與上課內容無關的話，「老師，校長來了！」「老師，他沒穿襪子」，因為他們總是無法有效分辨，哪些訊息需要多放些心神來處理，哪些訊息不用理會。

基督徒有時也很容易分心。當我們走在往天國的道路時，也常因身邊的事務，轉移了注意力，無法專心在主的道路上。

現代中文譯本說，他們「只走」上主的道路，要如何「只走」呢？就是需要我們專心。而如何保持一顆專注的心呢？就是除去任何會奪取上帝在我們生命中首位的人事物。其次要遵守神

的律法（代下31：4），不要因犯錯就遠離神，當把我們的注意力放在祈禱和傳道的事上（徒6：4）。

　　最後，盼望基督彰顯恩典（彼前1：13），相信這個世界是短暫、會過去的，並定睛在永恆的事上，讓我們不要作屬靈的過動兒。

「耶和華啊，你曾將你的訓詞吩咐我們，為要我們殷勤遵守。」

詩119：4

◎ 蘇春惠

日本有一個節目叫做「電視冠軍」，他們的活動就是尋找各行各業中的達人（專家），有一集主題為「誰是馴狗師達人冠軍？」經過一連串的挑戰，最後由三個人角逐達人的冠軍寶座。挑戰的內容是：每人以一星期的時間，訓練一隻桀驁不馴的狗，使牠們成為有教養的狗。三位馴狗師的訓練方法均不相同，第一人用斯巴達法，第二人用科學方法，最後一人則用愛的教育法，比賽結束，是第三者獲勝。

獲勝的馴狗師，他的訓練方法是先與狗狗建立愛的關係，讓牠知道牠是被愛的，所有的規條都是以愛牠為出發點。馴狗師說，當狗知道這樣的關係之後，牠自然而然就願意服從你所下的每一道命令。

聖經說：「律法的總綱就是愛」，上帝以愛為出發點訂立律法。因此，我們明白這層關係後，自然而然就願意遵守神的律法。當我們能說：「我遵守了耶和華的道，未曾作惡離開我的上帝。他的一切典章常在我面前；他的律例我也未曾丟棄。」（詩18：21，22）時，就會向祂高聲頌讚說：「耶和華，我的力量啊，我愛你！」（詩18：1）

門徒約翰記載耶穌所說的：「你們若愛我，就必遵守我的命令。」（約14：15）他更在自己的書信上勉勵我們：「我們若愛

上帝，又遵守他的誡命，從此就知道我們愛上帝的兒女。」（約壹5：2）

　　愛上帝，就願意遵守祂的命令，顯明我們的確是祂的兒女。所羅門勸我們：「這些事都已聽見了，總意就是：敬畏上帝，謹守他的誡命，這是人所當盡的本分。」（傳12：13）

　　讓我們禱告說：「主啊，我們知道遵守你的誡命是人當盡的本分，因為上帝就是愛，而祂的律法是為了讓我們知道，它是愛的表現。所以，我願意殷勤地遵守。」

「但願我行事堅定，得以遵守你的律例。」

詩119：5

◎ 蘇春惠

不同的聖經對這一段話有不同的翻譯，我很喜歡現代中文譯本修訂版的解釋：「我多麼盼望我能忠誠遵守你的律令！」這裡的語氣比和合本的經文強烈許多，可以看見作者那種要達成心意的渴望。

因工作的關係，我比一般人更常參加喪禮。儀式有基督教的追思禮拜，也有一般傳統宗教的；有壽終正寢的，也有意外身亡的。有在兩、三百人的大會堂舉行，也有兩、三個人的家庭裡的。可說各式各樣的都有，但最近參加的這個喪禮，卻讓我印象非常深刻。

那是一位牧者父親的追思禮拜，原本參加的目的，只是想安慰並支持這位牧者，但我下車一看，卻發現這是一般傳統宗教的喪禮（他的家人都不是基督徒，只有這位牧者一家人是。），那追思禮拜在何時何地舉行呢？原來就在家祭儀式結束後舉行。

一般的民間習俗，長子是要帶領大家進行喪禮所有的儀式。那位牧者為了堅持他的信仰，甚至在傳統喪禮中安排了一個基督教的儀式，這樣的舉動不知承受多少長輩們的責難。

整個儀式結束後，我看見了神的榮耀，在那一天、在那家庭中，因著那位牧者忠誠地遵守神的律令，使他的家人也有機會認識那位改變他生命的主。我看見那位牧者的信心及勇氣，也鼓勵

我在信仰上，要有和他一樣的心志：「多麼盼望且忠誠地遵守」
神的律令。

　　願我們效學摩西向神祈求：「求你顯出你的榮耀給我看。」
（出33：18）讓我們的「面皮因耶和華和他說話就發了光」（出
34：29），身旁的人都如以色列人般，「看見摩西的面皮發光」
（出34：35）。

　　「但願我行事堅定，得以遵守你的律例。」讓我們用實際的
行動來表示吧！

「我看重你的一切命令，就不至於羞愧。」

詩119：6

◎ 蘇春惠

2007年台灣女子網球雙打有很大的突破，其中一位選手詹詠然，今年才17歲。17歲時，你是什麼樣子呢？有人為著進大學拚命努力讀書，有人卻已成為死刑犯；有人少年得志，大學畢業，有人因沒錢吸毒成為強盜罪犯。約瑟17歲前，他的生活幸福而美滿，是備受父親疼愛的天之驕子。17歲後，他因哥哥們的嫉妒，被賣到埃及地，在一個護衛長家裡做奴僕。後來女主人想與他相好被他拒絕，因而被陷害入獄。

每次我聽到他的故事，總覺得他的命好苦，從一個天之驕子成為囚犯，但我很欽佩他，他看重神的一切命令。上帝給予我們的十誡說：「不可姦淫。」（出20：14）他很清楚知道上帝的要求，雖然那時十誡尚未頒布。他說：「我怎能作這大惡，得罪上帝呢？」（創9：9）

他凡事以神的事為念，沒考慮到自己拒絕後，會落入怎樣的下場，對他而言，違背神比違背人更加危險。

他為何有這樣的心志呢？因為他從小就「愛聽父親的教訓，又喜愛順從上帝。」（《先祖與先知》，頁185），在他被帶往埃及的路上，想起父親跟他說過有關他自己的故事，「他下定決心要忠於上帝，他的靈深受感動，無論在什麼環境中，他的行為要與天上君王的子民相稱。」（《先祖與先知》，頁191）

　　約瑟在30歲時，成為埃及的宰相，從奴隸、囚犯到埃及宰相，這樣的轉變，全因他看重神的命令，因此神大大賜福給他。

　　今日，我們所遭遇到的試驗，也許沒有約瑟的困阨，但我們的決心，是否也能和他一樣堅定呢？

　　讓我們祈求神，幫助我們每天立志，看重神的命令，不使神的名受到羞辱。

「我學了你公義的判語，就要以正直的心稱謝你。」

詩119：7

◎ 蘇春惠

在臺北公車或捷運上，都有保留「博愛座」給老弱婦孺，讓他們有優先使用權，若有不符資格的人占用座位，通常會有正義人士指正他們。有次在公車上，就看到這樣的情形。

那天公車非常擁擠，有位老人家上車後，看到一個年輕人就坐在博愛座上，又不好意思請他讓位，只好默默地站在他旁邊，希望他能良心發現，可以讓座。不過這個年輕人一動也不動，沒有讓位的意思。後來，有正義人士出現，發出不平之鳴，結果大家你一句、我一句的，但這年輕人只是低著頭，什麼話也沒說。終於，他要下車了，拖著瘸腿的右腳一步步地走下車時，那些所謂的「正義之士」，都羞愧地低著頭不敢看他。

很多時候我們自以為義的事，卻是錯的。原來，公義之事是需要學習的，因為世上沒有一個義人，詩人深知這個道理，才寫下這樣的話，「我學了你公義的判語」。

我常憑著自己的標準來評論別人的對錯，但我卻無法做出最公義的判決，因此，我需要學習。但如何學習呢？從哪裡學習呢？詩人在這經文後半段，給我們一個指引，就是要有「正直的心」。

有的譯本譯成「清潔的心」，我個人較喜歡這個翻譯，意思是說：學習公義，必須要有一顆清潔的心。但如何有一顆清潔

的心呢？大衛王給了我們解答：「上帝啊，求你為我造清潔的心。」（詩51：10）原來清潔的心是由神所造，人無法自己製造的。所以，我們只能請求神賜給我們一顆清潔的心。但如何向神祈求呢？保羅說得很好：「只要凡事藉著禱告、祈求，和感謝，將我們所要的告訴上帝。」（腓4：6）

透過禱告與神之間的連繫，讓神為我們造一顆清潔的心。當我們有了清潔的心時，就能學習公義之事。願我們每天都能藉著禱告與神親近，以清潔的心來學習神的公義。

「我必守你的律例，求你總不丟棄我！」

詩119：8

◎ 蘇春惠

從前有一位登山客，在一次登山的回程中，因為天色昏暗，不小心跌落山谷。危急之際，他好不容易抓住了長在山壁上的樹枝，暫時保住了性命。他開始跟上帝禱告，祈求上帝能保守他的生命。

禱告完，上帝立時回答了他：

「你只要把手放開，就可以得救了。」

登山客說：「上帝啊，請你不要開玩笑了，下面是深谷耶，我把手放開的話，必死無疑。我不放手，還是請你趕快派人來救我吧！」

上帝又說：「我已經在這裡了，你只要把手放開，就可以得救了。」

登山客還是不願意放手，最後，他凍死在這高山深谷中。

隔天，當搜救人員找到他時，不禁搖頭，惋惜他的死亡，因為，他離地面只有5公分的距離，旁邊有一個山洞，可以抵擋深谷的寒風。若是他聽從上帝的吩咐，他就可以存活了。

這個故事不也常是我們生活的寫照嗎？我自己也有相同的經驗，而且是最近才發生的事。

基隆有位牧師要搬家，但連日來的大雨，讓我擔憂不已。就在他們搬家的前一晚，傾盆大雨中我做了睡前的禱告，說：「主

啊，你曾平息風浪，相信這場雨你也會止住。」但是，這並沒有使我安心睡覺，整晚還是輾轉難眠，聽著窗外的雨聲。

到了上午，雨還是下個不停，我又再次禱告，雨勢反而更大，我心中的憂慮也更深，但就在約定時間的前一刻，雨勢竟然停止了。

我們常說：「相信你的大能力」，但往往卻將重擔往自己身上扛。今天的經文再次提醒我們：「我要有決心去遵行上帝的話，更要有信心，知道上帝的話絕不落空，因為祂是以馬內利的神，是會去尋找那迷失之羊的牧者。」你是否相信呢？讓我們學習相信神，享受有祂同在的喜樂。

「少年人用什麼潔淨他的行為呢？是要遵守你的話！」

詩119：9

◎ 鍾文榮

剛脫離兒童時期的少年人，思想單純，像白紙一樣純潔；此時最容易受到環境的污染和朋友的影響。而現在自由放任的多元化社會，菸酒、毒品、色情充斥，處處都在引誘我們。少年人好奇，加上人生經驗不豐、判斷力不夠，很容易受到誘惑而沾染不潔。

如何在這污穢的環境中過潔淨的生活？靠自己是幾乎不可能的。不幸的是，現在的家庭和學校教育，在升學壓力及功利主義掛帥的趨勢下，又以知識的傳授為主，德育的培養就沒有那麼看重；這樣怎能幫助少年人選擇正確的方向，活出高貴的人生？

沒錯！我們活在這世界，很容易受到試探、引誘。然而不要忘記，神召我們的本意，是要我們過聖潔的生活。「出污泥而不染」往往是知易行難的理想，我們要如何潔淨自己的行為，過聖潔的一生？必須要有個能夠指點我們的智慧，而且要具備比我們周圍的誘惑力更強大的力量。我們在哪裡能找到這樣的智慧和力量呢？就是神的「話」！

只有神的話才能開導少年人的心竅，使他走上潔淨的道路。少年人若要走這條道路，必須順從神的話，一心一意來尋求神。這也說明了為什麼在信主的基督教家庭中，很少有行為偏差的青少年。

少年人最要緊的修養，就是潔淨自己。所以應當熟讀聖經，因為「聖經都是上帝所默示的，於教訓、督責、使人歸正、教導人學義都是有益的。」（提後3：16）

其實各種年齡層的人都一樣，我們要時時默想經文，領受神的話，讓神的道在我們生命中起潔淨作用；將神的話作為待人處事的準則和一切行為的規範。遵行耶和華的話語，以抗拒外來的試探和誘惑，如此，我們就可保持潔淨，蒙神悅納。因此，讓主的話成為我們人生心靈的導航吧！這也是你的心願嗎？

「我一心尋求了你；求你不要叫我偏離你的命令。」

詩119：10

◎ 鍾文榮

在繁忙的生活及工作或學業的壓力下，我們需要神所賜的力量和激勵。我們若曉得把握機會，安靜在神的面前，思考祂所賜的智慧話語和指導，我們的生活必然有確定的方向，做人有正義感和富有愛心，而且能擁有榮神益人的品德。

「求你不要叫我偏離你的命令。」儘管我們必須竭盡一切力量與罪惡爭戰，但是我們依然需要上帝的幫助。如果自己沒有意願親近和祈求神，上帝不會勉強我們。我們往往在人生的道路中徘徊迷茫，就像是一頭在山腰吃草的羊，常常會走入歧途，而不自覺。

一位經常坐同一班公車的年輕人，天天利用乘車的時刻研讀聖經。司機注意這位乘客很久了，有一天終於忍不住了：

「我看你這一年來，每天都讀同一本書，是規定嗎？還是被強迫的？」

「不！我是自願的。」

「那為什麼天天都看這一本書呢？」司機又問。

「你為什麼天天都要操控這個方向盤呢？」年輕人反問。

「汽車要靠方向盤來確定行駛方向，如果沒操控好，就會偏離了方向而發生車禍。」司機回答。

「我每天讀這本聖經，也是靠祂指引我當行的方向，使我不

會偏離而誤入歧途。」年輕人説。

　　年輕人趁機將聖經介紹給司機。這位司機後來也接受了主的恩典，他將聖經放在駕駛座旁，一有空就拿起來讀。耶穌説：「你們要謹慎，免得有人迷惑你們。」（太24：4）上帝的聖言有能力拯救我們的心靈。學習聖經可以幫助我們清楚地看見道路，使我們的腳走在正確的路上，保護我們不會跌倒。

　　感謝神，祂使我們明白真理，並引領我們朝正確的方向繼續前進。

「我將你的話藏在心裡，免得我得罪你。」

詩119：11

◎ 鍾文榮

我們要不得罪神，只有一個方法，就是將神的話確確實實地藏在心裡。摩根（G. Campbell Morgan）曾對這節經文做了最適切的註解：「他告訴我們，要把最好的書：『你的話』，放在最好的地方：『我心裡』，為了最好的目的：『免得我得罪神』。」

神的兒女如果肯花工夫好好讀聖經，將聖經當作人生唯一的指標，同時對於神的話抱持一顆敬畏的心去順服遵守，他就不至於犯下錯誤而走入歧途，也就是不會違反神的戒律而得罪神。

將神的話藏在心裡，又遵行神的話的人，他們在神面前是正直的。但是若不讀神的話，神的話怎能藏在我們心裡呢？神的話怎會在我們裡面起作用，潔淨我們的行為呢？

神的話是抵擋試探最重要的武器。所以，我們必須天天讀神的話，而且要熟記不忘。將神的話語藏在心裡，就是要制止罪惡，這是鼓勵我們去背誦聖經經文的理由。但光靠背誦聖經是不能使我們脫離罪孽的，必須讓神的話語實行在我們的生活中，使它成為我們行為的重要準則。

撒但經常以他的詭計力圖影響人心。他卓越的智力原本是上帝所賜予的，但他竟卑鄙地濫用了這才能，來反對至高者的權威。我們唯一致勝之道，乃在於相信上帝口裡所說的每一句話，

以真理來制伏邪惡。

信徒之所以往往無力抵抗試探，乃是因為他們忽略了禱告和查經，以致在受到試探時，不能立即記起上帝的話語，並以聖經的武器去對付撒但。

但願我們眾人都能將上帝的話藏在心裡，使我們「在磨難的日子抵擋仇敵，並且成就了一切，還能站立得住。」（弗6：13）

「耶和華啊,你是應當稱頌的!求你將你的律例教訓我!」

詩119:12

◎ 鍾文榮

詩篇的作者對神和神的律法,感到萬分心滿意足。他因遵行神的律法和典章所得的益處,有了具體的見證。他虔誠生活的根源,就是敬畏神和喜愛祂的言語。詩人在這裡對神話語的態度,就如同讀情書一樣:喜悅、默想、看重。因為喜歡就會去思想,當我們默想神時,就有一奇妙美好的話語進來,能調整我們的心思意念,校正我們的生命方向,使彎曲的變正直,如此我們外在的行為就被導正,這就見證了神可稱頌的名!

成為聖潔是上帝對基督徒至高的呼召,但罪常攔阻我們邁向聖潔之路。能叫我們免於犯罪的途徑,就是「敬畏神」。當我們越從上帝的話語中認識祂的全能與聖潔,就越能了解上帝恨惡罪的程度,並遠離罪惡。

上帝是智慧之源,一切智慧都在祂那裡。「敬畏耶和華是智慧的開端;認識至聖者便是聰明。」(箴9:10)惟有認識耶和華,才是成為智慧人的開始。上帝非常願意將智慧賜給一切屬祂的人,智慧可以藉著禱告得到,亦可以藉著默想得著。

我生命中最大的轉捩點,就是認識了上帝,這位創造宇宙萬物、創造人類的真神。在祂裡面有諸般的智慧,以及一切的豐盛。因著認識這位智慧的源頭,順服於祂的話,願意付出代價,於是生命進入新的層次,使我活得更光彩、更燦爛、更有活力!

　　「堅心倚賴你的，你必保守他十分平安，因為他倚靠你。」
（賽26：3）是的，我要如詩人讚美懇求：「耶和華啊，你是應
當稱頌的！求你將你的律例教訓我！」如此，我就能在見證中邀
請人：「你們當倚靠耶和華直到永遠，因為耶和華是永久的磐
石。」（賽26：4）

「我用嘴唇傳揚你口中的一切典章。」

詩119：13

◎ 鍾文榮

青少年如何有好的開始，做出明智抉擇，繼續持守正確目標，最後達到完美的結果？乃是在開始人生道路之時，熱心尋求主（詩119：9－10），將上帝的話珍藏在心裡（11節），時時默想上帝的話（15節）。

人生的道路如客旅，我們只是地上的寄居者。茫茫人生路，誰伴我前行？所以需要有嚮導。當我們走過人生旅程的時候，聖經就成為我們的地圖和指南針，指出哪裡是安全的路線、障礙，和我們最終的目的地。

上帝將祂的訓詞吩咐我們，為要我們殷勤遵守（4節）。上帝的話是取之不盡、用之不竭的寶庫。當我們越來越領悟這些真理時，就會從每一章節裡找到新的意義；藉著這些話，可以幫助我們與神同在，也進入順服和喜樂的生命裡。詩人說：「你公義的典章，我曾起誓遵守，我必按誓而行。」（106節）

將上帝的訓詞放在心中，求神來教導（12節），這樣信徒必明白上帝的意思。既明白了，就要進一步去遵行、傳揚（13節）。心中有所得，就應該口中有所傳，和別人分享。當你跟人家分享、談論的時候，你就擁有了祂。你越把上帝的話傳揚出去，上帝的話就越多地存在你心裡。謹慎應用上帝的教訓於生活的每一層面，這樣必大得喜樂。

　　聖經向世人大聲呼喚：「列國啊，要近前來聽！眾民哪，要側耳而聽！地和其上所充滿的，世界和其中一切所出的都應當聽！」（賽34：1）耶穌也如此囑咐我們：「天上地下所有的權柄都賜給我了。所以，你們要去，使萬民做我的門徒，奉父、子、聖靈的名給他們施洗。凡我所吩咐你們的，都教訓他們遵守。」（太28：18－20）

　　我們領受了神的話，就要用嘴唇傳揚。

「我喜悅你的法度,如同喜悅一切的財物。」

詩119:14

◎ 鍾文榮

一般人都討厭法規、制度,認為它會限制我們的自由,不能隨心所欲地去做自己想做的事。詩人竟然說:「我喜悅你的法度,如同喜悅一切的財物。」

上帝的律法不是用來捆綁、限制人的,而是要幫助、引導我們,讓我們行上帝希望我們走的路。祂阻止我們去做那些會敗壞自己的行為,並保守我們遠離罪惡,就像身上穿的衣服,它使我們保暖、隔離污穢、不受傷;行為舉止自然就中規中矩,不會令人感到束縛。

上帝的律法幫助我們,遵循祂的道路,避免走向毀滅,以成為合神要求的人。愛上帝律例的人,是沒有被絆腳的理由的。他們循著上帝律例的直路,邁著堅定的步伐,不偏向罪孽的旁門左道。所以詩人祈求上帝將祂的律例教他(詩119:12),並使他的心只趨向神的法度。

今天的世界,人們將大部分的時間都花在追求財富上。對多數人來說,金錢就是神,金錢代表著權力、享受和成功。

但比財富更寶貴的,乃是認識上帝,因為那是屬天的財富(路12:33)。上帝的話比金銀寶石更值得追求(詩119:72),相信上帝的人,發現可以從聖經中得到滿足,而且如獲至寶,遠超過地上的任何財物。我們的眼光注視在什麼地方呢?你是否以

上帝的話為樂？上帝的話是否比你所擁有的一切財物更為寶貴？

有好的人格、性情，乃是最珍貴的財富。全心全意、忠貞不移，遵守上帝的訓詞與法度的人，必能生活圓滿幸福，心中享有平安和喜樂，不受任何罪惡所捆綁。

「惟喜愛耶和華的律法，晝夜思想，這人便為有福！」（詩1：2）讓這位詩人的祈求，成為我們自己的禱告；求神把我們的心，從追求財富轉向神的法度！

「我要默想你的訓詞，看重你的道路。」

詩119：15

◎ 鍾文榮

默想上帝訓詞的用意，是要堵塞撒但蠱惑人心的通路。因為心中充滿上帝的訓詞後，就沒有空間讓那些污穢罪惡的意念侵入了。一個人缺乏對上帝真誠的信仰，原因就是他的心靈被雜亂不潔的意念占據了，以致沒有時間去思考上帝的訓詞，查閱聖經或者禱告。

默想神的道，是為了要遵行神的吩咐，認識祂的旨意，結出生活應有的果子。默想是為禱告鋪路，它提供禱告的思維。默想是努力把上帝的話根植於情感和意志，全心全意地轉向神。

要培養默想的能力，首要之務就是虔誠地來到主面前，謙卑地把自己完全交給祂，讓默想成為真實的敬拜。在與祂的同在中，把心獻上，降服於祂話語的真光，並藉由禱告，來經歷神話語的成就。求聖靈天天充滿更新，使我們在默想上帝的訓詞中，能有活潑的心思，並帶出有果效的禱告。

在默想中，我們會經歷約伯的宣告：「我從前風聞有你，現在親眼看見你。因此我厭惡自己，在塵土和爐灰中懊悔。」（伯42：5－6）使我們靈命得以更新。

惟有我們看重神的話語勝過一切有形的財富時，才能真實地享受神，在神的話語裡得喜樂。祂說：「上帝啊，你的作為是潔淨的；有何神大如上帝呢？你是行奇事的上帝；你曾在列邦中

彰顯你的能力。你曾用你的膀臂贖了你的民，就是雅各和約瑟的子孫。（細拉）上帝啊，諸水見你，一見就都驚惶；深淵也都戰抖。雲中倒出水來；天空發出響聲；你的箭也飛行四方。你的雷聲在旋風中；電光照亮世界；大地戰抖震動。你的道在海中；你的路在大水中；你的腳蹤無人知道。你曾藉摩西和亞倫的手引導你的百姓，好像羊群一般。」（詩77：13－20）詩人如此，我們也當如此。

「我要在你的律例中自樂，我不忘記你的話。」

詩119：16

◎ 鍾文榮

聖經告訴我們：「耶和華的言語正直；凡他所做的盡都誠實。他喜愛仁義公平；遍地滿了耶和華的慈愛。」（詩33：4－5）上帝的這些話若能常存在我們心中，並將祂的話語化為待人處事的守則或座右銘，便可自得其樂，不會犯罪並帶來喜樂。

凡屬於上帝的兒女，應確實地將上帝的話語存記在心裡，並努力遵行，不論在明處或暗處都要謹慎小心。如同詩篇119篇9至11節所說，用遵行神的話來潔淨自己的行為，將祂的話藏在心裡，免得得罪神。保羅不也勸我們：「不要作糊塗人，要明白主的旨意如何。」（弗5：17）

人越愛上帝的話，就越能在恩典中成長進步。上帝藉著聖經，將祂的旨意啟示給人，那本有福之書教導我們，凡事要誠實、忍耐、儉樸、節制、正直、慈愛。聽從祂的勸導，將使你成為青年人的忠實朋友，給你一種引導他們離棄罪惡，走向公義的感化力；讓你具備帶領他們向上，及成全其純正品德的力量。

有一個英國人到非洲打獵。在內陸遇到一個土著，手捧著聖經很認真地在讀。英國人看到了哈哈大笑說：「你們也讀聖經？現在沒有人看這本書了！」那土人慢慢抬起頭打量著他，平靜地回答道：「要不是這本書改變了我們，你今天已是我的食物

了！」英國人瞠目結舌說不出話來。因為上帝的教導，感化了蠻荒地區的土著，使他不致成為食人族的盤中飧。

　　也許有人會認為，這樣規規矩矩的人生，不是毫無樂趣嗎？不！這乃是充滿了喜樂與滿足的。因為你正直的行為，處處受到人們的尊敬；聖潔的生活，時時得到上帝的祝福。祂將喜樂帶到你的生活中，平安進入你的靈裡。當你習慣這種榮神益人的生活，就能體會在上帝的律例中得到樂趣的經驗，有多麼奇妙！

「求你用厚恩待你的僕人，使我存活，我就遵守你的話。」

詩119：17

◎ 沈金義

希伯來文「אֶחְיֶה」英文是「I will live.」，中文是「我必存活」。希伯來文「וְאֶשְׁמְרָה」英文是「I will keep.」，中文是「我必守」。本節另譯為「求你慷慨施恩待你的僕人，我必存活和我必遵守你的話。」詩人祈求上帝慷慨的恩待，確信在如此無窮盡的厚恩下，必得以活著，並且活著就是決心遵守上帝所說的一切話語。

上帝是慷慨的施予者。祂給人類自由選擇權。祂賜給人類萬物生命，供給一切生活所需。祂將雨水、空氣和陽光，給義人和不義的人（太5：45）。當我們犯罪後，上帝將等於祂自己和祂所有一切的耶穌給我們，拯救我們脫離死亡。耶穌帶來上帝慷慨的應許：「你們祈求，就給你們；尋找，就尋見；叩門，就給你們開門。」（太7：7）

保羅說：沒有一個義人（羅3：10）；罪的工價是第二次永遠的死（羅6：23）。我們每一個人都欠了上帝一筆用天文數字也無法形容、無法償還的債。上帝樂意慷慨施恩，耶穌說：「上帝愛世人，甚至將他的獨生子賜給他們，叫一切信他的，不至滅亡，反得永生。」（約3：16）

上帝在西乃山傳十誡時先說：「我是耶和華——你的上帝，曾將你從埃及地為奴之家領出來。」（出20：2）上帝大能施恩，

帶領以色列人出埃及，就是要他們遵行祂的話。耶穌對犯淫亂
的婦人說：「我也不定你的罪。去吧，從此不要再犯罪了！」
（約8：11）被上帝慷慨施恩而活後，就要遵守祂的話，在往後
生活中，靠上帝慷慨無限量所加給的聖靈，不要再犯罪（腓4：
13）。

今天我們已經依靠上帝慷慨施恩而存活，讓我們也靠那為我
們預備的豐富恩典，像詩人一樣，選擇在今天的生活中，遵行祂
的話。

「求你開我的眼睛，使我看出你律法中的奇妙。」

詩119：18

◎ 沈金義

原文「גָּל」，英文是「to uncover」，中文是「徹底除去遮蓋」。

原文「הַטָּבִּ֫א」英文是「Let me make to look.」，中文是「使我看到」。

原「תּוֹאלְפָּנ」英文是「be wonderful」，中文是「被做成特別美好的」。本節另譯「求你徹底除去遮蓋我眼睛的一切事物，使我看出你律法是被做成特別美好的。」

「眼睛就是身上的燈。你的眼睛若瞭亮，全身就光明。」（太6：22）詩人祈求，完全除去所有妨礙屬靈視力的事物，以便能看清楚律法中的美好。玩捉迷藏遊戲時，只要將雙眼遮住，就完全看不見東西。保羅指出屬血氣的人，看不清楚上帝的事。「然而，屬血氣的人不領會上帝聖靈的事，……因為這些事惟有屬靈的人才能看透。」（林前2：14）

老底嘉教友預表主再來之前，屬靈瞎眼的一批基督徒。蒙愛的約翰說：「又買眼藥擦你的眼睛，使你能看見。」（啟3：18）這眼藥，就是藉著基督耶穌所賜給我們的聖靈。聖靈，是徹底除去遮蓋我們屬靈眼睛一切事物的良藥。「只有上帝藉著聖靈向我們顯明了，因為聖靈參透萬事。」（林前2：10）

保羅強調律法是良善的（羅7：12）。基督徒對律法的遵

守，可分為三階段：第一階段遵守得很苦；第二階段遵守得很平淡；第三階段已經看出，律法原本對我們是美好的，因此遵守得甘甜。

就以守安息日為例：當屬靈眼睛被蒙蔽時，遵守安息日十分痛苦，但為人的緣故又不得不守。然而當聖靈開啟屬靈的心眼，此時就是受到逼迫，也以遵守安息日為可喜樂的。

今天你是否願意祈求聖靈上帝，徹底除去遮蓋你屬靈眼睛的一切事物，使你看出上帝律法原本是美好的，願意喜樂遵行，榮神益人？

「我是在地上作寄居的；求你不要向我隱瞞你的命令！」

詩119：19

◎ 沈金義

拜先進科技之賜，現在開車到處旅行更加方便。以前要到一個地方，要查地圖做好旅遊規劃，然後上路，按著計畫好的路線，從一條路一條街向目的地前進。最近GPS（全球衛星定位系統）已非常普及化，開車前只要開啟系統，設定出發與到達的地點，此系統就會自動規劃出一條最佳路線，以最快時間到達目的地。

行車中，它會在適當的時刻發出警告和指引。當車速超過時，會有聲音說：「請小心駕駛！」遇有超速照相，它會在300公尺外先提醒。轉彎時，它會在轉彎前50公尺告訴駕駛。若駕駛一直照規劃好的路線行駛，則系統就會一直運作，但若駕駛不照指示行駛，則先前所規劃的路線立即失效，馬上有聲音說：「路線重新規劃」。

當我們的始祖被創造時，上帝已經為他們規劃美好幸福的人生藍圖。上帝給始祖們自由，可以選擇跟隨祂或是不順從祂。但很不幸，始祖們選擇了悖逆他們的創造主，他們的人生立刻被重新規劃。罪進入世界，帶來苦難、死亡；罪進入世界，這世界就不再是我們永久的家鄉，我們成了客旅和寄居的（來11：13－14）。我們的目標是回到被潔淨過的新天新地。未出生時，上帝已為我們規劃好更豐富的人生和回天家的路。大衛說：「我未成

形的體質，你的眼早已看見了；你所定的日子，我尚未度一日，你都寫在你的冊上了。」（詩139：16）

　　聖靈藉著上帝的律法帶領我們，照著祂的規劃，有更美好的人生和永生，只要我們順從上帝的話，祂為我們人生所做的美好規劃都會實現；當我們背叛上帝時，祂只好重新規劃。我們是否願意依靠聖靈，順從律法的引導，讓上帝在我們出生以前，就為我們安排的最美好人生可以實現？

「我時常切慕你的典章，甚至心碎。」

詩119：20

◎ 沈金義

希伯來文「מִשְׁפָּט」聖經和合本譯為「典章ordinance」；新雅各王譯本為「審判 judgment」。本節另譯「我時常切慕你的審判，甚至心碎。」前者提到審判權柄的依據，後者強調審判的結果，由此可看出典章和審判不可分。

國家法院所判定的罪「crime」，是指已付之行動的罪；定罪的輕重，以嫌犯所認罪的程度來決定。因此，一般嫌犯儘量不認罪。新約聖經對罪「hamartia」的定義是：「沒有射中目標（to miss the mark）」。它是用射箭的人沒有射中目標紅心來形容。保羅指出：「因為世人都犯了罪，虧缺了上帝的榮耀。」（羅3：23）人沒辦法靠自己，達到上帝律法所要求的標準狀態，這就是罪。

蒙愛的約翰說明罪如何被赦免？他說：「我們若認自己的罪，上帝是信實的，是公義的，必要赦免我們的罪，洗淨我們一切的不義。」（約壹1：9）在恩典的門仍敞開時，在上帝的法庭上，罪犯所認的一切罪，得到完全的赦免。

1996年5月6日新聞報導，「泰北孤軍的後裔持假泰國護照進入台灣，造成他們子女戶籍問題，近日即將起訴。每一位被起訴者都坦承，自己是泰北孤軍的後裔，持假泰國護照進入台灣。」因為他們這樣承認，不但不會入獄，反而可以持有中華民國身分

證，成為真正的國民。

　　今天，我們是否願意像詩人一樣，時常切慕上帝的典章和審判，趁恩典之門還開著時，不要消滅聖靈的感動，承認悔改自己一切的罪，使天上案件中我們的名字下面，可以寫上「赦免」二字？

「受咒詛、偏離你命令的驕傲人，你已經責備他們。」

詩119：21

◎ 沈金義

路錫甫原來位分僅次於基督，也是遮掩約櫃的天使長，他因為驕傲反叛上帝而墮落。「你（路錫甫）因美麗心中高傲，又因榮光敗壞智慧」（結28：17），「你心裡曾說：我要升到天上；……我要與至上者同等。然而，你必墜落陰間，到坑中極深之處。」（賽14：13－15）驕傲是「原罪」。

「命令」另譯為「誡命」。誡命是上帝的自我介紹。偏離上帝的誡命，就是背叛上帝。當以色列人在埃及受苦，上帝差派摩西、亞倫帶領他們出來。摩西、亞倫對法老說：「耶和華——以色列的上帝這樣說：『容我的百姓去，在曠野向我守節。』」但是法老卻說：「耶和華是誰，使我聽他的話，容以色列人去呢？我不認識耶和華，也不容以色列人去！」（出5：1－2）上帝藉著十大災難，使埃及人敬拜的尼羅河神、青蛙神、牛神和預備接續王位的長子（太陽神），都服在上帝大能之下，使法老認識，上帝乃是全能的創造主。法老是滿招損。

約瑟被賣到埃及，主人的妻子誣告他，他仍然喜歡聽上帝的命令，幫助酒政和膳長解夢（創40：8）。受約瑟幫助的酒政，事後忘記他的請託。當法老尋找人解夢時，酒政想起約瑟，舉薦他解夢，他又將解夢能力歸於上帝（創41：16）。法老選約瑟為宰相。約瑟是謙受益。

　　人出生就有驕傲的罪性。一群幼稚園學生要表演白雪公主，多人爭著要當白雪公主，除非擔任主角，否則不參加演出。如何戰勝內心的驕傲？保羅給了我們最好的答案：

　　「你們當以基督耶穌的心為心：他本有上帝的形像，不以自己與上帝同等為強奪的；反倒虛己，取了奴僕的形像，成為人的樣式；既有人的樣子，就自己卑微，存心順服，以至於死，且死在十字架上。」（腓2：5－8）

　　今天您是否願意依靠聖靈，常常仰望基督耶穌的謙卑，喜愛祂的誡命，藉以消除心中的驕傲，榮神益人呢？

「求你除掉我所受的羞辱和藐視，因我遵守你的法度。」

詩119：22

◎ 沈金義

詩 人是義人，為何他還遭受苦難呢？亞當和夏娃犯了罪，世界成為善惡之爭的場所，造成義人也有苦難，如約伯，惡人逼迫比他為義的人，如先知哈巴谷所描述：「惡人圍困義人，所以公理顯然顛倒。」（哈1：4）我們可以從底下的亮光中，略知義人為何有苦難：

1. 義人受苦顯出罪的真面目，讓人真的不喜歡罪。在伊甸園中，始祖不知何為罪？

2. 義人在苦難中仍愛上帝，顯出對上帝的真愛，不是世界利益交換式的愛。撒但控告約伯，說約伯是因為上帝賜福他，他才愛祂（伯1：9－11），但是約伯證明他愛上帝是因為祂是上帝。

3. 義人受難，顯出上帝就是愛（約壹4：8）。上帝給人和天使有選擇權，因此，人和天使才有可能犯罪。

4. 藉著義人受難，顯出上帝的保護。義人雖七次跌倒，仍必興起（箴24：16）；上帝的恩典夠我們用（林後12：9）；患難中，主必定會為我們開一條出路（林前10：13）。義人在苦難中，仍有平安喜樂。

5. 上帝藉苦難賜福義人。保羅說：「我們曉得萬事都互相效力，叫愛上帝的人得益處。」（羅8：28）約瑟被賣、

被冤枉、被遺忘，看起來是每況愈下，但實際上是步步
走向宰相的路。經過苦難，產生比純金更可貴的信心
（彼前1：6－7）。

6. 我們現在和基督耶穌同受苦難，將來祂再來，和祂同享
榮耀（彼前4：13）。現在的苦比起將來的榮耀，就算不
獲得什麼。有一個人抱怨受苦時，主棄他於不顧。當晚
他夢見和主到海邊散步。沙灘上有兩排腳印，不久只剩
下一排。他問主說，你在哪裡？怎麼讓我一個人獨自行
走？主說：「當只有一排腳印時，是我背著你走的。」
今天我們是否願意在苦難中，讓主背著我們走？

「雖有首領坐著妄論我，你僕人卻思想你的律例。」

詩119：23

◎ 沈金義

默想上帝的律法的重要性，就如我們身體對食物的消化吸收。我們吃的營養美食，必須經過消化吸收，才能對我們身體有益處。同樣的，我們所聽到或讀到上帝的聖言，必須經過默想，才能帶給我們屬靈力量，藉以抵擋試探和結聖靈果子。

懷愛倫師母（Ellen White, 1827-1915）說：「在恩典中成長，默想和禱告是必須的。」（《證言精選卷二》原文187頁）詩篇的序言：「惟喜愛耶和華的律法，晝夜思想，這人便為有福！」（詩1：2）關於默想上帝律法的方法可有以下幾點：

1. 每次讀完經或聽完道，要默想片刻，好讓聖經信息存記於腦中。這動作有如我們將資料輸入電腦後，必須按「儲存」，以便將資料保存於電腦中。在其他時間裡，也要常默想這些聖經的應許或教導。

2. 每天用1小時默想基督最後一週生平。每天在等候、運動、乘車、做家事或休息時，都是默想上帝聖言的時刻。

3. 每天用3小時禱告。懷師母論到馬丁路德，她說：「路德每天最少用3個小時禱告，而且這幾個小時，乃是他從最適宜於研究的時間內抽出來的。」（《善惡之爭》，頁212）

4. 特定一段時間默想和禱告。耶穌整夜在曠野默想禱告。

（可1：35）筆者服兵役時，為了準備大演習行軍的能力，在三個月中有好幾次，約24小時連續行軍100多公里，大演習時更是兩天三夜不眠不休行軍。在這遙遠路程和漫漫長夜中，筆者常默想，從創世記到啟示錄，週而復始好幾次，才結束行程。在那艱苦時辰，默想上帝聖言帶給筆者無限的力量、平安和喜樂。

弟兄姐妹們，願您滿得默想上帝聖言的福氣。

「你的法度是我所喜樂的，是我的謀士。」

詩119：24

◎ 沈金義

在瞬息萬變的世代，急需要有效顧問的智慧之言，來協助人們解決困難。就連動物也有這需要。

狽是屬狼一類的獸，前腳很短，必須靠狼才能行動。在大陸有關狽的報導：有一天，兩位軍人騎馬單獨進行任務，突然發現有一群狼向他們包圍而來，他們看情況危急，趕緊放馬回去找救兵，自己爬到附近大草堆上，不久就被群狼圍困住了。他們正慶幸有這一堆草救了他們的命，忽然看到一隻狼背著一隻短腳的同類狽，狽觀察一下草堆，馬上開始用口，將草堆上的草銜下來，群狼馬上效學。

不一會兒的功夫，草堆高度已經下降一大半，情況越來越危急。忽然遠處有馬隊靠近的微弱馬蹄聲，那是援軍看到跑回的馬，知道同伴出事，馬上趕到相救。狽也聽到了馬蹄聲，狽不安地停下銜草的動作，很快的整群狼也跟進。不一會兒功夫，狽被背走，全群狼也退了。

上帝要我們以祂為謀士來求問祂，以祂的律法作為我們的標準。上帝不要我們向別的神祈求方法，以免走上毀滅之途：掃羅求問交鬼的婦人，結果信心全失，自殺死亡（撒上31：1—4）。詩人不跟從人的策略，他要以上帝的律法作為指導他的顧問。

多年前我擔任埔里教會堂主任，有一位住愛蘭的潘老姐妹。

在夏天的某星期日下午，她剛參加完孫女的婚禮，身上還佩帶著傳統禮儀的一些裝飾。有一對男女出現，非常有禮貌地説，阿婆來坐我們的車到對面去，就可以得到50萬元。他們拿出數把鈔票讓她看，但是她馬上回答：「不可貪心。」就走回家（出20：17）。隔天報紙報導金光黨騙人事件。潘老姐妹以上帝律法作為最高指導顧問，因而得福。

今天，你是否也願意成為以上帝律法作為最高指導顧問的一員呢？

「我的性命幾乎歸於塵土；求你照你的話將我救活！」

詩119：25

◎ 吳忠風

幾年前，有一位年長的姐妹患了重疾，必須動手術才有存活的機會。因她年歲七十有餘，所以醫生告訴她可能的風險。她的兒女們不忍母親承受動刀之苦，但這卻是延續生命唯一的選擇，他們只好勉強簽了手術同意書。

動手術的那一天，我也在場，因她是我所敬愛的舅婆。進手術房的那一刻，她的兒女們圍著她，為了怕她擔心，他們忍住難過與害怕，僅說了：「YA－YAH，LU－KA，SI－DA－S－DA－MA－YA－FA－DA－GA－YAN」（泰雅語），意即「親愛的母親，加油，讓我們只單單地倚靠天父上帝。」

當我還是小學生時，舅婆一家就住在隔壁。她們每天早上靈修所唱的詩歌，成了我起床的美妙「鬧鐘」。猶然記得，舅婆在教會用原住民的古調吟唱著：「若不是認識了神，若不是領受了祂的話語，我雖然在世上可以好好的活著，但我只不過是走向那絕望死亡的道路。」

在我為她禱告之後，從她微弱的聲音中，我再次聽到這首古調詩歌。病床緩緩地移進手術室，她的兒女們終於忍不住掉下了眼淚。我很清楚知道，這不是憂傷的眼淚，乃是希望的淚水，因為他們看見母親微微揚起嘴角的微笑。

「我的性命幾乎歸於塵土；求你照你的話將我救活！」這位

姊妹現今已是近80歲的銀髮貴族了，她還是如同以往般，靠著主喜樂地生活著。

詩篇118篇16至17節這樣寫著：「耶和華的右手高舉；耶和華的右手施展大能。我必不致死，仍要存活，並要傳揚耶和華的作為。」從舅婆身上，見證了神的話語不是理論，對信的人而言，是真實的，是能力、希望與生命。

「我述說我所行的，你應允了我；求你將你的律例教訓我！」

詩119：26

◎ 吳忠風

作為基督徒，我們必須清楚地知道，上帝是萬物的掌權者。我們常說謀事在人，成事在天，上帝所成就的，往往超乎我們的想像，只是有時與我們的期望大不相同。

幾年前，父親看準養殖業的商機，毅然決然將多年辛苦經營果園的收入，投資在養殖高山鱒魚的事業上。每天一早，父親總是向上帝祈求智慧與勇氣，期望能夠成功。經過兩年艱辛與風險，不單轉虧為盈，利潤之多遠超過預期。當訂購的客戶漸漸增多，工作越來越忙，原本決意堅持「當記念安息日，守為聖日。」（出20：8－10）的父親也動搖了。他向現實低頭，讓魚場工人在安息日照樣忙碌，將魚獲送至各餐廳和飯店，因為假日的訂購量多於平日的數倍。

但這樣的景況只維持了八個月。在一個強烈颱風所引致的山洪爆發中，父親畢生的心血與積蓄，在一夕之間全毀。有整整三年，他沒有再來這曾讓他滿懷驕傲與希望的養鱒場。在這一千多個療傷的日子裡，他不斷尋找引領他上高山又拉他下谷底的原因。

在一次大型的見證聚會中，我看到那熟悉的身影站在台前。他說，若不是這次的重擊，他所籌劃的，盡是如何在世界中走得更穩，卻失去了通往天國道路的熱誠。他確信在偏離的方向中，

上帝的手仍舊引領他。（詩142：3）這就是公義的神可愛的地方。祂永不放棄祂所愛的人，因為他們都是祂用重價贖回的。

親愛的朋友，在你人生的道路上，你是否有軟弱無助的時候？是否偏離正道？或正熱衷於世俗的潮流？就是在這些景況裡，上帝恩典的手，仍伸向你！只要你願意伸出手抓牢祂，祂的恩典夠我們用的。

「求你使我明白你的訓詞，我就思想你的奇事。」

詩119：27

◎ 吳忠風

不久前一位遊客來此，看到小小的部落竟有四間教堂，很不以為意地說：「原住民比較單純，隨便講就相信，我敢說他們搞不清楚自己在信什麼！」部落的一位中年人回應說：「若不是基督教的福音傳到這裡，敵人的頭仍會掛在門上，你也不可能到這裡快樂的遊玩了。」基督教的信仰不是理論或學說，乃是改變人心的最大力量。

從人性的角度與理解力來看，基督教的信仰是沒有理智的，乍看之下似乎告訴我們，信仰好像是盲目的。其實不然，信心只是先要順服，然後才能明白。

「有一個百夫長所寶貴的僕人害病，快要死了。百夫長風聞耶穌的事，……百夫長託幾個朋友去見耶穌，對他說：『主啊！不要勞動；因你到我舍下，我不敢當。我也自以為不配去見你，只要你說一句話，我的僕人就必好了。』」（路7：2－7）信心是「不要憑據」。

人說：「人不為己，天誅地滅」，但沙得拉、米煞、亞伯尼歌卻說：「尼布甲尼撒啊，這件事我們不必回答你。……王啊，你當知道我們決不事奉你的神，也不敬拜你所立的金像。」（但3：16－18）信心是「不講條件」。

奧古斯丁說過，「相信在先，明白在後。」又說，「我們不

是沒有理由，乃是不需要理由。」當上帝將攻陷耶利哥城的「白癡」作戰計畫，告訴約書亞和以色列人時，他們或許不明白這不可思議的作戰方式，卻完全地順服。經過一天繞城一次，第七天繞城七次，神就將這城交在他們手中了。

以人的智慧怎能測度上帝呢？但我們需要效學詩人，向神說：「求你使我明白你的訓詞，我就思想你的奇事。」只要我們願意順服，神就會啟示祂自己，讓我們能明白。

「我的心因愁苦而消化；求你照你的話使我堅立！」

詩119：28

◎ 吳忠風

在我生長的部落裡，我的姑媽被稱為「女超人」，因為姑丈早逝，撫養三個兒女的重擔，都落在她的肩頭上。除了安息天之外，幾乎天天日出而作、日落而息，為的是賺足夠的錢，供給在本會學校讀書的孩子們。她大可不必這樣辛苦，只要將孩子送到公立學校即可，因為原住民學生有許多優惠。

然而，姑媽卻一心堅持，要將自己最珍貴的寶貝獻給上帝，縱然是要背負重大的經濟壓力，也甘之如飴。總算多年心力的付出有了代價，兒子從神學院畢業後，成為傳道人，而兩個女兒也都嫁給傳道人成為師母。「願你的作為向你僕人顯現；願你的榮耀向他們子孫顯明。」（詩90：16）為此，她總是感謝神，因為神的榮耀與救恩，不僅在她身上，也在她兒女的身上顯明出來。

三年前的一個下午，電話中傳來惡耗。父親駕著老車，載著母親與姑媽下山，突然間車子爆衝無法控制，旁邊是深達數百米的懸崖，就在千鈞一髮中，車子撞到山壁停了下來，父親與母親驚嚇的互看對方，彷彿時間在這一刻突然停住了。等回過神後，他們急忙往後看坐在後座的姑媽，卻不見了。原來路面凹凸不平，後車門被震開，姑媽被甩出車外，後腦重擊地面，頸椎斷裂，經急救後宣告不治身亡。

在告別式中，姑媽的兒女們主動要求獻上一首詩歌。他們站

在臺上，面對著的是一口棺木，裡頭躺著他們所愛的母親。他們雖然哭泣地唱著，面容卻相當的堅定，他們雖身處在陰暗的幽谷中，卻深信上帝為他們的母親所預備的，終究是最美好的。

　　詩人說：「我的心因愁苦而消化；求你照你的話使我堅立！」這是我們行走在人世間，該有的禱告。

「求你使我離開奸詐的道，開恩將你的律法賜給我！」

詩119：29

◎ 吳忠風

在我牧養的教會中，有一位年輕人相當特別。每逢我請會眾一起頌讀聖經的時候，他的聲音最響亮。起初大家都以異樣的眼光看待他，直到在一次的分享聚會裡，他述說著他如何改變的見證之後，他的聲音就如同鐘響一般悅耳動聽。

五年前，他從軍中退役後一時無法適應新的工作。在不知如何排解重大的壓力下，酒就成為他暫時忘卻現實冷酷的特效藥。不久後，他染上了酒癮，也丟了工作。惡性循環下，他成了鄰居眼中有名的酒徒，整天無所事事。他賴以過活的，是一年20萬元的果園租金。

一個難得清醒的早晨，在灰塵滿布的書櫃中，有一本黑皮書吸引著他的目光。他對這本書並不陌生，這是他已故父親最愛的聖經。他取出後，其中一節經文就如同3D的立體字，顯在他眼前。「若有人在基督裡，他就是新造的人，舊事已過，都變成新的了。」（林後5：17）經文的每個字，都重重地震撼他的心，他內心深處極度渴望的新生命油然而生。

他想起小時候，擔任教會司庫的父親，總是在早晨，將家人聚集在客廳裡，一起讀經、唱詩、禱告。從那天起，他回到教會，每天一早起來，就是閱讀神的話語，直到今天從不間斷。

因著這本聖經，他的「舊我」漸漸式微，新生命逐步成長。

他說：「感謝神，使我今日能有這樣快樂的天地，過去的舊人自己也差不多全忘了。如今我行走在光明、全新與希望的大道上，雖有時還會搖搖欲墜，但有神的話，成為我的支柱與導正的力量，我毫無所懼。」

　　詩人呼求：「求你使我離開奸詐的道，開恩將你的律法賜給我！」我們唯有將盼望寄託在神的真道上，將祂的典章擺在面前，才能持守祂的法度，靠著祂離開「奸詐的道」，日日得更新。

「我揀選了忠信的道，將你的典章擺在我面前。」

詩119：30

◎ 吳忠風

當我們願意做基督徒時，保羅在以弗所書第5章所訂定的世界高標準，就應成為我們的生活，這也是初代教會的特色。要效法上帝；生活要有馨香之氣；要做光明的子女；結出成熟美好的果子；建立彼此誠實、相互尊敬的關係等。要能夠履行這些生活標準，就必須實踐「敬畏與順服」。

「台灣籃球超級聯盟」（SBL）開打時，總能吸引大批人潮觀賞。SBL是由七支隊伍所組成的，台啤隊是其中最受多數人喜愛的。這支隊伍的籃球信仰就只有兩個字，那就是「態度」。他們能夠有這麼多的球迷，就是隊員們在場上拚鬥的態度。也因著這信念，原本吊車尾的球隊，能夠在上一季每每有精采的演出，最終得到亞軍。

保羅說的「敬畏」，就是指「態度」。當一個人深深體會到上帝的偉大、聖潔、全能，以及祂拯救的大愛時，就引發出敬畏尊崇的心。這種心能激勵人過敬虔的生活，以討上帝的喜悅。「敬畏耶和華的，大有倚靠。」（箴14：26）「敬畏他的，他必成就他們的心願。」（詩145：19）如同今日經文所言：「我揀選了忠信的道，將你的典章擺在我面前。」這就是一種「敬畏」的態度。有敬畏的心，才會順服所信的道。

敬畏上帝非視上帝如同暴君，日日顫驚恐懼，深怕得罪祂。

真實的敬畏是尊重與愛戴，如同兒女的敬畏，而非奴僕的懼怕。當馬利亞知道要未婚懷孕時，她說：「我心尊主為大。」雖然這旨意將帶給她麻煩、虧損，甚至危害到生命，但她順服說：「我是主的使女，情願照主的話成就在我身上。」

　　親愛的朋友，讓我們一同祈求神，使我們有力量能夠以敬虔度日，學習祂的典章，時時順服祂，使我們的生命蒙神的保守與祝福，亦使得救的人天天增加。

「我持守你的法度；耶和華啊，求你不要叫我羞愧！」

詩119：31

◎ 吳忠風

當我們樂意憑著上帝的恩典和能力來遵行祂的話語時，我們正朝向成為一個合神心意的人邁進。也唯有行事為人照神旨意，我們在上帝與人面前，才不致於羞愧。舊約的人物大衛王；上帝給他一生最後的評語是：「合神心意」的人，他是怎樣做到的呢？在撒母耳記下5章22至25節的記載裡，大衛先求問神，才與非利士人開戰。

約櫃運回大衛城時，大衛在神面前踴躍跳舞、敬拜、讚美。大衛在神面前幾乎忘了他的身分、年齡，只知道要全心全人的敬拜讚美祂。求神幫助我們，能像大衛一樣，到神面前時，也放下我們的身分、地位，全心、全人地來讚美祂。要「釋放」而不是「放肆」。讓我們回轉成孩子的樣式，虔心、誠實、自由地來讚美神，照祂的心意來讚美祂，祂就要在我們中間設立寶座。

大衛最大的心願是為上帝蓋聖殿，但上帝不允許，要留給他兒子所羅門來完成。雖然他有些失落，但卻表現出深切的感恩：「我算什麼？我的家算什麼？神竟給我這麼大的恩惠。」他對神沒有一絲埋怨，他保守自己在神的愛與謙卑中。若我們內心對人、對神有絲毫埋怨，求神幫助我們效法大衛，明白自己不算什麼，因為所有一切都是神的恩典，對祂只有感謝與讚美。

大衛一生中最苦的階段，就是被掃羅追殺的經歷。但他心中

沒有怨懟，只有感恩。他說：「掃羅家還有剩下的人沒有？我要因約拿單的緣故向他施恩。」（撒下9：1）在他心中沒有對掃羅的恨，只有對約拿單的恩；沒有苦毒，只有饒恕。讓我們效學大衛，求神的恩典與大愛充滿我們，使我們成為合神心意的人。

願詩人的禱告，也成為今天你我的祈求。「我持守你的法度；耶和華啊，求你不要叫我羞愧！」

2 | FEBRUARY

遵守主律法的得到引導

求你使我走在正路上，
因為我喜愛這路。

「你開廣我心的時候，我就往你命令的道上直奔。」

詩119：32

◎ 吳忠風

心臟血管狹小的病患，時時都隱藏著病發的危機。通常解決這問題的方式，就是在心血管中放入支架，撐開血管。當血管敞開後，心臟不需費太大的力量，就能將血液輸送至全身，病患因而可以如常人般生活。

屬靈的生命也是如此，唯有開廣的心，才能預備自己與主同行、同跑，並成就祂的旨意。一顆開廣的心，是能夠向神的真理敞開的。「你要保守你心，勝過保守一切（或譯：你要切切保守你心），因為一生的果效是由心發出。」（箴4：23）

在我的教會裡，有一位長老因著上帝的真理而完全改變。數十年前，他是個嗜酒如命的「酒鬼」，常常在部落裡東倒西歪地閒晃，幾乎沒有一刻是清醒的。部落的人戲稱他是「馬路英雄」，雖然他有家，卻時常睡倒在馬路上，好像這馬路是專為他而開的。

直到有一天，他來到了教會，聽到了上帝愛每一個人，就算是在黑暗無望中的罪大惡極之徒，只要願意悔改，上帝都會無條件地接納他成為祂的兒女。「因為，他的怒氣不過是轉眼之間；他的恩典乃是一生之久。一宿雖然有哭泣，早晨便必歡呼。」（詩30：5）

這位昔日的馬路英雄，親自經驗了「律法本是外添的，叫過

犯顯多；只是罪在哪裡顯多，恩典就更顯多了。」（羅5：20）
今日，他成為宣揚真理的見證者。你是否願意開啟心門，讓耶穌
進來呢？耶穌說：「我就是道路、真理、生命；若不藉著我，
沒有人能到父那裡去。」（約14：6）誠摯地邀請你如此求告：
「求你以你的真理引導我，教訓我，因為你是救我的上帝。我終
日等候你。」

　　詩人說：「你開廣我心的時候，我就往你命令的道上直
奔。」願我們都經驗這美妙的歷程。

「耶和華啊，求你將你的律例指教我，我必遵守到底！」

詩119：33

◎ 徐文遠

本詩以默想神的說話為主題，33至40節是以求告的形式來表達，求神幫助求告之人，能遵守祂的話為喜樂。

「耶和華啊，求你將你的律例指教我」，「指教」希伯來文「yarah」，意思是：指教、指出、指引。詩人求神指教他，看出律法──上帝話語的奇妙，指出他內心的罪惡，指引他走公義的道路，他必遵守到底。

從指教到遵守，所走的路有多久？多長？人若走自己的路，必定迂迴曲折，唯有走神所指引的道路，是最快捷，必定到達目的地，且是一生之久的。詩人說：「我必遵守到底」，意謂恆久地遵守神的話。

保羅的人生將近結束時說：「那美好的仗我已經打過了，當跑的路我已經跑盡了，所信的道我已經守住了。」（提後4：7）保羅接下來提到四個人的四種人生：

1. 底馬的人生：「因為底馬貪愛現今的世界，就離棄我。」
（提後4：10）這人開始跟隨神，至終卻離棄。

2. 路加的人生：「獨有路加在我這裡。」（提後4：11）路加一直跟著保羅，四處傳揚神的話，一直遵守神的道到底。這人開始至終都跟隨神。

3. 馬可的人生：馬可傳道初期信心軟弱，在旁非利亞離開

保羅及巴拿巴（徒15：38），但後來在巴拿巴帶領下，決心再傳道。因而保羅說：「他在傳道的事上於我有益處」（提後4：11）。這人開始軟弱，至終卻跟隨神。

4. 亞歷山大的人生：「銅匠亞歷山大多多地害我。」（提後4：14）亞歷山大從始至終都拒絕遵守主的道，甚至阻礙神的工作。這人始終都不跟隨神。

以上四種人生，你選擇那一種呢？不管我們過去如何，盼望我們都能像詩人一樣求告神說：「耶和華啊，求你將你的律例指教我，我必遵守到底！」

「求你賜我悟性，我便遵守你的律法，且要一心遵守。」

詩119：34

◎ 徐文遠

在一次佈道會中，當我呼召時，有兩位特別的聽眾前來接受耶穌。一位是94歲的老人，另一位是4歲的小孩。他們都是真心樂意地接受耶穌！兩位年齡的差距有九十年，但當他們明白聖經的教訓、耶穌的大愛時，卻做出了相同的決定。這真是回應了耶穌說的：「清心的人有福了！他們必得見上帝。」（太5：8）

保羅寫給提摩太的書信中，提到一些婦女「常常學習，終久不能明白真道。」（提後3：7）她們沒有悟性，乃因他們「擔負罪惡，被各樣的私慾引誘。」（提後3：6）今天我們也許被太多今生的思慮、俗世的事物、金錢、名利纏住了，心思被罪蒙蔽了。詩人求神賜與他悟性，我們也要向神祈求，幫助我們看出一切纏繞著我們的私慾。

何西阿先知說：「我的民因無知識而滅亡。」（何4：6）所羅門王又說：「心無知識的，乃為不善。」（箴19：2）心裡、靈裡沒有神話語的滋潤，不明白神道的美善，乃為不善，即是惡。內心充滿惡，就無法謙卑地領受真理，拒絕真理，以致失去永生。

當詩人明白之後，他乃要遵守，且一心遵守。「一心」乃是全心全意去遵守。當上帝的話像光一樣照明內心，驅走人心中的

黑暗、思想中的罪惡，使我們謙卑柔和地順從時，我們不但在意志上，就是在行為上，也會有所改變。讓我們小心、警覺、恆久忠實地遵守。

詩人說：「我必遵守到底」，用一生來遵守這句詩文，是要表明更深一層地，用心思、用心靈、用全部的悟性去遵守。

願我們像詩人一樣祈禱說：「求你賜我悟性，我便遵守你的律法，且要一心遵守。」「願賜平安的上帝親自使你們全然成聖！又願你們的靈與魂與身子得蒙保守，在我主耶穌基督降臨的時候，完全無可指摘！」（帖前5：23）

「求你叫我遵行你的命令，因為這是我所喜樂的。」

詩119：35

◎ 徐文遠

詩人在今天的經文中，求上帝的話像公義的日光一樣，驅走心中的黑暗。他求上帝賜予力量行在光中，不但光照前路，且一心追趕，走在公義的道路上。遵守、守住、遵行，就必須用腳實踐，實行出來。

有兩位好友就讀同一所大學，畢業出來後，一位走入酒吧慶祝，一位走進佈道會信了基督，結果前者做了酒徒殺人犯，後者做了總統。兩人在校時興高采烈地領受了學問，但在人生中要做出最重要的決定時，卻分道揚鑣。這是一個重大關鍵，你今日的選擇，決定了你將來的結局。

在我人生中，有兩個選擇使我感到最難下決定。一個是信仰，一位傳道人為我查經查了兩年，最後做決定時，我仍為「要接受耶穌信主加入教會嗎？」掙扎了好久，才決定下來。

另一個是傳道。當時我是一位工程師，收入頗佳，前途不錯，然而我感受到上帝的呼召，要我放棄一切讀神學作傳道，我當時很難做出決定，但最終仍決定順服。

耶穌深知自己來這世上的目的，但在臨終時，全人類的罪都倒在祂身上，連天父也掩面不看祂時，祂也遇到最難決定的一刻，祂要選擇逃避全人類的罪，讓有罪的人自己承擔死亡？還是遵行上帝的命令，甘願釘死？耶穌有自由選擇權。然而耶穌卻禱

告説：「父啊，照你的旨意，不要照我的意思。」感謝主，祂甘心樂意遵行上帝的旨意！

　　若昔日耶穌不肯遵行上帝的命令，不肯聽上帝的話語，今日你我都不能得救。但如今我們的喜樂就在於耶穌樂意遵行上帝的話，使我們得到了救恩的喜樂。

　　願我們懂得向祂祈求：「求你叫我遵行你的命令，因為這是我所喜樂的。」

「求你使我的心趨向你的法度，不趨向非義之財。」

詩119：36

◎ 徐文遠

有一位獵人想到一個方法捕捉北極熊，他拿出一把刀子，在刀鋒上塗滿動物的血，然後把刀柄藏在雪地裡。北極熊喜歡吃血，當牠嗅到血腥味時，便伸出舌頭去舔刀鋒，越舔血越多，原來刀子弄破了舌頭，最後留血過多而死。短暫的享樂，卻奪取了牠的生命。撒但常常用一些短暫的享樂，引誘我們，最後使我們失去永恆的生命。

猶大因貪圖30塊錢失去了永生；亞幹因貪求一件示拿衣服，自己及全家失去了生命；參孫貪愛情慾，因而失去雙目最後死亡；大衛因貪戀烏利亞之妻，一度成為以色列歷史上的醜聞；夏娃因貪食禁果，死亡臨到子子孫孫，多麼可惜！

中國俗諺有云：「貪字得個貧」，聖經也說：「貪財是萬惡之根」，又說：「有人貪戀錢財，就被引誘離了真道，用許多愁苦把自己刺透了。」（提前6：10）故詩人求上帝使他的心向著神的法度，不向非義之財。

「非義」希伯來文「bes」，意思是搶劫，不義地獲得，過度地渴求。掠取非義的財物謂之貪。（箴1：19）貪念是從內心傾出，詩人求上帝給他智慧、心思、悟性，好遵主命行主道。因為「一生的果效是由心發出」（箴4：23）。所羅門說：「你要專心仰賴耶和華，不可倚靠自己的聰明，在你一切所行的事上都要認

定他，他必指引你的路。」（箴3：5－6）

　　地上的一切只不過是短暫的存留，唯有一心趨向神的法度及道路，才是永恆不變的。「我兒，不要忘記我的法則；你心要謹守我的誡命；因為它必將長久的日子，生命的年數與平安，加給你。不可使慈愛、誠實離開你，要繫在你頸項上，刻在你心版上。」（箴3：1－3）

　　願詩人今天的祈求，也是你我的禱告，阿們！

6 日
2月

「求你叫我轉眼不看虛假，又叫我在你的道中生活。」

詩119：37

◎ 徐文遠

有一項調查顯示：心理醫學家請兩批青年學生分別看兩部電影，一部是德蘭修女的行善事蹟，一部是戰爭暴力片，之後醫生發現看德蘭修女片的學生，他們的免疫系統增強了，因內心充滿愛的影響；而看戰爭片的那群學生，免疫力變差了，因暴力使他們充滿反叛、憎恨。

故此，我們的眼目所看到的，會直接影響內心像什麼。古語有云：「非禮勿視。」夏娃為何跌倒？乃因看見那樹上的果子「悅人的眼目」，這就是眼目的情慾；接著夏娃感覺「且是可愛的」，這就是肉體的情慾；而「能使人有智慧」，這是今生的驕傲；於是夏娃「就摘下果子來吃了」，因此她就完完全全地跌倒了（創3：6）。

參孫，豈不是因放縱眼目的情慾，以致雙目被敵人挖下，慘痛收場？大衛豈非因肉體的情慾，以致自己的妃嬪被敵人污辱？路錫甫豈不是因驕傲自大，而從光明的天使變成撒但，且要面臨火湖永遠的滅亡？這真是一個極嚴肅的實例及警戒。

因為「上帝是輕慢不得的，人種的是什麼，收的也是什麼。」（加6：7）更因為「凡世界上的事，就像肉體的情慾、眼目的情慾，並今生的驕傲，都不是從父來的，乃是從世界來的。」（約壹2：16）

94

　　故此詩人求神叫他轉眼不看虛假；求神掉轉他的眼目不看邪惡之事物。「虛假」，希伯來文指「偶像」或「偶像崇拜」。夏娃因眼目轉離開神，失去了身上的榮光，更失去了從神而來的榮耀；彼得因眼目轉離耶穌，便在海中下沉。當向日葵向著太陽時，會開得更燦爛美麗；同樣，當人的眼目定睛轉向神──那公義的日頭時，生命便因耶穌的愛而改變，生命就更豐盛。

　　今日我們當求神使我們的眼目定睛仰望祂，叫我們轉眼不看虛假，阿們！

「你向敬畏你的人所應許的話，求你向僕人堅定！」

詩 119：38

◎ 徐文遠

一天，牧師講道時拿出一份很美麗的禮物，要送給台下的聽眾，牧師呼籲聽眾上前來取，全場安靜，只有一個小孩子將禮物取走。為何沒有人敢上前來取，因為他們不信牧師的話，以為他在開玩笑，只有那位小孩，深信牧師所說的話，於是他得到那份禮物。

今日，很多基督徒亦如此，以為神的應許不實在，但神的應許永不落空，祂的應許對信的人永遠堅定，而且是會兌現的。「耶和華的道理潔淨，存到永遠；耶和華的典章真實，全然公義。」（詩19：9）而且「上帝的應許，不論有多少，在基督都是是的。所以藉著他也都是實在的，叫上帝因我們得榮耀。」（林後1：20）神的應許堅立在天，永不改變，我們只能用信心去索取。

所羅門王亦說：「敬畏耶和華是知識的開端」，惟有「愚妄人藐視智慧和訓誨」。（箴1：7）約瑟原來秀雅俊美，被主母引誘，但約瑟正直，敬畏神，寧願受屈坐監，也不願做這大惡得罪神，最後，神竟將約瑟高抬成為埃及宰相，握掌大權，也救了自己和全家人。

詩人求神的應許，向敬畏神的人堅立，這是極有道理的，他怕在逆境、困難中，失去對神的信心。「堅立」在此包括信心與

行為：堅定心中對主的信念，以及堅定實行心中的信念。

　　司布真多次作見證說：「我的祖父是一位貧窮的傳道人，他養了一頭牛，十個孩子的生活就靠這頭牛。有一天，牛不幸死了，我祖母問：『現在怎樣辦？』我祖父回答說：『我不知道我們現在要怎麼辦，但我知道神會知道怎樣辦。』」第二天，他從救濟會收到20英磅，神合時地供給了他的需要！

　　讓我們與詩人一齊求神說：「你向敬畏你的人所應許的話，求你向僕人堅定！」

「求你使我所怕的羞辱遠離我，因你的典章本為美。」

詩119：39

◎ 徐文遠

當日俄戰爭，俄國打敗後，俄國的艦長、司令和各軍的首長，都受到軍事法庭的裁判。當時俄國是世界五強之一，竟敗給日本，非常羞恥。當軍事法庭開審時，那些艦長、司令官和首長，都帶著律師為自己的無罪辯護，唯有那海軍總司令羅則默斯基上將獨自出庭，他站在審判官面前，說：「這次海軍打敗仗是我的責任，我等候處分。」結果所有帶律師辯護而推卸責任的司令、將軍、首長都被處死，唯獨這位海軍總司令得以存活。

「我向你陳明我的罪，不隱瞞我的惡。我說：我要向耶和華承認我的過犯，你就赦免我的罪惡。」（詩32：5）大衛信任神的審判是極其公義的，神的品格、典章，是極其仁慈可信的。詩人也如同大衛，說：「求你使我所怕的羞辱遠離我，因你的典章本為美。你本為善，所行的也善；求你將你的律例教訓我！」（詩119：39，68）

「求你使我所怕的羞辱遠離我」，希伯來文意思是「take away my rebuke」，撤走我所受的責備。我已經犯了罪，帶來羞辱，所以求神將犯罪而來的羞辱拿走。「我們若認自己的罪，上帝是信實的，是公義的，必要赦免我們的罪，洗淨我們一切的不義。」（約壹1：9）

美國克利弗蘭總統在任時，曾收到一封信，是一個13歲的孩

子寫來認罪的信，「總統先生，我做了一件得罪國家的事，就是我使用了已用過卻沒有蓋印的郵票，我現在賠償，寄上一枚新郵票，請總統赦免。」這信在白宮裡，是所有信件中最珍貴、最被重視的一封，並且一直保留在白宮作紀念。

　　親愛的弟兄姐妹，我們的每一個祈求，每一個真心的認罪，我們每一滴真誠懺悔的淚，都是神所看為寶貴的，祂必使我們所怕的羞辱遠離我們，因祂的典章本為美！

「我羨慕你的訓詞；求你使我在你的公義上生活！」

詩119：40

◎ 徐文遠

早期香港生活困乏，有些教會派發米糧，傳道人亦趁這大好機會向人們介紹神的愛，盼望他們在此逆境中，信靠這位賜生命之糧的主。但有些人只渴望得著神的福氣，卻不渴望得著賜福氣的神。

他們不明白當他們擁有這位賜福氣的主時，便同時擁有祂所賜的福氣；同樣，當我們順從祂的教訓時，便能得著祂教訓中的應許。

詩人渴慕神的訓詞，更求神使他能在祂的公義上生活，見證主的真實與慈愛。當他將自己完全奉獻給神時，便能得著從天而來的能力，使他在公義上生活。

「凡把靈、魂、與身子，都獻給上帝的人，必能不斷地領受體力和智力的新恩賜。天上無窮的寶藏，他們儘可以取用。基督要把祂自己聖靈的生氣，和生命的活力賜給他們。聖靈要用祂最大的力量，在他們心中運行。」（《歷代願望》，頁845）

越戰時，越南人民生活甚苦，經常沒飯吃。有一天，我太太的家人，把他們儲蓄的一點錢買了一條小魚，母親將小魚加上麵粉，做了一個大魚餅。開飯時，發覺魚餅被貓偷吃了，每個人只好光吃著白飯。

大家痛心的潸然淚下之際，一位愛主的基督徒來找妹妹，他

的手裡竟拿著一條大魚！我們都被神的公義、慈愛，神的應許吸引住了！「你們看那天上的飛鳥，也不種，也不收，也不積蓄在倉裡，你們的天父尚且養活牠。你們不比飛鳥貴重得多嗎？你們要先求他的國和他的義，這些東西都要加給你們了。」（太6：26，33）神的供應、神的應許、神的保守，使我岳母一家都信了主。

藉著神所賜的福氣，我們能夠認識這位厚賜百物的神；藉著神的訓詞為指引，我們可以將自己獻給神，每日願意在神的公義上生活。

詩人說：「我羨慕你的訓詞；求你使我在你的公義上生活！」願這也是今天你我的祈禱，阿們！

「耶和華啊，願你照你的話，使你的慈愛，
就是你的救恩，臨到我身上。」

詩119：41

◎ 吳清智

每次走進台灣區會的電梯，啟動按鈕後，自然會看到左邊的牆面有一張粉紅色的造型卡紙，貼著黃金色花紋的立體蝴蝶結，還有溫馨感人的叮嚀：

你今天單會主了嗎？上帝愛你，祂期待與你有個親密的關係。祂每天都要和你溝通，只要跟著「備、讀、應、錄」就能聆聽並回應上帝的聲音。

1. 預備心靈，聽上帝的聲音。
2. 讀經與默想。
3. 回應上帝。
4. 記錄你與上帝的聲音。

——台中教會提醒你

的確，如果你跟著「備、讀、應、錄」的步驟靈修，你也必定對今日的經文深信不疑，因為「耶和華啊，你的話安定在天，直到永遠。你的誠實存到萬代……。（詩119：89－90）每次靈修禱讀神的話，如同面對面與主晤談，勤寫屬靈的日記，記錄你與上帝的聲音，足夠讓你感同身受「你的慈愛，就是你的救恩，臨

到我身上。」

　　詩人寫詩篇119篇，採取「照你的話＋神的應許與果效」：的句型而成為信心的禱告，例如：將我救活（25，107，154節）、使我堅立（28節）、使你的慈愛、就是你的救恩，臨到我身上（41節），憐憫我（58節）、善待僕人（65節）、扶持我，使我存活，也不叫我因失望而害羞（116節）、使我腳步穩當，不許什麼罪孽轄制我（133節）、賜我悟性（169節）、搭救我（170節）。

　　你今天單會主了嗎？你今天讀經了嗎？讀完詩篇119篇41至48節，8節經文只要1分鐘，可當作你的讀經禱告：你的救恩臨到我身上（41節）。我要永遠倚靠你的話（42節）。我要仰望你的典章（43節）。我要常守你的律法（44節）。我要考究你的訓詞（45節）。我要論說你的法度（46節）。我素來愛你的命令（47節）。我要思想你的律例（48節）。阿們！

「我就有話回答那羞辱我的，因我倚靠你的話。」

詩119：42

◎ 吳清智

在該撒利亞的公廳上，百尼基、眾千夫長、城裡尊貴人等眾目睽睽之下，使徒保羅倚靠神的話，勇敢地與亞基帕王、出言羞辱保羅的羅馬巡撫非斯都，有一番精采的對話：

「保羅這樣分訴（即申訴），非斯都大聲說：『保羅，你癲狂了吧。你的學問太大，反叫你癲狂了！』保羅說：『非斯都大人，我不是癲狂，我說的乃是真實明白話。王也曉得這些事，所以我向王放膽直言，我深信這些事沒有一件向王隱藏的，因都不是在背地裡做的。亞基帕王啊，你信先知嗎？我知道你是信的。』亞基帕對保羅說：『你想少微一勸，便叫我作基督徒啊！』保羅說：『無論是少勸是多勸，我向上帝所求的，不但你一個人，就是今天一切聽我的，都要像我一樣，只是不要像我有這些鎖鍊。』於是，王和巡撫並百尼基與同坐的人都起來，退到裡面，彼此談論說：『這人並沒有犯什麼該死該綁的罪。』亞基帕又對非斯都說：『這人若沒有上告於凱撒，就可以釋放了。』」（徒26：24─32）

如果保羅癲狂，為何亞基帕王自承：「你這樣勸我，幾乎叫我作基督徒了！」為何他命令非斯都要釋放保羅？如果保羅沒癲狂，人人就該效法保羅，「你們該效法我，像我效法基督一樣。」（林前11：1）

使徒保羅（鎖鍊銬身下獄的福音使者）一生的信仰與事奉的中心，是高舉基督、效法基督，「仰望為我們信心創始成終的耶穌（或譯：仰望那將真道創始成終的耶穌）。」（來12：2）

耶穌登山寶訓說：「為義受逼迫的人有福了！因為天國是他們的。『人若因我辱罵你們，逼迫你們，捏造各樣壞話毀謗你們，你們就有福了！應當歡喜快樂，因為你們在天上的賞賜是大的。在你們以前的先知，人也是這樣逼迫他們。』」（太5：10－12）

「求你叫真理的話總不離開我口，因我仰望你的典章。」

詩119：43

◎ 吳清智

我常到各縣市作巡迴專題演講。我的經驗是：只要連續數天的演講，每一場次都可以發揮淋漓盡致的效果，但遇到假日結束後的第一場演講，卻發現有時「詞句無法接續或標題轉場」等現象，不能一氣呵成，雖然不致於影響整個大局，卻是美中不足。

專題演講的內容，是我最擅長的專業領域範圍，竟然會出現這種狀況，為了徹底解決這個小困擾，在沒有演講的日子，仍須天天自我演練，因為唯有重複不間斷的演練，才能達到「強化記憶的深度、讓自然的反射動作更敏銳與快速」。

記憶能力的強弱，是造物主的大能與奇妙作為。每當外界的景象、聲音或思想，刺激大腦皮質的神經元網路時，只會產生暫時性隨機儲存的「運作記憶」而已；如果不常使用，神經元網路儲存的記憶就會逐漸淡忘、生疏或消逝無蹤。反之，如果重複不斷地使用，神經元網路的連結形態，就會越深植於腦部的組織中，越加強化地轉變，成為人腦中的持久性「長期記憶」。

人腦中的海馬體（hippocampus），會依據個人的「情感好惡，和已知的事物有無關聯性」，負責處理記憶的「儲存或刪除」。

詩人深知人類的記憶有限，除非加強訓練，否則容易健忘。

詩人因為喜愛、仰望神真理的話，所以寫出今日的經文，勉勵神的兒女們，唯有用心反覆細嚼神的話，總不離開口，才能更有效地記憶及珍藏神的話，牢記在心，免得冒犯神、得罪神！

人生的快樂，乃是從遵守神的話而來。今日的靈修禱讀聖經，就效法學習耶利米先知的祈禱：「耶和華——萬軍之上帝啊，我得著你的言語就當食物吃了；你的言語是我心中的歡喜快樂，因我是稱為你名下的人。」（耶15：16）

「我要常守你的律法，直到永永遠遠。」

詩119：44

◎ 吳清智

法國央行法蘭西銀行貨幣政策委員會理事米歇爾・亞伯特（Michel Albert）著書立言：「未來民主國家一切重大的政治社會論爭，都離不開保險的主題。」*這本書出版十餘年後，已經有越來越多的世人，感受到艾氏所發表的「真知灼見」的見地與影響力！

例如台灣自1998年1月1日施行強制汽車責任保險法以來，至今已邁進第十年，過程歷經一次大修母法（數次修正配套規定）。至2005年底，施行八年的強制汽車責任保險，對於車禍受害人的保險給付，總金額累計達952億餘元；汽車交通事故特別補償基金的給付，總金額累計達32億餘。顯見強制汽車責任保險成為全民保障的福利，可視為台灣的第二個「全民健保」。它從未造成政府的財政窘困，卻守護著台灣民眾交通安全的保險法規與權益。

任何的政策能夠推行成功，主管機關須發揮監理的功能、業者須認真執行業務把關、專家學者須群策群力研擬對策、立法機關須控管立法意旨明確、民眾須恪遵守法。反之，則窒礙難行。

今日的晨鐘課經文「我要常守你的律法，直到永永遠遠。」詩人藉著遵行神的律法行事，強調律法是彰顯神的永恆公義與真實。耶穌向世人宣告：「天地要廢去，我的話卻不能廢去。」

（約5：39），換句話說，聖經上所有的預言、律法，不受時間或空間的限制與影響。從古至今，聖經的內容從未修訂，不像世上的立法，為符合時代潮流的需要而一再修法。

「給我作見證的就是這經」（約5：39），律法就是神的見證，詩人因享受神的見證，讚美「你的公義永遠長存；你的律法盡都真實。」（詩119：142）神的兒女須每日堅定心志，經歷與神有親密的交通中。

＊編按：莊武英譯《兩種資本主義之戰》，聯經出版公司，頁69，1995年。

「我要自由而行（或譯：我要行在寬闊之地），因我素來考究你的訓詞。」

詩119：45

◎ 吳清智

法國著名學者與自由思想家盧梭（Jean J. Rousseau）的名言：「人生而自由，卻無時不在枷鎖之中。」這話可以解讀成「自由是有規範的，逾越法律放任自由，反而失去自由。」

任何人擁有合法的駕駛執照，可以依法駕駛汽車上路自由而行；反之，則寸步難行。但是，擁有合法駕照的汽車駕駛人，也必須謹守遵行法規，否則，也會失去自由而行的權利。例如：「服用毒品、麻醉藥品、酒類或其他相類之物，不能安全駕駛動力交通工具而駕駛者，處一年以下有期徒刑、拘役或三萬元以下罰金。」（刑法第185條之3）；「駕駛人肇事致人受傷而逃逸者，吊銷其駕駛執照；致人重傷或死亡而逃逸者，吊銷其駕駛執照，並不得再考領。」（道路交通管理處罰條例第62條第4項）

今日的經文，字裡行間不難看出其「前因後果」的關係，例如：因我素來考究你的訓詞，所以我要自由而行。反之，難保擁有自由而行的恩典。神的兒女們如何有效地持續擁有「自由而行」的恩典呢？耶和華曾如此曉諭約書亞：「謹守遵行我僕人摩西所吩咐你的一切律法，不可偏離左右，使你無論往哪裡去，都可以順利。這律法書不可離開你的口，總要晝夜思想，好使你謹守遵行這書上所寫的一切話。如此，你的道路就可以亨通，凡事順利。」（書1：7－8）

　　詩人顯然因為素來考究神的訓詞，經常晝夜思想，謹守遵行律法書上所寫的一切話，這就是他得到真正自由的關鍵。因為看重神的道路，因而得以行在平坦、寬闊之地。

　　願今天詩人的傾訴，也成為我們的禱告。「我要自由而行，因我素來考究你的訓詞。」

「我也要在君王面前論說你的法度，並不至於羞愧。」

詩119：46

◎ 吳清智

使徒保羅在亞基帕王的面前，論說神的法度，他說：「上帝叫死人復活，你們為什麼看作不可信的呢？」（徒26：8）接著講述自己闡揚的內容：「然而我蒙上帝的幫助，直到今日還站得住，對著尊貴、卑賤、老幼作見證；所講的並不外乎眾先知和摩西所說將來必成的事，就是基督必須受害，並且因從死裡復活，要首先把光明的道傳給百姓和外邦人。」（徒26：22－23）

如果耶穌沒有死裡復活，基督徒期盼的「復活永生」只是異想天開，生命也沒有意義，必定會和使徒保羅同感：「我們若靠基督只在今生有指望，就算比眾人更可憐。」（林前15：19）

任何人都必須確信上帝的話就是祂的法度。因為祂曾經讓以西結先知看見一個異象：在一個遍滿骸骨的平原上，主耶和華要先知對著這堆骸骨如此宣告：「主耶和華……如此說：『我必使氣息進入你們裡面，你們就要活了；我必給你們加上筋，使你們長肉，又將皮遮蔽你們，使氣息進入你們裡面，你們就要活了；你們便知道我是耶和華。』」（結37：5－6）

其實，神在日常生活中早已為我們安置許多復活的跡象，例如：每天早上醒來，都是代表一次的復活，晚上睡覺疲憊欲死，醒來又是活力旺盛；每次生病痊癒，也是代表一次的復活；春天來臨，自然萬物再次的甦醒亦然。造物主，這位生命的源頭，把

復活的跡象展示在大自然中，又顯示在每個人的身上。如果你不相信今晚睡覺，明早會醒來；如果你不相信生病會痊癒、健康得以恢復；試問，你還有什麼勇氣活下去？人生有何意義？

　　哈利路亞！感謝讚美主。耶穌的復活就是千真萬確的證據！因此，即使我「要在君王面前，論說你的法度」，也不至於羞愧。

「我要在你的命令中自樂;這命令素來是我所愛的。」

詩119:47

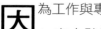

◎ 吳清智

因為工作與專業的原因,我接過不少的求助電話:

1. 有人騎機車接孩子下課回家的途中,行經無號誌路口時,撞及行駛左方機車的女大學生,雙方受傷。

2. 有人騎機車未依規定兩段式左轉,被他車撞傷,他車又撞及路邊違規停車的車輛,肇事車主獅子大開口,維修費用猛灌水,高達90萬元賠償。

3. 有人駕駛小客車轉彎時,撞及直行機車的老外,導致肩膀鎖骨骨折,老外的台籍妻子要求賠償。

4. 有人騎機車行經無號誌路口時,被行駛右方的小客車撞及,以致骨折住院。

5. 有人駕車行經交岔路口時,被依閃光黃燈號誌行駛的計程車撞翻,計程車司機大灌維修費用及營業損失,要求25萬元賠償。

6. 有人騎機車行經交岔路口,攔腰撞上涉嫌闖紅燈的進口車,保險公司代位求償12萬元,此人不服,親自上法院按鈴告申告卻不受理。

在「路權優先」的法治社會裡,處理汽車交通事故的相關規定,只有無肇事因素者,才可以依法免除「刑事責任、民事賠償、行政處罰」。足證法律保障守法的用路人,也是享受自由而

行的唯一準則。反之,不守法的的代價,就是煩惱紛至沓來。

　　詩人憑藉神的命令,與神交通而更新靈命,因而以遵行神的命令為樂。這是他的經驗。因此詩人喜愛神的命令超越一切,所以他說:「我愛你的命令勝於金子,更勝於精金。」(詩119:127)

　　基督徒享有屬靈的快樂與祕訣,就是遵行神的命令與指示,因為「耶和華的訓詞正直,能快活人的心;耶和華的命令清潔,能明亮人的眼目。」(詩19:8)

「我又要遵行（原文是舉手）你的命令，這命令素來是我所愛的；我也要思想你的律例。」

詩119：48

◎ 吳清智

摩西年紀老邁，求神立一領袖繼任其職位。摩西對耶和華說：「願耶和華萬人之靈的上帝，立一個人治理會眾，可以在他們面前出入，也可以引導他們，免得耶和華的會眾如同沒有牧人的羊羣一般。」耶和華對摩西說：「嫩的兒子約書亞是心中有聖靈的；你將他領來，按手在他頭上⋯⋯。」（民27：15－18）於是摩西照耶和華所吩咐的，將約書亞領來，使他站在祭司以利亞撒和全會眾面前，按手在他頭上，囑咐他，是照耶和華藉摩西所說的話（民27：22－23）。

摩西歿，耶和華親自安葬。耶和華曉諭約書亞：「我怎樣與摩西同在，也必照樣與你同在；我必不撇下你，也不丟棄你。你當剛強壯膽！⋯⋯；只要剛強，大大壯膽，謹守遵行我僕人摩西所吩咐你的一切律法，不可偏離左右，使你無論往哪裡去，都可以順利。⋯⋯你當剛強壯膽！不要懼怕，也不要驚惶；因為你無論往哪裡去，耶和華——你的上帝必與你同在。」（書1：5－9）

神的曉諭充滿勉勵與應許，勉勵「剛強壯膽」提說三次，應許「上帝必與你同在」提說兩次。哈利路亞！感謝讚美主！「因為，出於上帝的話，沒有一句不帶能力的。」（路1：37）

如何實踐思想上帝的律例？「我趁天未亮呼求；我仰望了

你的言語。我趁夜更未換將眼睜開，為要思想你的話語。」（詩119：147－148）詩篇的作者充分流露出愛慕神的命令，敬虔遵行神的命令，晝夜思想神的律例，成為千古長存的良範！

　　神親自揀選約書亞，說他是心中有聖靈的領袖，謹守遵行神的一切律法、律例、典章、法度、命令、訓詞、言語、話語、應許，並且不離口，總晝夜思想。準此，凡是屬於神的兒女們，自然也不能例外。

「求你記念向你僕人所應許的話，叫我有盼望。」

詩119：49

◎ 顏榮哲

你曾是否見過一個毫無生存意志的病人？當醫生、醫藥全無效果時，他對生命沒有留戀，期待死亡早日來到，結束生命。相反地，有些病人雖然病情嚴重，他本人卻有強烈的求生意志，與病魔奮戰，頗能維持一段時間，甚至克服難症。因此在基督教病院裡，有可禱告的小教堂。牆上貼著經文，引發病人、家屬生出盼望，仰賴上面的力量。

人生若沒盼望，前途一片黑暗，沒有明天。人不怕艱難困苦，只要目前的苦難會過去，前面有更好的一天、更好的生活、更好的健康，一切苦楚都可以忍受。

神對被逐出樂園、前途充滿「荊棘和蒺藜」的始祖說：「女人的後裔要傷你的頭；你要傷他的腳跟。」（創3：15），留給他們將來的盼望，鼓勵他們的「後裔」子孫。對水災過後一片泥漿、水灘，在荒涼世界的挪亞說：「上帝造人是照自己形像造的。你們要生養眾多，在地上昌盛繁茂。」（創9：6－7）對離鄉背井前途茫茫的亞伯蘭*說：「我必叫你成為大國……地上的萬族都要因你得福。」（創12：1－3）

對那些為當時代最富強的埃及做牛做馬的以色列人說：「我是耶和華；我要用伸出來的膀臂……救贖你們脫離他們的重擔，不做他們的苦工……我起誓應許給亞伯拉罕、以撒、雅各的那

地，我要把你們領進去，將那地賜給你們為業。」（出6：6－8）神的話安慰鼓勵舊約時代的絕路困境人，給了他們盼望。

跳到新約時代，神的兒子成了肉身，出生且生長在人間。祂深深體會、了解人類的病痛、衰老及各種生命的艱難。祂對我們說：「你們將要痛哭、哀號，……然而你們的憂愁要變為喜樂。」（約16：20）並且祂要使我們的生命更豐盛。

願今日我們大家記得神給我們的應許：祂要叫我們有盼望。

*編按：亞伯蘭即亞伯罕，請參閱創世紀17章5節。

「這話將我救活了；我在患難中，因此得安慰。」

詩119：50

◎ 顏榮哲

我在羅馬琳達華人教會（Loma Linda SDA Chinese Chinese Church）做代理堂主任時，2007年農曆年年末，會見了不少名人及路過教堂的奇人。這是因教堂坐落在顯目的位置。

有天一早，林大專醫生路過教堂，進辦公室與我談些聖經難題。臨走前贈我一本他的人生自傳──《我的天路歷程》。薄薄一本，內容卻相當精采，我一口氣讀完了它，當晚顏師母就寢前，也很快讀完。

書裡提到日語、台語、國語。而出現的人物也有日本文學、哲學、基督教、教育界的名人、聖經人物；在小冊子裡，林醫生提及他幼年的台灣鄉村，以及到台灣傳道的早期拓荒人物，他目睹了二次大戰末期，日本東京大火燃燒的情況。

在那個時代，他因雙重身分衍生出雙重認同，而引帶的雙重價值觀，更為人生意義的尋求、探索而徬徨徘徊。他的耿直爽快，增加了故事內容的生動有趣，最後我因他自神的話語獲得人生指南，生命有了意義而鬆了一口氣。它算是一本台灣歷史流轉中一市民的見證書籍。

人與動物不同的地方，在於人會思考，而其他一切動物只會獵取、生殖、護衛自己以維持生存，只有人知道自己生命之有限，死為人生之終點。如何活得有意義，就是整個人生從不間斷

的課題，特別在需要規劃這一條途徑時，人生遭受困難，需要修正規劃人生途徑時。這時，我們需要神的支援，需要信心及勇氣，面對問題，從挫折中站立起來。

聖經人物沒有一個生來就是超人，他們墜入失望深坑，無人可信、孤單寂寞，甚至咒詛自己的出生。「我的上帝！為什麼離棄我？為什麼遠離不救我？不聽我唉哼的言語？」（詩22：1）然而神自願從中救活我們，使我們能説：「耶和華的右手高舉；耶和華的右手施展大能。我必不致死，仍要存活，並要傳揚耶和華的作為。」（詩118：16－17）

「驕傲的人甚侮慢我，我卻未曾偏離你的律法。」

詩119：51

◎ 顏榮哲

驕傲兩字皆與馬有關。「驕」指高六尺以上的牡馬，亦意指「驃逸不受控制」（《宋史》）。「傲」字與「驁」同音，古人以「馬驕而不馴」（《漢書》竇嬰傳）為驁。「馬行從恣」，放肆。於是驕傲就是不馴之馬，指人之放肆縱恣，任性傲慢的性格。

驕傲確實會傷人。與驕傲人相處，我們變成次他（她）一等的人物。或許事實不然；或許有些事實，他自以為他具有其他人不具備的財物、才華、地位、容貌、能力、特質。這些雖不多，卻使他自覺不凡，高抬自己，自他身上噴出「傲氣」，使人難受。周圍人會自問：「我真的不如他？」「我在他心目中為何許人？」

多數人徘徊在自傲與自卑兩極之間。有時得意，被稱讚而自傲；有時在眾人中發覺自己缺乏，遜色不如人而自卑。人生歷練多，慢慢自己會知道自己的優缺點，找出心理的依據及平衡點。做到這點，就既不可憎也不可恨。蘇格拉底所說的，「你要知道你自己」即此義。但是有些人在自卑中反動（彈），做出自傲姿態，說話舉動高傲，氣勢凌人使人吃不消，顯然沒有調整好。

耶穌在世遇見形形色色的人。祂給門徒——確確實實有根底的自信。這些漁夫未受高深教育的，後來遇見社會上有財力、

122

有地位、有學問的人，都能以悲天憫人的愛人動機，勸導人接納天國的福音，悔改重生。這就是神的大能：具有醫治和矯正的功效。我們一樣可受到補充、治癒心理、平衡人生的效果。

　　「基督自己取了人的樣式，以便祂能接近世人。……基督的僕人和使者也是如此。世人需要一種超乎自己，在本身以外的能力，將上帝的形像恢復在他身上，使他能作上帝的工。……當人性把握住神的能力時，基督就因著信而住在人的心中。」（《歷代願望》，頁297）

「耶和華啊,我記念你從古以來的典章,就得了安慰。」

詩119:52

◎ 顏榮哲

我初次接觸詩篇119篇時,留下的印象是:這是一篇頌讚律法的詩歌。它的第一節說:「遵行耶和華律法的,這人便為有福!」且將「行律法的人」與「行為完全」者匯聚在一起,是典型的律法至上主義者的讚美詩。許久我不太靠近它。今日仍有不少人,也具有這種看法。那是第一節的內容所造出的印象及效果。

但是細讀詩篇119篇,它所要表達的乃是:「你(神)的話」,說確實一點,整篇所要提示的,是「神的啟示」。這啟示有的存在於自然法則中,有的啟示存在人心裡,有些是藉神的僕人傳達的(當時最大的啟示耶穌尚未來到人間)。

詩篇119篇有關神的啟示用辭很多:「神的道」、「道理」、「應許」、「命令」、「訓詞」、「法度」、「律法」、「典章」、「律例」、讀者若用心讀,會發現尚有一些用辭。英文的翻譯詞有「見證」(Testimonies),「審判」(Judgement)等。因此詩119篇含意很深很多,當然律法亦包括在內(律法是神品格的表達)。

詩篇119篇及19篇的7至9節用法相同。指我們內在的律。保羅說:「上帝的事情,人所能知道的,原顯明在人心裡,因為上帝已經給他們顯明。」(羅1:19)

　　作者對神的公義、仁慈，不具任何疑問，祂昨日如何，今日亦將如何，明日也一樣不改變。這種神格，給人盼望、堅信、慰藉、鼓勵。古人從自然律推廣到神格及道德律，宇宙的統一、永恆，反應出神的真性。人間世界為祂管轄，必定會有秩序，具恆久性。明白了這種真理，作者獲得安慰。

　　神是「昨日、今日、一直到永遠，是一樣的。」（希13：8）「惟有你永不改變；你的年數沒有窮盡。」（希1：12）

「我見惡人離棄你的律法，就怒氣發作，猶如火燒。」

詩119：53

◎ 顏榮哲

在台灣南部某大城市，我正向一位檳榔攤老闆娘問路，來了一個十七、八歲的「少年人」，站在老闆娘前，默不作聲但態度傲慢。她打開抽屜，取出200元台幣交給他。後者不動聲色離開了。氣氛十分怪異，我問了老闆娘為何給錢？她說，這「少年人」是地方惡霸，收取一週一次的「保護費」，若不給，他們會來敲破玻璃，或停車在攤位前，使她做不了生意。這種小事，派出所的員警幫不了任何忙。她認為交少數目的錢，息事寧人算了，這是中國人的惡習，被這些地方小惡霸欺負慣了。

這是個惡人的世界，日常生活裡，吃小虧的事處處發生，很難忍受，巴不得有火從天上降下，將這些不義的、欺人的、沒有公理、好吃懶做的社會寄生蟲統統除滅。

在亞伯拉罕之前的蘇美人，曾有過不良子女留給父親的悲嘆、創傷、失望的記錄。儘管父親刻苦犧牲，送孩子到學校讀書，希望他能學好，也學會一技之長，但學好不易，學壞卻似乎很容易且迅速。西元前1700年出土的黏土板上，寫下了少年人的惡劣行跡，一切自交惡友開始。跟著曠課、閒蕩；與父親殷切的盼望相悖而行。今日陷入惡社會的機會更多，擔心的雙親也不知道如何防禦，母親只會嘮嘮叨叨，父親則沒空管教，只要灰心的雙親放棄管教，子女就加速沉淪。

　　基督教對這沉淪的社會是有挑戰、有使命的。我們不能明哲保身只作旁觀者。傳道、宣講基督愛世人、跟人查經、幫忙鄰居，都有直接或間接的功效。協助孤兒院、探訪監牢傳道，則是更進一步的行動。

　　耶穌說：「人點燈，不放在斗底下，是放在燈臺上，就照亮一家的人。你們的光也當這樣照在人前，叫他們看見你們的好行為，便將榮耀歸給你們在天上的父。」（太5：15－16）即使是一盞小小的燈，也要讓它顯出發光。

> 「我在世寄居，素來以你的律例為詩歌。」

詩119：54

◎ 顏榮哲

這句話「我們在你面前是客旅，是寄居的。」似乎是以色列人的日常用語，曾出現在禱告及各種場合。

以色列人與神訂「贖地條例」時，上帝提醒他們：「地是我的；你們在我面前是客旅、是寄居的。」（利25：23）大衛準備建材給兒子所羅門將來建聖殿，他禱告說：「我們在你面前是客旅，是寄居的。」（代上29：15）雅各對法老談及他的年歲時，說：「我寄居在世的年日是一百三十歲。」（創47：9）大衛在另一個私人禱告中說：「因為我在你面前是客旅，是寄居的。」（詩39：12）

這句是古代以色列人的慣用語，是生活表達的用詞，是詩歌唱慣的一小節。有趣的是，這一小節一直貫穿進入新約書信中。如希伯來書的作者說：「自己在世上是客旅，是寄居的。」（來11：13）保羅寫以弗所書時，也這麼說：「你們不再作外人和客旅，是與聖徒同國，是上帝家裡的人了。」（弗2：19；創23：4）

當以色列的鄰國埃及人追求生命的永恆，製作不朽之身木乃伊，藏入金字塔以圖保留永生時；當巴比倫人造建巴比倫或巴別塔，預備保存到永遠時，以色列人卻表示了另一種信仰，自己在世是寄居、是短暫的，如影兒，剎那間就會成為過去。「早晨發

芽生長，晚上割下枯乾。」（詩90：6）

　　人想建立永久，但在歷史的轉換中將如水沖去（詩90篇）。

他們轉而仰望永生上帝，於是，古以色列人作詩歌唱：

> 「來啊，我們要向耶和華歌唱，
>
> 　向拯救我們的磐石歡呼！
>
> 　我們要來感謝他，
>
> 　用詩歌向他歡呼！」
>
> 　　　　　——詩95：1－2

「耶和華啊，我夜間記念你的名，遵守你的律法。」

詩119：55

◎ 顏榮哲

曾在中東偏僻鄉下住過一段日子，在那些地方沒有電燈，人們日出而作、日落而息，夜間沒什麼活動。

圍繞在一盞燈（或多些）之周圍，其實家人可做的事很有限。有時他們在幽暗中作樂歌唱，或者講講故事。有些聖經學者說，舊約故事成書之前，是古人口傳下來的。古人的腦似一張白紙，可寫下、容納不少歷史、詩歌、誡命。書寫五經的摩西就曾如此吩咐，說：「以色列啊，你要聽！」（申6：4）我曾在聖地，與以色列的巴士司機在觀光路上，以希伯來文背誦詩篇23篇，他們都會。

靜夜時可反省，且可禱告。現代人太忙了，應酬回家就蒙頭大睡，或看著電視漸漸入眠。「電視是我的牧者，我必不至缺乏，它使我躺臥在沙發椅上，領我到可安歇的床邊。它使我的精神興奮，為明星的名引誘我走邪路。」假如我們不再上教堂，我們的靈魂何時又得淨化呢？

大衛犯了姦淫與借刀殺人的大罪之後，在先知拿單的指責中，寫下了這些話：「你所喜愛的是內裡誠實；你在我隱密處，必使我得智慧。」（詩51：6）

他悲傷懇切地懇求上帝：

「求你用牛膝草潔淨我，我就乾淨；

　求你洗滌我，我就比雪更白。

　求你使我得聽歡喜快樂的聲音，

　使你所壓傷的骨頭可以踴躍。

　求你掩面不看我的罪，

　塗抹我一切的罪孽。」（詩51：7─9）

　夜晚，是反省的時刻，是禱告的時間；

「白晝，耶和華必向我施慈愛；

　黑夜，我要歌頌禱告賜我生命的上帝。」（詩42：8）

「我所以如此，是因我守你的訓詞。」

詩119：56

◎ 顏榮哲

由於不十分清楚這經文之詞意，我辦公室正好有新欽定譯本在旁可作參考：「And this become mine, because I kept your precept.」「我今日的（為人）如何，是由我守的訓詞（形成）。」

正如我們的身體，是由每日所吃的食物維繫生命，我們的精神智慧、靈性領域，也是由每日的閱讀、聽聞，思考形成。聖經說得好，人「一生的果效是由心發出」（箴4：23）。

一些著作影響了我人生的取向。當我正在探索人生意義、尋求方向時，讀了《史懷哲自傳》。他少年時特具的敏感，使他感受到人生各有不同、不公平的境遇。為此，他認為社會某些人種及階級的遭遇，生來就不公平。他自認他的成就（事實上有些是他的天資、有些是靠他努力的結果），是因他的境遇好過別人；相反地，有些人沒成就，不是因他們才華不足或努力不夠，而是因這些人的機會、環境，生來不如別人。於是，史懷哲覺得，他應該回饋社會，為那些不幸的人服務。

他說他受到「拿撒勒人耶穌的感召」，於是放棄了大學教學職位及喜愛的音樂演奏（他演奏巴哈的管風琴樂非常出色）。當時神學界對他期望甚高（時至今日，他特出的貢獻仍記在課本上），他也放棄了，決心為世間境遇惡劣之人服務。史懷哲抵達

二十世紀初被稱為「黑暗大陸」的非洲，建立病院行醫，與惡疾、野蠻、不便對抗。他為生活及價值觀念不同的非洲人服務，終其一生。

　　本詩篇作者，見證了自己信仰的成就，受神許多的祝福，歸因於他思考、了解神的話，改變了自己的生活，享用不盡神的愛與祂豐盛的祝福。他與神交談，直到祂的話融入他的心中。聖靈感化，提升他默想神的作為。他不是一個表面的律法主義者，而是自內心受神的智慧、啟示所感動的回應者，他切實感受到神在宇宙自然界奇妙的作為。

「耶和華是我的福分；我曾說，我要遵守你的言語。」

詩119：57

◎ 焦望新

福分人人都想要，但對其理解可能不盡相同。對於一個待產的母親來說，福分就是她那將要降生的孩子；對於一個在戰場上服兵役的士兵來說，福分就是他能平安地回到家中；對於一個剛剛退休的員工來說，福分就是他能安享晚年；對於一個剛踏入社會的年輕人來說，福分就是他能找到一份穩定的工作，潛力有所發展。在大多數人的眼光中，福分是物質上的享受、生活的平安、工作的能力、身體的健康等，與個人生活息息相關的所有一切。

但耶和華如何是我的福分呢？誰是耶和華？聖經記載，當帶領以色列人出離埃及為奴之地的摩西，從上帝手中接過寫著十條誡命——也就是上帝教導人做人的律法之時，上帝宣告說：「耶和華，耶和華，是有憐憫有恩典的上帝，不輕易發怒，並有豐盛的慈愛和誠實，為千萬人存留慈愛，赦免罪孽、過犯，和罪惡。」（出34：6－7）耶和華保證要賜給以色列人的福分，包括憐憫、恩典、不輕易發怒、慈愛、誠實、赦免罪惡……，所有這些，不都是我們想要的福分嗎？

但是耶和華的福分，不單是物質上的一切，更多的是關乎將來和永遠的福。以色列王大衛曾經作詩說，「耶和華所命定的福，就是永遠的生命。」（詩133：3）因為福分如果不是來自上

帝，都是暫時的、有限制的、不可靠的。

　　如何得著耶和華的福分呢？詩人說，我要遵守你的言語。為何詩人這樣說？我想這是對上帝所賜福分的回應。上帝的福分，是要給那些願意得到和相信祂的人。當耶穌在兩千多年前來到世上時，祂也說：「信子的人有永生；不信子的人得不著永生。」（約3：36）哪些是願意得到福分的人呢？就要那些聽從上帝的話、順從祂律法的人。

　　朋友，你願意得到福分嗎？我願意！

「我一心求過你的恩；願你照你的話憐憫我！」

詩119：58

◎ 焦望新

恩是一個很奇妙的字，我們在生活中常會用得著。

有一次在香港坐巴士，前往位於半山的香港港安英文堂講道。但是匆忙中卻忘記帶零錢，那時香港還沒開始使用「八達通」儲值車票，而香港幾乎每一條巴士線路的車費都不同，並且寫明需自備零錢。

在我登上往山頂的巴士後，一摸口袋，發現沒帶零錢，心想這下糟了，如果矇混過關不付車費太不像話，被司機罵一頓可不太丟臉了嗎？但是看看錢包，只有一張500元面值的鈔票，5.2元的車費付上500元，那也太不划算了吧！我站在巴士司機面前，慌張地摸索著我的口袋，情急中伸進背包中摸了一下，竟然摸到一個兩元硬幣。我手中拿著硬幣，看著司機先生，不知該說什麼，司機竟然說話了：「你要坐到哪裡？」我答道：「港安醫院！」司機看了看我手中的兩元硬幣，隨即說：「那你就付兩元吧！」

巴士司機向我開恩，使我可以不必付全部車費，我心裡因此感激不盡。少付3.2元的車費，實際上並不多，但我的感激並不是因為得了多大的好處，而是因為我得到了我本不應該得的。

今天的經文說：「我一心求過你的恩」，是向誰求恩？自然是我們的上帝。為何要向主求恩？因為我們遇到了自己無法解決的問題。人類的祖先亞當和夏娃也是這樣，在他們犯罪後，耶穌

宣布説，讓我來代替你們死！亞當和夏娃得到了恩典，得到了本不應該得的。當詩人寫今日的詩句時，耶穌的保證還沒有實現，但詩人很清楚耶穌的保證，所以對主説：「我一心求過你的恩；願你照你的話憐憫我！」

耶穌也真的憐憫了我們！因為祂已經成為人，為我們死，把生命賜給那些願意接受恩典的人。

朋友，你需要恩典嗎？我需要！

「我思想我所行的道，就轉步歸向你的法度。」

詩119：59

◎ 焦望新

人生在世，經歷的事情太多，如果不經常反省一下，就可能失去很多學習的機會。

兒時我住在偏遠高原上的一個小鎮，因為家中並沒有多少玩具，常常就只能自己尋找玩耍的方法。那時和我同齡的男孩子，很喜歡自製彈弓，然後比賽誰能射得最遠、最準。用來射擊的目標，通常是一個空罐頭或是空瓶子，但有時樹上的小鳥、草地裡的野兔，也難逃厄運，成為被打的目標。當然，小鳥和小動物是會動的，要打到並不容易。

有次和朋友們比賽完之後，我得了第一，心中異常高興，回到家中院子，看到母雞帶著小雞在覓食，竟不由自主地拿起彈弓，射向一隻小雞。我打得很準，那隻小雞立刻倒在地上。我很害怕父母知道會處罰我，於是，拿起小雞去找父親，說：「爸爸，你看是誰把這小雞打傷了？」父親找來硬紙把小雞的腿固定好，吩咐我把牠放在紙箱中養著。

我看著小雞，心中很不是滋味，接下去幾天，常常想起這事，最後實在忍不住了，就寫了一張紙條給父母，說：「爸媽，對不起，我撒謊了，那隻小雞是我打傷的！」

〈論語・學而篇〉中有這樣的話：「曾子曰：吾日三省吾身……」對基督徒來說，自我省察也是非常重要的，今天的經文

說：「我思想我所行的道，就轉步歸向你的法度。」這就是反省的結果。在繁忙的生活中，我們很容易忘記反省，一直向前衝，有時自己從哪裡來，要往哪裡去都忘記了。但當我們停下來思想所行的道時，就會發現自己的偏差。

更加重要的是，聖經也告訴我們，反省的標準就是「你的法度」——上帝的律法。當我們將生活的軌跡與上帝的律法相對照時，所行道路的偏差就很明顯了。上帝也藉著聖靈，呼召我們歸向祂的法度。

朋友，你今天反省了嗎？我願意反省！

「我急忙遵守你的命令，並不遲延。」

詩119：60

◎ 焦望新

做父母的最希望兒女能聽話，但事與願違，生活中實際的情況往往並非如此，對於大多數父母親來說，孩子們與父母唱反調，似乎是已經司空見慣了的。我也很希望自己的孩子們能聽話，故此常常思考他們不願意順從的原因，但總是得不出一個好的結論。不過我發現，當孩子們想從我這裡得到好處時，就會變得很聽話了。

有一次出差回來，買了禮物給孩子們。他們當然想立刻收到禮物，但正好是吃晚飯的時候，就吩咐他們，說：「快快吃完飯，就可以收禮物了！」他們果然很聽話，大口大口地吃，竟然在短短的十分鐘內把飯吃完了。要是在平常，他們每次吃飯，至少要花半小時。

今天的經文說：「我急忙遵守你的命令，並不遲延。」詩人是否也因為得到了好處，就急忙遵守主的命令呢？我想不是，因為前一節經文說：「我思想我所行的道，就轉步歸向你的法度。」（詩119：59）詩人遵守主的命令，並非不得已，而是因為他看到了自己的不足，願意改變。

更進一步來說，詩人為何要改變自己，歸向上帝的法度呢？就是因為他和上帝已經建立了親密的關係。關係的建立需要愛，小孩子順從父母，很多時候是為了得到好處，這是因為他們還沒

有完全理解愛的真正意義，但是當孩子們漸漸長大，明白並感受到愛的真意時，就會把順從看成是應該和必然的了。

這樣看來，那推動我們遵守上帝命令的原動力，就是愛；在基督徒的人生旅途上，那最愛和最關心我們的，就是耶穌基督。當我們接受了祂的恩典，願意一生跟從祂的時候，順從祂的律法，就是一件很自然的事了。並且我們會急忙遵守上帝的命令，因為那是我們對上帝大愛的最好回應。

朋友，你願意愛耶穌嗎？我願意愛祂，遵守祂的命令，並不遲延！

求你教我判別是非,賜我知識,因為我全心信靠你的誡命。

3 | MARCH

謙受主命令的得知識

求你教我判別是非，賜我知識，
因為我全心信靠你的誡命。

「惡人的繩索纏繞我，我卻沒有忘記你的律法。」

詩119：61

◎ 焦望新

我們都不喜歡惡人，但生活在世界上，有時免不了會與惡人接觸，被他們的繩索纏繞。

有次出差到中國西南一個城市，傍晚下了飛機之後，我準備探望一位教友。天已經黑了，我向一個水果攤販買了些水果，付了錢，拎著水果向前走的時候，突然覺得腳被人絆了一下，我轉身一看，見一個穿黑夾克的中年男人，口中叼著香菸，惡狠狠地瞪著我。我心裡一沉，心想這人可能要找麻煩了。果然不錯，他抓住我說：「你怎麼走路都不看清楚，你弄傷了我的腳，走，你帶我到醫院去！」

我心想這人可真的不講道理，明明是他絆我的腳，怎麼說我把他弄傷了呢？我本想和他理論，但轉念一想，我的裝束和說話的口音都不像當地人，沒有必要和他爭論，於是立刻說：「對不起，不小心碰到你了！」同時我心中向上帝禱告說，「主啊，求你救我脫離這惡人！」可是這人還是不罷休，「你給我買兩條菸，不然我叫人來打你！」看來這真是個惡人啊！我回答說：「對不起，我不抽菸，也不會給你買菸！你如果真的叫人來打我，我可要報警了！」那人一聽我說要報警，立刻轉身走了。

這個經驗讓我學到，在惡人纏繞的時候，不忘記律法是很重要的。在一個法治社會中，員警要保護那些守法之人。如果當時

我嘗試自己與這個惡人對抗，不請員警來執法，後果很可能真的會被惡人傷害。

詩人説：「惡人的繩索纏繞我，我卻沒有忘記你的律法。」惡人是不守律法的，但在律法面前，他們要承認自己是有罪的，「因為律法本是叫人知罪」（羅3：20）。故此，惡人不喜歡律法，也害怕執行律法的人。

但我們是守上帝律法的。當惡人前來攻擊時，只要我們不忘記律法，上帝是信實的，一定會幫助我們脫離惡人的纏繞。

朋友，當惡人來到時，你願意思想上帝的律法嗎？我願意！

「我因你公義的典章，半夜必起來稱謝你。」

詩119：62

◎ 焦望新

每個人都希望得到公義，在生活中得到公平。對基督徒來說，因為上帝的公義，稱謝讚美主都是很自然的，甚至也可能在半夜無法入睡的時候，對上帝發出感謝。但是如果得不到公義呢？還能稱謝嗎？

新約聖經使徒行傳記載，使徒保羅和西拉有一次在腓立比被囚，事因保羅將污鬼從一個使女身上趕出，而使女的主人本來靠著這污鬼賺錢，當發現得利的指望沒有了，就抓住保羅和西拉，拉他們去見首領。官長聽了眾人的控告，並沒有給保羅和西拉分訴的機會，就打了他們，而且下在監裡。「約在半夜，保羅和西拉禱告，唱詩讚美上帝，眾囚犯也側耳而聽。」（徒16：25）突然地大震動，甚至監牢的地基都搖動了，監門立刻全開，眾囚犯的鎖鍊也鬆脫了。獄卒以為囚犯都逃走了，害怕自己性命不保，就拿刀想自殺，但保羅大聲說：「不要傷害自己，我們都在這裡！」（徒16：28）獄卒因此發現保羅所信的上帝是真的，「他和全家，因為信了上帝，都很喜樂。」（徒16：34）

保羅和西拉怎能在被誣告、受鞭打之後，還能在半夜唱詩讚美上帝呢？雖然受到不公正的對待，他們卻很明白，在上帝公義的典章面前，他們是清白的，而人的不公更顯出上帝的公義。他們被鞭打之後，傷口疼痛，可能無法入睡，於是與其他囚犯談

論福音直到半夜，並且唱詩讚美上帝，最終上帝的公義得到了彰顯。

　　我們也要這樣讚美上帝，特別在逆境和困苦時，更要多稱謝上帝。因為當我們稱謝時，注意力就不再是自己，而是那公義的主了。我們也會更明白，主允許我們經歷苦難與不順利，都有祂的美意，為的是讓我們更依靠祂。

　　朋友，當你徹夜難眠、欲哭無淚的時候，你願意因上帝公義的典章，半夜起來稱謝祂嗎？我願意！

「凡敬畏你、守你訓詞的人，我都與他作伴。」

詩119：63

◎ 焦望新

人與人之間的影響力不可低估，這在小孩子身上最容易看出來。有次傳道人在講道中提醒教友們，「污穢的言語一句不可出口」，同時也舉了一些污穢言語的例子，包括聖經馬太福音5章22節所說：「凡罵弟兄是拉加的，難免公會的審斷；凡罵弟兄是魔利的，難免地獄的火。」傳道人舉的例子很生動，整個講道過程中笑聲不斷，連小孩子也聽得很入迷。

散會之後，大家一起吃飯，話題自然還是剛才講道的內容，在不知不覺中，我的兩個孩子開始吵架，而兩人互相用來對應的話語，竟然正是剛才講道中，傳道人提醒大家不要用的言語！

中國古諺說：「近朱者赤，近墨者黑。」用來比喻人的習性常因環境影響而改變。我們生活在一個罪惡的世界裡，雖然基督徒嘗試與罪惡分離，但是不可避免的，罪惡從生活的各方面影響著我們，我們所聽、所看、所接觸的人與事，都對我們帶來衝擊。

基督徒如何能出污泥而不染呢？今天的經文為我們提供了一個很好的答案，「凡敬畏你、守你訓詞的人，我都與他作伴。」敬畏主，守上帝訓詞的人，就是那些願意按照上帝指示去做的人，我們與這些人作伴，就會很自然地受到他們的好影響，使我們走向正路。

不但如此，我們也要盡力把好的影響帶給人。耶穌說：「你們是世上的光。城造在山上是不能隱藏的。人點燈，不放在斗底下，是放在燈臺上，就照亮一家的人。你們的光也當這樣照在人前，叫他們看見你們的好行為，便將榮耀歸給你們在天上的父。」（太5：14－16）

作為基督徒，我們也有責任把燈照在黑暗之處，向迷途的人指點方向。而在我們與人接觸的過程中，我們對主的敬畏和對上帝訓詞的遵守，會帶給人好的影響力，使願意上進的人與我們為伍，最終可以在生活裡榮耀天上的父。

朋友，你願意與敬畏主、守主訓詞的人作伴嗎？我願意！

「耶和華啊，你的慈愛遍滿大地；求你將你的律例教訓我！」

詩119：64

◎ 焦望新

耶和華的慈愛遍滿大地，我很喜歡這句話，因為我們能在生活中，天天體會到這句話的真實！

做父母的，在頭一個孩子出生前，都很緊張。女兒出生前，我陪著妻子上產前輔導課，學習在孩子出生的時候，該怎樣拉住妻子的手，幫她吸氣呼氣，減少陣痛的苦楚。我還另外買了不少教導孕婦生產技巧的書和DVD，有空的時候就和妻子一起看。但是當妻子陣痛來臨時，所學的一切似乎都不管用，我使出了渾身解數，也無法減低她的痛苦，直到小孩子呱呱落地，大喊大叫，我忙著為女兒拍了第一張照片後，緊張的心情才得到抒解。當護士將女兒清洗乾淨，為她穿上袍子，放在我懷裡時，我看著這新生的嬰孩說：「女兒，我會永遠愛妳！」雖然我才剛剛認識她，但我已經愛上她了，甚至願意為她付出一切！

我想上帝在創造亞當的時候，愛意也是這樣油然而生。亞當睜開眼睛看見上帝時，上帝也一定曾對亞當說，「我兒，我會永遠愛你！」上帝的愛由此遍滿大地，世界上的每個人，都感受到祂愛的溫暖，甚至在人犯罪離開上帝後，上帝的愛仍然沒有改變。正是因為這樣的愛，祂讓獨生的愛子代替人死，使人可以得到永生。

當然，愛並不是沒有原則的，所以今天的經文說：「耶和

華啊，你的慈愛遍滿大地；求你將你的律例教訓我！」上帝就是愛，但同時祂也教導我們怎樣去愛，這愛的法則就是祂的律例。耶穌總結上帝的律法說：「你要盡心、盡性、盡意愛主──你的上帝。這是誡命中的第一，且是最大的。其次也相倣，就是要愛人如己。這兩條誡命是律法和先知一切道理的總綱。」（太22：37－40）

朋友，你願意得到上帝的愛，領受祂的律例嗎？我願意！

「耶和華啊，你向來是照你的話善待僕人。」

詩119：65

◎ 柯茂峰

詩篇119篇延續第1篇、第19篇的主題和內容，都是在表達對上帝律法的喜愛和讚美。上帝的律法奇妙、全備，帶給遵行的人無比的福氣！「惟喜愛耶和華的律法，晝夜思想，這人便為有福！」「行為完全、遵行耶和華律法的，這人便為有福！」（詩1：2；119：1）不僅如此，上帝的律法比金子更有價值，比蜂蜜更甜美，勝過千萬的金銀（詩19：10；119：72）。

第1篇用的「律法」一詞，到了第19篇延伸出有了更多的稱呼：「法度」、「訓詞」、「命令」、「道理」、「典章」。第119篇不僅延用上述用詞，而且更增加一些新用詞：「律例」、「道」、「真理的話」、「上帝的話」。

我們越熟讀上帝的話，就越感受到上帝的話和上帝兩者，已合而為一，上帝藉著祂的話跟我們溝通、來往、引導、帶領、指示、啟示。熟悉聖經的人，越能聽見上帝對他們說話，也越會感受到祂的同在與帶領。

《God is so good》這首英文短歌，重複訴說上帝是何等的好；這也是詩篇作者的經驗之談：「耶和華啊，你向來是照你的話善待僕人。」（詩119：65）你是否有這樣的經驗和感受呢？如果不熟悉上帝的話，怎麼知道祂是否按照祂的話善待你呢？怎麼知道祂的應許是什麼呢？開始你的每日讀經靈修吧！

但是你可能曾經嘗試讀完聖經，但卻從來沒有成功過，更不用提一年讀完整本聖經了。建議你一個方法：請教會主辦「周年讀經馬拉松」，訂一個固定時間，大家聚集一起讀經，藉著大家一同參與，加上個人的努力，也許讀完整本聖經就不再是那麼困難和遙不可及了。

讀完了整本聖經，你對上帝的話就會有完全不同的體會。當上帝藉著祂的話和你溝通來往時，你就聽得懂，不再陌生。當上帝照祂的話來教導、帶領、啟示你時，你就能知道、能聽見、能看見了。一旦你有了經驗，就會感同身受地說：「耶和華啊，你向來是照你的話善待僕人。」

「求你將精明和知識賜給我，因我信了你的命令。」

詩119：66

◎ 柯茂峰

我們不能只求上帝將精明和知識賜給我們，卻不去讀祂的話。松山教會為了幫助弟兄姐妹認識並讀上帝的話，2007年舉行了「讀經馬拉松」，用一年的時間，讀完整本聖經。我們知道有些弟兄姐妹，雖然也想有恆心地讀完整本聖經，卻常常半途而廢，因此我們有了這個計畫，希望藉由群體的參與，在大家彼此扶持之下，可以讀完整本聖經。

我們的作法是：每兩個月有一個安息日，聚會後從下午二時起，我們用六個小時的時間一起讀聖經，有些經卷是聆聽MP3跟讀，有些經卷則是五人一組輪流閱讀。我們不只在教會讀，平日也在家裡讀。我們分配好哪些經卷大家在教會一起讀，其餘則要求個人在家裡閱讀。

在這種像馬拉松一樣連續讀經的經驗裡，許多弟兄姐妹都有了新的體會。上帝的話不再只是一節一節各自獨立的佳言美句，上帝的話裡有活生生的人物見證。有先知苦口婆心地宣告耶和華的話；有使徒為教會的靈命而憂心如焚；有耶穌在世傳道三年半的足跡；更有祂的生活與言行記載在其中。

聖經的內容變成了上帝真實的話語，聖經的記載有了連貫性的關係；祂的公義與慈愛更清楚地呈現在我們眼前。從上帝的作為和祂的話語當中，我們就有了上帝所賜的精明和知識；有了上

帝所賜的這些，我們就不再那麼容易受世俗之風所迷惑，因為我們信上帝的話，願意聽從祂的命令。

聖經告訴我們：「草必枯乾，花必凋殘，惟有我們上帝的話必永遠立定。」（賽40：8）保羅也勉勵我們要「拿著聖靈的寶劍，就是上帝的道。」（弗6：17）願我們都親自從上帝的話語當中，領受祂所要賜給我們的「精明和知識」。

「我未受苦以先走迷了路，現在卻遵守你的話。」

詩119：67

◎ 柯茂峰

我們的教友江麗華姐妹，有次講了一個感人的見證：

十三年前我在臺安醫院生下小兒子冠宏，第二天醫生告訴我：「孩子可能是唐氏症，但會再做一次檢驗確認。」讓我因新生嬰兒帶來的喜悅和希望，剎那間化為烏有，我的人生在那一刻，彷彿跌落到萬丈深淵，再也爬不起來。

在每一天的日子中，我看不見未來可能的希望，50天之後，我在徹底絕望中決定結束生命。我打開家裡三樓的窗戶一躍而下，那一瞬間我就知道我錯了，但是大錯已鑄成。我被送到臺安醫院時，醫生說我的骨盆腔遭受粉碎性骨折，接下來我在醫院整整躺了105天。

就在這段住院期間，藉著院牧部傳道人的探訪、查經、為我禱告，五個月後我決定受洗。回顧這十三年的經歷，上帝特別藉著三節經文，幫助我走出了死蔭的幽谷。

第一節經文是「世俗的憂愁是叫人死」（林後7：10）。我以前太驕傲、以為一切靠自己就可以勝過，但是兒子冠宏的事情，卻讓我不能承受，於是尋死，上帝的話說得一點都沒錯：「世俗的憂愁是叫人死」。

第二節經文是「因我所遭遇的是出於你，我就默然不語。」（詩39：9）這節經文讓我了解到，我會生下患唐氏症的冠宏，也

是出於上帝的旨意，雖然我不完全明白為什麼，但我所遭遇的既是出於上帝，我就不再問為什麼，不再心懷不平，開始學習把自己和冠宏交託給上帝，用心觀看上帝的帶領，跟隨主前行。

第三節經文是「因為這事出於我」（王上12：24）。這短短的一句話，帶給我極大的安慰。上帝掌管一切，有了這樣的體認，接下來我所要走的路，我就不再恐懼憂愁、全然交託、完全仰望。

我們今天的經文，不正是呼應了江姐妹的見證：「我未受苦以先走迷了路，現在卻遵守你的話。」

「你本為善，所行的也善；求你將你的律例教訓我！」

詩119：68

◎ 柯茂峰

若是我們的生命本為善，我們所行的也會是善。但是因為世人都犯了罪，虧缺了上帝的榮耀；我們扭曲的本性是惡的，所以所行的也是惡。作者在第67節先說自己曾經迷路，現在已經悔改認罪，樂意遵行上帝的話，所以在68節他如此祈求：「求你將你的律例教訓我！」

曾經走錯路、領受過上帝恩典的人，就會認識上帝的話不是要限制我們，捆綁我們，而是要引導、幫助我們。詩人已體驗上帝能引導我們走在善的道上。

詩篇1篇1至2節這樣說：「不從惡人的計謀，不站罪人的道路，不坐褻慢人的座位，惟喜愛耶和華的律法，晝夜思想，這人便為有福！」近朱者赤，近墨者黑；人的福分，就是不和惡人、罪人、褻慢人終日為伍，惟喜愛耶和華的律法，晝夜思想！

保羅勉勵提摩太說：「這聖經能使你因信基督耶穌，有得救的智慧。聖經都是上帝所默示的，於教訓、督責、使人歸正、教導人學義都是有益的，叫屬上帝的人得以完全，預備行各樣的善事。」（提後3：15－17）使徒約翰對上帝愛的善性亦深有所悟：「親愛的弟兄啊，我們應當彼此相愛，因為愛是從上帝來的。凡有愛心的，都是由上帝而生，並且認識上帝。沒有愛心的，就不認識上帝，因為上帝就是愛。……不是我們愛上帝，乃是上帝愛

我們，差他的兒子為我們的罪作了挽回祭，這就是愛了。親愛的弟兄啊，上帝既是這樣愛我們，我們也當彼此相愛。」（約壹4：7－11）

上帝就是愛，當我們接受了上帝的愛，讓上帝住在我們心中時，我們就能夠彼此相愛。讓我們今天用這節經文向上帝禱告：「你本為善，所行的也善；求你將你的律例教訓我！」

「驕傲人編造謊言攻擊我，我卻要一心守你的訓詞。」

詩119：69

◎ 柯茂峰

箴言16章18節說：「驕傲在敗壞以先；狂心在跌倒之前」。驕傲的人自以為高人一等，心中容不下別人，因此容易心生忌妒；驕傲會使人喪失反省能力，生命迷失而不自覺。

權力最容易使人腐化，成為驕傲狂心之人，認為自己可以為所欲為。歷代志下記載烏西雅登基為王之初，行上帝眼中看為正的事，但是「他既強盛，就心高氣傲，以致行事邪僻，干犯耶和華──他的上帝，進耶和華的殿，要在香壇上燒香。祭司亞撒利雅……對他說：『烏西雅啊，給耶和華燒香不是你的事，乃是亞倫子孫承接聖職祭司的事。你出聖殿吧！因為你犯了罪。你行這事，耶和華上帝必不使你得榮耀。烏西雅就發怒……額上忽然發出大痲瘋。大祭司亞撒利雅和眾祭司觀看，見他額上發出大痲瘋，就催他出殿；他自己也急速出去，因為耶和華降災與他。」（代下26：16－20）

驕傲人先是目中無人，接著就是心中無神。惡人面帶驕傲，說：「耶和華必不追究；他一切所想的都以為沒有上帝。」（詩10：4）「我見惡人和狂傲人享平安就心懷不平。……驕傲如鏈子戴在他們的項上；強暴像衣裳遮住他們的身體。他們的眼睛因體胖而凸出；他們所得的，過於心裡所想的。他們譏笑人，憑惡意說欺壓人的話；他們說話自高。他們的口褻瀆上天；他們的舌毀

謗全地。」（詩73：3－9）

　　詩篇119篇的作者，提到自己受驕傲人謊言的攻擊，這樣的情況最容易叫人心懷不平、採取報復；但作者並沒有因為驕傲人的攻擊使自己犯罪，他竟說：「我卻要一心守你的訓詞」。

　　一個人唯有熟讀上帝的訓詞，接受祂為主，知道最終上帝會行公義的審判，即使遭受不公平的對待，也仍等候神。

「他們心蒙脂油，我卻喜愛你的律法。」

詩119：70

◎ 柯茂峰

這一節延續上一節，說那些驕傲人心蒙脂油。以賽亞先知曾在異象中得見上帝，並蒙上帝呼召做先知，要他傳信息給猶大人。上帝告訴以賽亞說：「你去告訴這百姓說：你們聽是要聽見，卻不明白；看是要看見，卻不曉得。要使這百姓心蒙脂油，耳朵發沉，眼睛昏迷；恐怕眼睛看見，耳朵聽見，心裡明白，回轉過來，便得醫治。」（賽6：9－10）從這兩節可知：心蒙脂油即心裡不明白，耳朵發沉即耳朵聽不見，眼睛昏迷即眼睛看不見的意思。

驕傲人不明白上帝的律法，看不見律法的奇妙，因為他們心中無神，不把上帝的律法放在眼裡，不去晝夜默想上帝的律法，他們絲毫看不見律法和他們生命的關係，但作者卻說他喜愛上帝的律法。為什麼？前一節說：「我卻要一心守你的訓詞」，作者是在守上帝的律法中體會了律法的奇妙，勝過千萬的金銀。

一個人不願意順服上帝的律法，通常是道德生活先出了問題；為求心安，就開始找理由反對律法，說人不需要靠律法得救，他們心蒙脂油，拒絕上帝的律法。

耶穌在世時也清楚地說：「莫想我來要廢掉律法和先知。我來不是要廢掉，乃是要成全。我實在告訴你們，就是到天地都廢去了，律法的一點一畫也不能廢去，都要成全。」（太5：17－

18）一個人唯有明白了上帝的律法，才會喜愛上帝的律法。我們若要明白上帝的律法，首先是默想上帝的律法，讓自己的心思漸漸被上帝的靈所充滿，就越來越能明白上帝的話，越來越能體會律法的奇妙，從祂的話中得著滿滿的祝福。

　　不認識上帝的律法之前，我以為聖經的律法只是一些禁令、戒律，及至認識上帝，明白祂的話，才知道上帝的律法是關乎我們的救恩、神人之間的關係，及生活種種的指導，上帝的話就是我們屬靈生命的糧食。

「我受苦是與我有益，為要使我學習你的律例。」

詩119：71

◎ 柯茂峰

阿瑞斯提普斯（Aristippus）曾說：「人生至善之事乃是享樂；至惡之事乃是受苦。」我想多數人都同意這樣的看法，也追求這樣的人生。但今天存心節卻說：「我受苦是與我有益，為要使我學習你的律例」。

人類受苦是罪的結果。創世記第3章記載人類墮落之後，人受了刑罰：男女犯罪之後，女人受懷胎及男人管轄之苦，男人要終身勞苦才能從地裡得吃的；要汗流滿面才能養家活口及至歸於塵土。

但受苦並不僅是罪的結果和刑罰，還另外包含了一個更重要的目的。

常聽人說：「富不過三代」。第一代用血汗創業，刻苦節儉；第二代尚會珍惜並守住成果；但是到了第三代，白白享受便不知珍惜，揮霍無度，最後就萬金散盡。懷愛倫師母（Ellen White, 1827-1925）說：「人犯罪之後所有勞苦辛勞的生活，也是上帝出於愛心所定的命分。這是因為人犯了罪而必須給他的鍛鍊……這乃是上帝使人類從罪的敗壞和墮落中，得以恢復的大計畫的一部分。」（《先祖與先知》，頁31）

以賽亞書53章描述了耶穌為我們付出的代價，為使我們白白稱義，成為上帝的兒女：「他被藐視，被人厭棄；多受痛苦，常

經憂患。」（賽53：3）當我們繼續往下讀，才知道祂受的一切苦是為人類：「他誠然擔當我們的憂患，背負我們的痛苦；……因他受的刑罰，我們得平安；因他受的鞭傷，我們得醫治。我們都如羊走迷；各人偏行己路；耶和華使我們眾人的罪孽都歸在他身上。」（賽53：4－6）

　　我們仍舊活在罪惡的世界，罪的影響無所不在，我們的生命需要有節制、鍛鍊，否則極容易沉迷在醉生夢死中。我們也需要鍛鍊兒女，為生活之需付出代價，淺嘗汗流滿面，才得以糊口的經驗。

　　如果我們能領悟到：辛勞的生活也是上帝出於愛心所定的命分，我們就能像詩人一樣說：「我受苦是與我有益，為要使我學習你的律例。」

「你口中的訓言與我有益，勝於千萬的金銀。」

詩119：72

◎ 柯茂峰

詩篇19篇7至10節如此描述律法的價值：「耶和華的律法全備，能甦醒人心；耶和華的法度確定，能使愚人有智慧。耶和華的訓詞正直，能快活人的心；耶和華的命令清潔，能明亮人的眼目。耶和華的道理潔淨，存到永遠；耶和華的典章真實，全然公義──都比金子可羨慕，且比極多的精金可羨慕；比蜜甘甜，且比蜂房下滴的蜜甘甜。」這幾節經文，精采地刻畫出上帝話語的價值。

詩119篇的作者顯然也感同身受，所以他如此向上帝頌讚說：「你口中的訓言與我有益，勝於千萬的金銀。」

詩篇19篇的作者在1至6節裡，敘述他從大自然看到上帝的普遍啟示，這也是生活在其間的人類，常常可感受到的自然啟示；接著作者在第7至10節說，只有得著上帝話語之特別啟示的人，才能對上帝的律法有這樣的經驗和感受。他接著在第11至14節指出，這位將這麼有價值的律法啟示我們的上帝，也是那能藉著律法，幫助我們看出自己罪過的上帝。祂願意赦免我們的過錯，也願意幫助我們，不容這罪挾制我們。祂是我們的磐石，我們的救贖主。

我自己在26歲之前，對上帝毫無所知，當然更不知道要遵行祂的話。許多同學、朋友也和我一樣，我們的觀念都是一般世俗

人的想法，道德理念很薄弱。但認識了上帝之後，祂的話幫助我看見自己的錯失，也知道不能靠自己過得勝的生活。祂是我的磐石，我的救贖主，祂願赦免我的罪，也會幫助我免犯大錯。

上帝指示先知和使徒，將祂的生命之道賜給我們，我們若是常常讀上帝的話，過禱告的生活，我們就能經驗到上帝藉著祂的話——聖經，引導我們的人生，我們也會像作者一樣讚美上帝，高聲頌讚說：「你口中的訓言與我有益，勝於千萬的金銀。」

「你的手製造我，建立我；求你賜我悟性，可以學習你的命令！」 詩119：73

◎ 周震魯

詩人在詩中向我們闡明：信靠並仰望上帝的命令，必得安慰、不致蒙羞（詩119：73－80）。然而，為什麼唯有尋求認識上帝的命令（話語），才能使我們得到真正的安慰呢？「你的手製造我，建立我。」詩人在這一段的開始，就給了我們如此完美的答案。因我們是祂所造的，祂不僅造了我們，也為我們設計了生命的藍圖。所以，我們唯有與生命的主宰，也是我們生命的源頭：上帝，恢復並建立關係，才能得到真正的安慰。因此，我們需懇求這位生命的主「賜我悟性，可以學習你的命令！」

一位姐妹打電話向我拜年，那是充滿著喜樂與盼望的聲音，確實讓我感到意外與高興。這位姐妹過去長年與另一位姐妹同住，兩人相依為命，在病痛中互相照顧。大約在一年前，這位與她形同至親的姐妹因癌症安息，她傷心難過，並曾一度想不開而意圖尋短……。但這次與她電話交談後，卻完全感覺不出有過去的憂傷。

她告訴我，原本她真的非常痛苦，在憂傷中無法走出來。但讀了一本屬靈的書籍，這本書讓她「悟」到了她不是只有自己一個人，而是活在上帝裡面。感謝主！這位姐妹雖然也是病痛纏身，但她每天讀經，閱讀屬靈書籍、並與人分享她在主裡的喜樂，真是活在讚美感恩之中！

　　另有聖經譯文這樣說：「你用自己的手形成了我，如今求你將智慧如同氣息吹入我裡頭，因此我能認識你。」這譯本的描述，似乎更能看到，我們與上帝之間生命連結的關係。唯有讓上帝的話語如同祂口中的氣息，吹入我們的生命中，我們才能「認識」這位賜人「悟性」的主！

　　主啊，求你賜我辨別與理解的悟性，讓我藉著研讀你的話語，在生活的經歷中學習認識並仰望你的命令，讓人從我的生命中看到你的同在。這是我內心的禱告。

「敬畏你的人見我就要歡喜，因我仰望你的話。」

詩119：74

◎ 周震魯

從字面上看來，詩人似乎「驕傲」地要在人前表現自己。不！詩人很清楚地解釋：「信靠上帝的義人看見我之所以會歡喜，並不是因我自己的能力比人強；而是『因我仰望你的話。』」另有現代中文譯本說：「因為我常仰望你的聖言」。也有一英文譯本如此表達：「因為我已完全信靠你的話」。

原來話語的本身帶有能力。上帝的道更是「有功效的，比一切兩刃的劍更快，甚至魂與靈，骨節與骨髓，都能刺入、剖開，連心中的思念和主意都能辨明。」（來4：12）敬畏上帝的人們，因而看見在他身上有奇妙的改變，流露出從喜樂的源頭而來的盼望，就將榮耀歸給祂。

詩人如同保羅，要信徒們在主裡效法他。「你們該效法我，像我效法基督一樣。」（林前11：1）「弟兄們，你們要一同效法我，也當留意看那些照我們榜樣行的人。」（腓3：17）這不但是要我們常效法所有在主裡有好行為的人，同時也再次提醒我們：是否如同詩人，讓人看見我就歡喜？我的所言所行，是否也能成為人效法的榜樣？

我們要怎樣才能達到這目標呢？唯有如同詩人般，「常仰望」並「完全信靠」上帝的聖言：每天定時讀經，像當初以色列百姓，必須每天清晨撿取當天需要的嗎哪，完全信靠並順服上帝

的命令。

「感謝上帝！常率領我們在基督裡誇勝，並藉著我們在各處顯揚那因認識基督而有的香氣。因為我們在上帝面前，無論在得救的人身上或滅亡的人身上，都有基督馨香之氣。」（林後2：14－15）

主啊！讓我常在你的話語中，思想你的愛，並仰望等候你的作為，使我因著信靠你的話語，能在人面前時時流露基督馨香之氣。阿們！

> 「耶和華啊，我知道你的判語是公義的；
> 你使我受苦是以誠實待我。」 詩119：75

◎ 周震魯

苦難的問題，確實難以明瞭，且不易回答！「苦難」也常使人對環境、對神充滿了埋怨及憤恨，因而活在消沉頹廢中。這一切問題的根源，乃在於人往往將焦點放在苦難本身，不明白上帝讓人受苦的真正意義及目的。

曾有一人要求天父賜下一朵花及蝴蝶給他，沒想到神卻給他一棵仙人掌及一隻毛毛蟲！他非常傷心：「莫非是神出差錯了嗎？」從此他將這「禮物」擺在一邊。過些日子，這人再次翻開囤放一邊的雜物，赫然發現仙人掌上長出了一朵花，毛毛蟲也蛻變成了蝴蝶。

我們常埋怨身邊的苦難，乃因我們不明白今日的荊棘將成為明日的花朵，而詩人很清楚這一點。他說：「你使我受苦是以誠實待我」，又說：「我受苦是與我有益」。臨到我們的苦難或患難，對我們有什麼益處呢？「為要使我學習你的律例」（71節）。苦難並非神對我們的目的；但人往往是在身歷其境時，才會來尋求認識神。詩人也說：「我未受苦以先走迷了路，現在卻遵守你的話。」（67節）

現代中文譯本的翻譯是：「你責罰我是因著你的信實」。苦難未必都是因為上帝對我們罪的懲罰，但當有患難臨到時，我們也需有敏銳的心，常在上帝面前省察自己。另有英文譯文說：

「這對你是最好的，為要訓練我」。神也常用苦難，讓人在各方面得到訓練與成長。

苦難之所以讓我們對人生怨嘆、消沉，就是因我們不完全認識這位「以誠實待我」的上帝。神是信實的，祂不會為了達到彰顯祂憐憫的目的而讓人受苦，祂從不讓人承受超過所能負荷的（林前10：13）。我們因苦難而軟弱無助時，天父藉著聖靈為我們禱告（羅8：26）。祂更鼓勵我們在經過患難之後，能安慰那些受苦難的人（林後1：3－7）。

「求你照著應許僕人的話，以慈愛安慰我。」

詩 119：76

◎ 周震魯

應許是什麼？「應許」就如同人開出的期票，時間到了，必然償付這筆款項給對方。「應許」是一種宣告，聲明要給予人某種好處。「應許」就是一張保證書。因此，這「應許」對受約者而言，就是他得盼望和安慰的根據。「應許」在聖經中出現了一百多次，但也有許多時候，將「應許」譯作其他字詞。巴蘭也曾在巴勒面前題詩說：「上帝非人，必不致說謊，也非人子，必不致後悔。他說話豈不照著行呢？他發言（即應許）豈不要成就呢？」

當詩人如此禱告時，心中必然深切相信，上帝會對祂所開出來的「期票」兌現。「應許」的兌現，乃在於我們的信心，而不是因著我們所付出的努力。然而很多時候，開票者卻一再跳票！我們正是存在一個充滿「諾言」卻不具約束力的世代！政客為了獲得選票，對選民開出一堆空頭支票；父母親或老師為了要孩子聽話，答應給孩子獎賞卻沒有兌現；夫妻婚後，卻遺忘了當初的承諾。

詩人深信，上帝會照著應許他的話來成就，他必然也曾親身經歷了上帝的信實，縱使人容易健忘、不可信，但信實的神卻不同於人的善變與健忘。

約書亞一生，經歷了上帝的同在之後，站在生命的終點，仍

然大聲對著百姓宣告：「我現在要走世人必走的路。你們是一心一意地知道，耶和華——你們上帝所應許賜福與你們的話沒有一句落空，都應驗在你們身上了。」（書23：14）「上帝的應許，不論有多少，在基督都是是的。所以藉著他也都是實在的，叫上帝因我們得榮耀。」（林後1：20）「那召你們的本是信實的，他必成就這事。」（帖前5：24）

　　求主幫助我們，讓人因著我們，得以認識這位信實的上帝。時時抓住上帝的應許，更在上帝的恩典與慈愛中，經歷確切的安慰與盼望。

「願你的慈悲臨到我，使我存活，因你的律法是我所喜愛的。」

詩119：77

◎周震魯

在詩人過去的歲月中，親身經歷了上帝的同在與安慰，因此他禱告：願你的憐憫臨到我，使我存活，因你的律法是我以之為樂的。詩人在困境中仍「存活」的因素有二：因上帝的慈悲憐憫，喜愛上帝的律法。

雅各書的作者針對當時人民遭受的問題，給予鼓勵（雅5：7－11）。在短短的一段話中，出現了六次「忍耐」，可想見當時百姓所受的逼迫與難處是何其深。雅各除了幫助他們，將焦點從地上的遭遇移到對「主來的日子」的盼望之外，更以約伯的經驗讓人看到，「主是滿心憐憫，大有慈悲」的。

神的慈悲憐憫有多深呢？「天離地何等的高，他的慈愛向敬畏他的人也是何等的大！⋯⋯父親怎樣憐恤他的兒女，耶和華也怎樣憐恤敬畏他的人！」（詩103：11，13）試問天離地有多高呢？以父親之愛來形容上帝的愛，可能讓現今世代的人無法了解並接受，但我們必須承認，上帝憐憫的心腸，是世人無法完全了解並表達的！唯有從聖經的話語才能經歷並明白基督的愛是何等長闊高深！

這喜愛之心，就如耶利米先知所說：「耶和華——萬軍之上帝啊，我得著你的言語就當食物吃了；你的言語是我心中的歡喜快樂，因我是稱為你名下的人。」（耶15：16）又如詩人

說：「我要在你的命令中自樂；這命令素來是我所愛的。」（詩119：47）當我們每天以上帝的話為樂時，我們必「像一棵樹栽在溪水旁，按時候結果子，葉子也不枯乾。」凡我們「所做的盡都順利」（詩1：3）。這是多美好的應許啊！

詩人也以一生的經驗告訴我們：「我若不是喜愛你的律法，早就在苦難中滅絕了！」（詩119：92）

我願如同詩人，因喜愛上帝的話語，更加經歷上帝的慈悲憐憫！

「願驕傲人蒙羞，因為他們無理地傾覆我；但我要思想你的訓詞。」詩119：78

◎ 周震魯

箴言21章24節：「心驕氣傲的人名叫褻慢；他行事狂妄，都出於驕傲。」如同路錫甫「因美麗心中高傲，又因榮光敗壞智慧。」（結28：17）漸漸放縱了自高的心願，居心自比上帝。「你心裡曾說，⋯⋯我要高舉我的寶座在上帝眾星以上；我要坐在聚會的山上⋯⋯我要升到高雲之上；我要與至上者同等。」（結28：6；賽14：13－14）他不願尊上帝為至上，反而在眾天使面前控告上帝，收攬他們來事奉並敬拜自己。其野心竟貪圖全能天父所賜給祂聖子的尊榮，並羨慕基督所獨有的特權（《善惡之爭》第29章）。

詩人刻意地加上一句「但我要思想你的訓詞」，作出鮮明的對比：傲慢人心中無神，目中無人；然而，詩人卻一心一意尊重神、尋求並遵從上帝話語。「驕傲的人甚侮慢我，我卻未曾偏離你的律法。」（51節）「驕傲人編造謊言攻擊我，我卻要一心守你的訓詞。」（69節）

我們當以怎樣的態度，面對那無理控告或誣衊我們的人呢？原文中所要表達的，是「願傲慢人蒙羞，因為他們用詭詐、虛假、欺騙的方法或言語，來誣衊、攻擊我；但我卻要默想、談論、訴說並傳揚你的訓詞。」

遇到無理指控時，我們當以安靜的心，「默想、談論、訴說

並傳揚」祂的訓詞。我們越默想上帝話語，自然就越迫切想要在人面前述說傳揚；也因著我們口中只談論上帝話語，自然我們心中就更加充滿正面的思想與動力。至於那些無理傷害我們的人，我們「當默然倚靠耶和華，耐性等候他；不要因那道路通達的和那惡謀成就的心懷不平。」（詩37：7）因耶和華扶持並賜恩給謙卑人，卻傾覆惡人（詩147：6；箴3：34）。

是的，當我們受無理的委屈時，唯有上帝的話語，是我們唯一的依靠與安慰。

「願敬畏你的人歸向我，他們就知道你的法度。」

詩119：79

◎ 周震魯

在聖經和合本的字義上，詩人似乎想表達：敬畏上帝的人之所以能明白上帝的法度，就是因這人「歸向」他。也就是敬畏上帝的人「歸向」詩人在先，明白上帝法度在後。讓我們從以下不同的聖經譯本作比較並思考：

「願敬畏你，知道你法度的人歸向我。」（聖經新譯本）

「願那些敬畏你的人歸向我，認識你法律的人順從我。」
（現代中文譯本修訂版）

「那些愛你和你聖言的人，將要永遠成為我的朋友。」
（TCW英文譯本）

以上的譯本讓我們更清楚地看見，在這一節中詩人要表達的內在意義：

1. 那些敬畏上帝的人，願意來與我親近並結交，是因看到我在主裡的好行為。

2. 「凡敬畏你、守你訓詞的人，我都與他作伴。」（63節）我也願如這些在主裡與我結交的人一樣，成為屬靈夥伴。

3. 「我見惡人離棄你的律法，就怒氣發作，猶如火燒。」

（53節）至於那些會帶給我負面影響的人，我將避免
與他交往。箴言22章24至25節也教導我們：「好生氣
的人，不可與他結交；暴怒的人，不可與他來往；恐
怕你效法他的行為，自己就陷在網羅裡。」箴言13章
20節：「與智慧人同行的，必得智慧；和愚昧人作伴
的，必受虧損。」

4. 「濫交朋友的，自取敗壞；但有一朋友比弟兄更親密。」
（箴18：24）耶穌基督正是這一位「比弟兄更親密」
的好朋友。祂是我們不可不交的親密朋友。

　　使徒保羅如此說：「你們該效法我，像我效法基督
一樣。」（林前11：1）我願效法基督，使人因著我在主
裡的好行為，樂於讓我成為他們的朋友，因而也讓他們
認識並接受耶穌基督，成為他們真正的朋友。

「願我的心在你的律例上完全，使我不致蒙羞。」

詩119：80

◎ 周震魯

這節經文另有翻譯：「願我一心一意遵守你的誡命，使我不至於失敗蒙羞。」（現代中文譯本）

「願我的心完全守你的律例，互我不致見誚。」（台語漢字譯本）

「在你的律例上完全」是詩人一生的志願。詩人經歷了人生百態之後，毅然決然在上帝面前立志，要一心一意遵守上帝的話語、並在每件事上「看重」祂的命令（6節），以表達對上帝完全的信靠。

上帝要我們如此行。當我們全心愛主，在每件事上都邀請祂參與，祂也必使我不至於失敗蒙羞。「照著我所切慕、所盼望的，沒有一事叫我羞愧。只要凡事放膽，無論是生是死，總叫基督在我身上照常顯大。」（腓1：20）這是多麼美好的應許啊！詩人不會在他敵人手中，因遭受痛苦、貧窮而成為被嘲笑的對象，因他遵守上帝話語。

被兄弟賣到埃及的約瑟，在護衛長波提乏家中，雖因一心敬畏上帝，不受主人妻子的引誘，而被誣告且下在監裡（創39章），但卻因此有機會蒙法老賞識，受派治理埃及全地，並幫助其家人及所有百姓度過七個荒年（創41章）。

被擄到巴比倫王宮的但以理，因全心信靠上帝，「立志不以

王的膳和王所飲的酒玷污自己」，上帝使「他們的面貌比用王膳的一切少年人更加俊美肥胖」，並讓「他們的智慧聰明比通國的術士和用法術的勝過十倍。」（但1章）

若我們偏離上帝的道，走在自己的行徑上，必然失敗蒙羞。夏娃因「見那棵樹的果子好作食物……」，就吃了那果子；亞當因眷戀夏娃超過上帝，也吃了那果子，因而被趕離美麗的居所伊甸園；參孫因放不下情慾而被剜了眼睛，並在眾非利士人面前被戲弄、受屈辱。

我願全心遵守上帝律法，使我在仇敵面前不致失敗蒙羞。

「我心渴想你的救恩,仰望你的應許。」

詩119:81

◎ 張正喜

這節經文讓我們看見詩人謙卑地認識到,他現在因罪的緣故,使自己陷於苦難與困境之間,表達了他自己的有限與無能,需要重新尋求主的救恩與神的話語。

在我們的生命裡,不存在「大罪、小罪」之差別。罪就是罪,每一樣罪,即使是你認為最微小的,上帝也不輕忽。保羅清楚地告訴我們,罪使我們與上帝隔絕,並帶來死亡(羅6:23)。罪使我們盲目。換句話說,神的好消息被蒙蔽了,我們就看不見神的真道(林後4:3)。

聖經說:「我們若說自己無罪,便是自欺,真理不在我們心裡了。我們若認自己的罪,上帝……必要赦免我們的罪,洗淨我們一切的不義。」(約壹1:8-9)

親愛的朋友, 你是否今天就想得著神的救恩?全心全意尋求祂的面?將自己一生的盼望、成就、喜樂與平安,建立在主的應許之上?

有一年冬天,我從洛杉磯飛回俄亥俄州。起飛時,天空烏雲密布、雷雨交加,果然飛沒多久,就遇上生平最大的亂流與冰雹,我心中默禱,懇求主的引領,約莫1小時飛過暴風圈,飛機才平穩下來。

你我的生命裡,當然都曾有過黑暗、失敗、跌倒,但只要我

們懷著一顆悔改的心，渴慕主的救恩，神便會驅散你我生命裡的烏雲。

　　巴不得在我們每天的生活裡，可以效法詩人向上帝呼求：「上帝啊，求你鑒察我，知道我的心思，試煉我，知道我的意念，看在我裡面有什麼惡行沒有，引導我走永生的道路。」（詩139：23－24）

「我因盼望你的應許眼睛失明，說：『你何時安慰我？』」

詩119：82

◎ 張正喜

我喜歡現代英文譯本的説法：「我的雙眼因尋求你的幫助，感覺疲乏；我不斷地問自己説：我的主何時來安慰與幫助我？」詩人為要專心尋找上帝的幫助安慰，目不轉睛，以致於雙眼感覺疲乏，甚至要失明，因他深知一個閃失，他的幫助者將消聲匿跡，不見蹤影。

作為神的兒女，當然會遇到一些苦難、挫折、試煉，聖經很清楚地告訴我們，在世上我們有苦難（約16章）。有些是外在的，如事業的失敗、學業不順、財物損失等；有些是心靈的試煉，如親人過世、家庭不和諧，使我們感到無法專心尋求我們的主。但我們要知道，任何的試煉苦難臨到我們身上，乃是要叫我們學習順從，學習繼續專心尋求神。

民數記13章這樣記載，摩西就打發這十二個探子説：「你們從南地上山地去，看那地如何……你們要放開膽量，把那地的果子帶些來。」

這十二個探子，可説是以色列精英中的精英，經過了40天的探察，結果出爐，其中有十人報惡信説：「那地的民強壯，城邑也堅固寬大。……據我們看，自己就如蚱蜢一樣。」以色列人聽了之後，極度沮喪，眾人都哭號、發怨言。唯獨迦勒與約書亞撕裂衣服，對以色列民説：「我們所窺探、經過之地是極美之地。

耶和華若喜悅我們，就必將我們領進那地，把地賜給我們；那地原是流奶與蜜之地。」

　　十二個探子勘察同一地方，竟有如此大的差異，為什麼？約書亞記14章迦勒的話給了最好的註解：「但我專心跟從耶和華——我的上帝。」原來迦勒與約書亞信心之大，乃因專心跟從耶和華之故。朋友，你我已有多久沒有定意專心尋求耶和華呢？

「我好像煙薰的皮袋，卻不忘記你的律例。」

詩119：83

◎ 張正喜

多年前，我的感受可能和我們當中某些人現在的感受一模一樣。聽到有人站起來頌讚神無比的大能，且不斷地宣告祂可以在我們生命中產生急遽的改變，令我心生厭煩。有時我真想問他們：「是真的嗎？上帝有這麼大的能力嗎？你從不懷疑上帝的全能嗎？如果上帝真有這麼大的能力，而且我渴慕得到。請告訴我，為什麼有這麼多軟弱無力、跌倒的基督徒？」

敵人似乎已把詩人壓迫到生命的最低點、人生的最黑暗面，好像一個在火堆上被煙薰的酒皮袋，萎縮皺起、焦黑剝落，將要被丟棄遭人踐踏。在苦難中，詩人看見了人的有限、軟弱無力，他想起神的話。聖經說：「你的言語一解開，就發出亮光。」又說：「你的話是我腳前的燈，是我路上的光。」（詩119：130，105）詩人找到了唯一的盼望、能力的源頭，就是神話語背後的本體──上帝自己。

以賽亞說：「疲乏的，他賜能力；軟弱的，他加力量。……但那等候耶和華的必從新得力。他們必如鷹展翅上騰；他們奔跑卻不困倦，行走卻不疲乏。」（賽40：29－31）

我們的生命，是否也曾陷入絕境、傷痕累累、耗盡心力、幾乎要死？有人面對嚴峻的考驗，害怕自己無法承擔，有時幾乎要放棄。今日我向你提出挑戰，讓你的生命帶有上帝的能力，以此

懇求生命的主加添力量給你。現在,就在這個時刻,做決定吧!
接受耶穌基督做你個人生命的救主,成為你生命旅程的舵手,遵
行祂一切的律例,上帝的大能,必然使你擺脫軟弱無力的生命,
裝備你去成全祂的美意。

　　上帝藉摩西勸勉以色列人的話,今日再一次對我們說:「我
今日所吩咐你的話都要記在心上,也要殷勤教訓你的兒女。無論
你坐在家裡,行在路上,躺下,起來,都要談論。也要繫在手上
為記號,戴在額上為經文;又要寫在你房屋的門框上,並你的城
門上。」(申6:6-9)

「你僕人的年日有多少呢？你幾時向逼迫我的人施行審判呢？」

詩119：84

◎ 張正喜

神人摩西在他的禱告中這樣說：「我們度盡的年歲好像一聲歎息。我們一生的年日是七十歲，若是強壯可到八十歲；但其中所矜誇的不過是勞苦愁煩，轉眼成空，我們便如飛而去。」（詩90：9－10）神人描寫人的一生是何等真實啊！

我想任何人都有過嘆息的經驗，嘆息表明了我們內心的無力感、遺憾，表現了人的有限性。想到我們經濟的困乏、家庭的難處、工作的不易、疾病的侵襲，我們怎能不嘆息、煩心呢？

詩人深切地了解，人一生的歲月，不過像影兒一樣，瞬間消失地無影無蹤。在生命的經歷裡，存在著許許多多不公不義的現象，那些作惡的人，並沒有因他們的行為，立即受到懲罰，怪不得詩人不禁要問：「幾時施行審判呢？」

我們也有和詩人一樣的社會觀感，對那些行惡卻沒有得到應有的報應，反而事業、前途盡都亨通且長命百歲的人，我們有著相似的矛盾、掙扎、吶喊。但聖經清楚明白地告訴我們：「因為人所做的事，連一切隱藏的事，無論是善是惡，上帝都必審問。」（傳12：14）

感謝神。詩人雖然經歷了不公平的現象，但他內心知道，有一天，那日子、那時刻必會來到。聖經清楚地明示：「因為他來了，他來要審判全地。他要按公義審判世界，按他的信實審判萬

民。」（詩96：13）親愛的朋友，我相信我們在世所遇見不公不義的事，無所不知的上帝必然知道，祂之所以沒有立即介入，無非是要訓練我們，相信祂，擁有一個信靠、順服的生命。

「不從你律法的驕傲人為我掘了坑。」

詩119：85

◎ 張正喜

1997年4月，台灣發生了一件令人觸目驚心、震驚社會的「白曉燕命案」。當時人人心神不寧，社會充滿不安驚恐，對陌生人不信任。記得認屍那一刻，其母對天說：「為什麼？為什麼？為什麼老天要如此待我？為何如此對待一個乖巧聽話，有無限未來的少女？」

我的好友是位很有恩賜的牧者，我相信他必然全心全意愛主，也希望在有生之年，將末世福音傳遍天下，拯救更多生靈。然而在他敬虔的家人和朋友迫切為他祈求得醫治的情況下，他仍然在盛年時，被鼻咽癌奪去寶貴的生命，顯然主拒絕了他們的要求。但，這是為什麼？

若要再舉更多相關的例子，我想可以編輯成冊，因為世上每一個人都可以提供他們自己的故事。傷心的家人、朋友，以及此時此刻的我們，如何能從上帝無法理解的舉動中，明白祂完全的旨意？

詩人在這首詩的開始這樣說：「行為完全、遵行耶和華律法的，這人便為有福！」然而現在，詩人經歷了一些不幸的事情，這是神的旨意嗎？為何被稱為慈愛的上帝，容許這樣的事發生在我們身上？這位我們所愛、所頌讚、所敬拜的主，在我們極度需要祂時，似乎變得沉默不語、漠不關心，甚至遙不可及。

　　聖經中的約伯，在經歷了生命最艱難的時刻之後，他的回應成了我們的模範。他說：「賞賜的是耶和華，收取的也是耶和華。耶和華的名是應當稱頌的。」（伯1：21）這是信心與信靠的最終極表現。

　　當我們發現「不從你律法的驕傲人為我掘了坑」，我們將如何回應呢？但願我們有智慧與力量，相信：「你必將生命的道路指示我。在你面前有滿足的喜樂；在你右手中有永遠的福樂。」（詩16：11）

「你的命令盡都誠實；他們無理地逼迫我，求你幫助我！」

詩119：86

◎ 張正喜

傳道書9章11至12節這樣記載：「我又轉念：見日光之下，快跑的未必能贏；力戰的未必得勝；智慧的未必得糧食；明哲的未必得資財；靈巧的未必得喜悅。所臨到眾人的是在乎當時的機會。原來人也不知道自己的定期。魚被惡網圈住，鳥被網羅捉住，禍患忽然臨到的時候，世人陷在其中也是如此。」這表明世間的每件事都在變，沒有永恆。

身體會生病、衰退，好的東西會變壞，存在的事物也會改變。這就是人的不安、害怕、空虛的源頭吧！因此，在人的內心深處，有一種渴望——渴望真實、確實、可靠的東西。

有一詩歌我非常喜歡：「在人生風暴忽颺起之時，在烏雲暗霧密布之際，有狂潮怒擊，有巨浪衝襲，請問你的錨能否支持？我們有巨錨，心靈有靠，不怕風雨，也不怕浪濤，拋碇於靈磐，永不動搖，在主愛裡面又深而又牢。」我們人生中會遇見苦難、迫害、不公不義的事，在最低潮、極需要幫助時，卻無人伸出援手。但聖經應許我們：「上帝是我們的避難所，是我們的力量，是我們在患難中隨時的幫助。」（詩46：1）

三年前，腹部右側有些不舒服、腫脹的感覺，就去看了醫生，抽血檢查，照超音波，醫生對我說：「你得了動脈血管瘤（Aneurysm）。」聽到這樣的診斷，就如同宣判一個人死刑一

般，我崩潰，哭了一夜，我受到極大的打擊。那一夜，妻子與我一同跪在全能的父跟前，尋求主的面與力量，約過了一星期多，我才接受，得到釋放。

是的，神的話、命令、訓詞是可信靠的，永不動搖，且存到永遠。阿們！

「他們幾乎把我從世上滅絕，但我沒有離棄你的訓詞。」

詩 119：87

◎ 張正喜

約翰在啟示錄2章10節說：「你務要至死忠心，我就賜給你那生命的冠冕。」我想這是主耶穌對歷代每一位跟隨祂的人，也包括今天基督徒的一個要求。忠心是我們對主耶穌信仰的態度，也是基督徒應有的品格。

在聖經裡有許多歷代先賢，他們都是忠心不二的好榜樣，像摩西、約書亞、約瑟、但以理和他三個朋友沙得拉、米煞、亞伯尼歌。

有一回，尼布甲尼撒王立了一個金像，要全國百姓聽到樂器聲時，都當俯伏敬拜，凡不敬拜的，立刻扔到火窯中。那時，有人對王控告但以理的三個朋友，說：「王啊，這些人不理你，不事奉你的神，也不敬拜你所立的金像。」（但3：12）於是王大怒，吩咐人把他們帶到面前，尼布甲尼撒王問他們說：「沙得拉、米煞、亞伯尼歌，你們不事奉我的神，也不敬拜我所立的金像，是故意的嗎？……若不敬拜，必立時扔在烈火的窯中，有何神能救你們脫離我手呢？」（但3：14－15）

沙得拉、米煞、亞伯尼歌對王說：「尼布甲尼撒啊……我們所事奉的上帝能將我們從烈火的窯中救出來。王啊，他也必救我們脫離你的手；即或不然，王啊，你當知道我們決不事奉你的神，也不敬拜你所立的金像。」（但3：14－18）顯然這三人深知

忠心是需要付出代價的，甚至犧牲性命也在所不辭。

　　親愛的朋友！今天讓我們再次宣告：「若是你們以事奉耶和華為不好，今日就可以選擇所要事奉的：是你們列祖在大河那邊所事奉的神呢？是你們所住這地的亞摩利人的神呢？至於我和我家，我們必定事奉耶和華。」（書24：15）

「求你照你的慈愛將我救活，我就遵守你口中的法度。」

詩119：88

◎ 張正喜

當人類犯罪、違背上帝的命令之後，人就墮落，無法回應上帝的愛。約翰說：「我們愛，因為上帝先愛我們。」（約壹4：19）又說：「不是我們愛上帝，乃是上帝愛我們，差他的兒子為我們的罪作了挽回祭，這就是愛了。」（約壹4：10）

今天，我能夠愛、思想愛、經驗愛、述說愛，不是我能夠，或自己心中有愛。不！聖經清楚明白地表示，在這世上「連一個義人都沒有」。換言之，我們都是不義的人，不義的人所思所想盡都是惡，豈有愛神、愛人，遵守神的法度與誡命的思想呢？但是，當我們願意打開心門，迎接主耶穌進入我們心裡時，上帝的愛就像一粒種子，在我們心田生根、發芽、開花結果。上帝愛的真諦觸摸到人內心深處，上帝的愛就發出能量，扭轉人的生命。

我們遵守神的誡命、法度，是表明我們愛祂，沒有一點絲毫的勉強或不得已。正如我愛我的父母親，我天經地義必聽從他們的話，是心甘樂意的，是回應他們的愛。

感謝神！原來上帝與我們之間，不單是造物主和被造物的關係，上帝尋找失喪的人，在愛中賜予生命，讓你我體會神就是愛。上帝與我們是愛的關係，而非建立在能力、知識、身分上。今天我們來到上帝的面前，真要體會這句話所包含的偉大和奇妙。在我們每一天的生活中，當常常思想上帝那永不改變的愛。約翰福音15章10節說：「你們若遵守我的命令，就常在我的愛裡，正如我遵守了我父的命令，常在他的愛裡。」拯救的愛與遵行主的命令是永不分開的。

「耶和華啊，你的話安定在天，直到永遠。」

詩119：89

◎ 羅慧勤

我們都同意詩人所說的，上帝的話語是永恆不變的。然而，當我們說我們相信詩人所說的話時，我們的話又有多真實、多可信呢？我們若真相信上帝的話語是永立不倒的，在我們身上又產生怎樣的效果呢？有些人愛說，「只要相信，只要相信就行了！」真的那麼簡單嗎？

詩人相信上帝的話語。他的相信令他經歷嚴峻的試煉，親身體驗上帝的信實和慈愛，所以他所說的話，不只代表了他的信念，也闡述了他的經驗，只相信是不足夠的，「信心若沒有行為就是死的」（雅2：17）。

上帝告訴挪亞，祂將以洪水毀滅充滿罪惡的人類，並指示挪亞建造方舟。從來不曾下過雨的世界，怎麼會有洪水呢？人們因信靠自己的經驗，否定了挪亞的預言。雖然挪亞和眾人一樣，不曾見過一滴雨水，上帝既那麼說了，他便相信。

少數的人又怎能敵得過來自多數人的壓力呢？挪亞不顧他人的冷嘲熱諷，只相信並遵行上帝的話語。結果，洪水真的來了，全世界只有挪亞一家八口得救。多數人認為對的，不一定是對。但上帝說了的話，肯定會兌現。以前如此，現在仍然一樣。

聖經告訴我們，「凡稱呼我『主啊，主啊』的人不能都進天國；惟獨遵行我天父旨意的人才能進去。」（太7：21）也就是

說，並不是所有的基督徒都會得救。我們相信這些話嗎？

聖經又說，「但主的日子要像賊來到一樣。那日⋯⋯有形質的都要被烈火銷化，地和其上的物都要燒盡了。」（彼後3：10）我們會像挪亞一樣，寧可被人譏笑、羞辱，也堅信不移嗎？願上帝幫助我們。

「你的誠實存到萬代；你堅定了地，地就長存。」

詩119：90

◎ 羅慧勤

英國的一項調查顯示，人們最常講的第一句大話是：「我很好，沒什麼問題！」第二句則是：「很高興見到你。」這些話既然是不真實的，那麼，講話的人便是內心很煩惱，或其實並不那麼高興見到我們。既然非基督徒也把這些社交語言稱為謊言，並煞有介事地進行調查，基督徒又豈能不好好反省自己究竟有多誠實呢？

有人解釋說，人們講這些謊言是為了保持禮貌，不想直接說出真相。人掩飾自己的真實狀況，有時是出於習慣，有時卻是基於自衛心理；唯恐真相被顯露後，會有不良後果，或是得不到所盼望的諒解和同情。

一名年輕基督徒說：「我不向人吐露心事，越是熟悉的越要避免，恐怕日後兩人關係起變化，我的話被利用來傷害我。」年紀輕輕，卻已建立了深沉的防衛心，身為基督徒，卻心懷如此強烈的恐懼感，這是一個怎樣的人生？

另一名年輕基督徒，當他獲知某人每次在網路上填寫個人資料時，都如實報上，便驚叫：「哪有人這麼做？我所認識的人都是虛構個人資料的。」他想了想，又說：「沒關係，反正大家都填假資料，真資料也沒人會相信！」

不誠實的人傾向於多疑，以為他人也不會坦誠相待，更可悲

的是，在謊言氾濫的世代，說實話也會被當成撒謊。聖經卻告訴我們，在末世會有一群人，「這些人未曾沾染婦女，他們原是童身。羔羊無論往哪裡去，他們都跟隨他。他們是從人間買來的，作初熟的果子歸與上帝和羔羊。在他們口中察不出謊言來；他們是沒有瑕疵的。」（啟14：4－5）

上帝的信實永恆不變，天地萬物都按祂的話語立定，祂所說的一定會實現。那一群正直、完全誠實的人，肯定在耶穌復臨前出現。我們會是其中之一嗎？我們是否在訓練我們的下一代，成為這樣的人？

「天地照你的安排存到今日；萬物都是你的僕役。」

詩119：91

◎ 羅慧勤

上帝按照自己的形像所造的人類，雖可選擇違背上帝的旨意，但人的身體、情緒、思維及意志，卻仍按照上帝創造的定律運作。萬物都是上帝所造的，也都為了成就祂的旨意而存在。上帝的權能毋庸置疑。挑戰上帝永恆的權柄，無異於自取滅亡。然而，罪人的狂妄自大，確能令人心眼矇昧，以致於無視上帝的存在及祂在人類生活中的奇妙作為。古時的以色列人如此，現今的我們也不例外。

在奔走天路途中，我們將進入艱險之境。然而，我們不必等到屆時才學習順服上帝，恐怕為時已晚。此刻就是我們學習的最佳良機，把握現在，是智慧人的選擇。

耶穌說：「我是葡萄樹，你們是枝子。常在我裡面的，我也常在他裡面，這人就多結果子；因為離了我，你們就不能做什麼。」（約15：5）可惜的是，雖然我們承認，在上帝的協助下，能成就驚天動地的大事，但言行之間所流露的信念，卻是很小。

越是和上帝親近的人，越能感悟到人的軟弱無助，也因此越謙卑、越能體會上帝的威儀。信心之眼被開啟後，便能看到萬物乃為成全上帝的旨意而被造，萬物因事奉祂而滿足，因取悅祂而喜樂，成為上帝忠心的僕役，是人最高的目標和最大的成就。

我們正徘徊在屬天的迦南邊緣，不一會兒，耶穌就要來領祂

的子民回天家。我們也正活在查案審判的時期。願我們時刻求主
以祂的寶血潔淨我們的身、心、靈，教我們做好準備，在主復臨
時欣然與祂相會。

4 APRIL
主的話是燈是光

你的話是我腳前的明燈，
是我路上的亮光。

「我若不是喜愛你的律法，早就在苦難中滅絕了。」

詩119：92

◎ 羅慧勤

開了逾一百槍，三十三條人命從此長眠黃土之下。三十二人被殺後，槍手吞槍自盡。這是美國歷史上傷亡最慘重的校園槍擊案，舉世震驚！

冷血槍手殺這麼多無辜人，兇手的仇恨心令人毛骨悚然。大家都會毫不猶疑地認為，兇手及其行為是非常邪惡的。但此邪惡的源頭在那兒？沒有槍聲流血、沒有人命傷亡的時刻，或甚至在人們興高采烈時，邪惡難道就不存在嗎？這些邪惡會引起全球矚目嗎？有人會為這些邪惡的受害者哀痛伸冤嗎？這世界有法律來制裁這些隱蔽的邪惡者嗎？

有沒有可能在那些受害者中，有人不甘長期忍受不為人注意的邪惡，因此心中積存大量的怨恨，進而斷然採取激烈的行動來引起世人關注呢？邪惡的人有可能原是邪惡的受害者？斷定兇手是邪惡的人，自己就不邪惡嗎？

「這就如罪是從一人入了世界，死又是從罪來的；於是死就臨到眾人，因為眾人都犯了罪。」（羅5：12）那麼，所有邪惡的人，其實也都是可憐人，你和我，恐怕都不例外。

邪惡的人活在邪惡的世界裡，互相傷害，互相殘殺。這世上的苦難何其多？在苦難中滅絕的人又何其多？然而，詩人卻宣稱：「我若不是喜愛你的律法，早就在苦難中滅絕了。」詩人的

話，猶如黑暗中的一道曙光，嚴寒中的一股暖流。

　　永遠忠信的上帝，已做出救恩的承諾。人們若想最終得著救恩，就得像詩人，喜愛上帝的訓詞，無論身處何等境地，都持守、信靠到底。

「我永不忘記你的訓詞，因你用這訓詞將我救活了。」

詩119：93

◎ 羅慧勤

歷代的基督徒中，有人因信靠上帝而死裡逃生，也有人因忠於上帝而喪命，不論他們的際遇如何，他們最終也死了。但我們知道當主耶穌復臨時，所有在主裡逝世的信徒們都會復活，而且永遠活著。

聖經告訴我們，「人活著，不是單靠食物，乃是靠上帝口裡所出的一切話。」（太4：4）如果我們想擁有永生的確據，聖經的教導必須成為我們人生的一部分，聖經的話語必須改變我們的生死觀。在主裡的人，雖死也必再活；沒有主的人，雖生猶死，並與永生完全隔絕。

一名大學生因被人所行的各種罪惡困擾，覺得沒有公理的世界不值得留戀，不斷思索要以何種方法結束自己的生命。他仰望夜空吶喊著：「這世上有創造主嗎？你真的存在嗎？」這名年輕人最後為了家人打消自殺的念頭，過著行屍走肉的生活。

不久，這名年輕人獲得一本《四個屬靈的定律》的小冊子。讀完後，在沒有基督徒向他傳福音的景況下，決定一生全職事奉上帝。這全因在他還沒認識耶穌時，聖靈已感動他，把追求真理定為人生最重大的目標。

上帝的話語不但拯救我們，也拯救我們所關心的人。神愛世人，耶穌是為所有的人而死，聖靈也在所有人的心裡工作。

一名中國少年因腦部重創而昏迷不醒。他和父母旅居海外，舉目無親，熟悉的朋友也遠居他州，援手難伸。一名基督徒朋友為這少年痛哭禱告，求神縱使不讓他甦醒，也要叫他靈魂得救。因為他相信上帝有辦法令一名腦部受損的孩子聽到祂的話語。

兩個月後，少年奇蹟的甦醒。這名來自非基督教家庭的孩子對他母親說：「在我昏迷時，上帝告訴我，祂正在醫治我！」

如此恩典，刻骨銘心！

「我是屬你的，求你救我，因我尋求了你的訓詞。」

詩119：94

◎ 羅慧勤

人 原屬上帝所擁有，因為人是上帝所創造、所救贖的。然而，罪人總以為他屬於他自己，以為自己是生命的主宰。因此，人傾向在上帝以外尋求自我。「我要賜他們認識我的心，知道我是耶和華。他們要作我的子民，我要作他們的上帝，因為他們要一心歸向我。」（耶24：7）如果上帝不基於祂豐盛的慈愛和恩典來尋找罪人，人永遠也找不到歸宿。

然而，耶穌說：「我愛你們，正如父愛我一樣；你們要常在我的愛裡。你們若遵守我的命令，就常在我的愛裡，正如我遵守了我父的命令，常在他的愛裡。」（約15：9－10）確定了自己的身分，按照上帝的旨意生活，便能像詩人那樣，盡情傾吐心聲，懇切祈求，並堅信禱告必蒙應允。

這是何等的福氣！上帝是我們的，我們是祂的！即使我們無親無故，孑然一身，徬徨的心靈也有歇息的處所。有一女子，為了幫助另一位無助的女孩，離開她那既專制又暴力的男朋友，在寒冷的冬夜，躲在沒發動的車子裡，默默監視那男子的行為，隨時準備報警並指證。那男子是名累犯者，誘騙過多名女子，並曾打傷身材健碩的年輕男子，雖有人報警，卻沒有一人敢上法庭指證他。

那旅居他鄉的女子能在恐懼顫驚中，憑著禱告，毅然踏出勇敢的一步，最終如願以償，救了另一女孩，原因只有一個：因為上帝曾經救了她！

「惡人等待我，要滅絕我，我卻要揣摩你的法度。」

詩119：95

◎ 羅慧勤

誰是惡人？真正邪惡的人，通常都不在監獄裡，而是在監獄外。這些人存在各社會階層，一點也不像壞人，反而很像模範市民，無論他們的罪有多深重，他們的邪惡並不在於他們的罪，乃在於他們毫無反省、認罪的傾向。

他們的罪是非常隱蔽的，但又有很高的持續性和一致的破壞性。他們沒有明顯的犯法，所以法律很難將他們定罪，正因為如此，他們得以繼續他們的罪惡，長期給身邊的人帶來不可言喻的痛苦，甚至毀了他人的一生。這邪惡的可怕殺傷力，就在於它的隱蔽又持久。

重複抗拒聖靈的感動，這些人完全無法面對和承認自己的罪惡。他們最擅長誣賴他人，把自己的罪投射在他人身上；然後，正義凜然地嚴懲他人的「罪」。他們傷害別人，以保持一個完美的自我形象，他們的人生是個不折不扣的謊言，他們是自欺欺人的專家。

這些人並不是沒有良心，否則，便不會隱藏自己的罪。他們只是無法面對自己的良知，不願承受罪疚的痛楚。他們不可自拔地耽溺在過度膨脹的自我中，但由於他們熱愛公義的形象，卻不甘把自我釘死在十字架上，他們便「將所有的賙濟窮人，又捨己身叫人焚燒，卻沒有愛。」（林前13：3）

　　耶穌說：「我實在告訴你們，世人一切的罪和一切褻瀆的話都可得赦免；凡褻瀆聖靈的，卻永不得赦免，乃要擔當永遠的罪。」（可3：28－29）感謝上帝！祂從起初就預知這些邪惡的人，一切都在祂的掌控之中。

「我看萬事盡都有限，惟有你的命令極其寬廣。」

詩119：96

◎ 羅慧勤

放眼墮落紅塵，不論何物，無一倖免，都必面臨最終消亡的一天。有形的有限，無形的也有限。罪有限，善也有限；恨有限，愛也有限。罪雖有限，其害卻足以令人滅絕；善有限，則令人倍感遺憾，因不足以消弭罪的禍害。恨雖有限，其毒卻足以殺害人的靈魂；愛的有限，則更令人徬徨無助，因無法阻擋恨的毒手。

人心有限，人心的欲望卻彷彿無限。然而，靈歸天國時，無限的欲望也只能無可奈何地煙消雲散了，彷彿無限的，終究仍是有限。毋怪乎傳道者的話引起眾多迴響，「虛空的虛空，虛空的虛空，凡事都是虛空……日光之下所做的一切事，都是虛空，都是捕風。」（傳1：2，14）

在茫然的虛空中，有一聲音在疾呼：「天地要廢去，我的話卻不能廢去。」（太24：35）又說，「因此，主自己要給你們一個兆頭，必有童女懷孕生子，給他起名叫以馬內利。」（賽7：14）這話實現了：「道成了肉身，住在我們中間，充充滿滿地有恩典有真理。」（約1：14）

這道「存心順服，以至於死，且死在十字架上。」（腓2：8）因祂的死，無限的善進入了這有限的罪惡世界，無限的愛也臨到了罪人空虛的心。仇恨、罪惡不再令人絕望，它們的有限，倒

反映了主的全知、全能和大愛。有限的人心，再次被無限的嚮往所占據，永生的盼望，如烈焰在燃燒。我們的心，如詩人所說：在「惟有你的命令極其寬廣」之中被拓展開了。

　　主說：「是了，我必快來！」又說：「我是阿拉法，我是俄梅戛；我是首先的，我是末後的；我是初，我是終。」（啟22：20，13）主的話都應驗了，祂必再一次堅守祂的承諾！

「我何等愛慕你的律法，終日不住地思想。」

詩119：97

◎ 羅木華

律法值得愛慕嗎？愛慕的對象通常是具體的實物或人物。律法是道德行為的明文規定，誰會去愛慕它呢？誰會終日去思想律法呢？

如果你是一件重大案件的法官，或是控方或辯方律師及其顧問和助理團隊，或是案件的牽涉者，那你很可能會不分晝夜地對相關的律法細心研究思考，直至法庭做出最終判決，律法的思考才會告一段落。

當然詩人所愛慕的是上帝的律法，但上帝的律法就能被愛慕嗎？這也不見得。聖經中不就有很多厭惡和違反律法的例子嗎？

保羅指出律法的功用在使人知罪。「所以凡有血氣的，沒有一個因行律法能在上帝面前稱義，因為律法本是叫人知罪。」（羅3：20）但是知罪並不是很好的感受。他又提到律法是為作惡者而設立的。「因為律法不是為義人設立的，乃是為不法和不服的，不虔誠和犯罪的，不聖潔和戀世俗的，弒父母和殺人的。」（提前1：9）對作惡的人來說，律法是很束縛和可怕的。

一般人認為枯燥無味的物理定理和公式，在一位物理學家的眼中，可以是表達自然界規律最美妙的傑作，因而產生讚賞及近乎愛慕的心態。因為他經過深切的思想而認識其奧妙及涵義。物理大師楊振寧的一本傳記，便以規範與對稱之美為名*，就是同

樣的原因。

　　同樣地，一位喜愛被管教的人，才會愛慕上帝的律法。如加拉太書3章23至24節所說：「但這因信得救的理還未來以先，我們被看守在律法之下……。這樣，律法是我們訓蒙的師傅，引我們到基督那裡，使我們因信稱義。」詩人對上帝律法的不斷思想及愛慕，更是值得我們效學了。

＊編按：江才健著《楊振寧傳——規範與對稱之美》，天下遠見出版有限公司，遠哲科學教育基金會共同出版，2002年。

「你的命令常存在我心裡，使我比仇敵有智慧。」

詩119：98

◎ 羅木華

我們可以用文字排列的變動，來區別聰明與智慧：聰明可以使人正確的做事（doing things right），而智慧則能使人做正確的事（doing the right things）。一件壞事，即使用最正確有效的方法去做，結果仍是聰明誤用，遺害於人；而智慧，則能使人分辨出一件事的是非而作取捨，或退而不幹，或全力以赴，做出有益人群的抉擇。

詩篇和箴言說明智慧和聰明，其根源都始於敬畏上帝：「敬畏耶和華是智慧的開端；凡遵行他命令的是聰明人。耶和華是永遠當讚美的。」（詩111：10）「敬畏耶和華是知識的開端；愚妄人藐視智慧和訓誨。」（箴1：7）而敬畏上帝的先決條件，乃是認識、相信和尊敬上帝，對上帝的威嚴有健全的怵意。

敬畏上帝一種可行的方法，就是將上帝的命令存在心裡，這樣每做一件事之前，先衡量一下此事是否違背上帝的命令，有的話就不做，沒有的才去做，而且全力以赴。「凡你手所當做的事要盡力去做；因為在你所必去的陰間沒有工作，沒有謀算，沒有知識，也沒有智慧。」（傳9：10）上帝的命令這樣存在心中，便成為一種生命的導向和動力。

美國總統林肯曾說：「重要的不是上帝是否在我這一邊，而是我是否在上帝那一邊。」有上帝的命令在心中，可幫助我們的

靈性定位在上帝那一邊。那麼敵對我們的，就是那些作惡為害人群的人，他們再聰明能幹，終會走入沉淪的道路。有上帝的命令在心中，使人有智慧，抵擋智慧者總是居下風，故此詩人可以毫無保留地肯定：他比敵人有智慧。

　　把上帝的命令常存在心中，需要熟識上帝的命令。然而，熟識上帝的命令，便要熟識上帝的話語，經常讀經，才能有分辨力，才能做比仇敵更有智慧的抉擇。所以，研讀經文要理解、要深入，行事要以敬畏上帝的心為出發點，虛心服從聖靈的指引，才能合宜地順服存在心中上帝的命令。

「我比我的師傅更通達，因我思想你的法度。」

詩119：99

◎ 羅木華

當你操作電腦、使用行動電話、遙控音響影音器材有困難時，你的師傅可能是你家中那位年紀比你少一半以上的青少年。當你駕駛汽車、玩樂器、修理水電、打高爾夫球，你會拜一位技術比你強的人為師傅，他可以向你傳授某種智識或技能。

通達乃是對事物精通而徹底細微的認識，但技術上的精通未必在行事為人方面通達。而一個人要行事為人通達，就要有超乎技術性的才能和德行。做師傅的在某種技術知識比你強，但在行事為人方面未必能及你，細想有多少在技術和知識上可當作你師傅的人，而他們的行事為人未必為你所認同和欣賞。

一位很成功的企業家打趣的說，他的成功祕訣，在於聘任比他聰明和能幹的人。其實更重要的因素，在於他能善用人才，能領導一群高知識有才幹的下屬，有效率的操作經營，去完成所訂立的目標，成就董事會的願景和目的。因他對公司的整體運作及人事的處理，比那些在智識、技能上都能當他師傅的人更通達。

同樣的，在屬靈的領域謹守祂的律例、誡命、典章、法度的人，會做事通順，給人一種通達的印象。「遵守耶和華──你上帝所吩咐的，照著摩西律法上所寫的行主的道，謹守他的律例、誡命、典章、法度。這樣，你無論做什麼事，不拘往何處去，盡都亨通。」（王上2：3）

上帝的法度，是衡量事理人物最精準的尺度和準繩。「耶和華啊，你的法度最的確；你的殿永稱為聖，是合宜的。」（詩93：5）時常思想上帝的法度，可以幫助一個人，對事理及人性的認識更精通廣達。「人當以訓誨和法度為標準；他們所說的，若不與此相符，必不得見晨光。」（賽8：20）這就是詩人能自我肯定比他的師傅通達的祕訣，而這祕訣我們也可以應用。你願意在這方面下功夫嗎？

「我比年老的更明白，因我守了你的訓詞。」

詩119：100

◎ 羅木華

中國傳統是一個敬老的文化，民間有一種說法，「家中有一老，如同有一寶。」其實美國也有「老者先於美人」（Age Before Beauty）的說法。美國對老人的優待，有的做得比中國先進，可見敬老是一個高水準文化所重視的美德。

古以色列國也不例外，從約伯記32章6至7節所記載的對話可看出：「布西人巴拉迦的兒子以利戶回答說：我年輕，你們老邁；因此我退讓，不敢向你們陳說我的意見。我說，年老的當先說話；壽高的當以智慧教訓人。」而新約也有勸誡：「不可嚴責老年人，只要勸他如同父親；勸少年人如同弟兄。」（提前5：1）

聖經也有不聽老人言遭災禍的例子：「羅波安王用嚴厲的話回覆他們，不用老年人所出的主意。」（代下10：13）這成為以色列國分裂和敗亡的開始。

從詩人的詩句不難想像：他尚年輕，但卻肯定地說他比老人更明白事理，實在有大言不慚的味道，不應該是一個古以色列人所該說的。不過我們可以思考一下他所引用的理由，可以給我們一些啟示，他自言：「因我守了你的訓詞」。

人的聰明智慧是相對的，在上帝面前，愛因斯坦和一個智障的人所差無幾。同樣地，在上帝永恆的訓詞前，年齡便失去了

經驗的優越性。當然，詩人所指的老年人，應該是指一般性的老者。而事實上，持守上帝訓詞的人，都站在同一個屬靈的平臺上，對事理的理解不分年齡的長幼，而是達者為先的。「貧窮而有智慧的少年人勝過年老不肯納諫的愚昧王。」（傳4：13）聖經中的約瑟、大衛、但以理，同他的三位朋友都是典範，年輕的讀者應該得到鼓勵，而年長的讀者更應有所警惕，不要當老糊塗才好。

「我禁止我腳走一切的邪路，為要遵守你的話。」

詩119：101

◎ 羅木華

詩人顯出其赤子之心，用自律的行動，禁止自己的腳走一切的邪路。他的目的在乎遵守主的話，而要認識什麼是邪路，一定要清楚知道什麼是正路。

有一個故事講到一名青年學徒，拜一位頗負盛名的玉石鑑定能手為師傅。開始授課的那一天，老師給學徒一塊玉，便開始講述天文地理及做人的道理，除了不談玉石鑑定，其他的無所不言。如此日復一日，月復一月，學徒無奈，只好手拿玉石反覆觸摸，雲遊四海。

一年多後，有一天師父放一塊假玉石在他手中，正當師父要開口授課時，他的學徒大叫：「老師，這玉石與其他的玉石手感不同！」老師大喜說：「時間到了，你對真玉石的手感已經成熟，可以開始教授你玉石的鑑別了。」要辨別邪路，就要先認清楚正路。可見詩人對走正路，有相當的認識和把握。

值得思考的是：詩人為什麼不跟著前三節的結構而寫？例如：「我禁止我腳走一切的邪路，因為我遵守了你的話。」前三節述及以命令存心、思想法度及守了訓詞的優越功能。順理成章的這一節，應該也用遵守主的話為因，禁走邪路為果才對，為何因果本末倒置呢？很明顯的是，要遵守主的話，必須有一定的用功和努力。

　　保羅說：「我也知道在我裡頭，就是我肉體之中，沒有良善。因為，立志為善由得我，只是行出來由不得我。」（羅7：18）難道詩人知其不可而為之？信主的人便不是無助的屬靈孤兒：「我不撇下你們為孤兒，我要再回到你們這裡來。」（約14：18）上帝認為合宜時，你甚至會得到特別的指示：「你或向左或向右，你必聽見後邊有聲音說：『這是正路，要行在其間。』」（賽30：21）

　　保羅勸告我們，不靠自己的力量去立志行善，而要全靠神的大能才行。

「我沒有偏離你的典章，因為你教訓了我。」

詩119：102

◎ 羅木華

美國太空總署（NASA）屬下的噴射推進實驗室（JPL），多次成功地發射無人駕駛的太空飛行器。其成功因素在於太空總署有極精準的行星及月球時空運行的軌道數據，可作為太空飛行器中途偏差時更正的參考值。如果參考數據不準確，而使太空飛行器偏離正確的軌道，那就可能差以毫釐而謬之億萬里了，也會導致整個計畫失敗。

上帝的典章，是人生的指南、行為的指標、道德生活的基準、導往永生生命的藍圖。要靈命長進，就不能偏離這個藍圖。而要讓這基準對個人生活起作用，便得絲毫沒有偏差地將生活的指令，傳到個人的心思意念之中。

詩人說這是接受上帝之教訓的結果。要接受教訓，先要有順服之心，對上帝的權威順服，明白上帝對我們生命的用心。「耶和華說：我知道我向你們所懷的意念是賜平安的意念，不是降災禍的意念，要叫你們末後有指望。」（耶29：11）「世人哪，耶和華已指示你何為善。他向你所要的是什麼呢？只要你行公義，好憐憫，存謙卑的心，與你的上帝同行。」（彌6：8）

我們一方面要明白上帝對我們的用心，並在使人自由之律法的訓導下，去過順服的生活，「你們既然要按使人自由的律法受審判，就該照這律法說話行事。」（雅2：12）；另一方面我們也

要時刻警惕，用上帝對以色列人的警告來提醒自己：「萬軍之耶和華說：從你們列祖的日子以來，你們常常偏離我的典章而不遵守。現在你們要轉向我，我就轉向你們。你們卻問說：『我們如何才是轉向呢？』」（瑪3：7）

讓我們依靠上帝的恩典，時刻記著上帝的教訓，行事為人以不偏離上帝的典章為目標。

「你的言語在我上膛何等甘美，在我口中比蜜更甜！」

詩119：103

◎ 羅木華

經驗中，願意為榴槤和臭豆腐作見證的人，遠比為耶穌基督作見證的人多。他們用心良苦，唯恐我錯失了人生中的佳餚美味。其實為耶穌作見證並無二樣，就是把好東西介紹給別人，希望別人得益，一同享受美好的事物。對未能欣賞榴槤及臭豆腐的人，把美味視為惡臭，佳餚卻視為穢物，因為尚未能領略其中的滋味。

同樣，上帝的言語，在未領略其滋味的人，可能是可憎的囉嗦，是人民的鴉片，是弱者的麻藥。在叛逆的人耳中，是不被看重的話柄。如舊約時的以色列人一樣，「他們卻嘻笑上帝的使者，藐視他的言語，譏誚他的先知，以致耶和華的忿怒向他的百姓發作，無法可救。」（代下36：16）禍患無窮。

但能領略上帝言語真義的人，卻是生命的泉源、永生的確據。約伯就此發問：「耳朵豈不試驗言語，正如上膛嘗食物嗎？」（伯12：11）且說：「他嘴唇的命令，我未曾背棄；我看重他口中的言語，過於我需用的飲食。」（伯23：12）當耶利米先知向上帝訴苦時，他亦說：「耶和華——萬軍之上帝啊，我得著你的言語就當食物吃了；你的言語是我心中的歡喜快樂，因我是稱為你名下的人。」（耶15：16）

同樣，上帝的言語，在詩人的口中比蜜更甜，在其上膛無比

的甘美。相信主內的兄弟姐妹們必定有同感。如果未有這樣的感受，希望你從今天開始，決志每日花時間去讀經，細心地咀嚼，必定能嘗出主言語甘甜的滋味。

上帝苦口婆心地說出祂自己言語的用心：「雅各家啊，豈可說耶和華的心不忍耐嗎（或譯：心腸狹窄嗎）？這些事是他所行的嗎？我——耶和華的言語豈不是與行動正直的人有益嗎？」（彌2：7）

上帝的話不品嘗，那虧損便無可彌補了。

「我藉著你的訓詞得以明白，所以我恨一切的假道。」

詩119：104

◎ 羅木華

假道比邪道更可怕，因為假道可能似是而非，甚至以假亂真，看來似光明正大的正途，其終點並不易為所有人立刻察覺。「有一條路，人以為正，至終成為死亡之路。」（箴14：12）

教會中，假道往往與假道理相關。保羅奉勸提摩太：「若有人傳異教，不服從我們主耶穌基督純正的話與那合乎敬虔的道理，他是自高自大，一無所知，專好問難，爭辯言詞，從此就生出嫉妒、紛爭、毀謗、妄疑，並那壞了心術、失喪真理之人的爭競。他們以敬虔為得利的門路。」（提前6：3－5）

美國德州Waco市，曾發生聯邦調查局圍剿異端共同生活群體的大悲劇。多人喪失生命，犧牲者中，不少位是信主多年甚至有高等學位的復臨信徒，是一個假道的可怕例子。

恨惡假道不難，要明白而且能判斷一條路的真假更難。因為那需要有正確的判斷力，真實的標準，要認清楚行徑的真假。現今比以往更複雜，陷阱重重。隨著歷史文化的演進，經濟全球化的發展，網民的劇增，資訊的快速傳遞等，訊息的真偽有時不容易立時察覺。但使徒保羅早有警告：「凡事都可行，但不都有益處。凡事都可行，但不都造就人。」（林前10：23）選擇人生的途徑，必須考慮到它的成效和結局。

　　詩人藉著最完全的標準，就是上帝的訓詞，來判斷道途，以致能分別真偽，因而能夠正確地恨惡假道。「既從律法中受了教訓，就曉得上帝的旨意，也能分別是非（或譯：也喜愛那美好的事）。」（羅2：18）保羅為腓立比信徒們禱告時，也特別提及「使你們能分別是非（或譯：喜愛那美好的事），作誠實無過的人，直到基督的日子。」（腓1：10）

　　身為二十一世紀的人，我們更需要有正確的人生指標，使我們能夠選擇真實的途徑。上帝的訓詞是現今所需要的黃金標準，要勤學謹記才是。

「你的話是我腳前的燈，是我路上的光。」

詩119：105

◎ 劉大同

上帝口中所出的一切話，是人活著的依據。神的兒子開始工作之前，在猶太的曠野受撒但的試探。魔鬼對祂的第一個試探就是：你若真是上帝的兒子，可以叫石頭變成餅啊！你都40天沒吃飯了！耶穌回答說：「人活著不是單靠食物，乃是靠上帝口裡所出的一切話。」上帝顯示了祂自己和祂的旨意，祂對我們所說的話，是祂所能賜給我們最重要的禮物之一。

我們絕不能離棄神的話，把人的話擺在神的話之上。一旦人對上帝的話失去了信心，緊接著就會不順從祂。這豈不正是在伊甸園中，蛇對女人說：「上帝豈是真說不許你們吃園中所有樹上的果子」時，亞當、夏娃所遇見的試探？（創3：1）

否定或是不順從上帝的話，最終會使罪惡得勝。叫我們對上帝的話發生懷疑，往往是來自於聰明能幹的人，尊貴可敬的人。因為這些人的話容易讓人信服，要是沒有上帝的話藏在我們心裡，我們就很容易受騙。若心存有上帝的話，我們的人生就一路都有亮光。

無怪乎詩人和先知都異口同聲地說：「我將你的話藏在心裡，免得我得罪你。」（詩119：11）「耶和華——萬軍之上帝啊，我得著你的言語就當食物吃了；你的言語是我心中的歡喜快樂，因我是稱為你名下的人。」（耶15：16）「上帝既在古時藉

著眾先知多次多方地曉諭列祖，就在這末世藉著他兒子曉諭我們；又早已立他為承受萬有的，也曾藉著他創造諸世界。」（來1：1－2）

上帝的話，不單指今天我們人手一冊的聖經，更有兩千多年前降世為人的神子耶穌。上帝的話──聖經，以及成為肉身的話──基督，千百年來為人類指出一條生命的道。聖經說：「生命在他裡頭，這生命就是人的光。」（約1：4）「那光是真光，照亮一切生在世上的人。」（約1：9）

「你公義的典章，我曾起誓遵守，我必按誓而行。」

詩119：106

◎ 劉大同

回想起來，日子過得真快，我初出茅廬在台中傳道，教會的人和事一幕幕浮現腦際，就像昨天一樣，但是屈指算來，時間已經過了快半個世紀！

還記得當年吸收一位信徒的過程。幾十次的查經，長期守道的試驗，然後參加佈道會，決志加入教會。受洗前的考問信德，就像三堂會審，施浸牧師、傳道士、長老，連番發問後仍能堅持不渝，才能受洗入會。如今，年輕的一輩，聽到受洗前這諸多考驗，豈不會覺得太過愚腐了！

然而，保羅提到洗禮時，將之比作與基督同死、同埋、同活，這絕對是非同小可的決心。昨日死今日生的誓約，如此重大的決定，豈可兒戲？

教會今天為人施洗過於倉促，有的教友連十誡都不能背誦，又怎麼能照著上帝公義的典章而行呢？

四十多年前，我在台南傳道時，曾經請過孟昭義牧師去佈道。他告訴我，每次為慕道友施洗前，考問信德時，他總要問一個問題：「十誡記在哪裡？」很多人會回答說：「記在出埃及記20章。」孟牧師會再問：「記在哪裡？」「出埃及記20章3至17節」。第三次問的時候，往往決心受洗的人會氣急敗壞地爭辯：「你不信，我翻聖經給你看啊！」這時孟牧師會說：「要是十誡

總是記在出埃及記，那跟你有什麼關係啊？」

我退休前，經常訪問大陸教會。有很多教堂在講臺後的牆上，張貼大幅白布，上面用毛筆寫著十誡。有的教會在聚會前，會眾要大聲讀出。久而久之，信徒都能將上帝的誡命存記在心。這不失為一個好辦法。

十條誡命是上帝和祂百姓所立的約。我們都是上帝從罪惡的埃及領出來的，使我們做祂的選民。我們既然在受洗前信誓旦旦，遵守上帝的典章，就當將誡命謹記在心，靠著那加給我力量的，按誓而行。

「我甚是受苦；耶和華啊，求你照你的話將我救活！」

詩119：107

◎ 劉大同

使徒保羅有一次作見證說：「因我活著就是基督，我死了就有益處。」（腓1：21）。腓立比書是保羅在監獄所寫，與以弗所書、歌羅西書和腓利門書合稱「獄中書簡」。他為傳揚福音，忍受牢獄之苦，又風聞教會中彼此結黨、嫉妒紛爭，更加增添使徒的苦楚。但是保羅深知，他受苦是對他有益。

詩人在受苦的時候祈求：「耶和華啊，求你照你的話將我救活。」他深信上帝的話能將他救活。

詩篇成書之後約六百年，「上帝的話」道成肉身，住在我們中間，將我們必死的人救活了。「凡接待他的，就是信他名的人，他就賜他們權柄作上帝的兒女。」（約1：12）「因為你們已經死了，你們的生命與基督一同藏在上帝裡面。」（西3：3）

信上帝的人活在世上，不再為自己活，是基督活在他裡面。雖說我們重生的生命，是與基督一同藏在上帝裡面，無人能將之奪去。但這不保證信主的人，總是一帆風順，不受苦難。耶穌在世時曾告訴門徒：「在世上你們有苦難，但你們可以放心，我已經勝了世界。」（約16：33）

重要的不是我們在這短暫的今生，受苦或享福。要緊的是，我們是否和主天天保持生命的聯繫？保羅在寫給哥林多教會的信中，鼓勵信徒說：「我們這至暫至輕的苦楚，要為我們成就極重

無比、永遠的榮耀。」（林後4：17）

　　和我同蒙天召的弟兄姐妹啊！上帝的話將我們救活才是最重要的。我們既然信靠基督，接待祂做我們心中的主，就得著上帝所賜的權柄，成為上帝的兒女。要天天藉著禱告、閱讀和默想上帝的話，保持和上帝的生命關係。在這短暫今生過後，我們要享受天父為我們預備的，那永遠的榮耀。

> 「耶和華啊，求你悅納我口中的讚美為供
> 物，又將你的典章教訓我！」 詩119：108

◎ 劉大同

基督徒不應只在事事順利時口中讚美，在困苦中更當以讚美為供物獻上，因為上帝常藉著苦難雕琢可造之才，好使更多的人因我們得福。

　　大衛坐上王位的過程，豈止是一波三折。從小，大衛就因為牧放父親的羊，長期的體力勞動和戶外鍛鍊，身體健壯。聖經形容：「他面色光紅，雙目清秀，容貌俊美。」他曾經赤手空拳打死獅子和熊。大衛信靠上帝，他有當機立斷的智慧，臨危不懼的勇氣，他多才多藝的音樂造詣遠近聞名。有一個少年人說，我曾見伯利恆人耶西的一個兒子善於彈琴，耶和華也與他同在（撒上16：18）。從上帝那裡來的惡魔臨到掃羅身上時，大衛就拿琴，用手而彈，掃羅便舒暢爽快，惡魔離了他。（撒上16：23）

　　這樣的條件，又被上帝的先知撒母耳膏立，撒母耳就在他諸兄中膏了他。從這日起，耶和華的靈就大大感動大衛。他曾打死非利士挑戰的巨人歌利亞，贏得耶路撒冷女子的讚美，「掃羅殺死千千，大衛殺死萬萬。」（撒上18：7）他可以名正言順地取掃羅而代之，但是他信靠上帝，他等候上帝的時間。

　　他有機會登基為王替天行道，但他沒有那麼做。掃羅到處追殺大衛（撒上24：14），大衛在亞比米勒面前裝瘋，被他趕出去，就作了詩篇34篇。「我要時時稱頌耶和華；讚美他的話必

237

常在我口中。」（詩34：1）在走投無路的時候，他仍讚美、稱頌，因為他熟悉上帝的典章，信靠上帝的引領。

　　讓我們終日以讚美為供物獻給上帝，上帝也會將我們從卑微中提拔，如同大衛一樣。

「我的性命常在危險之中，我卻不忘記你的律法。」

詩119：109

◎ 劉大同

一個人面臨性命攸關的危險時，通常的反應是恐懼驚慌、不知所措。我在醫院做過幾年駐院牧師，每天到病房探訪，重病的患者往往要求我晚上為他祈禱。黑夜來臨時，病人害怕，「今晚睡下，明天會不會再醒來？」我為病人禱告時，病人緊握住我的手。禱告結束時，我的手常會覺得麻木，就像在水中快要滅頂的人，常常會緊緊抓住救生員不放。

在戰場上，士兵希望能找到一處安全的高地，既能居高臨下攻擊敵人，又可保持自身安全。最怕的是防不勝防的敵人。現代科技發達，也將戰爭帶向了三度空間。伊拉克的戰爭沒有前線或是後方，聯軍的處境不僅是腹背受敵，十面埋伏，即使飛在空中，都不知什麼時候突然被一枚地對空飛彈擊中，一切就都灰飛煙滅。

到底有沒有在面臨性命攸關的危險時刻，我們可以緊抓、依靠的呢？在危險中，有沒有讓我們藏身的穩妥之地？請聽詩人的經驗之談：「我的性命常在危險之中，我卻不忘記你的律法。」

大衛在山洞間東逃西竄，躲避掃羅王的追殺。掃羅親率御林軍，常年做地毯式的搜捕。大衛在曠野、在山洞，幾次間不容髮地逃脫掃羅王的搜尋。大衛的性命常在危險中，他所依靠的是上帝的律法。他將幼年時所學的律法存記在心，並且身體力行。

　　至少有兩次絕好的機會殺死掃羅，他也沒忘記掃羅為上帝所膏的命令。他將他的生命完全交託上帝，深信神律法中的教訓，「伸冤在我，我必報應。」「上帝是我們的避難所，是我們的力量，是我們在患難中隨時的幫助。所以，地雖改變，山雖搖動到海心，……我們也不害怕。」（詩46：1－3）

　　將上帝的話謹記在心，雖面臨性命攸關的危險，但因有上帝做我們的避難所，做我們的力量，我們就不害怕。

「惡人為我設下網羅，我卻沒有偏離你的訓詞。」

詩119：110

◎ 劉大同

孔夫子說：「朝聞道，夕死可矣。」他對真道的重視可見一斑。我等何幸，古聖先賢所見不到的，我們見到了；他們聞所未聞的，我們聽到了。「但你們的眼睛是有福的，因為看見了；你們的耳朵也是有福的，因為聽見了。……從前有許多先知和義人要看你們所看的，卻沒有看見，要聽你們所聽見的，卻沒有聽見。」（太13：16－17）

我們聽見的是上帝的訓詞，神的話。我們看見的是上帝的話（道）成了肉身，與我們同在的生命之道。耶穌在世時曾見證說：「我就是道路、真理、生命；若不藉著我。沒有人能到父那裡去。」（約14：6）

上帝的聖言清楚地解答了人生的三大難題：我從哪裡來？我為何在此？我往哪裡去？千百年來，多少哲學家絞盡腦汁，著書立說，想要解明生死的奧祕；科學家在實驗室裡，花上畢生精力研究；世上最先進的國家，傾全力發展太空科學，主要都是為探討生命的來源、宇宙的奧妙。難怪聖人會感歎：「朝聞道，夕死可矣！」論到生死之謎，孔子誠實得可愛、可敬，他說：「未知生，焉知死？」上帝將如此奇妙的道啟示我們，我們豈可偏離？

作詩的人珍惜上帝的訓詞，不但謹記在心，更是身體力行，不敢偏離。縱使有惡人設下陷阱，也不能使他偏離正道。古時但

以理、沙得拉、米撒、亞伯尼歌，近代的無數殉道者，更是如此。「他們因著信，制伏了敵國，……堵了獅子的口，滅了烈火的猛勢，脫了刀劍的鋒刃；軟弱變為剛強，爭戰顯出勇敢，打退外邦的全軍。」（來11：33－34）

今天那惡者知道時候不多，就更變本加厲地設下網羅，威逼利誘，為使我們偏離上帝的道。在最後一刻，功虧一簣，真是不值得啊！

親愛的弟兄姐妹！應當時時警醒，常常祈求，持守所信的真道，得以站立在人子面前。

「我以你的法度為永遠的產業，因這是我心中所喜愛的。」

詩119：111

◎ 劉大同

人總是不喜歡受約束，即使是基督徒也不例外。多少信徒只要恩典，不要律法：「你不可有別的神」，「不可雕刻偶像」，「不可妄稱耶和華的名」，「不可殺人」，「不可姦淫」，「不可偷盜」等。

他們說：「律法像一條鐵鍊子，把我們綁得緊緊的，毫無自由。」他們比喻得不錯，上帝的誡命正像一條鍊子，只不過這條鍊子是一條「愛」的鍊子，何西阿先知說：「我用慈繩愛索牽引他們，我待他們如人放鬆牛的兩腮夾板，把糧食放在他們面前。」（何11：4）

耶穌曾向一位律法師闡明誡命，「耶穌對他說：『你要盡心、盡性、盡意愛主——你的上帝。這是誡命中的第一，且是最大的。其次也相倣，就是要愛人如己。這兩條誡命是律法和先知一切道理的總綱。』」（太22：37－40）

中國有「富不過三代」的說法，其實這又豈只限於中國呢？在美國，家族企業在第二代能夠存在的，只有30％，到第三代還存在的只有12％，到第四代及四代以後依然存在的，只剩3％了；葡萄牙有「富裕農民－貴族兒子－窮孫子」的說法；西班牙也有「酒店老闆，兒子富人，孫子討飯」的說法；德國則用三個詞：「創造，繼承，毀滅」，來代表三代人的命運。屬世的財產或者

不過三代，上帝的法度卻是祂賜我們的永遠產業。

相信上帝的人，只要心中喜愛上帝的誡命和法度，不死守條文，就有神所賜永遠的產業。上帝的律法、祂的道，是我們永遠的產業。祂愛的律法不是要捆綁我們，乃是引導我們走在永生的路上。上帝有應許，「愛我、守我誡命的，我必向他們發慈愛，直到千代。」（出20：6；申5：10）祂的誡命引導我們得著天上的恆產。

「我的心專向你的律例，永遠遵行，一直到底。」

詩119：112

◎ 劉大同

我在反覆默想這段聖經時，斟酌該用什麼為主題？我先用「永遠遵行」，又用「一直到底」，總覺得不能盡情地表達詩人的心意。讀了布蘭克博士精心編寫的「靈修聖經」對這一節經文的理解，「從我心深處，我願意至死遵守你一切的誡命。」忽然在腦中閃現這句現成的詞語，真是再合適不過了，這豈不正是作詩的人所想表達的嗎？

猶太人一向以能嚴謹地遵行耶和華的律例為傲。在上帝全備的誡命周圍，加上了無數的繁文縟節，令人望而卻步。然而，在自詡遵行律例的法利賽人中，內心充滿仇恨、凶殺的男盜女娼之輩，大有人在。

耶穌在世時，對律法做了精闢說明。當時代的法利賽人批評耶穌，不照他們祖宗的遺風遵守誡命，便要廢掉律法和先知。耶穌卻回答說：「莫想我來是要廢掉律法和先知，我來不是要廢掉，乃是要成全。」（太5：17）

祂更進一步說，就是到天地都廢去了，律法的一點一畫也不會廢去，都要成全。祂接著解釋成全的意思，用十誡中的第六、第七誡為例，說明守誡不能只守字句、條文。

口是心非的基督徒或許能得著人的稱讚；看內心的耶和華卻清楚我們心中的意念。知道人心的上帝在定誡命時，祂要我們從

心裡願意順從。祂呼籲我們：「我兒，要將你的心歸我。」

「我的心專向你的律例」，我願意從我心深處守你的誡命。上帝知道我們的心，祂也知道我們的能力，連保羅也坦白地承認，立志為善由得我，只是行出來由不得我。但是信靠神的人當知道，現在活著的既然不再是我，乃是基督在我裡面活著，我們就不需要擔心了。靠著那加給我力量的，我們就能。

我願意至死遵守神一切的誡命。

「心懷二意的人為我所恨；但你的律法為我所愛。」

詩119：113

◎ 鄧繼依

現代人的多元思想，已向各方擴散，從社會的多元，電腦的多工，進到宗教聯合，一貫道等信仰的多神，人在這多元中迷失自己。迷失方向，沒有定見，隨風飄蕩（雅1：8）。怪不得現代人心中充滿衝突，多重人格，精神錯亂。開明的心思，學術的淵博，最終應該帶給我們的，是對真理更加堅定的信念。

上帝不能接納分心的愛，祂這樣愛你，要完全得著你，祂的心才會滿足。

詩人愛上帝律法的原因之一是，上帝的話語讓他的信仰堅定，給了他確定的人生方向。他從經驗知道，上帝的律法像祂自身一樣，永不改變，沒有一絲轉動的影兒（詩119：152；太5：17）。

歷史學家說，猶太人保守了安息日的信仰，但神學家說，安息日保守了猶太人的民族特性。我們遵守上帝的律法，上帝的律法就會保守我們。詩人的話正是末世的預言（詩119：126）。聖經論到那在末世巴比倫多元的屬靈淫亂，上帝降災之時能屹立不搖的人說：「聖徒的忍耐就在此；他們是守上帝誡命和耶穌真道的。」（啟14：12）

法利賽人將律法變成重擔與捆綁，使徒稱它們是使人自由的律法。律法用得合宜，正是上帝的恩典（提前1：8）。

我厭惡現代人的放蕩，喜愛詩人的豪情；
我逃避社會中的多元，珍愛心靈的堅貞。
主耶穌的小路與窄門讓我安心拋下靈魂的錨，
我迷失的地方正是在寬敞大道。

「耶和華啊，你的話安定在天。」
天地要廢去，祂的話卻都要成全。（路21：33）
「草必枯乾，花必凋殘，惟有我們上帝的話必永遠立定。」
（賽40：8）

基督徒的生活，一首詩，它美，上帝的典章編織，
基督徒的生活是跑，是奔，詩人的豪情譜成。
盡心，盡性，盡意，盡力，節制成了多餘。
一絲保留，一點分心，都是使美變醜的死蒼蠅。

「我時常切慕你的典章，甚至心碎。」（詩119：20）
主啊，求你完全占有我心，填滿它，用你的命令。

「你是我藏身之處，又是我的盾牌；我甚仰望你的話語。」

詩119：114

◎ 鄧繼依

基督徒的心思是開明的，也是封閉的。他的開明，因為他有真光能分辨。他的封閉，來自他知道他已擁有了唯一的真理，並知道為什麼他擁有的是唯一的真理。

有一位同道，也是舊同工，住在淡水一家養老院，保證金五百萬元由一位佛教慈濟人代墊，因而殷勤研究佛經並越來越投入。我想，那比多講究信心的基督教，更加具體講究實際修練的佛法，與那雖然對人生缺少熱愛，但講究慈悲憐憫的佛教慈善心，吸引了她。她來看我，講述她的經驗。我警告她說，要小心啊，聖經說：「除他以外，別無拯救；因為在天下人間，沒有賜下別的名，我們可以靠著得救啊。」（徒4：12）佛教的善行出於功德心，靠自己得救，靠行為得救，乃是一切假宗教的特徵。

基督徒的生活是容易的，是充滿喜樂、平安，活在上帝的恩典之中，滿足在上帝的愛裡。基督說：「你們當負我的軛，學我的樣式……因為我的軛是容易的，我的擔子是輕省的。」（太11：29－30）但有一項危險，那就是，路是小的，門是窄的。一不小心，就會出軌。

他的信仰，他的行為，他與神與人與物的關係，都要經常保持在基督裡，換句話說，他必須活在基督裡。但這正是他的保障，他的安全，他天天靈修所追求的生活，他人生的總目標；活

在基督裡，活出基督來！

　　罪的惡是明顯的。你容易知道閃避。但那些似是而非的信仰與學說，則是你防不勝防的。但你的信仰基礎若是基督，祂是你的智慧、公義、聖潔、救贖之時，你在祂裡面就安全無虞了。

世界思潮千奇百怪，
它們都要擠進來。說，將心門打開。
真理？刺激！新奇！千萬的衝擊！

喧囂聲裡隱約著微小聲音：
「你要保守你心！」

我尋找，不是尋找真理，它已在我懷裡。
躲藏啊，我知軟弱，害怕受傷。
祂說：「愛你律法的人有大平安！」
神的安息日，好一座防護的牆！
磐石耶穌，你可安全躲藏。

「作惡的人哪，你們離開我吧！我好遵守我上帝的命令。」

詩119：115

◎ 鄧繼依

在我們基督徒的經驗之中，攔阻我們遵行上帝旨意的，除了我們自己的老我之外，還有許多。我們所置身在其中的政治環境、傳統、文化，這些都需要我們用信心去勝過。只要我們信心充足，不怕苦難，邁步向前遵行上帝的旨意之時，聖靈會幫助我們得勝。

但另一方面，阻攔我們遵行上帝旨意的，常常是愛我們的人，是我們的親人，出於愛，出於善意。他們像彼得一樣，體貼肉體，因為不認識上帝，不知道祂的旨意。我常建議信徒用委婉的解釋：「如果你們了解我，像我一樣了解我的信仰，就會同意與贊成我了。」同時，我們心中的堅持是一點也不鬆動的。

但我們要記得，在我們屬靈的爭戰中，我們面對與之爭戰的敵人，永遠不是屬乎肉體的人（弗6：12）。

罪人與惡人不同。只在罪人扮演惡者的角色，攔阻我們遵行上帝旨意之時，並且只在那個時辰，他才是惡人。我們也要記得，在屬靈的爭戰中，我們只能用屬靈的兵器。我們要愛罪人，愛仇敵，我們的目標只是要「脫離那惡者」（約17：15），並且我們不是為自己而戰，是為了主，為了真理，為了幫助他人與我們一起脫離那惡者而戰。它不只是保衛戰，還是攻擊戰，靠主得勝，為主得勝，勝了還要勝。

「犬類圍著我，惡黨環繞我；他們扎了我的手，我的腳。」
（詩22：16）

我的主不能動彈，哪裡還有希望？惡人想，

祂不是不能，只是不要，有一位知道，

「從十字架上下來罷！」「你如果是，⋯⋯」聲音似曾相識。

在曠野裡，從彼得口裡，叫祂體貼肉體，不遵從上帝。

「退去罷！」

祂那恩慈，常懇求人「來」的口，迸出權威如火，

是你所愛，說話出於愛你的彼得啊，

為何是非不明，愛恨不分？

祂恨惡罪，深愛罪人！

對同一個彼得，祂說：「來罷！」叫他體驗平安，在波浪之上。

也叫他去，餵養祂的小羊，

觸到人心，何等溫柔，將殘的燈火不吹滅，

壓傷的蘆葦不折斷。（賽42：3）

面對惡者的試探，卻只有令人恐懼的抵擋。

「求你照你的話扶持我，使我存活，也不叫我因失望而害羞。」

詩119：116

◎ 鄧繼依

就像詩人所描寫的，缺少了靈修生活，不讀聖經，不上教堂禮拜，我們的靈命就會奄奄一息。信心最大的考驗在時間。一時受感動，聽見主的聲音跳下海中不難，但要保持信心繼續行走在波濤之上，則不容易。

挪亞建造方舟傳講上帝信息，經歷一百二十年之久，他受到的信心考驗是空前的。末世傳講基督復臨信息之人的情況，遠勝過他的。因為我們有了聖經與歷史中無數基督徒的見證支持，是他所沒有的。但原則都一樣：我們信心的基礎是上帝的話。

我們的靈命，正如我們肉體的生命，需要食物才能維持。若是要長大、強壯，更是需要營養豐富的靈糧。耶穌說：「我對你們所說的話就是靈，就是生命。」（約6：63）你要得到祂應許豐盛的生命嗎？就在祂的話裡啊！但是你必須吃下去，並且天天都要吃！

還有一件重要的事，就是消化。上帝的話如何消化成為我們的血肉，化為我們生命的呢？我們是否雖然經常讀上帝的話，卻患了消化不良症。我們是否不但不像詩人那樣，感覺他的靈命存活需要上帝話的扶持，反而像門徒一樣說：「這話甚難，誰能聽呢？」（約6：60）

上帝的靈與祂的話是一體的。我們重生，是從聖靈（約3

章），也是從祂的話（彼前1：23）。我們除了靈修生活之外，無能為力，正如我們不能幫助自己出生一樣。我們的靈修生活，就是要不斷接受聖靈的澆灌，住在主裡面，祂的話也就常在我們裡面（約15：7）。

要讓這蘊藏在上帝話裡的新生命，在我們身上發芽，開花，結實。

曾幾何時，詩人快要失去他的詩？
那首上帝醮著聖靈寫在他心上的生命之詩，
全都褪了色，他的詩心，他的詩情，他的詩境，
不能，不行，它是一切，勝過他的生命。

上帝啊，求你憐憫，不收回你的聖靈。
求你寫下去，寫在我心，寫在我的生命，
它永遠寫不完，與永恆一樣長。
越寫越美麗，聖潔，光明，燦爛。

上帝啊，我要成為一首寫不完的詩，你寫的，
美，全是你的。

「求你扶持我，我便得救，時常看重你的律例。」

詩119：117

◎ 鄧繼依

我們常將律法與救恩放在對立的地位。有人解釋聖經說，律法就是羅馬書第7章所說罪與死的律，因為它定我們的罪，而罪的工價乃是死，罪的權勢乃是律法。所以羅馬書第8章教導我們屬靈的人，要遵守的是賜生命與聖靈的律。他們說，所以我們要脫離那罪與死的上帝的律法，只要順從聖靈就好了。

但保羅的呼求是：「誰能救我脫離這取死的身體呢？」不是求救我們脫離那聖潔、公義、良善的律法。「罪的工價乃是死」才是罪與死的律。那叫我們死的乃是罪，並非律法，因為肉體的情慾，今生的驕傲，都是領我們墮入罪中的。脫離上帝的律法並不能使我們脫離罪，正如廢除律法並沒有廢除罪一般，它或能讓我們獲得赦免，但不能叫我們脫離罪。罪是一項屬靈的實質，律法的界定只是叫我們知罪。就是沒有律法，我們不知道，罪仍存在。「沒有律法之先，罪已經在世上。」（羅5：13）

上帝的拯救，並非藉著赦免廢掉律法，或藉廢掉律法赦免罪，正因為律法一點一畫都不能廢去，主耶穌才被釘在十字架上擔當我們的罪。祂可以使罪人稱義，但不能也不會稱罪為義，祂說：「莫想我來要廢掉……我來不是要廢掉，乃是要成全。」

如何成全的呢？祂的救恩。祂的救恩使我們在聖靈裡成為新造的人，將律法寫在我們心上，讓我們因新的生命樂意，並靠聖

靈有力量遵守律法而脫離了罪。我們不是靠律法得救，而是得救後遵守律法。

赦免罪而不救人脫離罪是毫無意義的。

我尋找詩人的豪情，那顆我所欽羨的詩心。
聽！我聽見的是與我同樣神往，受捆綁，求哀憐的聲音，
是罪的捆綁，是義受阻攔，罪性豈可奔放！
他需要救主，需要救恩，與我一樣。

未曾得救，那有自由？
基督叫我自由，我就真自由了。
得救在聖靈裡重生的生靈，樣樣變成新，
定罪與咒詛的律法，成了保障自由的籬笆，

它領我到基督前得赦免，又得自由脫離罪，
我常遵從它，它就是使我得享大平安的護衛。
基督與律法，都是我的寶貝。

「凡偏離你律例的人，你都輕棄他們，因為他們的詭詐必歸虛空。」 詩119：118

◎ 鄧繼依

上帝的律法，律例，法度，典章，不僅是詩篇119篇一再重複出現的主題，而是不斷出現的主題。它們到底指的是什麼呢？若研究個別的字義，可能將它們加以區別，但篇幅不容許，目的也不必要。然而從它們的交替使用，從作者偶爾使用的「道」，「話」來說，它們指上帝的全部啟示。

其實，舊約中已包含了上帝給人的全部啟示，新約則是記述它們成全的歷史（四福音書與使徒行傳、啟示錄），或說明它們如何成全（使徒書信）。因此，新約聖經正是舊約聖經最好的解釋基礎。

舊約律法中，祭祀的律法正是上帝的救恩。那在律例，法度，典章中特別突出，並在今天飽受爭議的是：上帝的十條誡命的道德律。它是上帝與人立約的內容，是救贖的目標。這約生效是靠立約的血，就是救恩。

救贖的目的是什麼呢？在人身上恢復十條誡命所描繪的上帝的形像。聖經學者們同意，十條誡命乃是上帝聖德的寫照，是上帝造人與救贖人的理想。彼得說，上帝給人的呼召，就是祂自己的美德（彼後1：3）。得救的人是按祂旨意蒙召的人（羅8：28）。上帝所創造、蒙祂救贖的人，是絕美的人。故此，詩人在詩篇119篇中，不僅講述他親自體驗了上帝法度使他得大平安，

使他有智慧、得引導、得潔淨的美好功能，他更沉醉於這美人之美。他說：「我時常切慕你的典章，甚至心碎。」（20節）

　　「凡偏離你律例的人，你都輕棄他們」這不是詩人講述他心靈的經驗，而是受聖靈感動，對偏離上帝創造與救贖目的之人所作的宣告。窯匠做壞的器皿可以重做，泥乾硬時，他就會丟棄。

　　　　自由不是沒有準繩，打破準繩，推翻準繩。

　　　　自由不是沒有定位，不要方向。

　　　　有了自由，方向才是你的。準繩才有效益。

　　　　不，你說，我就是準繩，我就是方向，像上帝一樣。

　　　　準繩是我，方向我自己捉摸，我要像上帝一樣分別善惡。

　　　　可是，問題在結果……

　　　　你可曾見過，星星的自由正是它的殞落。

「凡地上的惡人，你除掉他，好像除掉渣滓；因此我愛你的法度。」 詩119：119

◎ 鄧繼依

公義與慈愛是上帝本性的兩面，那返照上帝聖德的律法，也包含了這兩面。律法的歸結就是愛，愛是律法的總綱，愛就成全了律法，但律法更是反照出上帝的公義，它是上帝審判的準繩，定罪與除罪的法寶。

上帝要創造的不僅是美麗的人，更是一個完全聖潔、無玷污的美麗宇宙，不容有絲毫罪的存在。但是罪是寄生在犯罪者身上，並不單獨存在。上帝要除去罪，就必須除去罪的帶原者。

但上帝奇妙的救恩，是先在帶原者身上除去罪原，使罪身滅絕，成為新造的人，不再是帶原者。上帝最後不得不做出對祂自己也是奇異的事，所除滅的是墮落的天使，與不願接受救恩、不肯悔改，自身成了罪原的惡人。

詩人在這裡給了我們一個他愛慕上帝法度的另一原由。他從上帝的法度見到上帝的公義、上帝的審判。他看見的不僅是上帝救恩新創造美麗的人，更看見了上帝的救贖所造成的聖潔、美麗、無罪的新世界。

上帝的救恩，不只是顯明在新約聖經裡，在舊約中，在上帝的法度裡，我們就能看見上帝完美的救贖計畫。這計畫要先在你我身上完成。

感謝上帝，祂的救恩，將我們這罪的帶原者，改變成福音的擎光者了。

你就是愛，你又稱為「耶和華我們的義」，
慈愛與公義是你寶座的根基。
公義叫我們憎惡罪，慈愛又叫我們去愛罪人與仇敵。
只有那惡者你要我們遠離。
你捨命拯救罪人，但不救拔天使，真是稀奇。
你從污穢中造出聖潔，
叫死亡裡冒出生機。
你是窯匠，我們是泥，
不成器皿，你就丟棄。
我窺探你工作的奧祕，
完美聖潔才是你所造，
法度是你分離的工具。
你蓋上印記，指出誰屬乎你。
你用火煉，你用錘擊，
「聖徒的忍耐就在此；
他們是守上帝誡命和耶穌真道的。」

（啟14：12）

「我因懼怕你，肉就發抖；我也怕你的判語。」

詩119：120

◎ 鄧繼依

人類始祖一犯罪，一聽見上帝的聲音就躲藏。不是因為上帝的榮光，不是因為上帝的可畏，不是因為上帝的憤怒，只是因為罪使他們的內心起了改變。

「愛裡沒有懼怕；愛既完全，就把懼怕除去。」（約壹4：18）上帝的救贖，就是讓我們藉著基督再與上帝和好，「不但如此，我們既藉著我主耶穌基督得與上帝和好，也就藉著他以上帝為樂。」（羅5：11）

這就是我們靈修生活的目標。不像其他宗教，目標在修練自己。我們的目標在基督，追求的是讓基督與我們完全合一的愛的生活。藉著聖靈，靠上帝的恩典，不錯，但我們生命的成長，在恩典與知識上是並進的（彼後3：18），也是漸進的（彼後1：5－8）。彼得在這些經文所列屬靈成長階梯裡，將愛列在最後，或該引起我們深思，更該讓我們努力地去追求。

基督降臨時，惡人恐懼哀嚎、叫山倒在他們身上，我們卻要歡呼說：「看哪，這是我們的上帝；我們素來等候他。」（賽25：9）

我面前堆起，你好多的應許：
抱著信心就近你，賞賜就是我的。

魔鬼相信，才會戰驚恐懼。

但是他無恥厚顏，在你面前控訴以賽亞。

他傷害約伯，指控你的公正，大膽放肆在你面前。

你何等聖潔，何等榮耀，

我只能像但以理仆倒在地，毫無氣力。

像以賽亞一樣，說要滅亡，因為眼見了大君王。

我熱望你除罪的紅碳快來沾我的口，

讓我的耳際響起你慈愛的溫柔：

「讓它持住我的能力，

使它與我和好，願它與我和好。」（賽27：5）

「若有人犯罪，在父那裡我們有一位中保。」（約壹2：1）

你的判語，豈不就是你在基督裡的恩典與赦免？

但我仍然恐懼戰驚，因只有你能識透我詭詐的心，

我漸漸領悟，恐懼慄顫領我更靠耶穌，

正在我身上做成得救功夫。

「我行過公平和公義，求你不要撇下我給欺壓我的人！」

詩119：121

◎ 張曉明

「**我**到底要怎麼做才能讓他們滿意呢？」

工作快五年的王晶顯得鬱鬱寡歡。他出生在一個基督化家庭，從小耳濡目染父輩們的信心與愛心，自己也立意要按聖經的道理端正自己的言行。誰知一踏上工作崗位，才發現社會遠不如自己所想像的簡單，錯綜複雜的關係，不公正的待遇，最令他頭疼的是和上司之間的關係。

儘管他很賣力地工作，刻苦地鑽研業務，可是拙口笨舌的他，就是學不會別人對上司諂媚的態度，當飽受了上司的白眼和不公正待遇後，王晶腦海中產生了以上的問題。

這也許是基督徒所要共同面對的：當我們謹守上帝的誡命，行事為人按照聖經中公平公義的原則時，對方卻以屬世的狡詐來欺壓和逼迫我們，這時我們當怎樣行？

一個聲音娓娓道來：「為了保護自己，我們應以不同的標準對待不同的人，我們要靈巧像蛇。」有人這樣開導我們。這世界在變，倫理道德在變，人心在變，一切都在變，但上帝應許我們：「就是到天地都廢去了，律法的一點一畫也不能廢去，都要成全。」（太5：18）

詩人的呼求：「我行過公平和公義，求你不要撇下我給欺壓我的人！」給了我們答案。「你所做的是為了得誰的喜悅？是

上帝還是人？」王晶從聖經中找到了答案。當逼迫如洪水般湧來時，他的信心經歷了火窯般的試煉，不久他懷著沮喪的心情離開原來的公司，找到新的工作。

另一個五年過去了，當我再次在教會看見他時，滿面春風的他，正站在講臺上作見證呢！「如果不是當時上司的逼迫，也不會有我今天事業上的成就；如果沒有那種壓力，我也不會全心地依靠主，我感謝主。」

「主曾說，『我總不撇下你，也不丟棄你』。」（來13：5）這話是真的！

5 | MAY

謹守主的律法者脫離罪孽

你的律法奇妙，
我甘心樂意順從。

「求你為僕人作保，使我得好處，不容驕傲人欺壓我！」

詩119：122

◎ 張曉明

有一部電影的情節敘述：弟弟犯了嚴重的罪行，姐姐找來了當地最好的律師，律師建議採取「交保候審」的方式來解救，但弟弟卻不符合條件。為了能救弟弟的性命，姐姐不惜傾家蕩產，為弟弟找擔保人，繳納擔保金，甚至找人作偽證，最後不僅無法救弟弟，自己也進了牢房。

「交保候審」不能逃避最後的法律審判，它最多只是一種時間上的暫緩。我們也和這個弟弟一樣，犯了罪，但我們不用經歷「交保候審」這個階段，也不必擔心自己是否符合被交保的標準，更無須擔心耶穌基督有無資格。

「上帝愛世人，甚至將他的獨生子賜給他們，叫一切信他的，不致滅亡，反得永生。」（約3：16）獨生子的身分和無罪的寶血，使救贖計畫在上帝的愛中得以完全，祂寶貴的應許，將救恩白白賜予我們。我們不用四處奔走去解救自己和親朋好友，因為祂已將大喜的訊息告訴我們：「主的靈在我身上，因為他用膏膏我，叫我傳福音給貧窮的人；差遣我報告：被擄的得釋放，瞎眼的得看見，叫那受壓制的得自由，報告上帝悅納人的禧年。」（路4：18－19）

我們是被擄的一族，我們被罪惡所擄掠；我們也是瞎眼的，看不到上帝的容顏，看不到天國的美景，也看不清我們的人生方

向和價值；我們更是那受欺壓的，我們被罪惡所欺壓，被肉體的情慾、眼目的情慾並今生的驕傲纏累，就連使徒保羅也說：「我真是苦啊！誰能救我脫離這取死的身體呢？」（羅7：24）然而答案是肯定的：「感謝上帝，靠著我們的主耶穌基督就能脫離了。」（羅7：25）

一切都源自這位「中保」──上帝豐盛的愛。有了祂，我們可以脫離罪的權勢，以自由之身去面對上帝的榮光。願詩人的禱告，也是今天你我的祈求：「求你為僕人作保，使我得好處，不容驕傲人欺壓我！」

「我因盼望你的救恩和你公義的話眼睛失明。」

詩119：123

◎ 張曉明

有個成語「望眼欲穿」，它源自唐朝詩人杜甫的詩句「舊好腸堪斷，新愁眼欲穿」。當時友人賈至因事被貶岳州司馬，嚴武也因事被貶巴州刺史，杜甫藉此詩表示對友人遭貶的惋惜。詩中杜甫自傷失官窮老的淒涼，與舊友分散各地的苦悶，因此每日盼望與老友相見，眼睛都快望穿了。後來「望眼欲穿」，就用來形容盼望極其深切。

詩中的「眼穿」和「腸斷」，都是一種誇飾的修辭技巧，藉以表達詩人急切的心情。我們不能拋開歷史，去研究古代文化和人文思潮。在那個重情重義的時代，詩人對友人重逢盼望之情的描寫，並不為過，可悲可歎的是，他的人生盼望，受制於歷史文化的束縛，顯得那麼無奈。

讓我們回頭看看今天的經文：「我因盼望你的救恩和你公義的話眼睛失明。」這裡讓詩人望眼欲穿的是什麼？是上帝的救恩和公義的話！

我們生活在不同的歷史條件下，受著不同的文化薰陶，但縱越時空，橫跨地域，我們卻有著大致相同的，對生命執著的追求。從秦始皇的長生不老丹，到現代科技包裝下的保健藥品，人們對生命延續的研究，始終不棄不捨。生命的奧祕是熱門學科。「叫人活著的乃是靈，肉體是無益的。我對你們所説的話，就是

靈，就是生命。」（約6：63）耶穌說，祂就是生命，祂所說的話就是生命。

　　重病患者對醫生的盼望，是望眼欲穿的；浪子歷盡艱辛後，對回家的盼望是望眼欲穿的；慈祥的父親，倚門遠望離家未歸的浪子，也是同樣的心情。救恩是永生的盼望，這種熱切會帶領我們進入永恆的生命。

　　你是否對永生也望眼欲穿呢？詩人經歷了「我因盼望你的救恩和你公義的話眼睛失明。」我們即或未必如此，是否也聽得見耶穌的呼喚？祂在這最後時刻要求我們，你當「買眼藥擦你的眼睛，使你能看見。」（啟3：18）

「求你照你的慈愛待僕人，將你的律例教訓我。」

詩119：124

◎ 張曉明

字典中對慈愛的解釋很簡單：仁慈憐愛。不過在解釋之前加上了括弧，裡面寫著：年長者對年幼者。

我們在禱告中也經常說：「我們在天上的父」，父親在家中的角色至關重要，他的一言一行對兒女性格品行的影響，舉足輕重。上帝創造男女不同的生理構造和不同的思維模式，造就了他們在家庭分擔責任角色的不同。我們經常把慈愛這個詞，用在和藹的老人和無私的母親身上，但這是不夠的。如果有了父愛，孩子會更剛毅、更勇敢，更堅定的生活原則和價值觀。他們對社會、對家庭、對子女，就會更有愛心和責任感。

客觀地說，即使人類的父愛有很多可圈可點之處，但畢竟不是完美的。因為罪惡的侵襲，我們喪失了很多上帝在創造亞當時的美善。我們的父愛會帶著一點自私、一點固執、一點無情，甚至一點粗暴。

我們不必去重溫始祖時代父愛的甜美，我們擁有用愛和大能創造了人類的天父上帝。祂創造了我們，祂了解我們的生理和情感、我們的愛心和軟弱，更了解我們需要什麼。

上帝的愛是沒有條件的，但祂的愛有原則。這原則是為了讓我們遠離那惡者，是善惡之間的分界線。這原則自古即有，反應出上帝的公平和公義。祂設立了十條誡命，並告誡我們：「凡犯

罪的，就是違背律法；違背律法就是罪。」（約壹3：4）祂希望我們不要犯罪，「因為罪的工價乃是死」（羅6：23）。

然而孩子犯罪做錯事，父親就不愛他們了嗎？人間父愛折射出的，尚不及上帝之愛的萬分之一。「惟有基督在我們還作罪人的時候為我們死，上帝的愛就在此向我們顯明了。」（羅5：8）

慈愛的上帝以救恩和律法，指明了我們永生和今生的方向，讓我們在遵行上帝律法的人生中，去感受祂的慈愛吧！

「我是你的僕人，求你賜我悟性，使我得知你的法度。」

詩119：125

◎ 張曉明

在歷史上，所羅門是個富有傳奇色彩的君王。說起那個時代，人們經常會聯想到數不盡的金銀珠寶和財富。所羅門時代經濟的繁榮，我們可以從歷史書和聖經中得到明證。然而這一切源自於什麼？是所羅門自身的能力，還是財富的自然積累，這一點卻被眾人所忽視。

聖經記載說：「在基遍，夜間夢中，耶和華向所羅門顯現，對他說：『你願我賜你什麼，你可以求。』」（王上3：5）多麼好的機會呀，上帝親自臨格，許諾所羅門可以向祂求。如果是你，你會求什麼呢？

那時所羅門身處亂世，王室的爭權奪勢，使他歷盡艱險，如果他求平安健康，我們一定會認為合情合理；在那個戰亂的時代，列國之間互相傾軋，如果他求國泰民安，那也是順理成章的事；正值青年時期的他，血氣方剛，如果求榮華富貴、美妻貴子，甚至延年益壽，也不為過。

然而出乎你我意料之外，所羅門求的是智慧！（王上3：9）是為了獲知上帝的法度，判斷上帝子民所需要的智慧。這不禁讓我想起不久前電視中的一個娛樂節目。四個女孩回答同一個問題：智慧和美貌兩者只能選一，你選哪一個？竟有三個女孩選了美貌。選擇的原因五花八門，但結果讓人感到心痛和頹喪，這是

一個什麼樣的時代啊！

　「所羅門因為求這事，就蒙主喜悅。」（王上3：10）上帝不僅賜他空前絕後的智慧，連他沒有求的富足尊榮，上帝也豐富地加給了他。

　上帝的法度是奇妙的，要了解上帝的慈愛，我們的智慧是遠遠不夠的。約伯問：「你考察就能測透上帝嗎？你豈能盡情測透全能者嗎？」（伯11：7）就連智慧的所羅門也感歎：「萬事之理，離我甚遠，而且最深，誰能測透呢？」（傳7：24）

　詩人說：「我是你的僕人，求你賜我悟性，使我得知你的法度。」願這也成為你我今天的祈禱。

「這是耶和華降罰的時候，因人廢了你的律法。」

詩119：126

◎ 張曉明

「你知不知道販毒是犯罪行為？」

「知道。」

「你知不知道販毒50克以上會被判死刑？」

「知道。」

「那你為什麼還販毒？」

「我想多賺點錢，但別的途徑賺錢太慢。」

這是法官和一名被控販賣7公斤海洛因的嫌犯之間的對話。這也是他們之間最後的對話。這名嫌犯因為違反了《刑法》的相關規定而被定罪，最後付出了沉重的代價。

我們會不會因為這個案例，而埋怨制定法律的人和機構呢？在他犯案之前，法律已經存在並警示他了。他對自己行為的性質和後果都很清楚，他在選擇犯罪的同時，也選擇了接受犯罪行為所帶來的嚴重後果——法律的審判。他所受的懲罰，來自於自己的選擇，而非法律制定者。

法律維護著人類社會的公共秩序，也為我們個人的生存提供保障。法律的制裁是嚴厲的，任何藐視它的行為，都將付出慘重的代價。上帝的律法在標準和功效上，高過人類自己制定的法律，它是斷定人是非善惡、無罪與有罪的標準，是維護人們和睦相處的規則。

　「所以凡有血氣的，沒有一個因行律法能在上帝面前稱義，因為律法本是叫人知罪。」（羅3：20）律法出自於上帝，同時也體現上帝的尊嚴。「凡犯罪的，就是違背律法；違背律法就是罪。」（約壹3：4）人因著肉體的軟弱，自始祖開始，就跌落在撒但的網羅之中。伊甸園的失落，以色列人出埃及時的軟弱，大衛王的情慾等，王室的骨肉相欺，以及可悲可歎的人生……，我們已經為此付出了太多的代價。

　上帝是慈愛的，但耶穌說：「我實在告訴你們，就是到天地都廢去了，律法的一點一畫也不能廢去，都要成全。」（太5：18）上帝的律法代表著祂的公義，祂「萬不以有罪的為無罪」（出34：7；民14：18；鴻1：3）。我們絕不可輕看上帝的律法，祂的公義！

「所以，我愛你的命令勝於金子，更勝於精金。」

詩119：127

◎ 張曉明

今年38歲的陳東平，在北京一所外資企業擔任部門經理。擁有碩士學歷，以及豐富的行銷管理經驗，使他成為主管眼中的「優質人才」。出生於基督教家庭的他，也常常以此為榮。然而部門的主管突然告訴他，公司要在南方一個不起眼的小城市開一個分公司，並決定讓他籌建並負責當地的工作。

「這簡直是發配！」很多朋友這樣對他說。陳東平陷入了兩難之中，他不願意離開北京這個大都市，這裡有親人、朋友，更有剛剛起步的事業，「去還是不去？」他不斷地問自己。連續一個星期，他每晚和家人跪在上帝面前，懇切地祈禱，求上帝給他一個答案。

當他晚上睡覺前，按著每天的習慣打開聖經閱讀時，一節經文進入了他的眼簾：「你們作僕人的，要凡事聽從你們肉身的主人，不要只在眼前事奉，像是討人喜歡的，總要存心誠實敬畏主。」（西3：22）

難道這是上帝給我的信息嗎？陳東平陷入痛苦的掙扎。他帶著疑惑和不解，順從了上帝指示的話語。四年的分公司經營，不僅帶給他更豐富的閱歷，也使他成為總公司重點培養的幹部。更重要的是，由於沒有親人和朋友幫助，練就他凡事禱告、凡事靠主的堅定信心。

「撒母耳說：耶和華喜悅燔祭和平安祭，豈如喜悅人聽從他的話呢？聽命勝於獻祭；順從勝於公羊的脂油。」（撒上15：22）當你學習聽從上帝的話語時，就能深刻體會「我們曉得萬事都互相效力，叫愛上帝的人得益處，就是按他旨意被召的人。」（羅8：28）其中的含意了。

是的，「耶和華的道理潔淨，存到永遠；耶和華的典章真實，全然公義──都比金子可羨慕，且比極多的精金可羨慕；比蜜甘甜，且比蜂房下滴的蜜甘甜。」（詩19：9─10）

「你一切的訓詞，在萬事上我都以為正直；我卻恨惡一切假道。」

詩119：128

◎ 張曉明

地球的形狀，顧名思義是球形的。不過，對於球形的認識，曾經歷了一個相當長的過程。西元前五、六世紀，古希臘哲學家從「球形最完美」這一概念出發，認為地球是球形的。到了西元前350年前後，古希臘學者亞里斯多德觀察月蝕，月球上的地影是一個圓形，第一次科學論證已證明了地球是個球體。

中國戰國時期哲學家惠施，也早已提出地球呈現球形的看法。1519年葡萄牙航海家麥哲倫，率領五艘海船，用三年時間，完成了第一次環繞地球的航行，從而直接證實地球是球形的。

從「天圓地方」到「天如斗笠，地如覆盤」，再從麥哲倫環球航行，到地球的衛星照片，人們對地球形狀的認識，由「錯誤的現象」到「確為真理」的漫長歲月。不論人們的認識如何，地球總是球形的。

「上帝對摩西說：『我是自有永有的』……你要對以色列人這樣說：『那自有的打發我到你們這裡來。』」（出3：14）不論我們是否認識祂是自有永有的造物主。這一點就像地球是「球」形一樣，無可辯駁。

「耶和華的道是正直的；義人必在其中行走，罪人卻在其上跌倒。」（何14：9）上帝訓詞的正直，同樣是不容置疑的。當我們真正認識上帝，感受到上帝訓詞的正直時，就像人們發現了地

球是球形的一樣。我們可以根據這一事實，去發現和解釋地球的自轉、公轉、潮汐、晝夜交替等現象和規律。而這些規律，在我們的農業生產、氣象預測、生活作息等方面，起了至關重要的作用。

　　「因為耶和華的言語正直；凡他所做的盡都誠實。」（詩33：4）所以，「在你一切所行的事上都要認定他，他必指引你的路。」（箴3：6）

「你的法度奇妙，所以我一心謹守。」

詩119：129

◎ 李斌祥

詩篇119篇之中，用了很多不同的詞句，但所指的都是一個主題。不論是說「律法」，「言語」，「話」，「命令」，「訓詞」，「法度」，「律例」，「典章」，「判語」，「道」，「訓言」，「應許」，所指的都是同一件事，那就是「上帝的話」，也可以說，所指的就是整本新舊約聖經。

我想到耶穌受試探的時候，回答魔鬼的話：「人活著，不是單靠食物，乃是靠上帝口裡所出的一切話。」（太4：4）但我若不仔細研究聖經，自己的靈性怎能健壯呢？我能用什麼來應付魔鬼的試探呢？

古人說：「我得著你的言語就當食物吃了；你的言語是我心中的歡喜快樂。」（耶15：16）這是怎樣的經驗呢？我面對著可口的早餐和聖經，如果只能選一，我會選擇哪個呢？雖然聖經是最暢銷的書，但是從頭到尾把它研究過的人仍占少數，即使做了多年基督徒的人也是如此。因為打開聖經容易，但是打開之後不知道該怎麼辦。

一般人讀聖經的歷史故事固然沒有困難，但讀到「利未記」和「申命記」的規條，或者「民數記」的數字和某些人的族譜時，就漸漸吃力，覺得枯燥無味。主要的原因，可能是讀者覺得這些資料年代久遠，文化不同、風俗各異，且文字過時，和自己

發生不了直接的關係。

　　我買了一些聖經的錄音帶，在早晨散步的時候帶著耳機一邊走，一邊聽。不過我發現行路的時候不能專心，正是所謂「一心不能二用」，行在鄉村的小路上可以，在擁擠的馬路上則有危險。

　　後來，我在書架上找到一本英文的聖經，書名叫《NIV Student Bible》（中譯：學生的聖經），是一次在舊金山參加基督教的佈道會中得到的。在這本聖經的開頭部分，宗教作家楊腓力（Philip Yancey）和提姆・史戴福（Tim Stafford），對於研讀聖經下了一番功夫，分析怎樣的人應當以什麼方式研究聖經。我讀了以後，覺得很有幫助。在之後的幾篇晨鐘課之中，我將一一介紹他們的建議。

「你的言語一解開就發出亮光，使愚人通達。」

詩119：130

◎ 李斌祥

我們讀聖經，頭一個目的是要明白上帝對我們說什麼，用上帝的話來指引我們的腳步。正如詩篇119篇105節的話：「你的話是我腳前的燈，是我路上的光。」得蒙光照、確定方向之後，才能指引別人和我們同行。

從這個角度來說，研究聖經時，先從最基本的部分著手。應當先對聖經有一個概略的認識，然後再深入研究。第一步，就是要認識聖經的中心人物——耶穌；也就是說，要從新約聖經開始。

Yancey和Stafford兩位的建議如下：

先用兩週研究耶穌的生平和教訓。從以下所列的福音書，來研究耶穌自出生直到犧牲與復活的歷程。在第一週，按照下列的次序每天細讀一章：

第一日：路加福音1章，為耶穌的降生做準備；

第二日：路加福音2章，耶穌降生的故事；

第三日：馬可福音1章，耶穌開始傳道；

第四日：馬可福音9章，耶穌一日的生活；

第五日：馬太福音5章，耶穌在山上所講的道理；

第六日：馬太福音6章，耶穌在山上所講的道理；

第七日：路加福音15章，耶穌所講的比喻。

　　到目前為止，已經讀完七章聖經。這時，不妨把聖經放下，閉上眼睛，將這一週來所讀的經文做一個連貫。想一想自己得到了什麼教訓？這些教訓如何在生活上實踐？先知耶利米把上帝的話當作食物，我們的靈性也需要每天餵養。

　　本節聖經形容上帝的言語彷彿是一個包裹，要「解開」之後，才能了解它的真義。「解開」上帝的教訓時，也有正當的方法。要把聖經看為一個整體，參照聖經其他部分，對於同一題材所有的教訓，加以統合，再下結論。千萬不能斷章取義，當然更不能斷「字」取義，必須要了解當時說話的對象，當時的社會背景，生活習慣。同一個字，用在2000年之後，翻譯到另一個文化之內，可能就會摻入了原文所沒有的意義。對於不嫻熟原文的人，不妨比對幾種譯本。

「我張口而氣喘，因我切慕你的命令。」

詩119：131

◎ 李斌祥

這句話使我聯想到，每逢聖誕節或是農曆新年，我的小孫女站在我面前，學著她家的小狗，兩隻手不停地作揖，吐著舌頭，一面喘氣一面跳，渴望著禮物，使我忍不住自問，我是否也以同樣的心情「渴慕」上帝的教訓呢？

昨天的短文討論到初學聖經的人應當如何著手研究。我覺得這有一點像初學游泳：必須按部就班練習，就可以避免許多不舒服的經驗，少吞幾口水。

我們對於真理應當有一種「渴慕」之心。好比在黃沙遍野的地方，長途旅行之後渴望飲一口清涼的水。據說，有一個青年來向釋迦牟尼請求超脫。釋迦牟尼把他領到河中，用力把他的頭按在水裡，然後對青年說，如果你渴慕得救，像你渴望新鮮的空氣一般，那你就可以得著。

耶穌說：「飢渴慕義的人有福了！因為他們必得飽足。」（太5：6）我們在生活方面什麼都應當知足，但是在知識、品德、靈性方面，卻要「百尺竿頭，更進一步」。

我很喜歡前文提到那兩位作者的建議，頭兩個星期先和耶穌熟悉一下，對祂的生平有一個概念。

第二週研讀的次序如下：

第一日：約翰福音3章，和耶穌個別的談話；

第二日：約翰福音14章，耶穌最後的教訓；

第三日：約翰福音17章，耶穌和門徒一起做的祈禱；

第四日：馬太福音26章，耶穌被賣和被捕；

第五日：馬太福音27章，耶穌被釘死在十字架上；

第六日：約翰福音20章，耶穌復活；

第七日：路加福音24章，耶穌復活之後向門徒顯現。

接下來，研究一下使徒保羅的生平和教訓。

第三週：主要以「使徒行傳」為主軸，作為研讀的內容。

第一日：使徒行傳9章，掃羅的悔改；

第二日：使徒行傳16章，馬其頓的呼召，脫離監獄；

第三日：使徒行傳17章，保羅傳道的旅程；

第四日：使徒行傳26章，向皇上訴說自己的生平；

第五日：使徒行傳27章，海上的風暴；

第六日：使徒行傳28章，保羅抵達羅馬；

第七日：羅馬書3章，保羅的信仰。

> 「求你轉向我，憐憫我，好像你素常待那些愛你名的人。」

詩119：132

◎ 李斌祥

這是詩篇119篇之中，少數沒有提到上帝話語的幾節之一。但是它使我們對上帝——聖經的作者有所認識。

「上帝就是愛」。祂愛我們到什麼程度？「上帝差他獨生子到世間來，使我們藉著他得生，上帝愛我們的心就在此顯明了。不是我們愛上帝，乃是上帝愛我們，差他的兒子為我們的罪作了挽回祭，這就是愛了。」（約壹4：8－10）這種愛來自聖父與聖子耶穌。「為義人死，是少有的；為仁人死，或者有敢作的。惟有基督在我們還作罪人的時候為我們死，上帝的愛就在此向我們顯明了。」（羅5：7－8）

不久前，有幾個人登俄勒岡州的胡德山時遇到危險。那時山被大雪封住，而且又有人受傷，他們進退不得，只得以無線電求救，有不少當地的人自告奮勇登山尋找他們。在電視上每天都報導他們尋找的情況，我們看著電視，希望那些人能夠平安獲救。經過許多天之後，因為日子太久，那幾個人已經沒有生還的希望，於是政府就決定停止救援。

當時我的感想是：那些志願登山冒險去救援的人，一聽說有人遇到危險，就立刻放下自己的工作、事業，和家人告別，冒著生命的危險，付出那麼大的代價，去救幾個他們素不相識，與自己無親無故的人。這件事使我感受至深，我見到人性的無私，人

性的善良，人與人的愛。

　　耶穌說過：「人為朋友捨命，人的愛心沒有比這個大的。」（約15：13）但耶穌不僅是為朋友捨命，祂也為仇敵捨命。我們若願意為與我們有深仇大恨的人捐血或是捐出腎臟，那就已難能可貴了，但還可以捨棄自己的生命，捐出心臟而救他一命的話，這種愛就可以稱為「至愛」了。這就是耶穌基督的愛心。

　　聖經就是向我們介紹這樣的一位救主（耶穌），這樣的家庭（教會），並且伸出邀請的手，因為「基督的愛激勵我們」（林後5：14）。

「求你用你的話使我腳步穩當，不許什麼罪孽轄制我。」

詩119：133

◎ 李斌祥

天路坎坷，連多年做基督徒的人也不能「免疫」。媒體中常常報導，某某有名的佈道家、主教、神甫出軌的行為。名聲越響，地位越高的人，所遇到的試煉也越多。只要回想亞倫、米利暗、摩西，還有大衛、所羅門的歷史，就知道了。政局之中如是，教會之中更如是，那麼我們應當如何自衛自保呢？

耶穌在曠野祈禱的時候，魔鬼三次試探祂，祂三次用聖經的話回答（太4：1－11）。這件事給了我們極大的啟示：要熟讀上帝的話。尤其是在世界的歷史即將結束，基督復臨的前夕。「魔鬼知道自己的時候不多，就氣忿忿地下到你們那裡去了。」（啟12：12）

使徒保羅形容基督徒的天路歷程，有如打仗。我們必須裝備齊全才有安全。「所以要站穩了，用真理當作帶子束腰，用公義當作護心鏡遮胸，又用平安的福音當作預備走路的鞋穿在腳上。此外，又拿著信德當作盾牌，可以滅盡那惡者一切的火箭；並戴上救恩的頭盔，拿著聖靈的寶劍，就是上帝的道；靠著聖靈，隨時多方禱告祈求。」（弗6：14－18）

第四週：再繼續研讀保羅的書信。

第一日：羅馬書7章，與罪惡的掙扎；

第二日：羅馬書8章，在聖靈裡的人生；

第三日：哥林多前書13章，保羅形容愛；

第四日：哥林多前書15章，談復活和來生；

第五日：加拉太書5章，在基督裡得到自由；

第六日：以弗所書3章，保羅為他的傳道工作做的結論；

第七日：腓立比書2章，效學基督。

這些都是使徒保羅寫給小亞細亞和歐洲基督教會的信。鼓勵、勸勉、安慰甚至責備他們。雖然那些教會幼小，犯了不少錯誤，但是保羅對他們的愛惜與關懷，正像父母對兒女、兄長對幼小的弟妹。先賢把這些「心聲」保留下來，送給我們，成為上帝對我們個人的勉勵。

「求你救我脫離人的欺壓，我要遵守你的訓詞。」

詩119：134

◎ 李斌祥

基督徒遵循上帝旨意時，常受到各種阻力。只要閱讀聖經中，那些為信仰受苦甚至犧牲性命之人的記錄，就能清楚明瞭了。但歷代都有忠心者蒙上帝拯救，甚至死而復活。我們從這些「信心的巨人」的故事，得到極大的鼓舞。

希伯來書的作者，講述了許多信心偉人的生平之後，再提到一些無名的英雄：「又有人」。這些人帶著上帝的應許走上斷頭台，「忍受戲弄、鞭打、捆鎖、監禁、各等磨煉，被石頭打死，被鋸鋸死，受試探，被刀殺，披著綿羊、山羊的皮各處奔跑，受窮乏、患難、苦害、在曠野、山嶺、山洞、地穴、漂流無定，本是世界不配有的人」。他們寧可死，也不願放棄信仰，使上帝受到羞辱（來11章）。

「這些人都是因信得了美好的證據，卻仍未得著所應許的；因為上帝給我們預備了更美的事，叫他們若不與我們同得，就不能完全。」（來11：39－40）談到這裡，我們且換個題目，再來繼續研讀聖經，研究如何做基督徒：

第五週

第一日：創世紀3章，世人犯罪，需要拯救；

第二日：以賽亞書52章，論到救恩的預言；

第三日：以賽亞書53章，為我們受苦的「僕人」；

第四日：路加福音15章，論說上帝慈愛的三個故事；

第五日：約翰福音3章，耶穌說明「重生」的道理；

第六日：約翰福音10章，好牧人；

第七日：使徒行傳8章，猶太國以外的人接受福音。

關於讀經，有很多不同的意見。有的人可以從「創世記」一直讀到「啟示錄」，而且每年讀兩遍。但是我看一般信徒不如由淺入深，找自己看得懂的地方來閱讀，總比半途而廢好。

有人說得好，讀聖經不像跑「馬拉松」，必須跑完多少路才算數。我們應當用時間瀏覽，享受沿途的美景。

「求你用臉光照僕人，又將你的律例教訓我。」

詩119：135

◎ 李斌祥

詩篇的作者，常常使用「掩面」和「仰臉光照」等字眼。「掩面」所指的，就是「不顧」、「不理睬」的意思。上帝似乎沒有聽見我的祈禱，難道祂向我「掩面」了嗎？大衛獻殿時，曾經寫下這樣的祈禱文：「你掩了面，我就驚惶。」（詩30：7）。

但是如果上帝「仰臉光照」我們，那麼我們就必然能夠得到生命。唯有行在黑暗之中的人，才會體會到「光照」的重要。我想起在福州外海馬祖島上服兵役的日子。我們住在山坡上的碉堡，出了門，走幾十步，就會走到懸崖邊上，這時必須向左邊急轉90度，否則就會跌下懸崖。

一個烏黑的夜晚，真可說是「伸手不見五指」。我跟朋友約好外出。他們有事遲延，我等了一會兒，雖然手上沒有燈，但決定自己先走。走了一程之後，忽然警覺，似乎有個聲音問我：「離開懸崖還有多遠？」我立刻收住腳步，站在那裡。

過了一會兒，聽見身後的人聲，藉著他們帶來微弱的燈火，才看見自己正站在懸崖邊緣。如果當時再多走一步，後果就不堪設想。這次的經驗使我體會到，「一失足成千古恨」多麼真實，也感到人生是何等需要我們珍惜、謹慎，必要時，就要「懸崖勒馬」。

　　我們走向天國的時候，不能依靠自己的聰明、直覺。我們無時無刻需要上帝的光照。耶穌說：「我是世界的光。跟從我的，就不在黑暗裡走，必要得著生命的光。」（約8：12）我們從基督得到光照之後，必須將祂的光反照出來。向人指出生命的道路。

　　耶穌說：「你們是世上的光。城造在山上是不能隱藏的。人點燈，不放在斗底下，是放在燈臺上，就照亮一家的人。你們的光也當這樣照在人前，叫他們看見你們的好行為，便將榮耀歸給你們在天上的父。」（太5：14－16）

「我的眼淚下流成河，因為他們不守你的律法。」

詩119：136

◎ 李斌祥

詩人顯然不是一個「獨善其身」的人。他不僅謹慎修身，也推己及人，渴望所有眾生，都分享上帝所賜的恩典。他為他們焦慮，為他們難過，甚至「眼淚下流成河」。

這正像耶穌所講的「浪子回頭」故事中的慈父。他眼中含淚，看著兒子離家出走，知道這孩子不久以後，就會把手中的金錢花得一乾二淨，受盡千辛萬苦。這短短的故事中，沒有講到這個父親那天晚上是怎樣度過的。

我本著自己身為父親和祖父的心來想像，許多夜晚，他都無法闔眼。世上有哪一個做父母的，在這種情形之下能夠安睡呢？有哪一個做父母的，不會在床上輾轉反側，到了清晨起身時，看見自己的枕頭上有一大片淚痕呢？又有哪一個做父母的，看見浪子回頭的時候，不歡天喜地、破涕為笑，跑上前去，不顧一切地和他擁抱呢？

我們且再來繼續研讀聖經，這是一本以「神聖之愛」為主題的書：

第六週

第一日：使徒行傳26章，保羅在皇帝面前為自己的信仰作見證；

第二日：羅馬書3章，上帝為救贖的工作所做的準備；

第三日：羅馬書5章，與上帝和好；

第四日：加拉太書3章，不能靠遵守律法得救；

第五日：以弗所書2章，在基督裡的新生命；

第六日：彼得前書1章，得救的人將來的賞賜；

第七日：彼得後書1章，堅定我們的救贖。

論到讀經的部分只能談到這裡。這只不過是「入門」而已，我們還要一面祈求聖靈的引導，一面繼續不斷，持之以恆，有系統地研究整本聖經。

「這樣，我們對先知們所宣布的資訊更加確信。你們要好好地留意這信息；因為它像一盞燈照耀黑暗的地方，直到天亮，到晨星在你們心中發出光輝的那一天。」（彼後1：19，現代中文譯本）

「耶和華啊，你是公義的；你的判語也是正直的！」

詩119：137

◎ 趙志誠

詩篇119篇137至144節的鑰詞是「公義」。約伯的三個朋友，如世上的宗教，看「公義」只是個人「種善因，得善果；種惡因，得惡果。」以為正邪善惡永遠相對並循環不息，連基督徒也以為邪惡在永火中不滅。

「公義」的英文righteousness即做得「對」，中文的「公」則排除自以為義，必須「公認」做得「對」，故公義是宇宙性而非個人性的。你或許會問：「耶和華啊，我與你爭辯的時候，你顯為義；但⋯⋯惡人的道路為何亨通呢？大行詭詐的為何得安逸呢？」（耶12：1）接近善惡鬥爭終結，在與撒但的「邪惡」對比下，末時的教會要解答世人的問題，表揚上帝品格與審判的「正義」：

1. 以宇宙的幸福和諧為宗旨，以愛來界定道德律；

2. 賜予自由選擇，容忍可能出現的邪惡；

3. 為免誤解、恐慌與更激烈的爭鬥，暫時以靜制動；

4. 容忍邪惡直到邪惡本身露出真相，而在宇宙公認的審判下消滅；

5. 既容許亞當一人在撒但迷惑下種下惡因、惡果臨到世界，就更讓基督一人在十字架上種下善因、善果臨到世界；在不姑息罪的前提下，讓我們一生所種惡因歸祂兒子承受惡

果，讓兒子一生所種善因歸我們承受善果，除非我們拒絕；

6. 以約伯為例，雖容許撒但攻擊而不揭露，卻從中鍛鍊義人；

7. 以大衛為例，容許義人跌倒，承受犯錯後果，在管教之苦中得益；

8. 讓人在恩典之下，與祂聯合行善。

最終，審判仍是「善有善報，惡有惡報」的。全宇宙「公認」上帝的「正義」，說：「主啊，誰敢不敬畏你，不將榮耀歸與你的名呢？……因你公義的作為已經顯出來了。」（啟15：4）邪惡終須消滅。

「你所命定的法度是憑公義和至誠。」

詩119：138

◎ 趙志誠

這節經文新譯本為：「你以公義和至誠，命定了你的法度。」「法度」的原文是「證據」或「見證」（創21：30；31：52；24：27）。太初，上帝在天庭以律法作為祂自己品格、作為以及與受造者關係的明證，使生靈可完全信任祂。但路錫甫說上帝不值得信任，指祂的律法不合理。

公義與誠信唇齒相依。「說出真話的，顯明公義；作假見證的，顯出詭詐。」（箴12：17）上帝用律法來教導從為奴之地出來的民，作為祂施行救贖的明證，證明祂自己的公義和誠信，好叫百姓信任。

因此摩西吩咐說：「日後，你的兒子問你說：『耶和華──我們上帝吩咐你們的這些法度、律例、典章是什麼意思呢？』你就告訴你的兒子說：『我們在埃及作過法老的奴僕；耶和華……在我們眼前，將重大可怕的神蹟奇事施行在埃及地和法老並他全家的身上，將我們從那裡領出來，要領我們進入……應許之地……。』」（申6：20－23）可惜民中竟然「無一人按公義告狀，無一人憑誠實辯白……。」（賽59：4）

律法放在約櫃旁，雖可見證人的不是（申31：26），卻要證明上帝的公義可以在它本身以外，藉接受耶穌基督而加給世人（羅3：21－22），也要證明那些拒絕這救恩的人為有罪。

　　這位基督以公義與誠信行審判，正如先知所預言：「從耶西的本必發一條；從他根生的枝子必結果實。……他……行審判不憑眼見，斷是非也不憑耳聞；卻要以公義審判貧窮人，以正直判斷世上的謙卑人，以口中的杖擊打世界，以嘴裡的氣殺戮惡人。公義必當他的腰帶；信實必當他脅下的帶子。」（賽11：1－5）

　　讓我們歡喜快樂迎接祂，「因為他……要按公義審判世界，按他的信實審判萬民。」（詩96：13）全宇宙最終要看出，上帝的律法真的出於祂的公義和誠信，且永遠證明，那真正維護生靈幸福和諧的是上帝。

「我心焦急，如同火燒，因我敵人忘記你的言語。」

詩119：139

◎ 趙志誠

有人以為耶穌潔淨聖殿時焦急而憤怒，應驗本節，筆者卻認為耶穌在十字架上的經歷才應驗本節。

「我心焦急，如同火燒」。「焦急」原文意思包括作丈夫的妒忌、人對上帝或聖殿的火熱、上帝對人的火熱、人對人生氣的怒火、上帝對人生氣的怒火、人間的妒忌或羨慕以及作為上帝忿怒的一種妒忌。「如同火燒」原文則有終止、切除、毀壞、消滅、連根拔起等義。聖經新譯本譯為：「我心迫切如同火燒」，呂振中譯本譯為：「我的妒憤燃燒了我」，現代中文譯本譯為：「我的忿怒像烈火焚燒」，思高版譯為：「我的熱火快要將我消耗殆盡」。大部分英文譯本的意思是「我的熱情已耗盡了我」，有的則是「我的熱情已壓倒我」、「我的熱情毀壞我」、「我的熱情使我精疲力竭」、「我帶著憤怒而被壓倒」、「我的怒氣壓倒我」、「我的怒氣使我精疲力盡」等。筆者認為最好翻譯成「我的熱情已耗盡了我」。上帝的敵人因藐視祂的話，把基督釘在十字架上。基督的心情並非焦急或憤怒，而是熱血沸騰，對天父說：「父啊！赦免他們；因為他們所做的，他們不曉得。」（路23：34）對同釘的強盜說：「我實在告訴你，……你要同我在樂園裡了。」（路23：43）對母親和門徒約翰說：「母親，看，你的兒子！」「看，你的母親！」（約19：26－27）

　　這樣的熱情耗盡了祂，祂大聲呼喊說：「我的上帝！我的上帝！為什麼離棄我？」（太27：46）又說：「我渴了。」（約19：28）直到完全耗盡，就說：「成了！」（約19：30）「父啊！我將我的靈魂交在你手裡。」（路23：46）祂的熱情只在六小時就耗盡，直到斷氣。

　　我們常誤解上帝的「焦急」或「憤怒」，只有思想耶穌在十字架上熱情耗盡的心情，才會真正領略上帝面對敵人的心情。

　　主啊，使我以基督在十字架上的熱情對待敵人。

「你的話極其精煉，所以你的僕人喜愛。」

詩119：140

◎ 趙志誠

詩人寫過他的敵人忘記上帝的話後，就寫自己喜愛上帝的話，因祂的話精煉純淨。當大衛提到世人東誆西騙、巧言令色、口是心非、大肆吹噓之後，就說：「耶和華的言語是純淨的言語，如同銀子在泥爐中煉過七次。」（詩12：6）箴言也說：「上帝的言語句句都是煉淨的……。他的言語，你不可加添……。」（箴30：5－6）先知和使徒曾吩咐不可增刪祂的話（申4：2；12：32；啟22：18－19）。

上帝的話不僅藉著先知寫成經上的文字，更成為肉身，名叫耶穌（約1：14），因此基督的一言一行都是上帝的話。我當然不喜歡粗言穢語和謊言，但相比起上帝的話與耶穌的一言一行，就發現自己實在「是嘴唇不潔的人，又住在嘴唇不潔的民中。」（賽6：5），真不配寫這一課。

過去幾年我一直在想，耶穌是否像我一樣言語急躁，或明哲保身、沉默寡言呢？以下的話對我很有啟發：「耶穌固不隱瞞一句真實的話，但說時，都存著愛心。……祂絕不無故說嚴厲的話，絕不使敏感的人受無謂的痛苦，絕不指摘人的弱點。……祂揭發假冒為善與不信不義的行為，但每次這樣嚴責的時候，聲音中常含著悲慟。」（《喜樂的泉源》第1章，頁4）

聖經形容上帝不輕易發怒，其原文意思是不隨情緒激動來

發怒。上帝吩咐摩西代祂說嚴厲的話，絕無衝動。然而上帝吩咐摩西只令磐石出水時，摩西衝口罵百姓，就鑄成大錯。耶穌潔淨聖殿時的義怒並不帶衝動。當猶大引起門徒批評馬利亞時，耶穌不揭露猶大背後的動機，只以讚賞馬利亞來責備他。祂的話真像銀子煉過七次，旁人引用若隨私意增刪，就會失去祂話原有的聖潔、公義、慈愛、忍耐、智慧與感染力。

假如我們明白昨天的經文，想到耶穌如何在敵人忘記上帝的話時，耗盡自己的熱情說話，就會更佩服祂。

「我微小，被人藐視，卻不忘記你的訓詞。」

詩119：141

◎ 趙志誠

大衛說：「我觀看你指頭所造的天……，便說：人算什麼，你竟顧念他？……你叫他比天使微小一點，並賜他榮耀尊貴為冠冕。你派他管理你手所造的，使萬物……都服在他的腳下。」（詩8：3－8）人雖微小，卻有榮耀尊貴——照上帝形像受造並受託管理萬物。

可惜人類墮落，「虧缺了上帝的榮耀」（羅3：23），有的藐視別人而自大，有的受藐視而自卑。「那貧窮人的智慧被人藐視，他的話也無人聽從。」（傳9：16）但我們的主「聽了窮乏人，不藐視被囚的人。」（詩69：33）

人生總有高低潮。歌利亞見微小的大衛就藐視他（撒上17：42），卻不能打擊他對上帝應許和訓詞的信心。然而大衛後來被追殺，卻以基督在十字架上的自卑寫道：「我是蟲，不是人，被眾人羞辱，被百姓藐視。」（詩22：6）只有上帝的訓詞才能化解他的痛苦。

先祖雅各犯錯後，獨行曠野，十分自卑，在天梯夢中得著上帝訓詞的激勵。受盡拉班的藐視和愚弄後，他隨即面對那受到自己永遠傷害的哥哥，感到自己極為微小，便整夜尋求那應許的訓詞，基督就來與他角力，使他重拾自信。

以利亞雖勝了巴力的先知，卻因耶洗別的藐視和追殺，自卑

到求死，説「我不勝於我的列祖」（王上19：4），直到他重新
聽到主用微小的聲音對他説話，才重新得力。

　　先知預言基督説：「他被藐視，被人厭棄；多受痛苦，常
經憂患。他被藐視，好像被人掩面不看的一樣；我們也不尊重
他。」（賽53：3）

　　綜合詩篇119篇139至141節的默想：人受藐視，都因敵人忘
記上帝的話，但我們有基督為榜樣，因此仍能讓熱情耗盡自己，
顯明上帝的公義。

「你的公義永遠長存；你的律法盡都真實。」

詩119：142

◎ 趙志誠

這節經文聖經新譯本譯為：「你的公義是永遠的公義，你的律法是可信可靠的。」現代中文譯本譯為：「你的公義是永遠的公義，你的律法是真理。」呂振中譯本譯為：「你的公義永是公義；你的律法可信可靠。」之前提過詩篇119篇137至144節的鑰詞是「公義」。上帝的公義是永遠的公義，以律法為準則。

永遠的公義，與永遠的救恩並行，其結果是永遠的平安。正如先知以賽亞寫道：「惟有我的救恩永遠長存；我的公義也不廢掉。……惟有我的公義永遠長存，我的救恩直到萬代。」（賽51：6－8）「公義的果效必是平安；公義的效驗必是平穩，直到永遠。」（賽32：17）

先知預言：「因有一嬰孩為我們而生；有一子賜給我們。……他的政權與平安必加增無窮。他必在大衛的寶座上治理他的國，以公平公義使國堅定穩固，從今直到永遠。」（賽9：6－7）

那給耶路撒冷七十個七年的機會，目的就是永遠的公義與永遠的救恩，也由耶穌基督建立。天使向但以理預言：「為你本國之民和你聖城，已經定了七十個七。要止住罪過，除淨罪惡，贖盡罪孽，引進永義，封住異象和預言，並膏至聖者。」（但9：24）

　　永遠的救恩，以永遠的公義臨到我們身上。上帝說：「我必聘你永遠歸我為妻，以仁義、公平、慈愛、憐憫聘你歸我；也以誠實聘你歸我，你就必認識我——耶和華。」（何2：19－20）

　　人本來傾向犯罪，無法靠自己守上帝的律法，但既然上帝白白給我們永遠的救恩和公義——基督的義，我們得到重生，從聖靈而來的能力，就使我們傾向上帝永恆而真實的律法。

　　救恩在人類身上的功效，要使全宇宙最終承認，上帝的公義和律法，是永恆、真實、可信可靠的。

「我遭遇患難愁苦，你的命令卻是我所喜愛的。」

詩119：143

◎ 趙志誠

我們要讓世人明白患難與愁苦存在，也要證明上帝的公義。患難與愁苦，不少是因為我們不聽上帝的命令而來的。為此，摩西預言上帝的子民會離開上帝，但他說：「日後你遭遇一切患難的時候，你必歸回耶和華——你的上帝，聽從他的話。」（申4：30）

懷愛倫師母（Ellen White, 1827－1915）論到為病人祈禱時，也多次提到，有些病人因干犯上帝的道德律或自然律而得病，若不願意認罪悔改，上帝就不會讓她去為他們求醫治。因此，上帝的僕人要向那干犯上帝道德律或自然律的人，指明悔改的路——來到耶穌基督的施恩寶座前認罪，求祂賜聖靈住在內心，從而喜愛上帝的命令。這樣的人悔改時，可以對上帝說：「我遭遇患難愁苦，你的命令卻是我所喜愛的。」（詩119：143）

然而患難與愁苦，卻不都因為我們不聽上帝的命令而來。約伯得到患難與愁苦是無辜的，是撒但挑戰上帝而作的。假如撒但攻擊我們，我們仍然喜愛上帝的律法，上帝總會保護我們的性命不致滅絕。因此，在這樣的患難愁苦中，我們仍可對上帝說：「我遭遇患難愁苦，你的命令卻是我所喜愛的。」「我若不是喜愛你的律法，早就在苦難中滅絕了！」（詩119：143，92）

在苦難中，我們也可禱告說：「耶和華啊，我切慕你的救

恩！你的律法也是我所喜愛的。」「願你的慈悲臨到我，使我存活，因你的律法是我所喜愛的。」（詩119：174，77）

　　温習詩篇119篇第139至141節，當敵人忘記上帝的話時，就會藐視我們，設法增加我們的患難與愁苦。我們可以學習耶穌，仍然喜愛上帝精煉的話語，思想祂在十字架上怎樣以熱情耗盡自己，不怕背祂的十字架而捨己。

　　當宇宙善惡雙方都看見，患難與愁苦不僅沒有使人遠離上帝，反而使人背起十字架，更愛上帝的命令時，最終就要承認上帝的公義。

「你的法度永遠是公義的；求你賜我悟性，我就活了。」

詩119：144

◎ 趙志誠

詩人總結這8節說：「你的法度永遠是公義的。」「法度」一詞，原文指聖所中的「法櫃」和作見證的「法版」。地上聖所的法櫃縱然遺失，天上的法度卻永存。詩人說：「我以你的法度為永遠的產業，因這是我心中所喜愛的。」（詩119：111）耶穌說：「就是到天地都廢去了，律法的一點一畫也不能廢去，都要成全。」（太5：18）

我們為何求上帝賜悟性呢？為何求得悟性就活呢？詩人禱告說：「求你賜我悟性，我便遵守你的律法，且要一心遵守。」（詩119：34）原來求得悟性，就能領悟和學習上帝的律法、命令與法度，從而發自內心遵守，不再犯罪，不再失去永生的資格，我們便得以永活。

雖然我們得救，全是上帝的恩典，不因行為，不因守律法。雖然我們絕不能以守律法作為得救的條件，但得著救恩的結果就是守律法，守律法使我們保持永生的權利和資格。

亞當夏娃失去永生的權利和資格，原因就是違背上帝的命令。遵守上帝的命令，仍然是得永生的條件（《喜樂的泉源》第7章）。

路加福音10章25至37節記載律法師問耶穌如何得永生，馬太福音19章16至22節，馬可福音10章17至31節，路加福音18章18至

30節記載少年長官也問這問題，耶穌的回答都不是因信得救便可以，而是說要行律法、守誡命。不過，對於律法中愛上帝和愛人的真實意義，律法師有悟性明白，少年長官卻只是死守誡命的字句，不能領悟其中的真義。

　　總結詩篇119篇137至144節，永存的法度，必成為永遠公義的見證。救恩在我們生命中產生的改變，使我們的心趨向這法度，甚至在敵人忘記上帝的話而帶給我們患難愁苦時，仍然堅持喜愛而不忘祂的話和命令，以致背起十字架、學習基督，以熱情耗盡自己來愛主愛人，這更是上帝公義的活見證。這樣，全宇宙不論善惡，終必一起承認上帝的公義。

「耶和華啊，我一心呼籲你；求你應允我，我必謹守你的律例！」

詩119：145

◎ 焦望新

小孩子對父母常常有很多要求，我的孩子們也不例外。有一次和孩子們出外遊玩，經過一間販賣中國洋娃娃的禮品店，我七歲的女兒看見那些可愛的洋娃娃，立刻吵著要買，我當然立刻回答不行。女兒抱住我說：「爸爸！我真的太喜歡這些洋娃娃了，她們每個都有身分證明書，而且有一個還背著小娃娃，我最喜歡那個！爸爸！請買給我吧！」我仍沒有鬆口，還是堅持不買。

女兒也不放棄，不停地重複著她的要求，我實在忍受不住了，就對她說：「你去看看那些洋娃娃多少錢吧！」我想如果她不敢自己去問價錢，那我也就不用煩了。沒有想到她立刻過去問售貨員，回來報告說：「爸爸，每個洋娃娃兩百元，如果買兩個有九折！」我心想，這下糟糕，買一個不夠，還要買兩個了！女兒為了表達她的誠意，還保證說，「爸爸，你給我買了這個洋娃娃，我以後就不再要求你買其他玩具了！」我知道她說這話是真心的，但也很清楚她這個保證是不能兌現的，只好安慰她說，「下次爸爸出差看到便宜的，一定幫妳買！」

人都是軟弱和不完全的，我們對別人的要求，或是別人要求我們，都帶著自私的成分，但只要是誠心的呼籲，就一定會有回應。上帝對我們呼求的回應，不一定和我們的呼求完全一致，

但我們的呼求祂一定會聽，而且會按照祂的意思，把最好的給我
們。

　　所以詩人說，「耶和華啊，我一心呼籲你；求你應允我，我
必謹守你的律例！」只要對上帝有充分的信心，我們就應該放膽
向祂發出呼籲，把需要告訴祂。很自然的，當我們順著上帝的意
思生活時，我們對祂的呼求也會更合乎祂的旨意，上帝的回應，
也就更接近我們的期望了。

　　朋友，你今天願意按照上帝的意思呼求嗎？我願意！

「我向你呼籲，求你救我！我要遵守你的法度。」

詩119：146

◎ 焦望新

三十六計與古老的《孫子兵法》，並稱為世界軍事史上的「雙璧」，其中第五計〈趁火打劫〉，顧名思義，是趁人家家裡失火，一片混亂，無暇自顧的時候，搶劫人家的財物。趁人之危撈一把，這是不道德的行為。但是「趁火打劫計」用在軍事上，指的是當敵人遇到麻煩或危難的時候，就要趁此機會進兵出擊，制伏對手。

舊約聖經中的雅各，就是這樣趁人之危騙取了長子的名分：「有一天，雅各熬湯，以掃從田野回來累昏了。以掃對雅各說：『我累昏了，求你把這紅湯給我喝。』……雅各說：『你今日把長子的名分賣給我吧！』……以掃就對他起了誓，把長子的名分賣給雅各……。這就是以掃輕看了他長子的名分。」（創25：29－34）

長子無論在名分和財產的繼承方面，都是優越的，而雅各很希望得到長子的名分，於是趁火打劫，把長子的名分奪了過來。以人自私的觀點來看，雅各很會利用機會，達到自己的理想和願望。

上帝也救了我們，但祂絕不會趁人之危。所以詩人很有信心地說：「我向你呼籲，求你救我！我要遵守你的法度。」詩人為何要加上「我要遵守你的法度」這一句呢？是否上帝要我們先遵

守祂法度，然後才救我們呢？羅馬書5章8節說：「惟有基督在我們還作罪人的時候為我們死，上帝的愛就在此向我們顯明。」上帝拯救人，沒有任何自私的成分。與人自私的心相反，人會趁人之危，上帝卻在我們患難中隨時幫助；人可能在關鍵的時候離棄我們，上帝卻永遠將我們抱在懷中。

但為何還要遵守上帝的法度呢？這是我們對於上帝拯救的報答，上帝將我們從罪惡的危險中拯救出來，我們要聽祂的話，遵守祂的法度。

朋友，你願意得到上帝的愛，遵守祂的法度嗎？我願意！

「我趁天未亮呼求，我仰望了你的言語。」

詩119：147

◎ 焦望新

呼求是溝通，人與人之間關係的建立，少不了溝通。

和妻子文英談戀愛時，很喜歡和她講話。但只能在週末見面，所以平常下班之後，以電話連繫情誼，而我們常常一談就是幾個小時到深夜。有一次談話中，突然發覺電話那邊沒了聲音，我呼喚她的名字，也沒反應，掛斷電話再打，卻打不進去。焦急地等了一晚，心想不知出了什麼事。第二天一早，我再打過去，電話響了，是文英接的，我問她：「昨晚上怎麼了？」她笑著說：「對不起，我實在太睏了，聽著你講話好像催眠曲，睡著了！」

基督徒也需要與上帝溝通，所以詩人說：「我趁天未亮呼求，我仰望了你的言語。」詩人為何要趁天未亮呼求呢？我想他一定心中有很多話，要向上帝訴說，所以一早就起來向上帝呼求了。

大衛也有這樣的經驗，當他被先知撒母耳按立作王之後，掃羅對他產生了嫉妒的心，多次追殺他。有一次掃羅追殺大衛到西弗的曠野，晚上在那裡紮營。到了夜間，大衛帶著亞比篩潛入掃羅的營中，來到熟睡的掃羅面前，拿走了掃羅插在地上的槍和水瓶，走到對面山頭。大衛大聲呼叫掃羅，並讓他知道，他可以在掃羅熟睡時殺死他，但他沒有那樣做，因他看重掃羅的性命，

他希望上帝也看重他的性命，並拯救他脫離一切患難（撒上26章）。掃羅意識到自己的不是，就收兵回去了。

大衛在向掃羅呼喊之前，已經向上帝呼求，詩篇54篇就記載了大衛為此對上帝的呼聲：「上帝啊，求你以你的名救我，……求你聽我的禱告，留心聽我口中的言語。」（詩54：1－2）上帝聽了他的呼求，就使他們在進入掃羅營中時，「沒有人看見，沒有人知道，也沒有人醒起，都睡著了，因為耶和華使他們沉沉地睡了。」（撒上26：12）

朋友，你願意讓上帝聽見你的呼聲，為你成就大事嗎？我願意！

「我趁夜更未換將眼睜開，為要思想你的話語。」

詩119：148

◎ 焦望新

我讀大學的時候，在學校附近的一間食品廠工作。這食品廠的夜班工資較高，我在夏天不上課時，會去上夜班。最難熬的，是凌晨三、四點時。雖然做的是勞力工作，不可能睡著，但整個人感覺像是行屍走肉，就是站著，也可以睡著。睡意過了之後，人反而精神了，到了早晨六點下班，睡意已經完全消失。我從食品廠大門走出來時，太陽剛剛升起，整個大地被染成金黃色，我最喜歡的，也就是這樣的時刻。那時我常想，就是為了這美麗的早晨，熬夜也值得。

詩人「趁夜更未換將眼睜開」，並不是為了熬夜掙錢，而是要思想上帝的話語。對基督徒來說，思想上帝的話語是親近上帝的一種方式，是對上帝愛的表達，也是與上帝建立關係的方法。而要趁著夜更未換將眼睜開，更表達了詩人對上帝話語的渴望。

人為何渴望上帝的話語呢？因人是按照上帝的形像造的，人被造，就是要與上帝建立愛的關係。雖然人犯罪，如保羅所說：「姦淫、污穢、邪蕩、拜偶像、邪術、仇恨、爭競、忌恨、惱怒、結黨、紛爭、異端、嫉妒、醉酒、荒宴等類。」（加5：19－21）但這些並不能使人滿足，只有當人認識了上帝，與上帝重新建立關係之後，渴望上帝和祂的話語，因而感到滿足了。

奧古斯丁說過：「主啊，我們的心如果得不到你，便不會安

寧。」這深刻地描述了人心靈的終極渴望，就是上帝。然而，要思想上帝的話語，是否一定要在「夜更未換」之時呢？我想這倒也未必。詩人所表達的是一種渴望，在我們繁忙的生活中，重要的是能找到合適的「夜更未換」之時，使我們的心靈每天從上帝的話語中得到飽足。

　　朋友，你願意「夜更未換」之時，思想上帝的話語嗎？我願意！

> 「求你照你的慈愛聽我的聲音;耶和華啊,
> 求你照你的典章將我救活!」 詩119:149

◎ 柯清雄

柯長老堪稱為現代約伯,從他身上可以看到什麼叫順服。當他盛年的時候,不但作福音的志工,也靠著到林班工作賺錢,出錢出力,無怨無悔地支持教會事工。及至晚期,受到台灣大環境的影響,經濟收入出了狀況,家庭也碰到些麻煩,甚至連他的身體也出了問題,但是他站在台上,仍然意志堅定地說:「有上帝做我的靠山,我怕什麼!」

當年,撒但很不服氣地向上帝控訴說:「你保護著約伯,當然他會敬愛你啊!」(伯1:9-10)約伯回應:「賞賜的是耶和華,收取的也是耶和華。耶和華的名是應當稱頌的。」(伯1:21)約伯對上帝的忠心與順服,完全起因於對上帝深度的認識。最近看到柯長老又能走到台前獻十分之一,心中有很大的感動,他再一次地見證說:「上帝的話不會落空,聖經是可靠的。」

其實很多人知道「耶穌」,但沒有去接受祂;知道有一本書叫「聖經」,卻不相信它。不接受、不相信,當然「耶穌」與「聖經」也就與你發生不了關係了。接受就是認識(約14:17),相信就是力量(羅1:16),因此基本上,我們必須先接受和相信,我們才會看見上帝彰顯的大能。

詩人認識上帝,也相信上帝藉著聖經給予許多應許,因此他可以大聲向上帝呼求說:「照你的慈愛聽我的聲音;……照你的

典章將我救活。」

　　大衛曾說：「我倚靠上帝，我要讚美他的話；我倚靠上帝，必不懼怕。血氣之輩能把我怎麼樣呢？」（詩56：4）這就是今天上帝給我們的應許。以賽亞也說：「耶和華是給我們設律法的；……他必拯救我們。」（賽33：22）上帝的話確是可信可靠的。

「追求奸惡的人臨近了；他們遠離你的律法。」

詩119：150

◎ 柯清雄

詩人說：「你的話安定在天。」（詩119：89）科學家牛頓發現了地心引力，想想看，假設這地心引力失效了，可以想像這世界失重的情形，那一定是個混亂、碰撞、破碎的狀態；同樣的，這個安定在天的「律」（上帝的話）一但失效，這個世界一樣會變成為混亂、無序、失態的狀況。君不見，眼前的世界不正是如此嗎？

撒但用盡各樣的方式來破壞上帝的律法（但7：25），以賽亞描述說：「因為他們犯了律法……背了永約……喜樂變為昏暗……城中只有荒涼……恐懼、陷坑、網羅都臨近……地全然破壞。」（賽24：5－19）耶穌親自說：「只因不法的事增多，許多人的愛心才漸漸冷淡了。」（太24：12）這都是因為失了軸心、遠離上帝律法的結果。

保羅提醒我們：「你該知道，末世必有危險的日子來到。」（提後3：1）有些人以為這些現象是應該的，是必然的，因此對這樣的情景似乎司空見慣，因而用不以為然的消極念頭去面對。但這並非聖經的本意。

以賽亞曾如此宣告：「你必稱為補破口的，和重修路徑與人居住的。」（賽58：12）是啊！我們要補回那被破壞了的律法，要重修耶穌走過的路徑，我們應該以積極的態度來面對這個世界

的病態。

其實對付撒但最好的方式不是躲避,而是學習耶穌的樣式,在聖靈引導下,與撒但正面交戰(太4:3-11)。但必須謹記,要配戴上帝所賜的全副軍裝:「用真理當作帶子束腰,用公義當作護心鏡遮胸,又用平安的福音當作預備走路的鞋穿在腳上。……拿著聖靈的寶劍,就是上帝的道。」(弗6:14-17)

詩人焦急地說:「追求奸惡的人臨近了;他們遠離你的律法。」願我們效學保羅:「靠著主,倚賴他的大能大力作剛強的人。」(弗6:10)

「耶和華啊，你與我相近；你一切的命令盡都真實！」

詩119：151

◎ 柯清雄

有一位弟兄侃侃而談追求信仰的心路歷程。他說小時候在天主教的家庭出生，長大後又好奇地追求基督教，直到現在，他仍在尋找「真理」。

「道」就是真理（約17：17），真理就是耶穌（約14：6）。簡單的說，這位弟兄在尋找耶穌。耶穌有那麼不好找嗎？我們常常是有眼卻看不到，上帝也知道我們的弱點，因此才讓獨生愛子耶穌道成肉生降世為人，讓我們可以看到祂。耶穌說：「人看見了我，就是看見了父。」（約14：9），上帝如此用心迎合人的需要，無怪乎祂名叫「以馬內利」。

其實，說真的，因罪的緣故，我們離開了創造主。當我們還沒有想到要再回到祂面前時，祂的聲音早就在那裡呼喚著：「你在哪裡？」（創3：9）從上帝的救贖計畫中，很清楚地看到，上帝從未放棄要尋回我們每一個人（結34：11），祂寧願放棄自己與99隻羊安臥同樂，只為了要尋找一隻迷羊，忍受著荊棘斷崖之苦，甚至犧牲生命也在所不惜。親愛的朋友，是上帝在尋找我們，不是我們尋找上帝！

什麼時候，你需要上帝，祂就在你門外（啟3：20），只需輕輕打開，祂就會進到你心中，「理」也許不怎麼容易懂，但我們可以用眼睛看到耶穌，耶穌就是「道」就是「真理」，我們只

需跟著祂的腳步行就是了，就那麼簡單，祂不是高高在上遙不可及的上帝。

　　當但以理的三個朋友被丟入火坑時，上帝陪伴著他們；當保羅被囚在監牢或地窖裡時，主與他同在；兩名前往以馬忤斯垂頭喪氣的門徒，主耶穌也與他們同行；這些例子不勝枚舉。上帝的應許：「必與我們同在」（太28：20），這話是可信的。正如詩人所描述的，「你與我相近」真是奇妙的經驗，尤其在這個末世，我們更要常常警醒，親近祂，靠祂的話得勝。

「我因學你的法度，久已知道是你永遠立定的。」

詩119：152

◎ 柯清雄

詩體的美，在於它能使人的心境更寬廣，引領你進入其意境之中。詩人說：「我因學了你的法度，因此知道……」好美的一句話，就像我們看到一個蜂巢時，雖然外表看來不怎麼樣，但親嘗之後，才知道蜂蜜是那麼的甜。

讓我們來回應詩人的心境，試著進入他與上帝交會的意境之中：

我因學了你的話，知道你的恩典是何等的豐盛（詩65：11）；

我因學了你的話，知道你是為我而來（徒4：12）；

我因學了你的話，知道你保守我（箴3：26）；

我因學了你的話，知道你必再來（約14：3）。

聖經有句話說「施比受更為有福」（徒20：35），好美的一句話，尤其掛在嘴裡好順口。其實如果我們真的「學會」這句話，將有意想不到的喜樂和滿足。

有一位婦人家境非常窮苦，她常埋怨社會福利為何那麼少？時常怨嘆親友不關心她們，我看到她時總是會問道：「妳生病嗎？」因為她的臉老是那樣凝重。直到有一天，帶她去醫院探訪病人，為社區做清潔服務，當她看到醫院裡疼痛垂死的病人比她更可憐、看到社區裡有些因無法走動，而居住在髒亂環境中的

人，比她更需要人關懷時，她心裡突然頓悟，說：「雖然我家裡很多缺乏，但是可以用心和手來幫助別人，心裡很快樂。」她因學了這句「施比受更有福」的道理，心裡充滿喜樂，上帝的祝福因而臨到她身上。

上帝的慈愛比山高、比海深（弗3：18），我們需要更虛心地來學習，使我們更可以更認識祂，更知道祂愛我們每一個人。

我在你的律法中得到歡樂，如獲至

6 | JUNE

遵守主法度者不至絆倒

我在你的律法中得到歡樂，
如獲至寶。

「求你看顧我的苦難，搭救我，因我不忘記你的律法。」

詩119：153

◎ 柯清雄

在台灣，一提到119，無人不知、無人不曉，他們對任何問題都願意幫忙，24小時隨時待命的代號。當我們屬靈生命受到威脅時，上帝也有祂一套的保護措施，如聖經所記：「保護你的……不打盹也不睡覺。」（詩121：3－4），「凡靠著他……的人，他都能拯救到底；因為他是長遠活著。」（來7：25）

詩人說：「求你看顧我，因我不忘記你的律法」，這不是跟上帝談條件，而是很清楚知道上帝律法的目的是保護人。如165節所說：「愛你律法的人有大平安，什麼都不能使他們絆腳。」是啊！聖經不但可以指引我們人生的目標，也提供我們在生活中隨時的幫助，經上記著說：「不要忘記我的法則；你心要謹守我的誡命；因為他必將……生命的年數與平安，加給你。」（箴3：1－2）

有一次，傳道區舉辦婦女事工大會，其中一位婦人代表教會參加聖經背誦比賽，經文範圍是出埃及記20章4至17節和啟示錄14章6至20節。但在隊伍出發前12小時她突然說，因孫女發高燒不退，恐怕無法隨行。大家聽了一陣錯愕，怎會在這節骨眼裡出狀況？大家已無從選擇，只有向「上」反應，馬上叩「119」——「禱告」。

第二天早晨七點多，福音車還是很禮貌地經過其家表示關

心，只見那婦人帶著疲憊的身體，扶著一位用大衣包著的孫女，在那裡等著，口中唸著：「先上車再說」；最後，她順利地參加比賽，孫女也把外衣脫掉、藥也不必吃，平安快樂回家了。

　　事後，這位婦人也不忘記作見證感謝主。有時候我們很容易自亂陣腳，常常忘記我們所信靠的。讓我們學習大衛「在急難中求告耶和華，向我的上帝呼求。」（詩18：6）祂必按著應許垂聽我們。讓我們在急難時「呼叫」（加4：6）祂吧！

「求你為我辨屈，救贖我，照你的話將我救活。」

詩119：154

◎ 柯清雄

經上記著說：「這福音本是上帝的大能，要救一切相信的。」（羅1：16）這個福音就是「上帝的話」，藉著眾先知、耶穌自己、聖經，傳給了我們，是我們所知道的。而它要產生力量的關鍵，在於是否真正相信上帝的話？

耶穌說：「你若能信，在信的人，凡事都能。」（可9：23）在我們的信仰中，有一門功課必須要學習，就是：「上帝不是可有可無」的。因此，無論在任何環境，我們仍然信靠祂以及「祂的話」，這才是真信心。

我們看看耶利米先知，當他看著聖城淪入敵人手中，其中的居民陷入恐懼、殘害、毀滅，遭受極大的羞辱時，在他的意念中仍然很清楚知道「耶和華是我的分，因此，我要仰望他。」（哀3：24）上帝成了他唯一的救贖。也因有這個信心，在他身上看見了上帝的神蹟。

我們基督徒活在其中，做或不做，似乎通通都不對。有勇氣的人站出來「行個好」，但可能招來白眼；好一點的話會對你說：「嗨！你想選議員嗎？」等諷刺語，好像每一件事情都要有目的，都要有代價似的。已經找不到那種身為人所擁有真正的快樂，實在非常的可憐。我們失去了人類引以為傲的所謂「萬物之靈」的尊嚴，「人性」已經死了。

保羅提醒我們：「務要傳道，無論得時不得時。總要專心；並用百般的忍耐，各樣的教訓，責備人、警戒人、勸勉人。」（提後4：2）又說，「不可忘記行善和捐輸的事，因為這樣的祭是上帝所喜悦的。」（來13：16）

主啊！這是你自己説的話，求你為你的兒女們辨屈（賽51：22），使之在這異樣的世界裡，仍然能夠有信心在世人面前，為你活出見證來，照你的話恢復那起初原有的人性。

「救恩遠離惡人，因為他們不尋求你的律例。」

詩119：155

◎ 柯清雄

上帝以慈愛著稱，更奇妙的是，祂是非常有「人性」的神，你看！當耶和華上帝再也無法忍受所多瑪和蛾摩拉的罪，決定燒滅那城時，仍然接受亞伯拉罕的請求；當上帝宣告大洪水即將來臨時，還給了人們一百二十年的時間悔改；即便是耶穌在受難前已知道要出賣祂的是誰，仍不斷暗示他要懸崖勒馬。上帝的慈愛「不願有一人沉淪，乃願人人都悔改。」（彼後3：9）難怪耶穌感嘆地說：「無知的人哪，……你們的心信得太遲鈍了。」（路24：25）

祂的救贖計畫，藉著各種模式，彰顯在世人面前。尤其最驚人的是，記載著上帝的「話」的聖經，用世界各種不同的語言，每天以數萬冊的數目發行到「各國、各族、各方、各民」（啟14：6）之中，幾乎是有人的地方就有聖經。但很多人仍然視若無睹、我行我素，「被自己的罪孽捉住；……被自己的罪惡如繩索纏繞。」（箴5：22）

我認識一個朋友，當救恩剛來到部落時，他父親接待了那些佈道士，也接受了耶穌，靠著上帝的大能，驅除了原來行巫時家裡的偶像祭壇。之後相安無事，孩子們各個受教育有成就。父親過世之後，有個孩子想起從前他們家族的「豐功偉業」，竟異想天開要重起爐灶，祭拜那些所謂的「祖靈」之類的東西。今天，

他們的家族，可用「家破人亡」四個字來形容，非常可憐。

　　「除了我以外，你不可有別的神。」（出20：3）這句話，相信他知道得很清楚。許多時候我們都明知故犯，選擇了這個虛幻的世界，也就逐漸遠離了上帝的救恩。不是上帝無情，而是我們無義（路23：47）。

　　主耶穌的每句話，都關乎我們生命的道理，經上記著說：「你們要謹慎，免得心中受迷惑，就偏離正路，去事奉敬拜別神。」（申11：16）我們是否還執迷不悟呢？求上帝饒恕我們。

「耶和華啊,你的慈悲本為大;求你照你的典章將我救活。」

詩119:156

◎ 柯清雄

「律法與恩典」是時下流行的話題,有些人用「律法是舊約,恩典是新約」來區隔或做比較,忽略了耶穌就是主(徒2:36)。其實在世界的創造及舊約歷史的演進過程中,主耶穌一直都參與。上帝本來就是愛,「遍地滿了耶和華的慈愛」(詩33:5)。上帝的慈悲從創世的時候,就已經向我們展現了,主耶穌把上帝的慈愛具體表現出來。

在以前的時代裡,當人們面臨罪的問題時,還是以「上帝的慈悲」為主要的訴求點。經上記著但以理禁食,披麻蒙灰向耶和華神祈禱說:「主啊,大而可畏的上帝,向愛主、守主誡命的人守約施慈愛。我們犯罪作孽,……偏離你的誡命典章。」(但9:3-5)他誠然知道罪的工價就是死(羅6:23),然而他更相信耶和華上帝是個以慈悲為懷的神,提供我們隨時的幫助。

我們處於道德低落的世界之中,眼睛變瞎了、腿變瘸了,我們該如大衛呼求神說:「耶和華啊,求你可憐我,因為我軟弱。耶和華啊,求你醫治我,因為我的骨頭發戰。」(詩6:2)我們要像那位討飯的瞎子說:「大衛的子孫耶穌啊!可憐我吧!」(可10:47)

上帝的慈愛,不吝惜其獨生子之命而差遣到世上來為我們死,保羅說:「上帝的愛就在此向我們顯明了。」(羅5:8)耶

穌成了這個世界唯一的希望，這些救恩的計畫，上帝早就明立在祂的典章之中。祂透過以西結先知說：「將我的律例賜給他們，將我的典章指示他們；人若遵行就必因此活著。」（結20：11）這是多麼令人鼓舞的話啊！

典章的目的就是要使人活著，如經上所說：「我願你凡事興盛，身體健壯，正如你的靈魂興盛一樣。」（約參1：2）是的，當我們謙卑祈求主時，主必照著祂的應許祝福我們。

「逼迫我的，抵擋我的，很多，我卻沒有偏離你的法度。」

詩119：157

◎ 柯清雄

耶穌復活升天後，將傳福音的棒子交給了使徒，但環列四周的是羅馬帝國的世界，真正的逼迫才開始臨到，司提反的殉道就是一個很典型的例子。保羅描述說：「我們四面受敵……為耶穌被交於死地……但……我們不喪膽。」（林後4：8－16）他說：「現在活著的不再是我，乃是基督在我裡面活著。」（加2：20）他們這樣獻身，為真道永不妥協的精神，是真理最好的見證。

聖經提到末世必有好譏誚的人，隨從自己的私慾出來譏誚（彼後3：3）。其實上帝的法度完備，各種的「免疫系統」都已建制好了，只要我們堅守祂的道，祂必為我們負責。

進入公司服務已廿六年，早期還沒週休二日，為了守道，面臨很大的試探和逼迫。在單位裡，因為工作的關係，年休假日可以選擇不休而全額領錢，我則硬著頭皮想盡辦法休息，把一年的休假日分作半天半天，分配到每個週末，不足的部分則用值班來補。

每到年底時，同事們笑嘻嘻地領著雙倍的薪水，還譏笑我是傻瓜，哪有不喜歡錢的人？不只如此，也因為常休假，而被長官列入黑名單，甭想有什麼好考績，「你又要去作禮拜不上班了！」這樣的冷言冷語，一直刺在耳中。直到如今，真要感謝上

帝，祂加倍祝福，從來沒有因為少領那些錢、少了那個職位而貧乏，反而在各方面都更豐富。

　　球的氣壓越多，則跳得越高，人沒有壓力是不會前進的，況且有時逼迫是化妝的祝福，上帝要催促我們的時候，往往會使用些非常的手段，讓我們不得不豁出去。你看，祂用以撒來訓練亞伯拉罕的順服；用監獄來訓練保羅的信心；祂今天也可能會用你的工作場所、職場地位，來為真理發光。

　　親愛的弟兄姐妹，先賢們為福音不妥協的精神，是我們學習的榜樣，別忘了主耶穌的旨意，是「命令」我們要「去」，我們絕不可能安逸地坐在那裡，就能等到基督復臨。

「我看見奸惡的人就甚憎惡，因為他們不遵守你的話。」

詩119：158

◎ 柯清雄

耶穌來到耶路撒冷，看到聖殿被利用來作買賣，生氣地把他們「趕出殿裡……推倒兌換銀錢之人的桌子」（太21：12）。聖經記錄著這些動作，彰顯耶穌痛恨罪惡的決心，絕不是「說說」而已。因為聖殿所代表的意義，是「萬民禱告的殿」（賽56：7），是公義的守護者，因此主耶穌生氣的意義，乃是反對假公濟私的行為，祂是「恨惡罪惡」（來1：9）的上帝，律法的基本精神，本是藉著公平、正義以抵擋自私自利者。

生活在今天這個世界裡，本來應該是好好的，因為「上帝看著一切所造的都甚好」（創1：31）。有一些所謂「先天」的因素造成的不公平，大致都能忍受，但唯一不能忍的，乃是那些少數奸商們，為著個人的利益，生產些不法之商品，罔顧消費者的健康或安全。

另一項不能忍的，是有一些政客們，為著滿足私人好大喜功、好勇鬥狠的性子，而將人們帶入相互仇恨或戰爭的狀態中；更不能忍的，是些出賣人心、買賣肉體的卑劣行為等，不間斷地出現在這個世界裡。

時下最流行的感嘆詞是：「這個世界怎麼了」，這彷彿又回到當時耶和華說：「所多瑪和蛾摩拉的罪惡甚重，聲聞於我。」（創18：20）的世界裡，人們公然地行在罪惡中，要求安全、健

康、平安的基本生活條件，幾乎成了奢侈品。罪的影響是那麼可怕，也難怪耶穌會那麼樣地生氣。

保羅宣告說：「你這充滿各樣詭詐奸惡，魔鬼的兒子，眾善的仇敵，你混亂主的正道還不止住嗎？」（徒13：10）我們活在當下，縱然有很多的無奈，仍然要挺起腰桿，為真道作見證，靠著上帝的話，奮勇向前，因為上帝應許我們：「凡我所吩咐你們的，都教訓他們遵守，我就常與你們同在，直到世界的末了。」（太28：20）

> 「你看我怎樣愛你的訓詞！耶和華啊，求你照你的慈愛將我救活！」詩119：159

◎ 柯清雄

賴長老是位敬畏上帝受人尊重的長輩，他見證說：年輕的時候，頭痛常常使他承受不了，走遍各大小醫院也沒辦法治好。後來高牧師建議他，按照聖經的模式，改變飲食習慣。他興奮地說：很奇妙，長久的病痛，就這樣不藥而癒，他現在已是七十多歲的高齡了。

神給人類一個特別的禮物，是「自由意志」，我們可以隨心所欲地選擇自己所要的，也因此這常成為人最大的弱點，撒但就從此處進來，以「不一定死」（創3：4）為誘餌，使我們進入到「不知節制」的生活中，給自己帶來很多麻煩。

上帝看著這樣不行，因此頒布了很多的訓詞戒律等，告訴我們那裡是紅線，其實目的很簡單，就是保護我們的生命，不要再做罪的奴僕。

基督就是愛。就因為是愛不是懲罰，才能吸引有罪的人來尋求主耶穌，經上記著說：祂「要吸引萬人來歸我」（約12：32）。因此詩人傾訴：你看我怎樣愛你的訓詞，這就是對「上帝的話」之信任。使上帝的話發生功效，祕訣只有一個，就是「相信」。

有一個傳道人，被派到山上的教會做堂主任，這間教會有八十多位教友，在原住民教會中算是中型的，以前他們在各方面

都有很好的見證，但因選舉的恩怨，使信徒之間的關係對立，嚴重影響了教會。這位傳道人看了以後，以約翰福音13章「我賜給你們一條新命令」這段話，來積極地、不斷地鼓勵信徒，引導他們悔改，找回起初的愛心。

約兩年後，慢慢看到這條新命令的果效，主耶穌的話救活了這間教會，也再次從教友們的臉上看到得勝的喜悅。

親愛的弟兄姐妹，我們都有特權，藉著祂的應許向神求救，只要我們相信祂的話，上帝的慈愛必隨著我們。

「你話的總綱是真實;你一切公義的典章是永遠長存。」

詩119:160

◎ 柯清雄

聖經之所以偉大,不只是因為它的發行量及作者的關係,特別是因為它毫無遮掩的筆法,那樣露骨地記載著一切所發生的事,但沒有人敢刪改,為什麼?因為每一件事情的發生,都真實記錄著與上帝的互動關係,如經上所記:「聖經都是上帝所默示的」(提後3:16)。

在作者、寫作背景、年代的差距等條件下,聖經主旨的一致性,仍然有異曲同工之趣,就是一個很好的見證。

詩篇19篇9節說:「耶和華的道理潔淨,存到永遠;耶和華的典章真實,全然公義。」這句話說明了聖經的價值,所以稱為聖經,乃是因為它不受時空的限制,也是聖經被稱為「真理」之見證的主要條件。

我們從任何角度來看聖經,都讓人心服口服,例如祂藉著大像來預言(但2:31),很奇怪,就成了世界歷史的劇本一樣;彌迦預言伯利恆城要出一位救主,經過五個世紀以後,那位嬰孩奇妙地在伯利恆城降生;那本最古老、非常簡單的「八不」「二當」的十誡,成了末世人們要面臨的最大挑戰。諸如此類的記載,世界很莫名其妙地跟著聖經的劇本對號入座。

「真實」反應了上帝的一種特質——公義,「耶和華是公義的」(詩11:7)。耶穌也說:「他叫日頭照好人,也照歹人;

降雨給義人，也給不義的人。」（太5：45）上帝給人一個公平合理的基本條件，把祂的律列典章清楚地寫在聖經裡，因為有一天，我們都要面對上帝的審判（來9：27）。請記得這位公義的上帝曾經說過：「基督既然一次被獻，擔當了多人的罪，將來要向那等候他的人第二次顯現，並與罪無關，乃是為拯救他們。」（來9：28）

若是還在猶豫，還在觀望，現在還有機會來到耶穌面前，「祂話的總綱是真實；祂一切公義的典章是永遠長存。」這句話非常的清楚，萬不可等閒視之。

「首領無故地逼迫我，但我的心畏懼你的言語。」

詩119：161

◎ 李斌祥

約瑟顯然可以這樣祈禱，因為這裡所説的正是他的經驗。他年幼時就被嫉妒他的兄長賣到埃及，在舉目無親的異鄉過著奴隸的生活。他可能多次求問上帝，我到底哪裡做錯了？為什麼我的哥哥恨我入骨，甚至想把我殺死？

雖然這17歲青年幼小的心靈，不明白何以這樣的命運會臨到他，但他決心絕不違背父母的訓誨和上帝的誡命，正像詩人這句話所説的。約瑟在法老的護衛長家裡作工的時候，寧可面對生命的危險，不肯聽從主母的引誘去犯罪。因為他對上帝、對良心的忠忱，他拒絕了主母的「性騷擾」，對她説：「我怎能作這大惡，得罪上帝呢？」（創39：9）因為主母的誣告，他被關入監獄裡。等到真相大白，得到「平反」的時候，他已經30歲了。

先知但以理也有這類感人的經驗。他年紀輕輕就成了敵人的俘虜。求生的本能可能曾經告訴他：無論如何也要保持口氣。即使「苟且」，也要「偷生」。至於「操守」，不妨等到方便的時候再説。但事實卻不然，靠著上帝的幫助，很多困難終究能化險為夷。

也許我們會問：他們這樣忠貞，置生命於度外，值得嗎？其實這個問題的本身，就大有商討的餘地。在這個重「利」輕「義」的世界裡，很多人是根據「$」這個符號來做最後的決定。

只要有利可圖，連靈魂也可以出賣。

　　上帝的看法正好相反。祂要我們寧可失去生命，也要重視信仰，忠於操守。古人稱之為「天地正氣」。聖經用了幾乎20章的篇幅，記述約瑟的生平，也詳細記載了但以理的經驗，可見上帝對這事的重視，祂要我們做何選擇。

「我喜愛你的話，好像人得了許多擄物。」

詩119：162

◎ 李斌祥

當代聖經將本節譯為：「我在你的律法中得到歡樂，如獲至寶。」上帝的話也就是生命之道。聽從上帝的話可以決定我們永遠的命運，使我們得到生命。難怪詩人得到上帝的話語，就歡天喜地如獲至寶。耶穌在祂的比喻中，再三提到人得到天國時那種喜樂：

「天國好像寶貝藏在地裡，人……歡歡喜喜地去變賣一切所有的，買這塊地。天國又好像買賣人尋找好珠子，遇見一顆重價的珠子，就去變賣他一切所有的，買了這顆珠子。」（太13：44－46）

這兩個比喻有一個共同點：「天國」或有關天國的道理或原則，比一切都重要。耶穌教導門徒的祈禱文裡說：「願你的國降臨，願你的旨意行在地上，如同行在天上。」也就是說，天國降臨，就是人人都樂意遵行上帝話語的時候。從耶穌比喻的角度來說，主的信徒為了遵行上帝的話，讓上帝的旨意行在地上，使天國實現，寧可做任何犧牲。他會「歡歡喜喜地去變賣一切所有的」，為了要得到這個無價之寶。

這兩個比喻也有不同之處。頭一人是在種田挖地的時候，無意之中發現了珍寶。第二人則是專心尋找的時候，找到了這顆價值連城的珠子。有人是無意之間收聽到福音的廣播，讀到福音的

書刊；有人則是專程走進教堂聽道。不論這個珍寶是在無意或有意之間得到，都是大喜的事，因為他得到了生命的道理。

有人也許會問：這些比喻都提到一個「買」字。難道天國可以用錢來購買嗎？這顯然不是耶穌的本意。天國不是任何代價或善行所能賺取的。祂乃是告訴我們：天國是無價之寶，世界所能給我們的，不論是名譽、地位、金錢、甚至生命，都不能與它相提並論；但是為了要得到這「至寶」，也要付出代價。耶穌為了賜下這個禮物，捨棄了祂的生命；領受的人，也要準備捨棄一切阻礙他進入天國的事物。

「謊話是我所恨惡所憎嫌的，惟你的律法是我所愛的。」

詩119：163

◎ 李斌祥

詩人在這句話中提到兩件事，作為對比。「謊話」是他「所恨惡所憎嫌的」，上帝的「律法」則是他「所愛的」。這就表明了在他心中，上帝的「律法」（或教訓）與「謊話」乃是一個白，一個黑，是兩個極端。

耶穌在開始傳道的時候，也受到魔鬼的試探。魔鬼用同樣似是而非的話，來引誘耶穌使用超自然的能力，使自己得好處，去追求物質、虛榮、權力，但是耶穌沒有上他的當。亞當夏娃犯罪跌倒，是因為他們沒有聽從上帝的話；而耶穌勝過魔鬼的試探，乃是應用聖經的教訓。我們若要得勝，也必須用神的話語日日充實我們。

謊話也許會在緊急的時候讓我們脫險，給予我們一時的安全。可是到了後來，發現弄巧成拙，招來身敗名裂的後果。報章電視的新聞中，天天都有這樣的報導。

在聖經裡，這類的例子俯拾皆是，人不論好壞，都在生命遇到危險的時候撒過謊。以色列人的祖先亞伯拉罕的妻子美貌，他怕人想占有他的妻子而被人殺死，於是和妻子串通好，稱她為自己的妹妹。後來他的兒子以撒遇到這種情形，也以同樣的方法脫險（創12，20，26章）；他們的後代之中，彼此欺騙的事層出不窮。利百加和兒子雅各串通，共同欺騙以撒（創27章）；約瑟的

哥哥們串通把約瑟賣給外族人，然後聯合欺騙父親（創37章）。

　　聖經的作者並沒有隱惡揚善只報導這些人的好處，而是對他們的一切都直言不諱。因此我們看出許多偉人並不完全，他們也有缺點，行過壞事，說過謊言。但是聖經的教訓乃是：「我的孩子們，我寫這些給你們，是要你們不犯罪。如果有人犯了罪，在父的面前我們有一位維護者，就是那義者耶穌基督。他為我們的罪作了贖罪祭，不僅為我們的罪，也為全人類的罪。」（約壹2：1－2，聖經新譯本）

「我因你公義的典章一天七次讚美你。」

詩119：164

◎ 李斌祥

中國人使用數字的時候，常為它們加上意義。例如：「十全十美」，「千變萬化」，「千方百計」等。「十」表示「完全」或「圓滿」，而「百」、「千」，「萬」則是「許許多多」。聖經時代的人認為，數字除了一般的意義外，還有神學的含義。例如「六」代表「不全」、「缺陷」，而「七」則代表「完全」、「嚴肅」、「莊重」、「神聖」等。因此創造是七天，安息日是第七日，啟示文學中提到七個教會等。

詩人在這句詩中，說他「一天七次」讚美上帝。一方面表示他整天讚美主，另方面是說他讚美主時，態度是嚴肅、莊重的，心情是誠摯的。我們的一切福氣都來自上帝。我們身體的機能、頭腦的思想、心中的感受，都得仰仗上帝。自然界的一切美景，都來自祂的手。雖然罪惡為我們帶來災難、疾病、衰老、死亡，但是只要你注意看、留心聽，大自然中仍舊有不少事物，不斷向我們宣揚上帝的慈愛。

清晨窗外枝頭上的反舌鳥（Mockingbird），早就用牠們清脆明亮的歌聲迎接晨曦。這種鳥的「特技」是會作曲。每唱三五聲之後，就會改變一個調子，這樣一再地改換新曲，似乎沒有窮盡。女兒對我說：「那麼小的腦袋，怎會裝得下那麼多的樂曲？」不僅如此，遠處樹梢上的鳥，也此起彼落地與牠對唱，一

時之間，空中充滿了牠們的歌聲。

　　春回大地，和風細雨喚醒了自然界的一切。去年種下的玫瑰已經在爭奇鬥豔。蜜蜂和蝴蝶也不約而同地開始在花叢中忙碌。我坐在門外的搖椅上看書，但是無法專心，每隔幾分鐘總得把書放下，免得錯過那悅目的美景，怡耳的樂音。

　　早晨一覺醒來，我頭一件事就是感謝上帝，因祂又賜給我新的一天；到了晚上臨睡時，又向賜我生命的主獻上感謝的祈禱。我以感謝的心開始，也以感謝的心來結束每一天。

　　我可以感受到詩人的心情，也可以想像得救贖的人在新天新地中，「一天七次」讚美主的情景。

「愛你律法的人有大平安，什麼都不能使他們絆腳。」

詩119：165

◎ 李斌祥

我讀聖經的時候，常用各種譯本相互參照。原因是：雖然翻譯聖經的人，已盡可能地在自己的語文中，找到最恰當的字眼來表達原文的意思，可是因為種種緣故，仍有推敲的餘地。參考各種譯本的時候，就會幫助我更加明白作者的意思。

讀到詩人這句話時，最引我注意的是兩個詞：「平安」和「絆腳」。

「平安」二字是指「國泰民安」，沒有天災、人禍、疾病，可是更重要的是指人內心的境況，他們沒有憂慮、愁煩，與神、與人和好。正如天使在報導上帝的兒子降世為人時所唱的歌：「在至高之處榮耀歸與上帝！在地上平安歸與他所喜悅的人！」（路2：14）

那麼「絆腳」怎麼說呢？有的譯本採用「跌倒」二字。這些詞句是指同樣的情形：一個人的姿勢從「直」的突然變成「橫」的。這種情形在嬰兒學走路的時候，是一個必然的現象。

當然，這裡不是形容身體的角度，而是與「平安」二字一樣，指的是人心靈、道德的情形。詩人的話「什麼都不能使他們絆腳」，說得斬釘截鐵、毫無例外。到底這是報導事實，或表示他的理念？你也許會問：聖經所記載的古聖先賢，除了耶穌以外，誰沒有跌倒過？亞伯拉罕、摩西有沒有絆腳？大衛的故事我

們都很熟悉，彼得三次否認耶穌，連小孩子都知道。使徒保羅説過：「死就臨到全人類，因為人人都犯了罪。」（羅5：12，聖經新譯本）沒有人能否認，因為這是事實。

「什麼都不能使他們絆腳」，有的英文譯本作：「什麼都不能使他們轉離你」、「什麼都不能使他們放棄」。在天路歷程中，挫折是免不了的，只要我們學到教訓。小孩子跌倒了，他知道下次應當怎樣走，久而久之，他竟然可以跑、可以游泳。我們也是一樣，不慎跌倒，絕不放棄，再站起來，把傷口包紮好，把眼淚擦乾，繼續勇往直前。

「耶和華啊，我仰望了你的救恩，遵行了你的命令。」

詩119：166

◎ 李斌祥

救恩來自上帝，祂差遣耶穌基督，將生命的道顯示給我們世人。耶穌替我們付出生命的代價，叫一切信祂的人，都可以得到永生（約3：16）。凡稱呼耶穌為「主」的人，就是祂的門徒——基督徒。所有的基督徒都有同樣的本分，就是要在生活上遵行主的教訓，反映主的形像。詩人的話顯示出一個重要的原則：他仰望（相信）上帝的救恩，他也進一步要一改前非，要革心，也要洗面，過正直的人生。這兩者有因果關係，是不能分割的。

悔改的心是上帝的恩賜。真正的信心也來自上帝。「你們得救是本乎恩，也因著信；這不是出於自己，乃是上帝所賜的。」（弗2：8）這裡所提到的「信」不只是「頭腦」的、「理論」的同意，而是指「心靈」的領受，是人在內心感受到聖靈的呼喚、吸引，而造成的反應。這種信心是活的，具有一種動力，能使我們覺悟自己的需要，並進一步渴慕救恩，產生盼望，重新做人。

「義人必因信得生」（哈2：4，聖經新譯本）。生命乃是真信心所導致的結果。使徒保羅寫信給腓立比教會時曾說：「我深信那在你們心裡動了善工的，必成全這工，直到耶穌基督的日子。」（腓1：6）

真信心和順從是不能分割的。真信心必然造成順從。這並

不是說，有了信心就會達到不會犯罪、不再跌倒的境界。我們行走天路時，越靠近主，越感到自己的缺乏和需要。耶穌在「山邊寶訓」＊（太5至7章）裡曾經告訴我們：「承認自己靈性貧乏的人多麼有福啊；他們是天國的子民」。然後又提到其他「有福」的人：「為罪憂傷的人……謙和的人……渴望實行上帝旨意的人……以仁慈待人的人……心地純潔的人……促進和平的人……，為了實行上帝旨意而受迫害的人。」（太5：3－12，聖經新譯本）由此看來，基督教乃是一種由內而外，強調信心，提倡實踐的宗教。

＊編按

山邊寶訓：馬太福音5至7章，記載了主耶穌某日在山上所傳講的許多寶貴、重要的教訓。而山邊寶訓的第一段就是基督教家喻戶曉的「八福」。（太5：1－12）

八福：是我們每一個人都能從主耶穌那裡領受的八樣屬靈福氣。這八樣屬靈福氣能伴隨我們從今生一直到永生，從地上一直到天國。「八福」也是上帝兒女屬靈生命和經驗的八級階梯，誰踏上了它的第一級，也就等於踏進了救恩的門、重生的門和恩典國度的門。它能引領我們在屬靈生命和經驗上不斷攀上登峰造極的境地。

資料來源：復臨環球網http://chinese.sdaglobal.org/evangelism/sermont/index.html

「我心裡守了你的法度；這法度我甚喜愛。」

詩119：167

◎ 李斌祥

救恩不是免費的，它的代價遠超過人類的想像。為了拯救我們有罪的世人，上帝把祂的獨生子送給我們，為我們捨命。因此，救恩的代價真可以說是「其貴無比」，就是主耶穌的生命。

信徒之中也有人有所誤解。他們強調信心，卻說信徒在生活上並不需要有什麼改變。但耶穌說：「那些稱呼我『主啊，主啊』的人並不都能進天國；只有實行我天父旨意的才能進去。……許多人要對我說：『主啊，主啊，我們曾奉你的名傳上帝的信息，也曾奉你的名趕許多鬼，行許多奇蹟！』那時候，我要對他們說：『我從來不認識你們；你們這些作惡的，走開吧！』」（太7：21－23，現代中文譯本）

信耶穌能夠叫我們稱義，我們還要靠聖靈的力量重生，過成聖的生活。當然，得救絕不是靠我們的行為。「他便救了我們；並不是因我們自己所行的義，乃是照他的憐憫，藉著重生的洗和聖靈的更新。」（多3：5）來自上帝所施行的拯救，必然會改變人生，在得救的人身上結出果子——好的行為。「我們原是上帝所作成的，是在基督耶穌裡創造的，為的是要我們行各樣的善事，就是上帝預先所安排的。」（弗2：10，聖經新譯本）

詩人在今天的經文中說：他從「心裡」遵守了上帝的教訓，

因為他「甚喜愛」主的法度。這就是他的祕訣：因為他愛上帝。你要是愛一個人，就會聽他的話，他若有什麼要求，你即使赴湯蹈火也會去完成。我們與主的關係何等密切，祂對我們的恩愛何等深厚！難道祂有吩咐的時候，我們還會面有難色，躊躇不前嗎？

「我們若愛上帝，並且遵行祂的命令，就知道我們是愛上帝的兒女了。我們遵守上帝的命令，就是愛祂了，而且祂的命令是不難遵守的，因為凡從上帝生的就勝過世界。」（約壹5：3－4，聖經新譯本）

> 「我遵守了你的訓詞和法度，因我一切所行的都在你面前。」

詩119：168

◎ 李斌祥

這節經文現代中文譯本為：「我遵守你的命令和教訓；我的一切行為你都看見。」當代聖經譯為：「我遵守了你的誡命，這是你知道的，因為你知道我所作的每一件事。」

詩人在161至168節所用的主題，是因上帝的話而歡樂，因「愛你律法的人有大平安」（165節）。雖然他的身體受到「無故的逼迫」，但他不在強權之下屈服，不肯與罪惡妥協，仍舊忠於上帝（161節）。詩人之所以有這樣堅固的信念，是因他相信上帝是公平、公義，也是無所不知的。

約伯記，就是描寫有限的人，如何想要明白上帝的心，如何將祂的慈愛、聖潔、公義，和祂的全智、全能融合在一起。先知哈巴谷也有過同樣的困惑。他心中忿忿不平、忍無可忍，和約伯一樣，向上帝迸發一連串的問題：

「耶和華啊！我懇求，你不垂聽，要到幾時呢？……你為什麼使我看見惡行？有奸惡的事，你為什麼見而不理？」「耶和華我的上帝，我的聖者啊！你不是自古就有的嗎？……為什麼見行詭詐的人而不理？惡人吞滅比自己公義的人，你為什麼緘默呢？」（哈1：2－3，1：12－13，聖經新譯本）先知不是問上帝有沒有看見，而是問祂為什麼似乎是袖手旁觀、無動於衷？難道祂無能為力嗎？那麼為什麼祂不出手干預呢？楊腓力（Philip

Yancey）寫了一本書：《Disappointment With God》。內容主要是引證約伯的經驗，討論了三個問題：

1. 上帝是否公平？

2. 上帝是否緘默？

3. 上帝是否隱藏？

他最後的答案：「都不是！」

上帝對哈巴谷的回答，也就是對經歷苦難之信徒的保證：到了時候，上帝必然施展祂的公義。上帝的兒女，不要懷疑埋怨，「全地的人都當在他面前肅敬靜默」，「惟義人因信得生。」（哈2：3，20，4）

＊編按：楊腓力著《無語問上帝》，校園書房，2006年。

「耶和華啊，願我的呼籲達到你面前，
照你的話賜我悟性。」

詩 119：169

◎ 蕭希聖

所羅門王即位之初，上帝在夢中向他顯現，對他說：「你願我賜你什麼？你可以求。」（王上 3：5）所羅門回答說：「求你賜我智慧，可以判斷你的民，能辨別是非。」（王上 3：9）他的要求，得到主的喜悅。上帝不但將他所求的智慧賜給他，也將他沒有求的富足與尊榮加給他。

表面上看來，所羅門所求的是認知的官能，這點是無可厚非的。豁達的心胸及廣泛的閱歷，能使我們有大的格局，幫助我們從宏觀的角度來理解事物的真相。用人的時候，必須同時考慮他的能力、操守、誠信、及同儕的支持。做事的時候，不能只衡量利潤，更得評估長遠對環境、制度及形像的衝擊。但深入的觀察，所羅門指的更是判斷與執行的魄力。一個人可能飽讀詩書，但下不了決斷；一個人也可能滿腹經綸，執行的能力卻乏善可陳。所羅門知道好的領袖必須對人事有敏銳的觀察，才能處理人間的利害。他也看出，治國率眾之道，首在明辨是非，公正執法。

摩西曾吩咐委派的官員們說：「審判的時候，不可看人的外貌；聽訟不可分貴賤，不可懼怕人，因為審判是屬乎上帝的。」（申 1：17）執行天賦的權力必先具備堅毅的風骨，判定是非之時也須懷著至高者的胸襟。耶穌說：「你們要慈悲，像你們的父慈

悲一樣。」（路6：36）人看人常常只見功利；但上帝看人，滿
懷憐憫與同情。

聖經還告訴我們，悟性來自上帝的話。智慧不是憑空而來；
好的判斷來自細心考察上帝的作為。神要我們信靠祂，這就是要
我們學習冷靜地等候祂的計畫實現，而耐心與冷靜，就是智慧的
表現。我們每天都得做無數的決定，而我們也有責任在這些決策
上顯出上帝所賜的智慧。

親愛的主，願你帶領我的心思，祝福我今天所做的決定。

「願我的懇求達到你面前，照你的話搭救我。」

詩 119：170

◎ 蕭希聖

當祈禱淪為自言自語，就成了最大的笑話。與上帝交談時，倘若只剩陳腔濫調，就成了無意義的聲音。詩篇上說：「我這困苦人呼求，耶和華便垂聽，救我脫離一切患難」（詩34：6）。上帝似乎偏愛困苦人的禱告。祂不講究排場，也不要求報償，卻只看到人的需求。詩篇又說：「他從至高的聖所垂看；耶和華從天向地觀察，要垂聽被囚之人的歎息，要釋放將要死的人」（詩 102：19－20）；上帝並不被動地接受人的求告；相反地，祂積極地「觀察」，尋索人類的嘆息。我們求人幫忙時，經常得再三請託，對方才慢條斯理地稍加關照。上帝卻非如此。祂主動地尋找我們，熱心地聆聽我們的抱怨，並為我們的需要多方張羅。聖經讓我們看見一個垂聽禱告的神。

但是聖經確有提到不蒙垂聽的禱告。「虛妄的呼求，上帝必不垂聽；全能者也必不眷顧」（伯35：13）。矯情做作的祈禱是上帝不喜悅的。聖經又說：「我若心裡注重罪孽，主必不聽。」（詩66：18）人若沉溺於罪惡的習性之中，禱告也不被垂聽。聖經還寫道：「萬軍之耶和華說：『我曾呼喚他們，他們不聽；將來他們呼求我，我也不聽！』」（亞7：13）我們與神的關係是雙向的；我們不能一邊對上帝虛應故事，還期望祂對我們有求必應。新約的雅各說：「你們求也得不著，是因為你們妄求，要浪

費在你們的宴樂中。」（雅4：3）貪婪的慾望或自私的動機使我們的祈禱不被接納。

謙卑真誠的禱告是上帝喜愛的；凡敬畏上帝的人必能歡呼說：「但上帝實在聽見了；他側耳聽了我禱告的聲音。」（詩66：19）

主啊！願你潔淨我的心，使我的懇求達到你面前。

「願我的嘴發出讚美的話，因為你將律例教訓我。」

詩 119：171

◎ 蕭希聖

美好的事物令人發出由衷的讚美。壯觀的景致使人屏息，優美的音樂使人陶醉，藝術的傑作令人讚嘆，美味的佳餚讓人稱道，偉大的作為被人傳頌……人類的情感無法對美善保持沉默。偉大與美好透過人的認知、喚起直覺的反應，這就是讚美。我們讚美，因為心悅誠服；歌頌，因為隱密的內心迫使我們承認對方的卓越。

讚美原本是所有受造物共同的語言。聖經説：「從日出之地到日落之處，耶和華的名是應當讚美的！」（詩113：3）又説：「願天和地、洋海和其中一切的動物都讚美他！」（詩69：34）在信徒的世界裡，貌似沉寂的宇宙充滿著頌讚的聲音：「他的眾使者都要讚美他！他的諸軍都要讚美他！日頭月亮，你們要讚美他！放光的星宿，你們都要讚美他！天上的天和天上的水，你們都要讚美他！」（詩148：2－4）

神的子民突破了世間的抱怨、批評、失意、及陰毒，在種種使人灰心喪志的雜音之上，聽見了宇宙萬物的讚美之聲。這種清新的語言，潔淨了塵封的內心，復甦了信靠的脈搏。蒙神拯救的人懂得讚美，因為他們的生命被神更新了。認識神的人懂得讚美，因為經歷了神奇妙的帶領。「你們要讚美耶和華！要稱謝耶和華，因他本為善；他的慈愛永遠長存！」（詩106：1）神慈愛

的作為，使人不由自主地讚美祂。

　　不幸地，現今的生活使讚美染上了一些偽善的色彩。讚美從一種單純的回應，退化為有動機的操縱。讚美成了恭維，企圖獲得神的恩惠。讚美成了交易，想要博取神的青睞。

　　真實的讚美卻不是這樣。真心的讚美發自感恩的心，滿足於上帝每天顯出的慈愛。由衷的讚美不再企求更多，但將神的榮耀歸還給祂。

　　親愛的主，請開我的眼，使我看見你的作為，便因此讚美你的恩惠。

「願我的舌頭歌唱你的話，因你一切的命令盡都公義。」

詩 119：172

◎ 蕭希聖

不公正的世界，經常成為我們不安的原因。有些不公源自制度的缺陷及私心的介入；有些則來自立場的差異及主觀的認知。人間不可能有完美的制度，也不可能杜絕私心的存在，因此必然會有不公。

為了照顧國中的窮人及外族人，摩西的律法要求地主於收成時留下田邊的作物，容讓困苦無依之人拾取；也規定將摘取果實後剩下的零星出產，留給孤兒寡婦維生（利19：9－10；申24：19－22）。路得隨著婆婆回到以色列地後，只能靠這個法規維生。身為摩押人，路得的處境更加艱辛。她的身影長時出現於田間，因此很快就被注意到了。

田地的主人波阿斯明白了路得的原委後，不但沒有為難她，反而叮嚀手下盡力通融。波阿斯所做的安排，暗示了這條法律的執行常常因人而異；但波阿斯仍發揮了立法的精神，彌補了制度的缺陷。

舊約的法律也明載了對婚約不忠的刑罰。到了新約時代，雖然死刑可免，公開的羞辱卻也難逃。但是當耶穌的父親約瑟知道了馬利亞懷了身孕，卻只想暗地裡把她休了，「不願意明明的羞辱她」（太1：19）。約瑟發揮了憐憫的精神，超越了法律的文字，所以聖經稱他為「義人。」

聖經中的偉人忠於制度，但不拘泥於字面的要求；他們以恩慈的心改善了不完美的世界。這同樣的精神也能突破本位主義的圍牆。

我們經常從主觀的意識來判斷他人行為的好壞。但耶穌說：「有人想要告你，要拿你的裡衣，連外衣也由他拿去；有人強逼你走一里路，你就同他走二里。」（太5：40－41）這句話不僅要我們愛自己的仇敵，也要我們嘗試了解別人的立場。從諒解的心能湧流出歡喜的歌聲。凡為耶穌捨去自我的，必得著生命。

親愛的主，求你今天將感恩的詩歌放在我的口中。

「願你用手幫助我，因我揀選了你的訓詞。」

詩 119：173

◎ 蕭希聖

除了顏面之外，「手」大概是人最富有表情的部位了。「看哪，僕人的眼睛怎樣望主人的手，使女的眼睛怎樣望主母的手，我們的眼睛也照樣望耶和華──我們的上帝，直到他憐憫我們。」（詩123：2）殷切的眼睛與施恩的手，形成了巧妙的對比，同時也描繪出了人對神的依賴。如同人的行動，藉著手來完成；神的作為，也藉著祂的手來創造萬物。「你起初立了地的根基；天也是你手所造的。」（詩102：25）。「海洋屬他，是他造的；旱地也是他手造成的」（詩95：5）。一切的牛羊、田野的獸、空中的鳥、海裡的魚都是祂手所造的（詩8：6－8）。祂的手也供應了受造之物生命的需求：「萬民都舉目仰望你；你隨時給他們食物。你張手，使有生氣的都隨願飽足。」（詩145：15－16）

但神所做的不僅這些，詩篇119篇的作者更指出，連我們都是祂親手所造的。「你的手製造我，建立我。」（詩119：73）詩人描寫上帝的手貼近我們，塑造我們的筋骨、排列我們的血脈、並安置我們的臟器，那種距離使人不安。然而，這種不安正是生命得建造必經的過程。神的手靠近我們，像窯匠般地模塑我們的品格；像園丁般地修剪我們的性情，最後使我們有祂兒子的形像。

我們不但被神的手塑造及建立，也從而得到幫助。「願你用手幫助我，因我揀選了你的訓詞」（詩119：173）。「幫助」一詞原來有包纏、環繞及保衛的意思；都是必須貼近才能完成的動作。我們所信仰的神，經常因人所受的苦難而動心。聖經形容祂「聽見」以色列人哀求的聲音（出2：24），便用「大能的手和伸出來的膀臂」，領他們出了埃及（申26：8）。詩人能心安理得地向上帝祈求，因為他揀選了神的訓詞。讓我們同樣看重神的話語，使上帝大能的手開拓我們人生的道路。

親愛的主，願你顧念僕人的需要，為我舉起大能的手。

「耶和華啊，我切慕你的救恩！你的律法也是我所喜愛的。」

詩 119：174

◎ 蕭希聖

我們的注意力無時不被眾多的事物吸引。它們占據了我們的時間與精力。而令人沮喪的是，商品的汰換使人目不暇給，擁有之後的快感竟然只像南柯一夢。我們比過去握有更多的財富，但卻比任何時候更加空虛，對前途仍然充滿著頹喪寂寞。因為人類太渺小、人生太無常了。

詩人切慕上帝的救恩，因為認識耶穌所獲得的滿足與喜樂，不但不隨著世事的更替日漸凋零，反而與時俱進。耶穌基督所賜的平安，不但不隨著歲月的流轉失去光澤，反而使我們的生命日新月異。「所以，我們不喪膽，」保羅這麼說，「外體雖然毀壞，內心卻一天新似一天」（林後4：16）。目睹起伏的塵世，傳統的驕傲轉眼間成了歷史的遺跡；想到多變的滄桑，蓬勃的信念靜靜地退化為記憶的塚墟，這一切怎能不令人感到徬徨喪氣呢？然而保羅卻意識到另一個從上面來的力量正逐漸地彰顯在他的軀殼裡，日復一日地更新他心靈的見地，無休無止地復興他內蘊的韌性。這種改變並非一時的衝動，而是長久的洗滌與覺醒。

雖然在新約的用法裡，救恩一詞帶著「保存」與「醫治」的含意，在希伯來人的想法中，這個字眼原本指著開創新局的作為。我們一生經歷的危機，這些危機都會剝奪我們的選擇，壓縮我們的空間。救恩的來到，目的是解開外來或本性的束縛，給我

們一個寬廣的平台。

　　天使告訴約瑟，馬利亞將要生一個兒子，「你要給他起名叫耶穌，因他要將自己的百姓從罪惡裡救出來。」（太1：21）耶穌的名字，表示了「耶和華是救恩」。祂自己就是最偉大的救恩，為人類這個即將淪喪的族群開創新局。

　　親愛的主耶穌，我切慕你。願你更新我的生命，使我今天的道路海闊天空。

「願我的性命存活,得以讚美你!願你的典章幫助我!」

詩 119:175

◎ 蕭希聖

兩節之前,詩人才說:「願你用手幫助我」(詩119:173),現在又提到:「願你的典章幫助我!」一再的呼求,的確透露出事件真有燃眉之急。詩人所遭遇的險境,似乎來自歧視的心態及徇私的制度。流言蜚語造成無數的痛苦,詩篇的作者也不能置身事外。他為讒言所害,為之感到深惡痛絕。詩篇上說:「驕傲人編造謊言攻擊我」(詩119:69),又說:「他們無理地逼迫我,求你幫助我!」(詩119:86)對手羅織罪名,誇大其詞,將他推入險惡的訴訟之中。

苦於危機纏身,詩人投向上帝的判斷。聖經說:「我知道耶和華必為困苦人伸冤,必為窮乏人辨屈。」(詩140:12)

西元前十一世紀,剛剛定居迦南不久的以色列人遭受非利士人的攻擊。消息傳來,舉國震驚。百姓們懾於非利士人的威嚇,向先知撒母耳投訴說:「願你不住地為我們呼求耶和華——我們的神,救我們脫離非利士人的手。」(撒上7:8)我們在危難中最好的決定就是依靠神。聖經說:「上帝是我們的避難所,是我們的力量,是我們在患難中隨時的幫助。」(詩46:1)撒母耳在急難中求告上帝,將民族的危機向神稟明,「耶和華就應允他」(撒上7:9)。故事告訴我們:「當日,耶和華大發雷聲,驚亂非利士人,他們就敗在以色列人面前。」(撒上7:10)上帝用雷

電應允祂子民的呼求！

　　敵人退去後，撒母耳立了一塊石碑，起名叫以便以謝，說：「到如今耶和華都幫助我們」（撒上7：12）。以便以謝意指「幫助之石」，上帝的幫助如岩石般堅定不移，祂的救恩像磐石般恆久不變。

　　親愛的主，今天讓我投靠在你裡面，願你成為我的幫助之石。

「我如亡羊走迷了路，求你尋找僕人，因我不忘記你的命令。」

詩 119：176

◎ 蕭希聖

聖經最長的一章用這句謎樣的陳述作結束。一個深諳律法的人，經歷了176節的「護法之旅」，似乎不該如亡羊般走迷了路，更不應用如此消極的口吻作為文章的結語。

作者曾發出豪語：「惡人為我設下網羅，我卻沒有偏離你的訓詞。」（詩119：110）言猶在耳，先前的把握竟悄然不見了。身為讀者，我們與詩人結伴了176天，神遊於詩篇的殿堂之中，涉足於信仰的潮水之間。如今到了旅程的終點，我們實在不願帶著失落的情感，面對曲終人散的遺憾。我們彷彿跟著一位令人心服的嚮導，走遍千山萬水，來到旅途的終點，才驚訝地發現，他迷了路。

先知以賽亞也提到走失的羊，他說：「我們都如羊走迷；各人偏行己路。」（賽53：6）他不但描寫了人類的迷惘，更點出了人性的偏執。聖經把這種冷酷的宿命，和堆砌這種不幸的邪惡叫做「罪」。罪使我們反抗造物主，罪使我們漠視上帝的指引，罪使我們志得意滿地熱中私慾。

耶穌也談到迷失的羊，強調一隻迷失的羊對牧人有無比的重要性，他走遍山林野地，為要找回這失去的生命。我們聽耶穌的比喻，不能不回想起以賽亞的敘述，儘管迷失的羊有著偏執的衝動，牧人仍跟著羊的腳蹤把它找回。

　　耶穌説：「我是好牧人，好牧人為羊捨命」（約10：11）。詩篇的作者是個卓越的嚮導，但他不是好牧人。他和我們一樣，飽受罪惡的綑綁與傷害，他也和我們一樣，需要一個好牧人。

　　親愛的主，慈悲的牧人，謝謝你靠近我，拯救我。今天讓我轉向你，領受你要給我的生命。

「行為完全、遵行耶和華律法的，這人便為有福！」

詩 119：1

◎ 蕭希聖

人的一生就是追求幸福與快樂的過程。健康的身體，能給人愉悅的感覺。衣食上的豐裕、家庭生活的快意、工作上的成就、同仁的認可、甚至興趣的發揮，都能使人感到滿足。現代人似乎是「富足，已經發了財，一樣都不缺。」（啟3：17）

然而，詩篇的作者指出了人類更深層的需要——與神和睦。現代的法律制度，固然建立於聖經中平等、博愛、與人權的信念之上，但上帝的律法不只規範人類的行為。與神和睦的人，力求使自己的生命與上帝的旨意契合，並按著上帝的啟示規劃自己的道路。與神和睦的人，從內在的動機到處世的態度，都誠實地向神交代。

所謂的完全，不僅是信仰上的熱忱，還包括做人處世時的真誠與正直。「完全」是一種既忠於原則，又不吝於寬恕的美德。在這個充滿聲音的世界，與神和睦的人將心靈的頻道調向上帝的呼喚。面對曲折迷離的人生，與神和睦的人找到隱藏其間的康莊大道。因此，詩篇稱他們為有福的。

聖經中的福，是一種在神裡面滿足與安樂的景況。摩西說：「以色列啊，你是有福的！誰像你這蒙耶和華所拯救的百姓呢？他是你的盾牌，幫助你，是你威榮的刀劍。你的仇敵必投降你；你必踏在他們的高處。」（申33：29）得蒙神的拯救、享有祂的

保護、並領受祂的幫助，使上帝的子民成為與眾不同的族群。他們所表現的滿足與安樂，來自神不容否認的安排。他們的境遇，證明了上帝真確的眷顧。對主忠心的人，必清楚地見到祂的恩賜。

　　親愛的主，請將生命的道路指示我，求你引領我遵行你的旨意。

「遵守他的法度、一心尋求他的，這人便為有福！」

詩 119：2

◎ 蕭希聖

比起過去，我們擁有太多的選擇。我們的衣食住行，沒有一樣不是選擇的結果。我們對基本的配備不屑一顧，並不惜付出更多的代價取得顏色與樣式上的變化。我們要求品牌，追逐時尚，突顯身分。我們不只想活著，更想有體面、有尊嚴地生活。

但是，生命並非無限：時間有限，財富有限，能力有限，情感也有限。我們在諸多的追求中取捨，享受並忍受選擇的結果。

保羅年輕時也曾志得意滿。他遠走他鄉，負笈從師，窮究學理，並熱衷信仰。他自行請纓，帶著滿腔熱血，排除異己。及至他的選項越來越少，身陷囹圄，才發現生命中最可貴的選擇是耶穌基督。「我以認識我主基督耶穌為至寶。我為他已經丟棄萬事，看作糞土，為要得著基督。」（腓3：8）

認識耶穌不只是一種知性的探索，也是一種心靈的體會，是被上帝的同在浸潤而來的悸動。保羅告訴我們他自己追求的目標：「使我認識基督，曉得他復活的大能。」（腓3：10）保羅應該對耶穌基督有極深入的認識了，但他仍切望認識基督。可見，耶穌真的使他為之神往。他不藉著冥思認識主，卻在生活的凡俗中接觸祂，在生命的挑戰中經歷祂。在這些事情上，保羅體會了那叫耶穌復活的能力，也在他身上顯明出來，使他勝過這個世界

及其中的種種迷惑。

　　保羅對基督的認識還有另一個層面：認識基督，就是與祂一同承擔人生中的苦難。耶穌選擇了受難的道路，忍受了人間種種的不幸，並肩負著天父的使命。成為基督徒，我們對上帝的認識不應局限於字句與規條。一心尋求祂的，必能從聖經的紀錄中看出上帝的作為，並從親身的經歷中曉得基督復活的大能。

　　親愛的主，求你幫助我更認識基督，並使我曉得祂復活的大能。

「這人不做非義的事，但遵行他的道。」

詩 119：3

◎ 蕭希聖

若引到永生的門是窄的，而引到滅亡的路是大的，那麼滅亡必是一個容易的選擇。

如果我們面對人生的時候，只考慮到如何付出最少的代價，這就是一個容易的選擇。如果我們只願意面對最輕微的反對，這也是一個容易的選擇。如果我們只根據自己的喜好，這同樣是一個容易的選擇。

我們每時每刻都面臨這些廉價的選項。我們選擇對自己方便的，自己習以為常的，最不耗時費力的……這些考量雖然重要，但往往會使我們養成便宜行事的處世態度，讓我們習於權宜的處置，逐漸忽視永恆的目標。廉價的處世態度誘使我們賠上自己的信用，朋友的利益，甚至犧牲了任務的純正，與上帝的計畫。

為了拯救失喪的人類，上帝付出最昂貴的代價。祂差遣了自己獨一的兒子，行走最崎嶇的道路，面對最激烈的敵意，承受最艱難的死。祂既投入鉅資，就絕不可能接受差強人意的成果。祂對自己的子民，也有很高的期望。耶穌說：「因為，凡要救自己生命的，必喪掉生命；凡為我喪掉生命的，必得著生命。」（太16：25）

聖經常把生命當作一個旅程，我們所做的每一個選擇，逐漸形成為人處世的習慣與態度。有意義、有價值的選擇，擴充了

我們的機會；莽撞與怠惰，則壓縮了此後的選項。箴言說：「但義人的路好像黎明的光，越照越明，直到日午。惡人的道好像幽暗，自己不知因什麼跌倒。」（箴4：18－19），便是這個意思。

　　蒙福的人也是行動的人。他的每個選擇都考慮到神的立場，他的每個計畫都承認神的存在，這就是遵行祂的道。

　　親愛的主，懇求你幫助我改變自己，願意選擇那困難但有價值的道路。

28 日
6月

> 「耶和華啊，你曾將你的訓詞吩咐我們，
> 為要我們殷勤遵守。」

詩 119：4

◎ 蕭希聖

聖經使我們看見一個「說有，就有，命立，就立」的上帝（詩 33：9），祂從虛空中建構出萬有（來11：3）；祂創造諸天並鋪張穹蒼（賽42：5），祂設定天體的軌跡（賽40：26）並畫出大海的界線（伯26：10）。上帝「以風為使者，以火焰為僕役」（詩104：4），甚至連狂風都成就祂的命令（詩148：8），聖經說：「因他一吩咐便都造成。他將這些立定，直到永永遠遠；他定了命，不能廢去。」（詩148：5－6）

然而經驗告訴我們，世界充滿了糾紛與暴力。萬物間的和諧受到扭曲，族群間的衝突也日漸惡化。文明的外表裡面，豢養著重利的怪獸；自由的旗幟之下，縱容著放蕩的人性。遇此情景，上帝的吩咐有了新的意義。真理將選民與世界區隔，並保守他們純潔無瑕。

「耶和華——你們上帝所吩咐你們行的，你們都要去行，使你們可以存活得福，並使你們的日子在所要承受的地上得以長久。」（申5：33）上帝的話語要重建人間的秩序，上帝的吩咐要使人與萬物契合無間。「存活」與「得福」源自創造的用語。在創世記的頭兩章裡，神造了有靈的「活」人，又視所做的一切為甚「好」。以色列人進入應許之地，建立新的國家前，神又向他們承諾：百姓只要奉行祂的吩咐，必能目睹創造的奇蹟；人若聽

從祂的話語，將會親歷甜美的更新。這個奇蹟的發生，不會只是空前絕後的鉅變，還會伴隨著天長地久的安寧。

　　我們遵行上帝的命令，就是承認祂的主權。上帝是我們的主，也是新世界的主。順從成為信心的選擇，使我們雖在世界上，言行舉止卻如同天國的公民。因為我們仰望著一個肉眼所看不見的國度，相信上帝已經給我們預備了一個家鄉。

　　親愛的主，願你的話保守我，使我顯在這世代中，如同明光照耀。

「但願我行事堅定，得以遵守你的律例。」

詩 119：5

◎ 蕭希聖

人性常在食古不化與優柔寡斷之間搖擺，因為我們的資訊往往流於片段，對決策的衝擊又無從評估。我們時而追求新知，崇拜專業；時而質疑立場，挑戰權威。結果我們要不是變得更故步自封，就是落得更無所適從。

智慧人深切體會了人的窘境。他說：「因為多有智慧，就多有愁煩；加增知識的，就加增憂傷。」（傳1：18）知識並不能保證決定的成敗，專業也未必能左右事情的結局，最後的發展還必須考量人的意志。詩人說：「但願我行事堅定」就是在闡述這個道理。基督教的信仰絕不是三心兩意的人可以持守的，因為相信耶穌的人，同時也得接受一個與現實迥然不同的世界。

現實的世界叫我以牙還牙，以眼還眼；信仰的世界卻叫我愛我的敵人，為那逼迫我的禱告。現實的世界要我譁眾取寵；信仰的世界卻要我言語純全。現實的世界讓我阿諛奉承；信仰的世界卻讓我秉公行義。現實的世界鼓勵我唯利是圖；信仰的世界卻鼓勵我賙濟窮人。現實的世界催我要把握看得見的；信仰的世界卻催我要顧念所不見的。只有堅定的人能承擔這種兩極的矛盾，唯有意志力能支持我們勝過今生的驕傲。

但是，人的意志確實充滿著偏見與固執，人的決心也潛伏著怨懟或慾望，若不加以約束，終會釀成災禍。因此經文的後半段

將上帝的大計畫放入人的思考中。只有神的力量能制服人心的狂瀾，也只有祂的話語能淨化人的意念。耶穌在客西馬尼園禱告時說：「不要照我的意思，只要照你的意思。」（太26：39）我們以公義與憐憫為念，並容許上帝的旨意在人間實現，就是遵行祂的律例了。

　　親愛的主，求你使我剛強；也使我順服你的旨意。

「我看重你的一切命令，就不至於羞愧。」

詩 119：6

◎ 蕭希聖

我們的選擇，多半不在是非中取捨，而是於衝突中權衡，因此表現出矛盾與偽善。職業與家庭的要求間、父母與兒女的需要間、效率與人情間、憤怒與風度間、理想與現實間、都得不停地妥協。在解決問題的過程中，上帝經常被沉默地犧牲了。

為了與朋友來往，我們減少與上帝交談的時間。為了工作的成效，我們減少在教會中的服事。為了更舒適的生活，我們減少對聖工的奉獻。但聖經上說：「我看重你的一切命令，就不至於羞愧。」換句話說，上帝要高舉那看重祂的人。

我們可以說出動聽的話語，來掩飾心中的虧欠；也可以搬出偉大的論點，來寬恕自己的缺失。但無論是匆促的決定，或是壓力下的行動，都會將我們內心的真相暴露出來。

人以上帝的命令為重，就會凡事為祂保留進退的空間。聖經上說：「你要專心仰賴耶和華，不可倚靠自己的聰明，在你一切所行的事上都要認定他，他必指引你的路。」（箴3：5－6）依靠上帝的人會真心探詢祂對每樣事情的計畫，並坦然接受祂最後的安排。

有信心的人不迷惑於眼睛所看見的情景。信心使我們倚靠上帝的大能，並等候祂的祝福。「你當等候耶和華，遵守他的道，他就抬舉你，使你承受地土。」（詩37：34）信心讓我們知道，

上帝會把好東西給愛祂、求告祂的人。

　　約瑟看重上帝的命令：他珍愛上帝的稱許遠超過人的認可，雖然受了委屈，仍忠心到底。摩西也看重上帝的命令：他輕看埃及的財物，寧願選擇艱難的任務。耶穌更是看重上帝的命令：祂面臨死亡，仍順服上帝的旨意。這些人看重上帝的命令，祂便將尊榮加給他們。

　　親愛的主，求你賜我信心，使我看重你的命令。

我喜愛你的誡命，過於喜愛財

7 | JUIY
當將主的話珍藏在心裡

我喜愛你的誡命，
過於喜愛財富。

「我學了你公義的判語，就要以正直的心稱謝你。」

詩 119：7

◎ 蕭希聖

歪曲的心不能欣賞上帝的作為，過多的算計與過度的操縱使我們忘了信心的操練，因我們將上帝摒棄在自己的計畫之外。同樣的，過多的遲疑與過度的焦慮也是沒有信心的表現，因我們不敢信賴上帝的權能。聖經說：「上帝卻揀選了世上愚拙的，叫有智慧的羞愧；又揀選了世上軟弱的，叫那強壯的羞愧。」（林前 1：27）

傳道者說：「我又轉念：見日光之下，快跑的未必能贏；力戰的未必得勝；智慧的未必得糧食；明哲的未必得資財；靈巧的未必得喜悅。所臨到眾人的是在乎當時的機會。」（傳9：11）時機與巧遇不是人能左右的，只有上帝能決定世局的走向，在撲朔迷離的事件中，上帝顯出祂是真神，為信祂的人施行奇事。

還記得那群絕望的奴隸嗎？他們倉卒地逃到埃及的邊境，望著茫茫的大海，以及後方追兵掀起的塵沙。許多的念頭在充滿焦慮的心中起伏，有悔恨，有恐懼，有譴責，有僥倖。然而，上帝所預備的拯救，完全凌駕了他們所求所想的。上帝的作為，叫人的思念羞愧。祂打開了新的前景，也阻絕了往昔的牽絆；祂扭轉了自然的趨勢，也化解了人為的威脅。就在那時，上帝叫那強壯的羞愧，也叫那軟弱的歡呼。

我們的一生經常會有強敵環繞，經常會有大海攔阻，也經

常會有絕望無助的時刻，但是聖經説：「耶和華保護愚人」（詩116：6）。單純善良，與世無爭的人，雖然看似軟弱無能，卻有全能者的眷佑。坦然信靠的心，是一切平安喜樂的來源。

　　主啊！「求你保護我的性命，搭救我，使我不致羞愧，因為我投靠你。願純全、正直保守我，因為我等候你。」（詩25：20－21）

「我必守你的律例；求你總不要丟棄我！」

詩 119：8

◎ 蕭希聖

現代人對上帝的認識經常流於空洞。我們把上帝想像為一個溺愛兒女的父親，或有求必應的神，這個上帝永遠不改正人的錯誤，也從來不要求我們背負人生的十字架。祂傾聽我們的祈禱，並識趣地加以批准；祂只鼓勵我們聽從內心的聲音，卻絕口不提使我們不自在的原委……這樣的神只是聖誕老人的翻版，人塑造出來的偶像。

聖經寫著：「上帝說：因為他專心愛我，我就要搭救他。」（詩91：14）不懂得知足常樂的人無法享受救恩；聽不進逆耳忠言的人也難忍主的教導。專心愛主的人在祂面前虛懷若谷，他們用單純的心接受神的感動，他們的情感牽掛著祂，他們的心願與祂契合。他們對主的摯愛，他們為主所用的心思，吸引了祂的注意。他們靠近了主，所以主也靠近他們；他們常常談論主的事情，所以主也記念他們。

耶穌即將與門徒分離時，對他們說：「你們若愛我，就必遵守我的命令。」（約14：15）這絕非聖經中的創舉。早在以色列人出埃及時，上帝就藉著摩西告訴他們：「你要知道耶和華——你的上帝，他是上帝，是信實的上帝；向愛他、守他誡命的人守約，施慈愛，直到千代。」（申7：9）愛不是一種口號；愛尋找表達的渠道，愛尊重對方的心願。

　　耶穌自己就實踐了這種精神。為著愛，祂「取了奴僕的形像，成為人的樣式。」（腓2：7）為著愛，祂甚至忍受了罪人的頂撞（來12：3）。因此，祂期待我們以同樣的愛回應祂，遵守上帝的誡命，就是向祂表明，我們珍惜祂的愛；奉行上帝的道，就是向祂承諾，我們接受祂周全的安排。無論是主動的表白或被動的接受，都需要信仰的勇氣，讓對方難以推辭的勇氣。然後，我們才能心安理得地向祂祈求。

　　親愛的主，願你保守我的心，使我遵行你的道。

「少年人用什麼潔淨他的行為呢？是要遵行你的話！」

詩119：9

◎ 柯以琳

今天的經文很簡單：詩人提出一個問題，接著又給了我們答案。他的禱告不含糊，他很肯定地說：「人要遵行上帝的話。」

這句經文很有意思，因為你可以清楚地從提問裡看到三個概念：少年人、潔淨、行為。詩人的答案尚且不談，我想你會很好奇想知道：為什麼說是少年人呢？行為是可以潔淨的嗎？

潔淨的過程在大自然裡，扮演了相當重要的角色。鳥兒在池塘裡拍動翅膀清洗自己；貓咪坐在陽台上舔著身上的毛；河馬在泥巴裡翻滾，下水游泳清洗。雨天對大地的滋潤，更是不可缺少。所以詩人說，少年人需要潔淨他的行為，是相當合乎自然定律的。

「潔淨」這兩字讓我聯想到另外兩詞：「鍛鍊」和「修養」。英文裡使用「Clean」，形容標準、完美無誤的動作或表演；中文接近「乾淨俐落」的意思。為什麼少年人需要潔淨他的行為呢？那必定是達到完美前，須經歷的鍛鍊。人們常覺得，少年時期，就是一個想要胡作非為的階段。啊，難怪他在行為上需要有更好的修養！

關鍵是，他心裡願意嗎？

在不同的情況裡，「潔淨」可能勾起「被潔淨者」不同的

感覺。少年人可能會像我養過的一隻吉娃娃，只要一聽到媽媽喊「洗澡」，就會逃走躲起來。對牠來講，潔淨是討厭、痛苦的過程。可是如果少年人懂事了，就算是一個小孩，也能了解洗刷乾淨的重要。

　　所以，知道，就要照著去做。你願意靠著遵行上帝的話，來潔淨你的行為嗎？啊，但願少年人都能這樣祈求：「求你賜我悟性，使我得知你的法度。」（詩119：125）並且這樣說：「我愛你的命令勝於金子，更勝於精金。」（詩119：127）

「我一心尋求了你；求你不要叫我偏離你的命令。」

詩119：10

◎ 柯以琳

我們很少停下來問自己，如果我真的盡心盡力，我能改變多少人的生命。有時候因為過於關注自己的生活，我們不得不向別人說不，這都是自我保護和生存的本能，我們甚至為了揮去內疚感，而刻意遺忘我們對他人的責任。但這種感覺能夠壓抑多久呢？你覺得需要花多少時間，你才會在某天醒來，覺得自己一無是處？

相信那不會很久，因為這個念頭經常在剛睡醒的早晨中陪伴我。不時的問自己，難道你又要重蹈覆轍嗎？

但仔細想想，其實內疚感或罪惡感常常來自於一種感恩，只是問題出在：那是一個沒有因此願意回饋他人的舉動。簡單的說，我們每個人都有所領受的恩典、福氣，但那些沒有因此願意付出的人，往往對自己沒有自信、沒有滿足。當然，一個對自己所接受卻毫無感恩的人，就不會知道良心的譴責了。但那是多麼可憐哪！

接受愛的人，就要懂得愛。愛情有可能讓人害怕被拒絕、受傷、背叛，但當兩個相愛的人建立互信的關係時，你就要學會讓這些懼怕離去。有些少年人說，愛情是神祕的，因為愛有一種力量，能透徹地包圍你、充滿你。

「我一心尋求了你；求你不要叫我偏離你的命令。」這是我

們對上帝的承諾，也是對上帝的回應。當初的那股動力可能是感恩，也可能是內疚感──但我們現在已建立了一個愛的關係。上帝要求的，就是我們的品格，一顆真誠的心。

　　除了對自己、對別人的期望，你是否也注意到自己品格及責任？把「求你不要叫我偏離你的命令」，當作今天的禱告吧！

「我將你的話藏在心裡，免得我得罪你。」

詩119：11

◎ 柯以琳

人的感覺有時是很奇妙的。前不久我做了一個夢，夢見和一位許久未見的朋友聊天，聽她述說著她多麼喜歡讀書，甚至到可以忽略生活，和親朋好友疏遠的地步。

夢中的她一點都不生疏，讓我覺得好親切；可是我卻總覺得，這和以前認識的她有一些差距。我不知怎麼回應，最後只好含糊地說，我對學習很有興趣。雖然口中說得條條有理，心裡的膽怯卻一清二楚。當朋友離開時，我突然感到心灰意冷。

睡醒時，夢境栩栩如生在腦海裡迴盪著。我有一種很強烈的感覺，不禁問自己：「為什麼我總是講不出真話呢？」有心理學家說，作夢是人類發洩情緒的管道。為什麼我連在夢裡，也對別人吞吞吐吐？那天，情緒明顯低落，我不斷地思考人與人之間的互動，問自己：人該如何才能做真正的自己？

要人類自揭真面目是不簡單的，因為人性本惡、本是不完美的。更重要的是，人自犯罪以來，就有了「羞恥」。創世記3章10節記載人類祖先亞當對上帝說的話：「我在園中聽見你的聲音，我就害怕；因為我赤身露體，我便藏了。」

有誰不曾在他人前掩飾感覺、想法和信念？或為了他人的眼光而偽善呢？因為人面對強勢者，常產生抗拒、害怕，甚至冷漠。當人不願面對上帝時，也忘了怎麼面對人。

　　真正的我會在何時出現？真正的我又為誰而活？如果不是為了創造我的主，就算找到了自我，那又有何意義呢？

　　「我將你的話藏在心裡，免得我得罪你。」上帝哪，求你垂聽我的禱告。阿們！

「耶和華啊，你是應當稱頌的！求你將你的律例教訓我！」

詩119：12

◎ 柯以琳

迷路的旅客來到荒漠中的加油站，只看到一隻站在仙人掌上的貓頭鷹。

「請問，我要進城的話，怎麼走最快？」旅客說。

「你是開車，還是走路？」那隻有智慧的貓頭鷹問道。

「開車。」旅客回答。

「這樣的話，你選擇的就是最快的方法了。」貓頭鷹回答。

貓頭鷹說的確實正確，但誰需要別人教他，已經知道的東西呢？耶和華是應當稱頌的，因為當我們尋求祂的指引時，祂不是給予一堆無用的知識，而是賜給我們真正的智慧。箴言說：「敬畏耶和華是智慧的開端；認識至聖者便是聰明。」（箴9：10）

我們尋求誰的指引，就會走出不同的路。聖經說：「你要專心仰賴耶和華，不可倚靠自己的聰明。」（箴3：5）詩人也勸勉我們，要如此讚美神：「耶和華啊，榮耀不要歸與我們……要因你的慈愛和誠實歸在你的名下！」因為「我們的上帝在天上，都隨自己的意旨行事。」（詩115：1，3），大衛也曾說過這樣的話（詩139：1－6）。

如果我們指望在人生結束時，具有意義並值得回顧，聖經告訴我們，得選擇將人生交託給上帝，只有那位看遍整個路程的主，才能成為我們人生的嚮導。

　　的確，有哪個迷路的人，會希望得到另一個迷路者的指引呢？他們最多只能提供一些感同身受的安慰和鼓勵，但不能給予真正的方向和引導。

　　我們應當對每天的生活心存感恩，並時時尋求上帝的教導與引領。「耶和華啊，你是應當稱頌的！求你將你的律例教訓我！」

「我用嘴唇傳揚你口中的一切典章。」

詩119：13

◎ 黃淑美

我和我先生是自由戀愛結婚的。我們認識三年多才訂婚，在訂婚的一份禮物《聖經》上，我們留下了一段誓言：

「我們因愛主耶穌基督，今天在天父面前宣誓，願意一生一世，永遠相伴相隨，不但使基督的愛充滿在我們的家庭，也讓基督的愛，與我們周圍的人分享。」

在結婚喜帖上，我們特別加印了這一段文字：

「我們敬慎的許諾終生，相信唯有兩人同心，互相體諒，彼此尊重，使得幸福美滿之婚姻，報答恩親於此生。欣喜的請您祝福代禱，求主為我們指引人世的前程。」

結婚廿五年來，我們並沒有因為有著共同的理想願景，就一帆風順，我們經歷過許多夫妻都曾有過的喜怒哀樂。婚姻能夠繼續朝著理想前進，是因為我們一直都在對話，包括吵架！

「說」，在我們的婚姻生活裡，扮演著極為重要的角色。許多不便對他人說的事，我們可以一起分享、討論，共同來承擔、互補。「說」成為我們彼此相愛的助力，是因為我們在「說」之後，還會「看」，看對方所說的，是從心發出，或只是由兩片嘴唇隨便講講罷了，毫無信度可言。

在這一節經文裡，「我」和「你」的親密關係，可以看為是用「說」來牽線的，因為希伯來原文就是兩個字：「用我的唇」

和「你的口」。

　　上帝的子民，是在「聽祂說」和「看祂做」之中，認識那一位看不見、也不准人給祂任何形像作為代表的上帝的。詩人願意用他的口「傳揚」上帝「口中的一切典章。」我想，從我平凡的生活經驗去了解，是因為他已經在彼此的對話裡，認識上帝，並認為值得他採取行動而全力推薦，那是全心的愛戴、信賴與尊崇。

「我喜悅你的法度，如同喜悅一切的財物。」

詩119：14

◎ 黃淑美

女兒從小身體瘦弱，但仍能自己走路，1998年2月跌倒之前，她已經漸漸不良於久站或走路，在家常用有輪子的辦公椅代步。那時我們住在新加坡，定期到醫院檢查。2000年3月，新加坡的醫生診斷脊椎側彎45度，必須馬上開刀，否則會壓迫到心肺，情況十分危險。

接下來的兩個月，是我們極大的煎熬期。新加坡的醫生建議我們立刻開刀；台灣的骨科主任建議：非到最緊要關頭，不要動刀；美國的醫生朋友則不斷寄來最新資訊，鼓勵我們前去美國開刀。

三個地方我們都聯絡了，三個地方都各有優缺點，但如果不考慮其他因素，純就對醫生所能提供的專業回應而建立的信賴度，我們會選擇去美國。影響我們遲疑不決的，就是花費！就是錢財！

無論我們從什麼角度去看，財物與人生幾乎所有狀況都有關連。「有錢能使鬼推磨」，這是許多人或好或壞的真實經歷。箴言14章20節也這麼描述：「貧窮人連鄰舍也恨他；富足人朋友最多。」

在財務處理應有的原則上，上帝這樣教導祂的百姓：「在你們的地收割莊稼，不可割盡田角，也不可拾取所遺落的。……

要留給窮人和寄居的。」「不可欺壓你的鄰舍，也不可搶奪他的物。雇工人的工價，不可在你那裡過夜，留到早晨。」「你們施行審判，不可行不義；不可偏護窮人，也不可重看有勢力的人，只要按著公義審判你的鄰舍。」（利19：9，10，13，15）

　　詩人是否曾在現實的經濟上掙扎？在實際的需要與上帝給的原則上暫時停頓？但感謝上帝，詩人最後的決定是：「我喜悅你的法度，如同喜悅一切的財物。」

　　「喜悅」，是不再疑惑，是誠心所願，是不覺得有損失。

「我要默想你的訓詞，看重你的道路。」

詩119：15

◎ 黃淑美

在2006年年底，女兒的健康開始下滑，醫生檢查她的肺功能只剩下19％，需要開始使用呼吸器，以後不能再出遠門了。於是，我們開始認真計畫歐洲之旅的行程。

旅行社給了我們很好的建議，介紹我們去旅遊協會探詢有用的訊息。電話中談過幾次之後，我們約了時間見面。那位小姐十分熱忱，影印了三張地圖給我們，回答我們的提問。

藉著三張地圖——道路，也藉著她對該區塊的熟稔而分享的經驗——或可說是訓詞，我們終於敲定了這次的壯遊行程——願意有所捨棄，為要使計畫落實。

詩人對於上帝，應該有比我們這次的經驗更深刻的印象吧！

人生，有比旅行更多的選擇，這是指次數的加總，因為旅行只有幾天時光，人生卻多少也有好幾年。

換個角度來說，人生，比旅行更沒選擇。因為旅行的選擇無所謂對錯，都是新鮮，都具可看性；人生卻只能有兩種選擇，向善，或者向惡；向著上帝，或者背離上帝。

生命無法切割，不能像旅行，可以在一地旅遊告一段落之後，騰空搭飛機跳離，到另一處遙遠的異鄉開始嶄新的探索。人生，是方向所到之處的累積，方向決定了生命與生活。

年少的他，就像聖經中的先知但以理、耶利米一樣，已經在

所接受的教導裡，選擇了他要向著上帝開展他的人生。父母或者老師的諄諄訓誨，唯獨在經過了個人的決志之後，所教導的一切才隸屬於他，並由他賦予新意義！

　　他知道「道路」與「訓詞」不能分割，在不斷翻新卻本質如一的各種選擇裡，他需要被提醒。

「我要在你的律例中自樂；我不忘記你的話。」

詩119：16

◎ 黃淑美

耶利米是一位讓我很感動的先知。年紀輕輕，就被上帝呼召，要向南國猶大宣告上帝的話。

在巴比倫王第一次率兵攻進耶路撒冷之前，耶利米說：「從……約西亞十三年直到今日，這二十三年之內，常有耶和華的話臨到我；我也對你們傳說，就是從早起來傳說，只是你們沒有聽從。」（耶25：3）在這二十三年內，耶利米宣告不要倚靠虛謊的話。（耶7：4）

四十多年的時間裡，上帝讓猶大全國在敵人兩次攻入的緊張狀態中，聆聽先知們的呼喚。然後讓耶利米親眼看見他的宣告實現，巴比倫王在第三次的進攻下，摧毀其國，將全民擄去。

他被看為賣國賊，因為當猶大王問他該如何取捨時，他勸說：「你若出去歸降巴比倫王的首領，你的命就必存活，這城也不致被火焚燒，你和你的全家都必存活。」（耶38：14－18）

他被看為神智不清，因為當他被監禁在獄中，明知將國破家亡時，卻順服上帝的吩咐，向親戚買了家鄉的一塊地，為要證明上帝不永遠丟棄他們，他們將再回來（耶32：6－15）。

他在眾人的背棄中向神哭訴：「耶和華啊，……你比我有力量，且勝了我。我終日成為笑話，人人都戲弄我。」但他卻痛苦的接續說：「我若說：我不再提耶和華，也不再奉他的名講論，

我便心裡覺得似乎有燒著的火閉塞在我骨中，我就含忍不住，不能自禁。」（耶20：7，9）

　　耶利米曾這樣形容自己：「我得著你的言語就當食物吃了；你的言語是我心中的歡喜快樂。」（耶15：16）我想，這就是詩人所說的：「在你的律例中自樂；我不忘記你的話。」真正的意思。

「求你用厚恩待你的僕人，使我存活，
我就遵守你的話。」

詩119：17

◎ 柯清雄

今日是資訊爆炸的時代，任何事都要經過驗證，否則無法被人接受。經上說：「不可試探主──你的上帝。」（太4：7），試探主是挑戰上帝的權威。但上帝公開陳明地說：「看哪，我在錫安放一塊石頭作為根基，是試驗過的石頭。」（賽28：16）上帝之所以成為上帝，不是「你」說就算了，祂及其真理，是經得起時空的轉變及考驗。

祂是世界歷史的掌握者。經上說：「王啊，你夢見一個大像，這像甚高，……至大的上帝把後來必有的事給王指明，這夢準是這樣。」（但2：31－45）因為祂掌管著這世界，「我從起初指明末後的事」（賽46：10）。

祂是無微不至的上帝。根據伊甸園的飲食而來的要求，「我將……菜蔬和……樹上……的果子全賜給你們作食物。」（創1：29）是一個很大的挑戰。健康福音：飲食的要求，自懷愛倫師母（Ellen White, 1827－1915）提倡起，至今一百多年來，已經成為我們在飲食上主流的選擇。

祂的話挑戰我們的最愛。「萬軍之耶和華說：『……試試我，是否為你們敞開天上的窗戶，傾福與你們。』」（瑪3：10）只要是人，沒有不愛錢財的，但我們常因此受試探。

有位40幾歲的教友，靠著當臨時工養活六個兒女，仍不夠

應付家裡的需要。每次繳十分之一時，她的個位數一定有數字，不會歸「零」。她說：「上帝說什麼，我就做什麼，我別無選擇。」直到如今，她的忠心讓我們看到神真的敞開天上的窗戶，傾福他們，好奇妙的神！

當我們以神的話來回應神，以祂的旨意來尋求祂時，神會讓我們親嘗恩典之甜美。正如詩人所說：「你用厚恩待我，使我存活。」我們的神是一位經得起試驗的神。

求神幫助我，知道如何依靠你的話語存活。阿們！

「求你開我的眼睛，使我看出你律法中的奇妙。」

詩119：18

◎ 柯清雄

這句經文，在每一次的靈修中，總是有聲無聲地迴盪在心中、默唸在嘴上，祈求聖靈開啟屬靈的眼睛。這應該是與心臟的跳動、肺臟的伸張，同時存在的動作。正如生命需要飲食維繫，同樣要維持靈命，就要靠上帝的話來餵養。

制定律法者乃是生命的創造者，祂當然知道如何運作生命。正如電器用品附上「使用說明書」的道理一樣，我們得按規定，才可以安全地發揮器具的功能。上帝創造人也附了說明書，我們稱它為「上帝的律法」，教導人們如何愛上帝和愛人。因此上帝律法的目的，是保護我們的生命，不只是「文字」記載而已。

打開創世記，看看上帝創造世界的過程。試著把順序調換一下，馬上發現不對、混亂等反應。當「上帝看著一切所造的都甚好」（創1：31）時，第七日祂就休息了。這讓我們看見：生命的形成有一定的順序及週期，真是奇妙啊！

舉個最簡單的例子，小雞需要3×7天才會破殼而出；婦女每4×7天就會製造一個卵；嬰兒在母腹中需要40×7天才能順利生產等，我們用信心的眼光，就可以從其中領受智慧。

我們真的需要每天有聖靈開啟我們屬靈的眼睛，不但可以享受祂話語的奧妙，「真知上帝的奧祕」（西2：2），更可以引導我們了解其中「叫人活」的「精意」（林後3：6）。願上帝施恩，憐憫幫助我們。

「我是在地上作寄居的；求你不要向我隱瞞你的命令！」

詩119：19

◎ 柯清雄

聖經提到「寄居的」這個詞很有意思，人從來沒有選擇過「何時來」「何時去」，這不只是字面上的解釋，如果我們從聖經的角度來看，這節經文對我們非常重要，因為它蘊含著一個「原來 — 暫時 — 永恆」的生命方程式。人因著罪的緣故，被逐出伊甸園流落異鄉，但人類終究是要回家的。

詩人看到人若與上帝的豐盛相比，回想人們曾失去的樂園，就會看到生命的意義，乃是藉著祂，才能恢復上帝原來曾賜給人、屬於人的身分和地位。因而詩人求上帝幫助他，朝向那個目標前進。我們不也是這樣的志願嗎？

有一次參與原住民傳統領域調查的工作，我們上北大武山，尋找先人的足跡。當時大夥兒分頭走，誰知走著、走著，突然雲霧遮地，看不到路了，我後退前進都不行。當時靜下心來，想一想白天看到的「山樣」，想一想老人家的話：「順著河流就沒錯。」

我決定仔細傾聽森林裡的聲響，果然找到了河流，順著河水走到工寮時，已快天亮了。雖然繞了幾座山，精疲力盡，但總算找到家，心裡非常的興奮。老人家的話「順著河流走，就到家。」這句話真的救了我。

往天國的旅程中，我們需要嚮導來指引我們，因為世上

的路，有很多荊棘和歧路。耶穌說：「我就是道路、真理、生命。」（約14：6），讓我們注目這位也曾在地上「寄居的」耶穌，祂是我們唯一的嚮導，祂是「這是正路，要行在其間」（賽30：21）的發言者。

這個世界不是我們的目標，我們只是寄居者，我們還有最後的目的地，乃是主耶穌所應許的新天新地。求耶穌幫助我們，親自在通往天國的旅程中，與我們作伴同行。（路24：32）

「我時常切慕你的典章，甚至心碎。」

詩119：20

◎ 柯清雄

在台灣恆春，2006年12月26日，突如其來的大地震嚇壞了人們。當時發現一名母親跟小兒子身陷在瓦礫堆中，救難人員終於在倒塌的樑柱下找到。母親用棉被包著孩子抱在懷中，用自己的身體頂住倒塌的水泥柱，這位母親雖已身亡，但她用身體為牆，使懷中的兒子得以存活！這實在讓人感動和鼻酸，這就是愛啊！這是造物主賦予母親的一種自然律，在最需要的時候，自動地發揮出來。

當那些文士和法利賽人自以為是的時候，耶穌卻彎著腰在地上畫字，眾人「一個一個地都出去了，只剩下耶穌一人……」。人們的眼光注視著耶穌，這位唯一有資格拿石頭打死淫婦的人，祂卻說：「我也不定你的罪。去吧，從此不要再犯罪了！」多美的畫面，祂就是耶穌。（約8：3－11）

四、五十年前，物質生活匱乏，醫學研究不精，能了解事情的原由有限，老實說，我們不吃這個，不做那個，只是因為聖經的教導，很難說服他人。現在卻不用我們說，大家爭相作見證！特別是廿一世紀，人類健康最大的殺手——慢性病、癌症等，都相繼獲得證實，是因人們不良的飲食習慣，不規矩的生活方式所引發。這一本人們稱為「舊」約，原來隱藏著造物主無限的奧祕與「生」機。

經上說：「遵行我的律例，謹守我的典章……這人……必定存活。這是主耶和華說的。」（結18：9）上帝制定律法的用意，是展現上帝的愛，是要使人們因此得「生」。保羅也說：「他叫我們能承當這新約的執事，不是憑著字句，乃是憑著精意；因為那字句是叫人死，精意（或作：聖靈）是叫人活。」（林後3：6）

願上帝的靈進到我們當中，使我們常常體驗上帝律法的奧祕。

「受咒詛、偏離你命令的驕傲人，你已經責備他們。」

詩119：21

◎ 柯清雄

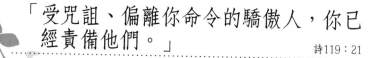

有一次與友人談到信仰，我問：「何不相信耶穌？」友人回答：「信有什麼用，反正我也是入地獄的！」並指著電線桿上貼的標語：「人人死後必有審判」。

上帝只是「生命的審判官」嗎？

其實新約中的主耶穌，跟舊約裡的上帝一樣好，在十字架上，清楚彰顯了上帝本質犧牲之愛的偉大。但是在摩西五經中，那赤裸裸的咒詛，有時會使人恐懼大於尊敬，就如我那位朋友一樣，不容易了解上帝的本意。

在原住民的社會裡，因為沒有文字，法律就刻在長輩的心中，長者說一就是一。以前的社會相安無事傳了百代，其中一個很重要的祕訣就是「咒詛」。老人家說：「水深河流匯集之處有『鬼』；山高樹林叢生之處有『鬼』，皆不可前去，否則你會被『咒詛』……。」大家怕被「咒詛」，就這樣代代相傳，誰也不敢去「那地方」。

及至民智大開，破除迷信，大家迫不及待想一探究竟，結果連個鬼影子也沒有，有的是清澈水源、峻石深淵，非常適合魚群產卵；有的是林蔭溪水、青嫩綠葉，最適合幼小動物生長。大家驚嘆祖先們的智慧，為了不使獵物斷絕而使用「咒詛」，比起現代的生態保育更有效果。原來，老祖先口中的「咒詛」就是一種

「愛」。

　　上帝賜予人類最好的禮物，是給了我們自由。祂説：「看哪，我今日將祝福與咒詛的話都陳明在你們面前。」（申11：26）祂不厭其煩地把福與禍、祝福與咒詛一一陳列，希望我們有明智的選擇。

　　以賽亞先知用「奇妙」來形容主（賽9：6），真的！祂真是一位奇妙的上帝，就連在最可怕的「咒詛」裡，也仍然可以看出祂的愛，因此我選擇聽從祂。

「求你除掉我所受的羞辱和藐視，因我遵守你的法度。」

詩119：22

◎ 柯清雄

主耶穌開始傳福音時，向人們宣告說：「為義受逼迫的人有福了！因為天國是他們的。」（太5：10）多少先賢志士為著福音的緣故，被羞辱和藐視，使得真理得以傳承至今。我們相信，上帝必照著祂的應許，賜給他們應得的獎賞。

約翰福音3章21節說：「但行真理的必來就光，要顯明他所行的是靠上帝而行。」約翰福音14章6節說：「耶穌就是真理」，我們為真理付出，耶穌說祂會保守我們所交付祂的。

當時公家機關還沒有實施週休二日，內人為了守安息日而苦惱，在工作上非常努力，為的是得到長官的好印象。但每到週五下午，就是最痛苦的時段，不知道又要用什麼理由請假了。

面對長官近乎羞辱和威嚇的口吻，「又要請假了！」「妳要上班還是上教會？」等，她忍耐著，我們也不斷地禱告，相信上帝必幫助，因為主曾應許：「你們所遇見的試探，無非是人所能受的。上帝是信實的，必不叫你們受試探過於所能受的；在受試探的時候，總要給你們開一條出路。」（林前10：13）過了兩年，那些討厭她的同事們，慢慢地接受了她，她也幸運地調到比較好的單位。

二十年後，跟她以同條件同時進用的同事們，仍然在原地踏步等待退休，而她已晉升委任級職等。這真如上帝回應了詩人的

呼求：「求你除掉我所受的羞辱和藐視，因我遵守你的法度。」
也讓她更有信心為耶穌作見證。

保羅說：「我們的盼望和喜樂，並所誇的冠冕是什麼呢？豈
不是我們主耶穌來的時候、你們在他面前站立得住嗎？」（帖前
2：19）

求上帝幫助我們，能持守祂的真理到底。

「雖有首領坐著妄論我，你僕人卻思想你的律例。」

詩119：23

◎ 柯清雄

以色列人以上帝的子民自居，建立了根深蒂固的宗教文化。從其宗教生活中，可看出「上帝律法」的嚴謹和神聖性，能實行至此程度真不簡單，精神令人可佩。但人終究是人，以人的模式處理「神聖的事」，仍無法避免被利用，加持成為人的權力，事情就變質了！

耶穌基督被帶到審判台前，說祂妄稱上帝的名、說祂煽動百姓……。主耶穌當時有十足的能力告訴首領們，祂不是為著名利，但主耶穌卻一言不發。祂很清楚想著的，是要「成全」天父的旨意。

早期福音剛進來台灣，在很多先輩們的見證中建立了教會。先輩們常引以為傲的軍中生活，在那非常嚴格的時代中，信徒為了守道，勇敢無懼地為主受罰、受苦，真不敢想像他們何來的勇氣？他們這樣描述著：「……掃廁所、挖坑道，都是習以為常的處罰。」

軍中的長官們納悶的是：你們為什麼要信這些跟人家不一樣的教？有什麼好處？你們會得到什麼？甚至以命令的口吻告誡他們：「這是異教，不可信。」然而先輩們在這樣的環境中，堅信「聖徒的忍耐就在此；他們是守上帝誡命和耶穌真道的。」（啟14：12）

　　詩篇119篇89節說：「耶和華啊，你的話安定在天，直到永遠。」上帝的話提供一個可靠又安穩的保證，使我們不致亂了腳步。就像彼得、約翰一樣，當公會受審時，他們站在審判官前，高聲呼喊著：「聽從你們，不聽從上帝，這在上帝面前合理不合理，你們自己酌量吧！我們所看見所聽見的，不能不說。」（徒4：19－20）

　　在奔往天國的旅程中，我們常會面對相似的挑戰，祈求上帝幫助我們，更清楚了解袖的旨意，引領我們的方向，鞏固我們的信心。

「你的法度是我所喜樂的，是我的謀士。」

詩119：24

◎ 柯清雄

擔任調解委員時，有很多感觸。事件的僵持，都是因為雙方當事人各持己見，以最佳己利為優先考量，彼此常爭得面紅耳赤。

有一次的談判瀕臨破裂，當時我看著雙方，大家相互認識，都是「信耶穌」的，於是要求大家一齊「禱告」，再回到談判桌，火已熄，氣已散。大家簽了和解書，互道平安回家了。

人是上帝所造的，而法度是上帝為人訂立的。其實創造主早已把各樣的「免疫系統」建制在我們的生命細胞中！「禱告」就是啟動這個機制的開關，如經上所記：「你們祈求，就給你們；尋找，就尋見。」（路11：9）

俗話說：「人生不如意事十之八九」，人們會說：「哇！機會那麼少啊？」你可知，上帝的法度就是那麼奇妙，祂可以在「十分之一」的機會中，「敞開天上的窗戶，傾福與你們，甚至無處可容」？

1984年，一場風災讓老舊的石板屋教堂變成危樓。當時我們所擁有的，是區會應許補助「小羊棚」的8萬元經費。堂主任陳牧師邀請大家進到這個危屋裡，以這個8萬元為基礎，戰戰兢兢向上帝禱告，第二天，拆除危險的建築物。直到1987年秋季，我們將全新的教堂獻給上帝，完成時共計花了70多萬。我們不知道錢是

從哪裡來的！沒有貸款，但我們的十分之一也在那個時候開始成長。

上帝的法度是真實可靠的，經得起我們的試驗，上帝的法度是我們的謀士，尤其在我們陷入絕境的時候，祂總是適時地應允承諾。難怪以賽亞先知稱祂為「奇妙的策士」（賽9：6），讓我們打開心門，將祂迎進我們的生活中吧！

「我的性命幾乎歸於塵土；求你照你的話將我救活！」

詩119：25

◎ 黃淑美

走在東京的地鐵站裡，川流不息的人們，讓我忍不住想念起妹妹。

「什麼是活著？」我問自己。從前，我們不也都各自忙著生活、工作，一段時間才見個面、聚一下，或打通電話講點什麼嗎？和現在有何不同？

我想起妹妹剛走的身體，像睡著般安詳，我和母親各握著她的一隻手，捨不得放下。手依舊是那麼柔軟，為什麼叫做死了不是活著？在人來人往之間，當我想到死了就是不再有回應時，心頭一緊，眼淚忍不住湧上來。

是的，死了，就是再沒有任何回應了。我不能再跟她長舌說這說那，等她的反應；我不能再聽她數落這人那人，讓她知道我的看法。天涯海角，無論發生什麼事，我可以猜，但我再也無法看見、聽見或曉得她會有什麼回應。前面的路是好是壞，我們再也無法分享或分擔，只能回憶，只能想像，只能缺少她的參與繼續生活。

在大難臨頭幾乎死去中，詩人向神呼求生命。這詩句用了兩個代名詞，我和你。這是一種很親的關係，不是有著距離的我和他，而是經常對話、期待回應的我和你。

詩人相信，神愛他，神也是生命的源頭，因此雖然神比他

大，但在神面前，他可以信賴祂，可以向祂求，他渴望活著！而且，他之所以敢向祂求生命，是因為他相信，照著神的話，神是渴望人活著的，活著，才可以與祂對話，期待祂的回應！

在創世記裡，人不信神說的話，死就臨到了世界。但耶穌來到這世界，說：「復活在我，生命也在我。信我的人雖然死了，也必復活；凡活著信我的人必永遠不死。」（約11：25－26）你信這話嗎？我想，詩人是相信的。

「我述說我所行的，你應允了我；求你將你的律例教訓我！」

詩119：26

◎ 黃淑美

記得剛結婚，當兩個人有不愉快時，我就沉默不語。對我來說，你既然愛我，就應該懂我啊！可是我先生卻會一直追問：「怎麼了？你要說話呀！你要說我才能知道。」生長在有四個女生的家庭裡，許多事我們不需要言語，就能彼此了解。我從來沒想過，「述說」在人與人之間，特別是夫妻，竟是如此重要。

在我的經驗裡，我會想要對你「述說」而不是對他，是因為我在乎你，我要你參與我生命的經歷，我要知道你的回應是什麼，我要藉著這個機會讓你認識我，也幫助我認識你，因為，我愛你。

我常常是在重新思考和整理當中，認識自己以及更本質的層面，「述說」對我的好處就在這裡。對「述說」的我而言，最傷痛的地方是：我對「你」說，你卻把自己當作「他」，對我所說的毫不珍惜，或妄加批判。不同的角色認定，帶來了距離與期待的落差，成了彼此關係的致命傷。

詩人在這句話裡，同樣用了兩個代名詞「我」和「你」，但「我」出現的比例多過「你」。對詩人來說，是否和我一樣，是藉著對神的「述說」來整理、認識自己？人，其實常常並不真的認識自己。我們所以為的「好」，常出於我們的不夠了解。「應

允」在希伯來原文裡，意思是「回答」。當詩人向神「述說」他自己時，他渴望神參與、進入他的生命裡，而從他的經驗中我們可知，神沒有留下他獨自旁白，神回應了他，神讓他知道祂懂得他，在乎他，愛他。

因此詩人忍不住對神說，教導我，用你的律例教訓我，我也要聽你說，我好想認識你，因為我也好愛你。

「求你使我明白你的訓詞，我就思想你的奇事。」

詩119：27

◎ 黃淑美

為什麼要先明白呢？「明白」，對於「述說的話語」有何意義？為什麼明白了才會想要思想？

聖經分成兩大部分：舊約與新約。新約27卷書中，寫最多的是保羅。一生忠心傳福音的他，也不是一開始就認識耶穌。聖經記載，對年輕的保羅來說，耶穌是一個普通人，怎能將他當作彌賽亞，即救世主來看待？於是他為上帝大發熱心，企圖消滅信奉耶穌的基督徒們。

但是，在他帶著追捕令到大馬士革進行追捕工作時，主耶穌親自向他顯現，告訴他：「我就是你所逼迫的拿撒勒人耶穌。」（徒22：6－8）保羅在這次的相遇中認識了耶穌，「明白」祂真是神之子，整個生命從此開始轉往全然相反的方向。將耶穌釘死在十字架上的祭司長和文士們，與保羅最大的不同在於：前者認識耶穌，卻不承認、不接受；後者不認識耶穌，因而逼迫殘害基督徒。

保羅在經歷了這奇妙的相遇之後，退到亞拉伯曠野三年，重新「思想」、考察過去從聖經學來的教導（加1：13－18）。當他再次出現在大眾面前時，已經是一位謙卑而勇敢地宣告者：「我已經與基督同釘十字架，現在活著的不再是我，乃是基督在我裡面活著；……他是愛我，為我捨己。」（加2：20）

　　在另一封信裡保羅這樣敘述：他為傳福音，「被猶太人鞭打五次，……被棍打了三次；被石頭打了一次；遇著船壞三次，一晝一夜在深海裡。」（林後11：24－25）然而他卻快樂地說：「我先前以為與我有益的，我現在因基督都當作有損的。……我也將萬事當作有損的，因我以認識我主基督耶穌為至寶。」（腓3：7－8）

　　對於「述說」的話語明白，是對「述說者」的認識，能增加信度，建立關係，於是開始思想已經存在的奇妙事情。

「我的心因愁苦而消化；求你照你的話使我堅立！」

詩119：28

◎ 黃淑美

讀到這句詩，我就想到我那在病痛中苦苦掙扎的妹妹。有時候對別的人也許是輕而易舉的改變，但對另一些人卻是十分困難，舉步維艱。

當妹妹以自然療法醫治癌症失敗之後，她的身體日益消瘦，復發的腫瘤使她雙腿腫脹，疼痛難當，她只好再次求救於化療。

原本十分活潑的妹妹，卻在病痛中，逐漸被拘束在一個固定的範圍內。她從忙碌的工作職場退回到居家退休狀態；她原是天天爬山、運動健身過日子的，卻因病痛只好留在家裡做做簡單的健康操，到最後在腫瘤的壓迫中，只能待在床上，藉著淋巴循環機幫助血液流通。她曾問我：「姊，我不知道我為什麼要活著？這樣痛苦的活著有意義嗎？」我無法給予答案，只能摟著她，求主的安慰臨到她。

詩人說：「我的心因愁苦而消化」，這是許多人都曾有過的經歷，上帝的兒女們也不例外，因為我們都在一個被罪侵蝕的世界裡過活。

妹妹在痛苦中，並不願意和我談信仰，也不想讀聖經。但在最後的一段時間裡，她卻是在我讀聖經給她聽時，得到了抒解。

那幾日，我拿她的聖經，唸她自己曾經畫了線的幾個章節，例如：「耶和華啊，求你可憐我，因為我軟弱。耶和華啊，求你

醫治我，因為我的骨頭發戰。」（詩6：2）她曾經背過的：「耶和華是我的牧者，我必不致缺乏。」（詩23：1）她會跟著我唸，甚至在跟著我唸一兩句之後，開始了她自己對上帝的禱告。

　　人最大的折磨，是在於無法相信，無法真正的掌握。但我想，在最艱難的時刻裡，妹妹如同詩人般，是在神的話語中得著了安慰。詩人說：「我的心因愁苦而消化；求你照你的話使我堅立！」這是詩人的祈禱，也是妹妹在生命最無助時，唯一的盼望。因為慈愛的神曾經應許：「我不撇下你們為孤兒。」（約14：18）

「求你使我離開奸詐的道，開恩將你的律法賜給我！」

詩119：29

◎ 黃淑美

在希伯來原文裡，「奸詐」是名詞，這一字有不同譯法，有作「虛謊」（出5：9；何7：1）；有作「假」（出20：16）；還有譯為「虛假的」（耶10：14；箴31：30）、「詭詐」（詩119：118）等。

在新約聖經的希臘文裡，出現的同義辭，有譯為「假」（徒6：13；啟2：2）；有譯為「說謊話的」（啟21：8）；有譯為「虛妄」（徒4：25）、「徒然」（帖前3：5）的。在此，詩人懇求神，幫助他「離開奸詐的道」，離開謊話與虛妄。

第二次世界大戰時，德國有一對基督徒姐妹，她們都很願意幫助猶太人躲避納粹的迫害，但她們卻用了不同的方法。姊姊認為為了救人而說謊是可以的，妹妹卻認為不應該如此。

妹妹把幾個猶太人藏在客廳飯桌底下的地窖裡，有一天，終於被納粹盯上了。幾個士兵來到她家，她禱告之後開門，納粹粗魯地巡視家裡一番，然後問她：「聽說妳偷藏了猶太人在家裡，有沒有這回事？」妹妹點點頭說有。士兵很驚訝她的坦白，隨即問她：「那妳藏在哪裡？」她指著飯桌底下說：「在這裡。」

納粹兵用槍掀開桌巾，裡面空無一物，他們敲敲桌子，大聲問她：「妳藏在哪裡？」她仍舊回答：「飯桌底下。」幾個士兵嘲弄了她一番，關上門走了，從此沒再回來。

　　詩人在這沒有明説的愁苦裡，顯然陷入了困惑中，他在掙扎痛苦中回頭來求告神，説：「求你使我離開奸詐的道，開恩將你的律法賜給我！」那一對德國姐妹所幫助的猶太人，最後都獲救了。但，聖經説「凡不出於信心的都是罪。」（羅14：23）詩人知道這點，因此他無法釋懷放膽去做。有時，能夠在這樣的時刻裡駐足沉思，回轉向神，是必須也是好的。

「我揀選了忠信的道，將你的典章擺在我面前。」

詩119：30

◎ 黃淑美

我喜歡原文。原文只有五個字，「way－of」「truth」「I－chose」「laws－of－you」「I－set－heart」。「我」是主角，動作有兩個：「選擇」和「擺在心上」；兩個受詞，一是「真理的道路」，一是「你的律法典章」。

當我先生赴美深造時，我們攜家帶眷自費前行，用一塊錢都得精打細算。在接受學校聘書、決定回台灣之後，我們終於對用錢比較釋懷，特地帶孩子們逛百貨公司。那時，剛好winnie the pooh（中譯：維尼熊）特價，一隻只要美金兩元，因為我喜歡，所以給他們一人買了一隻。

回來之後住在校園裡，老師的孩子們常聚在一起慶生。有一次，女兒接到同學的生日邀約，非常高興的說：「媽媽，我要送她我的那隻小熊。」我心裡一沉，幾天裡，想盡辦法希望她能改送別的。

那天，她將小熊包好，臨出門前，我使出最後一招，對她說：「妳把它送人，媽媽會很想念它耶！送別的好嗎？」她抱著禮物，很鄭重地對我說：「媽媽，這是我的小熊，我願意送給我的好朋友。如果你真的想它，哥哥還有一隻，你就抱抱它好了！」

空蕩蕩的車房裡，我彷彿聽見牧師在問：「妳願意嫁給他

嗎？」女兒回頭看看我，看看爸爸，然後快樂地看著新郎對牧師說：「我願意！」

神造人，給了人最寶貴的兩樣東西：生命與自由。沒有生命，自由就不存在；沒有自由，人就無從選擇。只是，選擇之後，自由會改換面貌，存在愛與責任裡。

二十世紀美國詩人佛羅斯特（Robert Frost, 1874－1963）曾寫過一首「未竟之路」（The road not taken），僅20行的短詩，以結尾最為人知：

許多許多年以後，

在某處，我會輕輕歎息說：

黃樹林裡分叉兩條路，

而我——我選擇了較少人跡的那一條，

只因為這樣，一切變得不同了。

詩人擁有自由，因此他能選擇。他選擇了人跡較少的真理之路，選擇將神的話放在心上，你呢？

「我持守你的法度;耶和華啊,求你不要叫我羞愧!」

詩119:31

◎ 黃淑美

人為什麼會有信仰?人為什麼選擇這個信仰?人為什麼堅持只有他的信仰才是對的?如果錯了呢?整個生命與生活會崩解嗎?神如何評斷人的信仰選擇?讀哲學的第一堂課,老師拋出十個問題,其中一個:現在,你認為最真實的存在是什麼?對你來說,使它成為真實的因素為何?(「真實」是指「永恆、不變、獨立自主」)

我說:現在對我而言,最「真實」的,是存在一位愛的上帝。是我使它成為真實的因素。當我成功時,它讓我知道還可以更好;當我失敗時,它讓我知道還有希望;當我將眼光停留在表象的變化時,它引領我超越表象看見永恆的光景。

另一個問題是:你認為,最確實或正確的一件事是什麼?而這確實的事,別人都不能說服你,它是虛假或錯誤的(「確實」的意思是「永遠不會成為虛假」)。請把這確實的事物名稱寫出來。

我回答:最確實的一件事,是我的存在,這是別人無法說服我是虛假或錯誤的。我可能做錯,但不會不存在;我可能虛假不真誠,虛假卻因存在而存在。而唯有當我意識到我的存在這一事實時,因我存在而有的錯誤和虛假,才有轉換為正確和真實的可能性。

　　詩人從小就認定的信仰（9節），讓他在越來越開闊的世界裡，路彷彿越走越坎坷（22，23，25，28節）。他在自由中選擇跟從上帝，在困苦掙扎中，仍舊確信選擇是對的。他切切地懇求神，不要叫他羞愧。他相信，雖然聽從神的話帶來許多的嘲笑、戲弄、羞辱，甚至是藐視，然而，他因自己的存在，以及與神真實的交往經驗，絲毫不懷疑神的慈愛、神公義的法度，才是人類的希望。

「你開廣我心的時候，我就往你命令的道上直奔。」

詩119：32

◎ 黃淑美

老師問我：「如果研讀哲學的一個結果，是忽然發現上帝不存在（或如果你是一個無神論者，忽然發現上帝存在）。這是否使你坐立不安？請解釋。」

我的回答是：「研讀哲學，是為了幫助我認識真理。當真理的內涵與我過去的認知有差異時，我會很本能的坐立不安、竭力追求。但若一切朗現確是真理本身，我會謙卑地順服並接受。」

什麼是真理呢？

對我來說，「真理」不是一套理論，「真理」是一個活生生的個體，祂創造人，祂救人，祂就是耶穌。因為祂曾說：「我就是道路、真理、生命；若不藉著我，沒有人能到父那裡去。」（約14：6）

我對「真理」的認識，不只是閱讀、思想，更是交往，person by person。我覺得我跟祂好親近。

曾有人問我：「為你那殘障的女兒，你不曾怨過嗎？」我說：「心中有怨，是藏不住的。你看我有嗎？」她說看不出來，只是無法相信。我，也不過就是信，相信「萬事都互相效力，叫愛上帝的人得益處。」（羅8：28）相信神所說的，「我以永遠的愛愛你，因此我以慈愛吸引你。」（耶31：3）

喔，我常喜歡默想聖經裡的話，每當我有新的領悟時，詩人

的經驗就成了我的經驗，「你開廣我心的時候，我就往你命令的道上直奔。」

無論身體多累多疲倦，當我有機會與人分享聖經時，我會很自然的忘記自己，只沉醉在我所領受與分享的神的話裡。

正如先知耶利米所說：「耶和華——萬軍之上帝啊，我得著你的言語就當食物吃了；你的言語是我心中的歡喜快樂，因我是稱為你名下的人。」（耶15：16）這也是我的滿足。

「耶和華啊，求你將你的律例指教我，我必遵守到底！」

詩119：33

◎ 趙志誠

按原文，「你的律例」應譯為「你律例的道路」（詩27：11；86：11）上帝對有關行走人生路的祈求之回答是：「我要教導你，指示你當行的路；我要定睛在你身上勸戒你。」（詩32：8）

約伯的人生路由平坦變得崎嶇，以利戶向他提出這樣的請求：「我所看不明的，求你指教我；我若作了孽，必不再作。」（伯34：32）

「我們都如羊走迷；各人偏行己路。」（賽53：6）偏離很遠，走了很多冤枉路，我們才肯求上帝，全心等候祂指示，承認我們對於祂律例的正路是「看不明的」。

先知以賽亞寫道：「主雖然以艱難給你當餅，以困苦給你當水，你的教師卻不再隱藏；你眼必看見你的教師。你或向左或向右，你必聽見後邊有聲音說：『這是正路，要行在其間。』」（賽30：20－21）

「這樣，律法是我們訓蒙的師傅，引我們到基督那裡。」（加3：24）「耶和華使我們眾人的罪孽都歸在他身上。」（賽53：6）主說：「我就是道路、真理、生命；若不藉著我，沒有人能到父那裡去。」（約14：6）

詩人求上帝指示祂律例的道路，並承諾說：「我必遵守到

底。」「到底」一詞在原文可指「得到獎賞」。保羅説：「弟兄們，我不是以為自己已經得著了；我只有一件事，就是忘記背後，努力面前的，向著標竿直跑，要得上帝在基督耶穌裡從上面召我來得的獎賞。」（腓3：13－14）

每一天，不要以為自己已到終點。要「忘記背後，努力面前。」繼續向著上帝所設的標竿前行，繼續求上帝把祂律例的道路指示我們，讓我們不再在交叉路上迷途。有一天我們便能説：「那美好的仗我已經打過了，當跑的路我已經跑盡了，所信的道我已經守住了。從此以後，有公義的冠冕為我存留，就是按著公義審判的主到了那日要賜給我的；不但賜給我，也賜給凡愛慕他顯現的人。」（提後4：7－8）

「求你賜我悟性，我便遵守你的律法，且要一心遵守。」

詩119：34

◎ 趙志誠

詩人所求的，是從領悟上帝的律法，到由心底樂意遵守律法。

「耶和華說：『日子將到，我要與以色列家和猶大家另立新約，不像我拉著他們祖宗的手，領他們出埃及地的時候，與他們所立的約。……我要將我的律法放在他們裡面，寫在他們心上。……』」（耶31：31－33）「我也要賜給你們一個新心，將新靈放在你們裡面，又從你們的肉體中除掉石心，賜給你們肉心。我必將我的靈放在你們裡面，使你們順從我的律例，謹守遵行我的典章。」（結36：26－27）

領悟、理解上帝的律法，究竟是去窮究「為何」要這樣行？抑或問清楚「如何」去行？我們當然要避免法利賽人的極端，不談「為何」，卻規定安息日不可治病，吃飯前行洗手禮。然而我們「為何」不可吃分別善惡樹的果子？「為何」不以比星期六更方便的日子作敬拜？「為何」不可與不信的人同負一軛？可以讓我們對「為何」釋懷的，是因為在十字架上，在我們個別的經驗裡，我們與那位慈愛的上帝相遇了，因此接下來我們可以對上帝在我們內心所寫的「新約」，只問「如何」。主耶穌呼召我們捨己（原文是「否認自己」），背十字架跟從祂（路9：23）。我們仍問「為何」要上山嗎？抑或問祂「主啊！我當如何跟從你？」

在浪子的故事中，小兒子問「為何」家產要等到父親死後才可領取。當他經歷了艱難，行了冤枉路之後終於回頭，認識了父親的慈愛與自己的愚昧與自私，因而選擇聽從父親。你想，以後他對父親的命令，會問「為何」或問「如何」呢？大兒子從前只問「如何」，但當父親邀請他進入筵席時，他卻問「為何」？這兩兄弟，哪一個會「除掉石心」，用「肉心」聽從父親呢？關鍵是什麼？

今天，求上帝賜我們悟性，使我們能真誠求問祂，當「如何」遵守祂的律法。

「求你叫我遵行你的命令，因為這是我所喜樂的。」

詩119：35

◎ 趙志誠

根據和合本的翻譯來看，跟原文有些微的差別。聖經新譯本翻譯成：「求你領我走在你誡命的路上，因為這是我喜悅的。」現代中文譯本翻譯成：「求你領我走你誡命的道路，因為我從它得到喜樂。」呂振中譯本翻譯成：「求你領我踏上你誡命的路徑，因為我喜悅它。」

罪人不能靠自己守律法稱義和得救，只是上帝開恩，把耶穌基督寶貴的公義送給我們。以後，我們是不是就可以靠自己的努力，遵守上帝的律法呢？不！因為我們不明白哪一條道路才合乎上帝的律法，必須求祂指教我們（33節）。當祂指教我們後，我們是不是就可以靠自己的努力，遵守上帝的律法呢？不！因為即使祂指教我們，我們仍會缺乏智慧去理解，必須求祂賜我們領悟力（34節）。

當祂賜我們領悟力後，我們是不是就可以靠自己的努力遵守祂的律法呢？不！因為即使祂指教我們，我們又領悟，而且內心喜歡守這律法，仍然會像保羅所說：「我覺得有個律，就是我願意為善的時候，便有惡與我同在。因為按著我裡面的意思，我是喜歡上帝的律；但我覺得肢體中另有個律和我心中的律交戰，把我擄去，叫我附從那肢體中犯罪的律。」（羅7：21－23）

那怎麼辦呢？唯有加上詩篇119篇第35節所求的———信靠上

447

帝的能力，求聖靈親自住在我們內心，領我們踏上這律法之路，牽著我們的手往前行。小孩子長大後，不是要獨立，不再依賴父母牽住自己來行走嗎？但我們在這世上，卻始終要像孩子一樣，緊緊倚賴上帝慈愛的手拖帶，跟從祂的引領。主耶穌說：「離了我，你們就不能作什麼。」（約15：5）何時我們不要祂的拖帶或引領，肢體中另一個律就會把我們擄去。

每天求上帝拖帶引領，是一種謙卑、降服、順從和信靠的經歷。

「求你使我的心趨向你的法度，不趨向非義之財。」

◎ 趙志誠

從「法度」一詞原文又指「法櫃」和「法版」。以愛為原則的「法度」，寫在十誡的「法版」上，存放於至聖所的「法櫃」，為一年一度的贖罪日而設，預表查案審判的工作。

在詩篇119篇33至35節，我們已求上帝指教我們律法的路，又求上帝使我們領悟如何行這路，更憑信求上帝親手拖帶和引領我們去行，於是我們可照樣憑信求上帝，使我們的心趨向以愛的十誡為依據的查案審判工作。

至於「非義之財」，原文狹義指貪污，廣義泛指自私自利的精神，與十誡那盡心、盡性、盡意愛上帝，並愛人如己的精神剛好相反，不能給人第35節所寫的喜樂──先愛耶穌，再愛他人，最後才愛自己。

「上帝愛世人，甚至將他的獨生子賜給他們」（約3：16）。因此「各人不要單顧自己……當以基督耶穌的心為心：他本有上帝的形像，不以自己與上帝同等為強奪的；反倒虛己，取了奴僕的形像，成為人的樣式；……存心順服，以至於死，且死在十字架上。」（腓2：4－8）天父甘心捨棄獨子，基督甘願捨身，「十架」反映「十誡」的真精神。

雅各和約翰沒有貪污，只是為自己而向耶穌求能位居王位之左右。少年長官從小守誡命，循正途成為財主，向耶穌求問永生

之道。可是，他們的心都趨向自私自利——「非義之財」之廣義
所指，未曾趨向十誡的真精神——捨己背十字架而愛主愛人——
查案審判的準則。

　　基督徒若沒有重生，未曾背十字架跟從主，他的信仰會流於
單為自己和兒孫求福，表面上沒有犯十誡，心態上卻跟拜偶像的
人差不多，如此的心怎能趨向天上的查案審判呢？

　　上帝啊，求你使我的心趨向十誡的精神——捨己背十字架而
愛主愛人，趨向以這精神為依據的查案審判工作，不趨向單顧自
己的精神。

「求你叫我轉眼不看虛假，又叫我在你的道中生活。」

詩119：37

◎ 趙志誠

究竟「虛假」與「真實」相反嗎？不，真假貨幣極相似。說謊之人的父魔鬼（約8：44），無須說相反的，只須讓你用眼看似是而非的事物。

眼看名貴的黃金鑽石，產生慾望，這跟天上聖城永遠真實的富貴和美麗並非相反，卻很短暫。眼看電視、卡拉OK、車廂中、公園裡，戀人愛撫親吻，產生性慾，這跟婚姻中永遠的真愛並非相反，卻很短暫。

「於是女人『見』那棵樹的果子好作食物，也悅人的『眼目』，……就摘下果子來吃了……。」（創3：6）耶穌在世時，「魔鬼又帶他上……山，將世上的萬國與萬國的榮華都指給他『看』……。」（太4：8）

波提乏之妻以目送情給約瑟，約瑟只有轉眼不看。我們也要轉眼不看不健康的飲食，免得唾液分泌。「肉體的情慾、『眼目』的情慾，並今生的驕傲，都……是從世界來的。」（約壹2：16）

詩人又求在上帝的道路中生活（和合本聖經中，舊約翻譯為「道」一般指道路，新約翻譯為「道」則指上帝的話）。耶穌說：「你們要進窄門。因為引到滅亡，那門是寬的，路是大的，進去的人也多；引到永生，那門是窄的，路是小的，找著的人也

少。」（太7：13－14）

世界的路引到滅亡，充滿短暫又似是而非的事物；十字架的路引到永生，盡是永恆的真實。「因這十字架，就我而論，世界已經釘在十字架上；就世界而論，我已經釘在十字架上。」（加6：14）

如今，假基督、假先知、假宗教、假聖靈、偽安息日等紛紛出現，唯有求上帝以他的話為我們路上的光、腳前的燈（詩119：105），指教我們、賜我們悟性、領我們行律法的路（詩119：33－35）。耶穌說：「我就是道路、真理、生命」（約14：6）。

耶穌啊，求你叫我轉眼看你所實行出來沒有虛假的永恆「真理」，又叫我在你十字架的「道路」中，活出你犧牲的「生命」。

8 | AUGUST
主的典章使人安慰

你的應許在患難中給力量，
是我生命的唯一支柱。

「你向敬畏你的人所應許的話，求你向僕人堅定！」

詩119：38

◎ 趙志誠

英國叛軍船隻波堤號沉沒，生還者在南太平洋的皮特肯孤島，與當地婦女同住。當中一人學會釀酒，酒鬼迅速腐蝕全島，使暴力上升。

日後，生還者中只剩下亞歷山大·史密夫，他從沉船上撈回的箱子裡發現一本《聖經》，開始閱讀、實行並傳講。到了1808年，美國的拓霸號來到這與世隔絕之島，發現這裡欣欣向榮，極其繁盛，沒有威士卡，沒有罪案，沒有監獄。上帝興起自己的話，改變了全島。

綜合不同的翻譯，詩篇119篇38節可譯為「求你向你僕人實踐你的話，就是向你存敬畏的人。」「堅定」、「實踐」也可以翻譯成「興起」，整節就變成「求你向僕人興起你的話，就是向你存敬畏的人。」上帝向我們興起祂自己話語的方法，包括實踐應許，因此「興起你的話」是更廣闊的禱告，可以改變很多人，像改變皮特肯島一樣。

在詩篇119篇33至37節中，我們求上帝指教律法的路，賜領悟力理解如何實行，親自引領我們行，使我們的心趨向審判的法櫃，使我們的眼轉離虛假。為使這些禱告更全備，還要求上帝在我們生命中興起祂的話。

上帝曾「命饑荒降在地上。……他們……從這海到那海，

從北邊到東邊,往來奔跑,尋求耶和華的話,卻尋不著。」(摩8:11－12)這與啟示錄6章7至8節中的「饑荒」相呼應,指著羅馬教廷統治的時期。這期間,「兩個見證人」(啟11:3)所代表的新舊約,「叫天閉塞不下雨」(啟11:6),後來被殺,三天半後復活升天。法國大革命禁止聖經三年半後,上帝的話大大興起。

身處後現代的迷亂世界中,我們的心靈鬧饑荒嗎?

主啊,求你在我生命中,興起你的話來指教我律法的路;興起你的話來增加我智慧去行這路;興起你的話來拖帶我去行;興起你的話來使我的心趨向審判的法櫃;興起你的話來使我的眼遠離虛假。

「求你使我所怕的羞辱遠離我，因你的典章本為美。」

詩119：39

◎ 趙志誠

「**羞**辱」的原文是「辱罵」。父母管教的責備帶著慈愛，但辱罵卻傷害自尊心。聖靈常用慈聲責備、提醒；撒但卻常指控、辱罵。由於罪，父母也會不知不覺地辱罵兒女，問誰不怕？

「父啊，倘若可行，求你叫這杯（辱罵）離開我。然而，不要照我的意思，只要照你的意思。」（太26：39）於是基督喝了天父忿怒的杯，「被眾人羞辱，被百姓藐視。」（詩22：6）祂說：「辱罵傷破了我的心，……我指望有人體恤，……有人安慰，卻找不著一個。」（詩69：20）「父啊！赦免他們；因為他們所做的，他們不曉得。」（路23：34）主啊，叫這刺——辱罵——離開我（林後12：8）。主說：「我的恩典夠你用的，因為我的能力是在人的軟弱上顯得完全。」（林後12：9）

「典章」的原文是「審判」。「主啊，你不審判……，給我們伸流血的冤，要等到幾時呢？」（啟6：10）「上帝的選民晝夜呼籲他，他……忍了多時，豈不終久給他們伸冤嗎？」（路18：7）「直到亙古常在者來給……聖民伸冤，聖民得國的時候就到了。」（但7：22）如今，基督正為義人所受的一切辱罵而伸冤。將來在第七災時，上帝忿怒的杯臨到棄絕聖靈的惡人，他們彼此辱罵、互相撕裂時，基督就從天而降。

「人若因我辱罵你們，逼迫你們，捏造各樣壞話毀謗你

們，你們就有福了！」（太5：11）「不以惡報惡，以辱罵還辱罵，倒要祝福；因你們是為此蒙召，好叫你們承受福氣。」（彼前3：9）「不要自己伸冤，⋯⋯主說：『伸冤在我，我必報應。』⋯⋯你的仇敵若餓了，就給他吃，若渴了，就給他喝；⋯⋯把炭火堆在他的頭上。」（羅12：19－20）「要愛你們的仇敵，為那逼迫你們的禱告。」（太5：44）

　　主啊，叫我所怕的辱罵，隨著我學耶穌的赦免和祝福而遠離，因你的審判本為美。

「我羨慕你的訓詞；求你使我在你的公義上生活！」

詩119：40

◎ 趙志誠

在撒迦利亞書3章1至5節的異象中，大祭司約書亞穿著污穢的衣服站在主的使者前，撒但就在旁辱罵主、主的使者和約書亞。也許約書亞當時用了詩篇119篇39節的祈求——求上帝藉著審判，使撒但的辱罵遠離。

可是，假如約書亞的衣服仍舊污穢，上帝如何使撒但的辱罵遠離呢？因此，約書亞用今天的經文，求上帝使他活在祂的義裡面。於是主的使者就吩咐，替約書亞換上華美的衣服，使他可以說：「他以拯救為衣給我穿上，以公義為袍給我披上。」（賽61：10）

亞當、夏娃用無花果葉自編衣服，代表以自己的善行和功勞稱義；上帝卻賜他們由動物犧牲所換來的皮子為衣，預表把基督犧牲所換來的義，白白賜給罪人（創3：7，21；羅3：22；加3：27）。

使撒但啞口無言的，是罪人披上基督的義後，竟然「脫去舊人和舊人的行為，……在知識上漸漸更新，正如造他主的形像。」（西3：9－10）當他們出席羔羊的婚筵時，「就蒙恩得穿光明潔白的細麻衣。（這細麻衣就是聖徒所行的義）」（啟19：8）這是婚筵的禮服（太22：11）。

「這一件在天上機杼織成的衣袍，其中沒有一絲一縷是出自

人的心裁。基督在祂的人性上已成就了完全的品格，祂也要將這品格分賜給我們。……基督已經服從了律法的每一項條文。……使每一個世人都可能遵行上帝的誡命。當我們歸順基督時，……我們的思想也要歸服於祂；我們也就要度基督所度的生活了。這就是穿上祂義袍的真義。這樣當主來察看我們時，祂所見到的……是祂自己公義的衣袍，也就是對於耶和華之律法的完全服從。」（《天路》，頁271－272）

　　主啊，求你使我披著基督的義而生活，與基督的心合而為一，因而愛慕順從你律法上的訓詞。

「耶和華啊，願你照你的話，使你的慈愛，
就是你的救恩，臨到我身上。」 詩119：41

◎ 李斌祥

我們無法知道詩篇119篇的作者是誰，但是從字裡行間可看出，他顯然是個極為虔誠的以色列人，對於上帝與他的祖先（亞伯拉罕、以撒、雅各以及大衛、所羅門）立約的慈愛，有說不完的感激。他看出上帝的應許遲遲仍未實現，深感他的同胞和自己要負起全部的責任。他和先知但以理一樣，清楚知道，只有祈求上帝施展祂的救恩，向祂的子民「守約施慈愛」。

但以理祈禱說：「我們的上帝啊，現在求你垂聽僕人的祈禱懇求，……求你側耳而聽，睜眼而看，眷顧我們荒涼之地和稱為你名下的城。我們在你面前懇求，原不是因自己的義，乃因你的大憐憫。求主垂聽，求主赦免，求主應允而行。」（但9：17－19）在這一字一淚的祈禱中，我們可以聽見他蒼老的聲音，看見他枯乾的手，緊緊抓住上帝不讓祂走。

我們做錯了事，我們不能向上帝「講理」，只能向祂「求情」。論「理」，我們一無是處，無話可說；論「情」，祂是我們的慈父，我們是祂的兒女。祂的慈愛無條件，也沒有限量。

我的孫兒女們大都自動自發，只有第二個孫子「與眾不同」。他比較容易分心，總會用一些藉口做別的事。到後來，功課沒有做完，已經哈欠連連。身為祖父的我，有時免不了要拿出長輩的身分，疾言厲色地說教一番。最後，我拖著疲倦的腳步

回家，他會跟著到門口，殷殷地問：「爺爺，你還在生我的氣嗎？」看著他那誠摯的小臉，我只能無言地將他緊緊抱在懷裡，突然間，一天的辛苦都煙消雲散了。

上帝對我們的愛，就像祖父母的愛。不，這話不對。上帝對我們的愛，遠超過祖父母的愛，超過千倍萬倍！

「我就有話回答那羞辱我的，因我倚靠你的話。」

詩119：42

◎ 李斌祥

信主的人乃是上帝的大使。我們所代表的乃是宇宙的君王。世人有時在試探我們的話是否真實；他們也在有意無意之間觀察，看我們是否言行一致。不論對方的動機如何，做基督徒的，必須隨時有所準備，在說明自己信仰的因由時，自然而然地使用聖經的話。

耶穌說：「你們是世上的光。城造在山上是不能隱藏的。」（太5：14）「你們的光也當這樣照在人前，叫他們看見你們的好行為，便將榮耀歸給你們在天上的父。」（太5：16）

為主作見證要靠生活和行為的表現。這裡所說的「好行為」，乃是指我們在平時的為人。在環境順遂、風平浪靜時，做基督徒並不困難，只有在遇到困難挫折、狂風暴雨、閃電交加之際，才會顯示是否有真正的信心。

當然，基督徒並非完全沒有瑕疵，為了生活掙扎，也會受試探，也會跌倒。這樣說來，基督徒與不信的人有什麼不同呢？靠著主所賜的信心，在跌倒之後還會站起來，帶著笑容勇往直前。受到羞辱之後並不報復，反倒以真誠的愛對待那逼迫他們的人。

耶穌被人控訴的時候，祂一言不答。不是因為祂無言以對，而是要藉那些誣告祂之人的口，來述說這些年來祂所講的話，祂的生活、行為，證明祂的清白、聖潔。他們在無意之間，見證了

祂是無瑕無疵的救主。

　　不要怕人的威脅，也不要畏懼。只要心裡尊基督為聖，以祂為主；常常作好準備，去回答那些問你們為什麼懷有盼望的人，但要用溫柔敬畏的心回答。當存無愧的良心，使那些誣賴你們這在基督裡有好品行的人，在毀謗你們的事上蒙羞。（彼前3：14－16）

「求你叫真理的話總不離開我口，因我仰望你的典章。」

詩119：43

◎ 李斌祥

以色列人從為奴之地得到釋放，但在過去的幾百年中，他們已經把上帝的作為和教訓幾乎忘光了。於是，上帝教導這些多半是目不識丁唯一的方法，就是要他們反覆背誦上帝的教訓。

上帝藉著摩西吩咐他們說：「以色列啊，你要聽！……我今日所吩咐你的話都要記在心上，也要殷勤教訓你的兒女。」（申6：4-7）

以色列人後來的歷史中，只要他們忘記上帝的話，逐漸偏離正路，就會學習崇拜偶像民族的生活習慣。在很短的時期內，忘記作為上帝選民的身分，除了少數人之外，其他都被異族同化了。這是何等悲慘的教訓。

做基督徒的人，今天也有同樣的處境。生活周圍有各式各樣的事物吸引我們，如果要行在正路之上，必須保持警覺，分辨真偽是非，要做到這點，我們必須先把上帝真理的話藏在心裡，而且常常談論。

不久前，在我的教會裡舉行了一個慶生會，祝賀林大衛牧師九十大壽。他一生忠心耿耿，堅守信仰，使我深受感動。當他讀完神學歸國服務不久，中國大陸已改變了政權。在「四人幫」的時代，林牧師和所有忠心的信徒一樣，受到外人無法想像的迫

害，他被送到安徽的煤礦「勞改」，一去就是二十年。紅衛兵抄家，把一切聖經宗教書籍都付之一炬，但師母仍靠著記憶中的聖經經文教導兒女。二十年後，他受到「平反」，孩子已經成人。時至今日，他的五位子女，所有的孫兒女們，都是忠心耿耿的基督徒。母親心中的聖經，日夜在孩子身上潛移默化，使他們都忠心耿耿，不屈不撓。

　　「真理的話」藏在心裡，出自口中，身體力行，能夠發揮何等大的能力！

「我要常守你的律法，直到永永遠遠。」

詩119：44

◎ 李斌祥

「**律**法」二字來自希伯來文的torah，這個字包括上帝全部的指示。Torah這個字可以用來指：

1. 上帝的十條誡命，是賜給全世人的律法。

2. 摩西五經，也就是舊約聖經的前五卷。

3. 全部舊約聖經。

4. 上帝的旨意。

律法（torah）的作用，是作為生活的準則，指出人生的方向。

律法的功用好比一面鏡子，使我們可以看出自己的污穢。但鏡子無法除去，若要得到潔淨，就必須用水和肥皂來洗。「凡有血氣的，沒有一個因行律法能在上帝面前稱義，因為律法本是叫人知罪。」（羅3：20）

使我們得救的，乃是上帝的慈愛，耶穌的恩典，聖靈的感化。我們無論如何努力，也不可能完全遵守上帝的律法。我們唯有信靠救主的幫助；因為律法除了使我們知罪之外，另一個主要的功用，乃是向我們指出救主（羅10：4）。

「律法既因肉體軟弱，有所不能行的，上帝就差遣自己的兒子，成為罪身的形狀，作了贖罪祭，在肉體中定了罪案，使律法的義成就在我們這不隨從肉體、只隨從聖靈的人身上。」（羅8：

3－4）

　　我們常用「十誡」來稱呼上帝的律法。根據耶穌的說法，上帝的律法可以歸納為兩條：「你要盡心、盡性、盡意愛主──你的上帝。這是誡命中的第一，且是最大的。其次也相倣，就是要愛人如己。這兩條誡命是律法和先知一切道理的總綱。」（太22：37－40）

　　使徒保羅再將上帝的教訓加以濃縮：「因為全律法都包在『愛人如己』這一句話之內了」（加5：14）；「愛是不加害與人的，所以愛就完全了律法。」（羅13：10）

　　最後律法就只剩一條，歸納成了一個「愛」字。

「我要自由而行，因我素來考究你的訓詞。」

詩119：45

◎ 李斌祥

根據現代中文譯本，這一節譯作：「我要自由自在地生活，因為我遵行你的教導。」聖經新譯本的翻譯是：「我必行在寬闊之處，因為我一向尋求你的訓詞。」較為通俗的當代聖經譯作：「在你的律法之下，我悠然自得。」

現代中文譯本、聖經新譯本、當代聖經各譯文雖然不全一樣，各有千秋，彼此參照後，原義就更加明顯。耶穌到拿撒勒會堂講道的時候，祂先讀了一段經文：「主的靈在我身上，因為他用膏膏我，叫我傳福音給貧窮的人；差遣我報告：被擄的得釋放，瞎眼的得看見，叫那受壓制的得自由，報告上帝悅納人的禧年。」（路4：18－19）

「耶穌對信他的猶太人說：『你們若常常遵守我的教訓，就真的是我的門徒了；你們會認識真理，真理會使你們得到自由。』」（約8：31－32，現代中文譯本）

以淺顯的比喻來說：交通規則，紅綠燈，馬路單向及雙向道路，以及時速的標誌等，這些作用乃是要使車輛暢通，行人安全。如果有人覺得這一切都礙手礙腳，不如隨意而行，愛拐就拐，想停就停。不出一兩分鐘，必定會發生事故，使交通癱瘓。

「你們不要欺騙自己，以為只要聽道就夠了；相反地，你們必須行道。那聽道而不去實行的，正像一個人對著鏡子，看看自

己的面目，端詳了一會兒，然後走開，立刻忘記了自己的長相。但是，嚴密查考那完整又使人得自由的法則而謹守的人，不是聽了就忘掉，而是切實行道的人；這樣的人在他所做的事上一定蒙上帝賜福。」（雅1：22－25，現代中文譯本）

「我也要在君王面前論說你的法度，並不至於羞愧。」

詩119：46

◎ 李斌祥

上帝常常藉著祂忠心的僕人，向君王、總統說明祂的救恩。約瑟來自異國的奴隸，由於上帝的靈與他同在，經歷曲折，終於使埃及王聽他解夢，說：「像這樣的人，有上帝的靈在他裡頭，我們豈能找得著呢？」於是派他治理埃及全地（創41章）。

上帝差派摩西去見埃及法老的時候，他一想到法老的威儀，又想到四十年來，自己無拘無束地生活在曠野，就向上帝推辭。但上帝沒有改變初衷，仍舊派他拿著牧杖走進王宮。由於摩西對上帝的順從，全體希伯來人得以脫離奴役，恢復自由。摩西向法老證明，唯有耶和華上帝才是天地的主宰。

但以理以俘虜的身分來到巴比倫國。由於他和幾個朋友的操守，終於站在君王面前。他們經歷巴比倫君王的考驗之後，絲毫不改忠貞。最後，國王不得不承認：「現在我──尼布甲尼撒讚美、尊崇、恭敬天上的王；因為他所做的全都誠實，他所行的也都公平。那行動驕傲的，他能降為卑。」（但4：37）

主耶穌的信徒，常常必須在國家的領袖面前，說明自己的信仰。門徒講說耶穌的時候，官府的人「見彼得、約翰的膽量，又看出他們原是沒有學問的小民，就希奇，認明他們是跟過耶穌的。」（徒4：13）

　　彼得後來在他的書信裡，說明基督徒所應有的準備：「只要心裡尊主基督為聖。有人問你們心中盼望的緣由，就要常作準備，以溫柔、敬畏的心回答各人。」（彼前3：15）

　　保羅多次站在官府和王宮裡，苦口婆心地向所有肯聽的人，講述、辯解基督的道理。無論是大祭司也好，是巡撫也好，甚至站在皇帝面前分訴。唯有將來到了天國，我們才會知道，有多少人因他忠心耿耿的見證，認識了救主。

「我要在你的命令中自樂，這命令是素來我所愛的。」

詩 119：47

◎ 李斌祥

今日的經文在現代中文譯本譯為：「我以遵行你的命令為樂，因為我喜愛它。」詩篇119篇是一首很特別的詩。它一共22段，每段使用一個希伯來字母，每段中的每一句，都使用這同一個字母，因此是一首結構非常工整的詩。

更加特殊的是這首詩的主題：歌頌律法、訓誨。反覆講述詩人對律法的喜愛。一般來說，詩詞可以歌詠風花雪月、應酬送行、描寫離愁別恨、表達對政局世態的不滿、懷才不遇的感慨等。但是這位詩人，怎會「喜愛」命令、律法呢？如果今天有人使用《長恨歌》的篇幅和體裁，寫出一首長詩，反覆歌頌《六法全書》，我們會對這人有什麼看法呢？

深入地研究之後，了解他並不是坐在象牙塔裡無病呻吟，玩弄文字之徒。他在生活上絕非一帆風順。他曾經遭遇過生命的危險（87節），正當他寫作的時候，也有惡人伺機除掉他、「滅絕」他（95節）。在極端困苦的時候，他學會了依賴上帝的智慧。他在苦難中所學到的教訓極其可貴，甚至他竟然為苦難而感謝上帝：「我受苦是與我有益，為要學習你的律例。」（71節）

上帝的教訓、法則，是他人生的指南，指示何為正路。康莊大道並不一定引向生命，崎嶇難行的小路反而喜樂與平安。我回顧自己的一生，不住地感謝主。要不是祂先找到我這隻迷羊，我

肯定早已滅亡了。主找到了我，賜給了我永生。

　　「世人哪，耶和華已指示你何為善。他向你所要的是什麼呢？只要你行公義，好憐憫，存謙卑的心，與你的上帝同行。」

（彌6：8）

「我又要遵行你的命令，這命令素來是我所愛的；我也要思想你的律例。」詩119：48

◎ 李斌祥

今日的經文在聖經新譯本譯為：「我又要向你的誡命舉手，這些誡命是我所愛的；我也要默想你的律例。」「舉手」代表讚美。大衛曾寫：「你的慈愛比生命更好，我的嘴唇要頌讚你。我還活著的時候要這樣稱頌你；我要奉你的名舉手。」（詩63：3－4）

如果聖經別的部分是神（藉著祂僕人）對人說話，那麼詩篇可以說是人向神說話。因此，詩篇裡收集許多世紀中，許多聖徒的禱告、感謝與讚美。讓信徒不僅在崇拜神的時候可以藉它表明自己的心聲，平日在家或是工作的地方，也可以反覆背誦，堅固自己對神的信仰。

詩人告訴我們，靠著信心度日並不容易。字裡行間，了解他們信仰方面的掙扎——他們在上帝面前流淚、哀求：「我的上帝，我的上帝！為什麼離棄我？為什麼遠離不救我？不聽我唉哼的言語？」（詩22：1）

詩人多次問上帝「神啊，你到底在哪裡？你為什麼不插手幫助我呢？」與神親近，並不保證他們一定安全、健康、長壽。正如今日的信徒，他們發現接受耶穌之後，仍要為柴米油鹽憂慮，為丈夫的工作、兒女的學業擔心。他們也求問上帝，何以世上如此多的苦難與不公。

　　耶穌道成肉身來到世上，與世人一同起居。祂感受到我們所感受的一切，但是祂勝過了魔鬼所給予祂的一切試探，為我們留下了榜樣。祂得勝的祕訣之一，就是熱愛上帝的話。門徒講道說明耶穌使命時，常常引用聖經，而引用最多的經文，就是來自詩篇。這似乎告訴我們，他們從詩篇之中所得到的安慰和保證，是極為重要的。

　　詩人所得到的結論是：上帝有無限的慈愛和能力，不管明日如何，要繼續愛慕、依靠、讚美祂，終有一天，我們會明白一切。

「求你記念向你僕人所應許的話，叫我有盼望。」

詩119：49

◎ 張曉明

此 經文「主所應許我們的就是永生。」（約壹2：25）在整本《聖經》中，上帝的應許無處不在。他應許亞伯拉罕成為多國之父；應許引領以色列人出埃及進迦南；應許「因有一嬰孩為我們而生；有一子賜給我們。政權必擔在他的肩頭上；他名稱為『奇妙策士、全能的上帝、永在的父、和平的君。』」（賽9：6）；上帝還應許說「摩西在曠野怎樣舉蛇，人子也必照樣被舉起來，叫一切信他的都得永生。」（約3：14－15）。

當我們年幼的時候，我們會因著父母：一塊糖、一杯霜淇淋、一次外出旅行的應許，而盼望一天、一週甚至一年。盼望是一個甜美的過程：我們的目光時常注視著父母，時常把他們的應許掛在嘴邊，不時提醒，以期望能早日如願以償。那是孩童無邪地對父母的信任，既簡單又純潔。這也是我們的父母所重看和喜悅的。

然而隨著時間的流逝，我們會對年幼時的小小期盼啞然失笑，也在不經意中，失去了對應許執著的盼望和期待。耶穌說：「我實在告訴你們，你們若不回轉，變成小孩子的樣式，斷不得進天國。」（太18：3）孩子的特性就是天真地祈求。上帝已經答應了我們，並且連我們不敢奢望的永生，也應許白白地賜給我們。我們要怎樣做才能使這寶貴的應許如願以償呢？

耶穌教導我們：「你們祈求，就給你們；尋找，就尋見；叩門，就給你們開門。」（太7：7）這也是上帝寶貴的應許啊！我們唯有在靈性上回到純真的孩童時代，像詩人一樣，懷著一顆恭敬而熱切的心對上帝說：「求你記念向你僕人所應許的話，叫我有盼望。」那麼，永生的盼望就在眼前！

「這話將我救活了；我在患難中，因此得安慰。」

詩119：50

◎ 張曉明

上帝的話將詩人救活了！上帝的話將我們每一個人都救活了！

如果你是一個瀕臨死亡的患者，會多麼希望醫師說：「我們剛發現有一種方法可以醫治，你有希望了！」；如果你是一個即將走向刑場的囚犯，會多麼希望有人說：「你的罪被赦免了，你得救了！」

詩人聽到了上帝的話語。我們也聽到了。「上帝愛世人，甚至將他的獨生子賜給他們，叫一切信他的，不致滅亡，反得永生。」（約3：16）這話確確實實地將我們救活了。我們是瀕臨死亡的患者，面臨輟學的學生，我們也是犯了罪的囚犯。但上帝的愛卻救活了我們，給了我們永生的盼望。

有人說患難是一堵牆，遮住我們的視線；有人說患難是一座山，擋住我們的去向；也有人說患難是陷阱，纏絆我們的腳步。但使徒保羅卻這樣看待：「不但如此，就是在患難中也是歡歡喜喜的；因為知道患難生忍耐，忍耐生老練，老練生盼望。」（羅5：3－4）

保羅在人生中可謂經歷了諸多患難，「他被人用石頭打，被棍打，被鞭打，被監禁，遇船難，被野獸追趕，遭遇盜賊搶劫……」（林後11：23－27）。究竟是什麼力量支持及安慰，給

他盼望呢？

　　是上帝的話！保羅説：「我們在一切患難中，他就安慰我們，叫我們能用上帝所賜的安慰去安慰那遭各樣患難的人。」（林後1：4）

　　此時此刻，也許你正身處患難之中，也許你的心正被愁苦纏累，放下你手中的事，打開《聖經》，上帝的話能安慰你，祂的話也能挽救你即將沉淪的生命。

「驕傲的人甚侮慢我，我卻未曾偏離你的律法。」

詩119：51

◎ 張曉明

你有沒有被人侮慢的經歷？被欺凌和輕慢，這是人生中的重大歷練。約瑟年幼經歷被兄弟們賣為奴隸、被主母誣陷而遭牢獄之災、幫人解夢又被遺忘。但他卻可以挺起胸膛說：「驕傲的人甚侮慢我，我卻未曾偏離你的律法。」

約伯的經歷在世人看來怵目驚心，眨眼間財產和兒女盡失，自己也長滿渾身瘡癤，甚至連他的妻子也說：「你棄掉上帝，死了吧！」（伯2：9）然而「在這一切的事上約伯並不以口犯罪。」（伯2：10）

聖經中記載了很多先祖和先知被人侮慢的經歷，大衛、但以理，以及使徒約翰、司提反、保羅等都是明證。我們看到他們對上帝堅貞不屈的信心時，我們有沒有感動？我們捫心自問時，有沒有感到一絲的愧疚呢？

當我們想到主耶穌也曾被鞭打，被羞辱，頭戴荊棘冠冕被人釘死在十字架上，祂在生命的最後時刻所說的話，令我們終生難忘：「父啊！赦免他們；因為他們所做的，他們不曉得。」（路23：34）

侮慢人的人是驕傲的。他們的驕傲源自無知。祭司、文士和法利賽人，自稱是對《聖經》頗有研究的人，他們「喜愛筵席上的首座，會堂裡的高位，又喜歡人在街市上問他安，稱呼他拉

比。」（太23：6－7）然而就是這些人，因著人性的驕傲，親手釘死了他們所盼望的「彌賽亞」救主，這是何等的悲哀啊！

「耶穌說：『我實在告訴你們，人為我和福音撇下房屋，或是弟兄、姐妹、父母、兒女、田地，沒有不在今世得百倍的，就是……，並且要受逼迫，在來世必得永生。』」（可10：29）多麼好的應許啊！願我們每個人都能夠在迎接耶穌復臨時，如詩人般歡然地說：「驕傲的人甚侮慢我，我卻未曾偏離你的律法。」

「耶和華啊，我記念你從古以來的典章，
就得了安慰。」

詩119：52

◎ 張曉明

列王紀上3章16至28節記載了一個故事：有兩個同住的婦人都生了男嬰，兩個嬰孩僅相差三天。一天夜裡，一位母親在熟睡中不慎壓死孩子。她趁機等另一位母親熟睡之際，偷樑換柱地將死嬰放到對方懷中。第二天清晨，當受害的母親發現懷中的死嬰不是自己的孩子時，對方竟不承認，於是雙方來到所羅門王面前。所羅門王以孩子生母愛惜孩子生命勝於孩子撫養權的判斷，聰明而公正地施行了審判，給受害者討回公道，由此顯明上帝所賜智慧的奇妙和功用。

希伯來原文聖經中「典章」一詞是mishpat，意思是審判、正義、律例。在兩位婦人的審判中，義與不義一目了然。我們在聖經中，看到很多人蒙受不白之冤：約瑟坎坷的人生經歷；摩西四十年曠野生活中，多次受到會眾的無端指責和埋怨；末底改和猶大族遭受哈曼的陷害而面臨滅頂之災；但以理被扔在獅子坑裡……。當我們記念這些上帝子民的經歷，回想上帝恩典的奇妙時，我們就會附和詩人的感歎：「耶和華啊，我記念你從古以來的典章，就得了安慰。」

約伯在歷盡人生苦難後說：「我因沒有違棄那聖者的言語，就仍以此為安慰，在不止息的痛苦中還可踴躍。」（伯6：10）也許我們正為了持守上帝的律例而蒙受不白之冤；也許有人正惡狠

狠地往我們傷口上撒鹽；不要忘記聖經中的應許：「看哪，我必快來！賞罰在我，要照各人所行的報應他。」（啟22：12）

　　上帝的審判將臨到這個世界，臨到我們每一個人。「直到亙古常在者來給至高者的聖民伸冤，聖民得國的時候就到了。」（但7：22）「所以你當歸向你的上帝，謹守仁愛、公平，常常等候你的上帝。」（何12：6）

「我見惡人離棄你的律法，就怒氣發作，猶如火燒。」

詩119：53

◎ 張曉明

中國有句成語，叫「嫉惡如仇」，意思是恨壞人、壞事，像痛恨仇敵一樣。舊約時代的以色列，當時的律例體現出的，正是這樣一種情感。舊約聖經中經常看到：「從民中剪除」或「用石頭打死」的字樣。有些人也許難以理解，上帝為何對所揀選的以色列民要求如此嚴格？但上帝是嫉惡如仇的。祂深知罪惡嚴重危害祂所造人類的身心，所以祂仇視罪惡的態度和立場非常堅決。保羅不也說：「義和不義有什麼相交呢？光明和黑暗有什麼相通呢？基督和彼列（彼列就是撒但的別名）有什麼相和呢？」（林後6：14－15）

如今最流行的一句話是「這世界變化快」。的確，現在的人們已不再為變化感到新奇了，更多的人正為變化的速度添磚加瓦。網路科技、生物科技、軍事科技日新月異；視訊會議、轉基因[1]、複製[2]（clone）、衛星導航等新名詞層出不窮；道德意識更是百花齊放，婚外情、同性戀、變性手術，也紛紛走上了前臺。有人不禁要問：「有什麼不變的東西嗎？」

耶穌說：「我實在告訴你們，就是到天地都廢去了，律法的一點一畫也不能廢去，都要成全。」（太5：18）這裡告訴我們的信息是：上帝的律法是不變的，上帝對罪惡的態度是不變的。儘管撒但試圖混淆視聽，儘管很多人是非難辨，儘管社會已經變得

三人成虎，但上帝的律法卻巍然屹立，不可動搖。

「惡，要厭惡；善，要親近。」（羅12：9）離棄上帝的律法就是行惡，就是犯罪。「因為罪的工價乃是死」（羅6：23），所以我們在善惡之間要立場鮮明。恨惡惡吧！因為它是撒但的影子。不要對它沉默，要藉著聖靈的幫助戰勝它，因為它會蠶食你的今生和永生！

註1：「轉基因」：又稱為遺傳工程、基因工程。轉基因技術就是將人工分離和修飾過的基因導入到目的生物體的基因組中，從而達到改造生物的目的。經轉基因技術改造的生物即是所謂的「基因改造」（Genetically Modified Organism）。

註2：「複製」：又稱克隆（clon的音譯），指一種人工誘導的無性生殖的方式。

17 日
8月

「我在世寄居，素來以你的律例為詩歌。」

詩119：54

◎ 張曉明

詞典中「寄居」之意淺顯易懂：住在他鄉或別人家裡。我們出身在這個世界，吃著田間的出產，喝著來自大江大河的水源，呼吸著產自綠色生命的氧氣，居住著人手建造的高樓大廈，享受著人類科技帶來的視聽夢幻，難道這不是我們賴以生存的家嗎？

從上帝的創造中可以看到兩種「家」的不同。上帝創造天地萬物和人類後，「耶和華——上帝在東方的伊甸立了一個園子，把所造的人安置在那裡。」（創2：8）伊甸園是人類始祖的家，一個沒有罪惡而有生命樹的地方。但因人的犯罪，人類被迫離開了上帝設立的家。

罪惡開始在地上蔓延，到挪亞時代，以罪惡之地為家的世人，在一場洪水中成為歷史。然而人性的軟弱和罪惡並沒有因著挪亞的義而終止，人們仍然被罪束縛著，地上的家成了死亡之地，凡在其上的都難逃一死。

耶穌來了，上帝的獨生子降世為人，救贖計畫破除了死亡的圍城。祂應許說：「在我父的家裡有許多住處；……就必再來接你們到我那裡去，我在哪裡，叫你們也在那裡。」（約14：2－3）

地上的家被罪惡侵蝕，是短暫的。天家是聖潔、永恆的、是努力的人進入的。我們既相信這美好的應許，知道自己在世寄居的客旅身分，就當遵行上帝的律例，努力做信心和行為一致的基督徒。

天家的預備已近尾聲，耶穌在呼召：「天國近了，你們應當悔改！」（太4：17）

486

「耶和華啊，我夜間記念你的名，遵守你的律法。」

詩119：55

◎ 張曉明

在整本聖經中，共有358節經文中有「律法」字樣。「律法」首次出現是在出埃及記13章9節，「……使耶和華的律法常在你口中，因為耶和華曾用大能的手將你從埃及領出來。」「律法」最後一次出現是在約翰壹書3章4節「凡犯罪的，就是違背律法；違背律法就是罪。」

　　這兩節經文指明了，我們應如何持守上帝的律法，和為何要持守。然而，我們究竟如何理解，上帝的愛和上帝的律法之間的關係呢？我們以這樣的比喻更為直觀。上帝的律法就像善惡之間的一條護城河。城內是上帝所喜愛的公義和良善，城外是撒但惡勢力的領地。護城河告訴我們，不可涉水出城，城外有危險！護城河也告誡撒但，凡城中的子民，不受惡勢力的轄制和侵害！

　　因著人類始祖的犯罪，我們一度落入了撒但的罪惡轄制範圍，遂無緣接近上帝的公義和良善。然而耶穌基督的救贖，猶如在護城河之上搭起了一座吊橋，凡相信祂的救贖並願意持守城中律例的人，可以通過這座吊橋進入聖城，享受其中的歡喜與快樂。

　　當我們來到河邊時，護城河的河水，會反照出我們身上的污穢和不義，使我們得知自己的罪，也告誡我們不要強行涉水

進城。只有悔改認罪，我們就會在河邊聽到福音的使者四處呼喚
說：「那座吊橋是為你們預備的！」

多麼奇妙的律法，多麼奇妙的救恩。你曾回味過其中的奧妙
嗎？「惟喜愛耶和華的律法，晝夜思想，這人便為有福！」（詩
1：2）上帝喜悅我們去思想祂的話語，思想祂的律例，並應許我
們這樣行必得福氣。願我們今天與詩人共同用心靈來回應上帝。

「耶和華啊！我夜間記念你的名，遵守你的律法。」阿們！

「我所以如此，是因我守你的訓詞。」

詩119：56

◎ 張曉明

在聖經中，「訓詞」原文的意思是訓導、告誡、勸告、戒律⋯⋯，從這些詞語中，我們是否能讀到一種特別的資訊呢？包含著慈父對兒女的關懷；體現著君王無比的尊嚴；更散發著一縷溫馨的慈愛。

上帝用不同的方式、不同程度的勸誡，表達了同一個資訊：「上帝愛世人」（約3：16）。祂的訓詞裡有屬天的奧祕，有永生的鑰匙，也有人生的諸般智慧。詩人在經歷人生的風雨，感悟人生的各種情感之後，寫下「你的話是我腳前的燈，是我路上的光。」（詩119：105）

中國人常說：「吃一塹，長一智」。通過一次刻骨銘心的痛苦經歷，我們從中得到了活生生的人生教訓。但上帝是不是喜悅這種「吃一塹，長一智」的方式呢？人生短暫，聰明人用智慧去引導生活，愚拙人用人生去鑑定智慧。人的智慧源自生活的經驗和教訓，那麼，真正的智慧是什麼呢？

「敬畏耶和華是智慧的開端；認識至聖者便是聰明。」（箴9：10）上帝是創造主。「耶和華用能力創造大地，用智慧建立世界，用聰明鋪張穹蒼。」（耶10：12）真正的智慧源自上帝，源自上帝口中所出的一切話。

上帝的訓詞是什麼？我們究竟要守什麼呢？「愛」是整本

聖經的主題。「『你要盡心、盡性、盡意、盡力愛主──你的上帝。』其次就是説，『要愛人如己』。再沒有比這兩條誡命更大的了。」（可12：30－31）這就是上帝的訓詞，也是我們人生中要守的誡命。

盼望有一天，當我們站在審判台前，我們可以指著翻開的案卷，無愧地對上帝説：「我所以如此，是因我守你的訓詞。」

「耶和華是我的福分；我曾說，我要遵守你的言語。」

詩119：57

◎ 鄧繼依

以色列人進入迦南分地為業的時候，利未人未曾分得任何地業，他們在聖殿中服事，耶和華為他們的產業。正如祭司頭上的字所代表的，我們要歸耶和華為聖，因為「惟有你們是被揀選的族類，是有君尊的祭司，是聖潔的國度，是屬上帝的子民，要叫你們宣揚那召你們出黑暗入奇妙光明者的美德。」（彼前2：9）

救主要賜給我們的，正是祂自己。我們常常到主面前，只求得著祂的恩賜，而不求得著那賜下恩賜的主。上帝的諸般應許，都是在基督裡成全的。「上帝的應許，不論有多少，在基督都是是的。所以藉著他也都是實在的，叫上帝因我們得榮耀。」（林後1：20）

這節經文最後的話，「我曾說，我要遵守你的言語。」與彼得前書2章9節最後的話：「是屬上帝的子民，要叫你們宣揚那召你們出黑暗入奇妙光明者的美德。」放在一起看，就會幫助我們更加明白。

「上帝的神能已將一切關乎生命和虔敬的事賜給我們，皆因我們認識那用自己榮耀和美德召我們的主。因此，他已將又寶貴又極大的應許賜給我們，叫我們既脫離世上從情慾來的敗壞，就得與上帝的性情有分。」（彼後1：3-4）

　　我們常常向上帝所求的，並非上帝召我們，叫我們去得著的。我們若按照上帝的旨意蒙召（羅8：28），就能像彼得一樣，知道我們為何蒙召，知道祂要賜給我們「那又寶貴又極大的應許」是什麼。

　　基督盼望你得著那又寶貴又極大的應許——祂自己，讓祂也在我們身上得著祂要得著的——祂的榮耀。

　　除你以外，在天上我有誰呢？

　　除你以外，在地上我也沒有所愛慕的。（詩73：25）
　　耶和華才是我的分。
　　我愛歌，祂是我的歌。
　　我愛神，祂是我的神。
　　我愛智慧，祂是我的智慧，
　　我愛聖潔，祂是我的聖潔。
　　我愛公義，祂的公義是我的白衣（林前1：30），
　　我愛美，祂全然美麗。

　　祂成了我一切的一切
　　充滿基督的一切，要充滿我，（弗3：19）
　　祂將我建成華美的宮殿，常駐在我裡面。
　　因我遵守了祂的聖言。

「我一心求過你的恩；願你照你的話憐憫我！」

詩119：58

◎ 鄧繼依

詩篇119篇的主調是上帝的律法，但是這項主題在這首交響樂中，所以靠信賴、使之聲音響亮的，乃是上帝恩典的基音。恩典是我們不配得的，但是單單不配，並不能構成我們領受祂恩典的資格。我們的需要才是。這也是我們在愛人上需要學習的功課，我們愛的對象，若能傾向於需要我們愛的人，而非只愛可愛的人，就是真正領受過上帝的愛，學習上帝愛人的方式了。

詩人說：「願你照你的話憐憫我！」顯露出他雖然知道，這項恩典已在上帝的應許之中，但他一心祈求憐憫的態度，顯露出他感到何等不配。宣告的方式，不錯，是信心的表現。在今天基督教信仰偏重於心理輔導，鼓勵人獲得積極的人生態度時，我們也該謹慎，不讓對上帝的真實信心，變成虛妄的自信。我們需要認識，建造巴別塔的信心與建造方舟的信心，在本質上、在經驗與感覺上，都是大不相同的。

一個屬靈的人，就是一個生活在上帝恩典中的人，從經驗就知道上帝的恩典夠他用，其豐盛的程度，與上帝的愛一樣莫測高深。他所能測度到的，只限於他自己的需要。

在上帝恩典中不斷長進、結出恩典果子的人，在上帝面前所求的還要更進一步。似乎上帝的恩典還不能滿足他。他追求的不只在於恩典，他要得著上帝的恩寵，要得上帝的喜悅。他說：

「我們立了志向，要得主的喜悅。」（林後5：9）

　　我們巴不得像我們的主在受洗時、在變相山上一樣，聽見天父的聲音說：「這是我的愛子，我所喜悅的。」也能像主耶穌一樣說：「那差我來的是與我同在；他沒有撇下我獨自在這裡，因為我常做他所喜悅的事。」（約8：29）這正該是我們靈修生活的大目標。

　　你可曾知道，像詩人一樣，

　　你無助的程度，與蒙福的景況相當，

　　如同一棵青橄欖樹，栽在上帝的殿，

　　永永遠遠依靠上帝恩典。

　　你不知道不那麼重要，上帝知道你一切需要。

　　祂的律法全備，祂的恩典完全。

　　天天讀祂的聖言，一心求祂仰臉，

　　一起不斷長進，知識與恩典。

「我思想我所行的道，就轉步歸向你的法度。」

詩119：59

◎ 鄧繼依

必須認識罪，知道自己是罪人，需要救主，才會接受耶穌的救恩，並且這救恩的目標，是在救你脫離罪。永生與天國乃是脫離罪的美果。

所有的宗教之中，那真正能稱為宗教的，都是要為人解決人生的大難題，但常錯誤地將難題定位在是因難題帶來的惡果，未找出造成這些惡果真正的原因——罪；或找出了部分原因，但提供的是錯誤的解救辦法。

人受到本身的限制，加上罪的敗壞，不能認識自身險惡情況的根本原因，更不用說去找出拯救自己的辦法了。但是神愛我們，早已為我們預備了救贖計畫，並且藉著啟示，藉著祂的兒子道成肉身，藉著聖靈，將這項救贖計畫啟示我們，我們才真正認識自己的需要，看見上帝崇高聖潔的呼召，接受救恩。

這位在創造時說有就有、命立就立的上帝，在救贖大工上，卻採取了不同的智慧手法。祂用時間讓罪發展，以顯明罪之可惡與可怕，並讓在耶穌所賜新生命的種子得救之人心中，得以發芽、成長、開花、結果。在這過程中，人的覺醒與他的自由意志，扮演著決定性的角色。

有時我們受苦，好讓我們覺醒、回頭。但是受苦是不必要的。必要的是，對自己的錯誤行徑的覺醒與回頭。祂對非拉鐵非

教會說：「你既遵守我忍耐的道，我必在普天下人受試煉的時候，保守你免去你的試煉。」（啟3：10）

基督教帶給我心靈的新世界。如此豐富、聖潔、燦爛，

我怎能停留在門口探望、驚詫、欣賞。

我要吸進它濃郁的芬芳，親嘗它醉人的美善。

我行走，明明向前走，怎麼又走回頭？

我尋，我看，我思想，我徬徨，嚮導在何方？

我領悟出，這世界有藍圖，有法度，帶領我的腳步。

我聽，誰的聲音？

「有一條大道，稱為聖路。污穢人不得經過，

必專為贖民行走；行路的人雖愚昧，也不致失迷。」（賽35：8）

我的救贖主啊，我感謝你，你是為我捨命的好牧人，

又為我設立法度，要為你自己的名，領我走義路。

「我急忙遵守你的命令，並不遲延。」

詩119：60

◎ 鄧繼依

羅得在所多瑪的情形，帶給我們的教訓，應該在我們腦海裡留下十分深刻的印象。上帝將祂要毀滅所多瑪的事，先告訴亞伯拉罕，而亞伯拉罕為它殷殷的代求。

今日世界的景況，該喚起我們冷漠中的覺醒。羅得對罪惡充盈的所多瑪逐漸挪移接近，毫無警覺心，應該讓我們更加小心警惕。羅得妻子留下的那一根鹽柱，給人留下的印象更是特別突出。上帝是用手拖著他們遠離罪惡的，但是祂的拯救沒有拖住羅得妻子的心。

對於試探，我們更是不能有一絲遲疑。上帝的命令是：「不可給魔鬼留地步」。要像約瑟一樣丟下外衣，急忙逃跑。在救人的工作上，更是不可有遲延，不可像約拿那樣遲疑，要有以利亞在迦密山上的心志與能力。（創39：7－12；拿1：1－3；王上18：20－40）

但是，我們今天的經文所言及詩人的經驗，完全不同於上述的經驗。他的「急忙」，是出自於他愛的熱切。耶穌說：「你們若愛我，就必遵守我的命令。」（約14：15）也由於他遵行上帝命令時所獲得的喜樂、平安、智慧、滿足的經驗。就如同耶穌所說：「我的食物就是遵行差我來者的旨意，做成他的工。」（約4：34）

基督徒的生活就是愛的生活，甜蜜又熱情。讀者啊，你有沒有對你的主失去你起初的愛心呢？祂對你期待的，是完全的愛，完全的奉獻與熱情。不冷不熱的愛，會讓你失去祂的愛啊！

「你為何遲疑？」我問你，
　你說：「我要等候上帝⋯」
　我們害怕跑到上帝前頭，
　失去祂的護祐。

「既有上帝命令在手，為何還在等候？」
「聖靈還未充滿，所行必歸虛妄。」
　回顧使徒在樓房，就能看見好榜樣。

「你可曾聽清，什麼是上帝給你的命令？
　向前走，或是叫你等候？」
　但在祂的命令裡，絕無遲疑。
　遲疑只存在你的心裡。

　等候只會讓你更情急，
　遲疑卻讓你失去動力，最終要毀掉你！

「惡人的繩索纏繞我，我卻沒有忘記你的律法。」

詩119：61

◎ 鄧繼依

上帝的慈繩愛索牽引著我，並不捆綁我，使我失去自由。我仍然享有自由，行我所要行的，只是在我偏離正道，將要離開祂時，讓我不會忘記祂，吸引我回到祂的身邊。惡人的繩索則是要捆綁我，剝奪我的自由，讓我不能遵行上帝的旨意。

但是實際說來，若是我們已經依靠上帝的救恩，從罪得了釋放，成了義的奴僕之時，沒有人能強迫我們犯罪。我們可以被丟在獅子坑裡、火窯裡，甚至像司提反一樣被石頭打死，只要我們立定志向，仍然能夠保守住自己的清白。（但3，6章；徒7章）

最可怕的捆綁就是自己的罪，它是在我們裡面惡人的繩索。詩人在這裡說：「惡人的繩索纏繞我，我卻沒有忘記你的律法。」詩人不斷歌頌的主題──上帝的律法，再度出現，在另外一種背景的襯托之下，顯得更加突出。上帝的律法是他對付罪之繩索的法寶。

「愛你律法的人有大平安，什麼都不能使他們絆腳。」（詩119：165）他怎能忘記祂的愛呢？他怎能丟棄祂的愛呢？

我們遵守上帝的律法是出於愛嗎？是出於愛上帝嗎？是因為祂的律法的聖潔，公義，代表祂的美德，也愛律法本身嗎？它是你對付罪的法寶嗎？你在受誘惑之時，記起過它嗎？它曾使你受迷惑的心甦醒過嗎？你寶貝它，它就保守你，成為上帝的寶貝！

「犬類圍著我，惡黨環繞我；他們扎了我的手，我的腳。」
（詩22：16）

四面圍繞的惡者，用釘捆住我主的手腳在十字架，
不知道他們不能阻攔祂，祂正在遵行上帝的話。

我那個惡人住在我裡面，讓我遵行主旨，不能如願。
偉大的使徒保羅也喊著說，苦不堪言，罪在他裡面（羅7章），
除了我自己，什麼人都不能攔阻我遵行上帝的聖言。

感謝上帝，靠著基督賜我新心，又復活我的肉體（羅8：10—11），
使我重生，賜我新生命，我就能與那惡人脫離。
祂將律法寫在我心裡，讓我永不忘記。

「我因你公義的典章，半夜必起來稱謝你。」

詩119：62

◎ 鄧繼依

公義與慈愛是上帝性情的兩面，乃是一體，不對立，也不能分割。愛的要素之一是「不喜歡不義」（林前13：6）。祂愛的目標，不僅是叫我們稱義，還要叫我們學義（提後3：16）、成義（羅6：16）。十字架彰顯了上帝無窮的大愛，同時也彰顯了祂對罪之極度的憎惡，高舉了祂公義的律法為大為尊（賽42：21）。

上帝性情的兩面——公義與慈愛，反映在祂與人的關係上，就是律法與恩典。但是我們常常喜歡講的、唱的，多偏重於那在十字架上彰顯上帝無窮的慈愛，而少提到祂的公義。原因之一是，我們都還是沒有完全脫離罪的罪人（傳7：20），雖然領受了上帝的赦罪之恩，但因為罪的自覺，仍然畏懼上帝的公義與審判。這種情形，若是引領我們更信靠主耶穌，更保守自己遠離罪惡，乃是有益的，是哥林多後書7章1節所說「敬畏上帝，得以成聖」的過程。

但這不是上帝要我們長久停留的心靈的美境。你一旦與耶穌有了生命的結合，活出祂的生命，以耶穌的心為心，就會像祂一樣，「喜愛公義，恨惡罪惡」。上帝就會「用喜樂油膏你」（來1：9），讓你進入心靈喜樂與感恩的佳美之境。

你微小的聲音，
在這半夜的寂靜裡，
格外清晰。

你的公義如江河，
湧現在你美妙的話裡，
我心激盪不已。

你比雪更白的公義，
顯現過在變相山頂，
是我的外衣。

你十字架上的愛，
我經常歌頌的主題，
解我飢渴，你的公義。

「凡敬畏你、守你訓詞的人，我都與他作伴。」

詩119：63

◎ 鄧繼依

基督徒的生活，哪怕是內在隱密的生活，也不是孤獨的修練，而團契，是與上帝的連接與交通，是與上帝身子其他肢體的交通、搭配事奉與彼此服事，是完全在基督裡的生活。基督說：「離了我，你們就不能做什麼。」這項連接與團契，是藉著基督的身體──祂有形與無形的教會達成。我們都分享相同與共同的根基。根，基督的生命；基，磐石基督。我們結果子、被建造，都藉著這團契──生命、交通，與愛的合一。

我們對上帝兒女的愛，與我們對仇敵的愛，似乎是不同的。上帝就是愛，祂不能背乎祂自己（提後2：13），祂不能不愛。我們有了祂的性情時，就會變成完全，像祂完全一樣。這是我們對仇敵的愛（太5：43－48）。但是我們愛弟兄，則是因為他們本身，出乎肢體彼此相顧的骨肉之情。「凡信耶穌是基督的，都是從上帝而生，凡愛生他之上帝的，也必愛從上帝生的。」（約壹5：1）

本該彼此為敵的大衛與約拿單之間的友愛，發源於他們共同對上帝的愛。他們的心深相契合（撒上18：1），以致他們的愛，超乎世上骨肉之愛。大衛想念約拿單的愛時說：「你向我發的愛情奇妙非常，過於婦女的愛情。」（撒下1：26）

聖經說：「愛弟兄，要彼此親熱。」（羅12：10）我們缺少

了那份熱情，或由於我們生命的貧乏，也可能由於教會內部的結黨、紛爭。無論怎樣，讓我們一起來，先追求我們個人自身更豐盛的生命，將教會建造成上帝溫馨的家。

光明只將黑暗驅散，不能與它相伴。
「凡愛生他之上帝的，也必愛從上帝生的。」（約壹5：1）
我們心靈相通，生命相同。

我們相愛，因為我們都愛生命的主。
你在我身上看見主，我在你身上看見耶穌。
你喜愛我唱歌，我喜愛你講話，我們都在講祂。

你捨不得去，我捨不得走。
你的愛，我的戀，
都只因為祂也在我們身邊。

我們愛，因為祂先愛我們，
我們不願分離，因為祂還在愛我們，
我們不會分離，因為祂永遠愛著我和你。

「耶和華啊，你的慈愛遍滿大地；求你將你的律例教訓我！」

詩119：64

◎ 鄧繼依

大自然是上帝給人啟示的第二本書。詩人在詩篇19篇說：「諸天述說上帝的榮耀；穹蒼傳揚他的手段。」他講到這從全宇宙與大自然所傳達的知識說：「它的量帶通遍天下，它的言語傳到地極。」（詩19：4）他特別提到太陽說：「它從天這邊出來，繞到天那邊，沒有一物被隱藏不得它的熱氣。」（6節）讀到這些話，我們就會想到主耶穌的教訓。祂說日頭照好人也照歹人，下雨給義人也給不義的人。叫我們愛仇敵，像天父一樣完全。（太5：45；5：48）

我們的地球呢？它是這宇宙中的污點。在挪亞時代，「世界在上帝面前敗壞，地上滿了強暴。」（創6：11）人的罪敗壞了地球，生態環境完全破壞、改變。在大自然中，我們也看見弱肉強食、乾旱、瘟疫、暴風、海嘯與地震。

在末時，甚至那照好人也照歹人的日頭，也會烤人，使人咒詛上帝。雖然如此，「他的慈愛永遠長存！」卻不斷地迴響在這位詩人心中。詩人的眼睛是從永恆去看，他說：「他的怒氣不過是轉眼之間；他的恩典乃是一生之久。一宿雖然有哭泣，早晨便必歡呼。」（詩30：5）

今天的經文，透過詩人先知的眼睛，從未來與永恆的觀點來看我們這地球。大衛早在以賽亞之前，就已先在詩篇22篇裡預言

了彌賽亞受苦的細節。同樣地，在今天的經文中，詩人也預言了幾百年之後新天新地的情形。這現在是污點的地球，將來則是最能彰顯上帝慈愛的地方。

如今地球被敗壞的情況，使上帝在大自然中的啟示遭受蒙蔽。我們需要聖經明白的教導，讓我們像詩人一樣向上帝禱告說：「求你將你的律例教訓我！」

> 你將我分別出來專屬於你，何等福氣！
> 我心竊喜，因我是你家人，屬於你愛的小團體。
> 不料，耶和華啊，你的慈愛遍滿大地！
> 被分別出來，只是將我與罪隔離。
> 收養接枝成為一家，是生命自然的奇葩。
> 求你救我脫離狹窄自私的想法
> 求你將你的律例教訓我！
> 「你開廣我心的時候，
> 我就往你命令的道上直奔。」（詩119：32）

「耶和華啊，你向來是照你的話善待僕人。」

詩119：65

◎ 劉大同

人總是在逆境中才想到上帝，一帆風順的時候，往往將上帝的賜福忘得一乾二淨。但我們信靠上帝的人，應當時時牢記上帝伸出右手的時刻。祂曾用祂的大能救我們脫離罪惡，得著拯救。

當日本侵略中國時，英國的艾偉德女士*正在中國內地傳福音。日本的部隊節節推進，艾偉德不得不做搬遷的打算。但是她照顧的一百多個孤兒該怎麼辦？愛偉德身材矮小但精力充沛。她晝夜苦思默想，絞盡腦汁，仍舊一籌莫展。

孤兒中有個13歲的女孩提醒他們的媽媽：「耶和華不是藉著摩西領以色列人過紅海、走乾地嗎？」「可是我並不是摩西呀！」艾偉德還是滿臉憂慮回應著。「你自然不是摩西，但耶和華卻仍舊是神！」艾偉德當時無言以對。她撫摸著孩子的頭，感動得流淚。後來，艾偉德果然憑著信心，靠著上帝所賜的智慧和力量，帶領一百多名孤兒翻山越嶺，安全到達了大後方。

上帝要我們有孩子般的信靠。「耶和華今天仍舊是神。」當我們孤苦無依時，祂應許我們：「我總不撇下你，也不丟棄你。」（來13：5）危難臨頭時，祂應許說：「你不要懼怕！我是你的盾牌，必大大地賞賜你。」（創15：1）當我們自覺力不從心，面對將來膽戰心驚時，上帝說：「你不要害怕，因為我與你

同在；不要驚惶，因為我是你的上帝。……我必用我公義的右手扶持你。」（賽41：10）

聖經告訴我們，「上帝的應許，不論有多少，在基督都是是的。」（林後1：20）上帝有時要我們經過苦難，深刻想起祂的恩典和信實。祂既然向來善待我們，今天仍舊會幫助我們脫離危險。在我們經過苦難後，更加親近神。

*編按：艾偉德（Gladys Aylward, 1902-1970）在烽火戰亂的中國，帶著上百名的孤兒，輾轉流離，雖然歷經苦難，卻個個蒙神保守。請參閱《比一千頭水牛更夠力——艾偉德宣教士的故事》，校園書房，2003年。

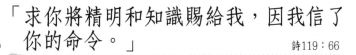

「求你將精明和知識賜給我，因我信了你的命令。」

詩119：66

◎ 劉大同

詩篇雖然不全是大衛所寫，並且119篇在篇首也無提到「大衛的詩」等字樣，但人們一提到詩篇，總是聯想到大衛。大衛做事精明其來有自。撒母耳記上18章14節說出他的精明從何而來，「大衛做事無不精明，耶和華也與他同在。」

大衛在曠野放羊，孤獨一人，手無寸鐵。但有上帝與他同在，助他當機立斷，救護羊群；當掃羅王面對強敵，一籌莫展時，大衛有上帝同在，將挑戰的巨人歌利亞擊殺，使以色列人反敗為勝。

在少年時期，大衛為他父親牧放羊群的時候，就學會了依靠上帝。當非利士大軍壓境，以色列的軍隊躲藏在山洞裡，巨人歌利亞挑戰時，竟無人敢應戰。這時大衛在掃羅王面前作見證說：「你僕人為父親放羊，有時來了獅子，有時來了熊，從群中啣一隻羊羔去。我就追趕牠，擊打牠，將羊羔從牠口中救出來。牠起來要害我，我就揪著牠的鬍子，將牠打死。」（撒上17：34－35）

人總是在無助的環境中學會信靠上帝。自以為還有可依賴的知識、經驗、權利及財富時，很難想到尋求看不見的神，但只要上帝與你同在，凡事尋求神的指引，你就是智慧人。

知識似乎總是可以和教育拉上關係，但精明卻不能全靠學識。多少飽學之士在世事上是糊塗人，在永恆的事上更是一無所知。

弟兄姐妹！我們也都信了上帝的命令，讓我們向上帝求精明和知識，使我們做智慧人，不做糊塗人。祂必賜給我們智慧，使我們做事無不精明。

「我未受苦以先走迷了路，現在卻遵守你的話。」

詩119：67

◎ 劉大同

約瑟得天獨厚，在家中得老父親的鍾愛，十七年的生活有如天之驕子。一天，老父親叫了約瑟來，吩咐他說：「『你去看看你哥哥們平安不平安，群羊平安不平安，就回來報信給我。』；於是打發他出希伯侖谷，他就往示劍去了。」（創37：14）

約瑟穿上了他父親以色列為他特別訂做的彩衣，騎著他那匹高大、名貴的阿拉伯駿馬，興致勃勃地出發，往示劍去尋找他的哥哥。約瑟騎在馬上，一路上好不威風。第一次出遠門，看著什麼都覺得新奇。到了示劍，這在附近算是一個不小的市集，熙熙攘攘，令人目不暇給。但是，約瑟卻未因此忘記父親交代的任務，他並未在市集中流連忘返，而是在野外找尋他的哥哥們。

兄弟們久別重逢，約瑟本以為必有一番歡樂，萬萬沒想到，他聽到的盡是冷嘲熱諷。稱他是作夢的，狠毒地對待他，竟欲置他於死地而後快！

一個17歲無邪的青年，到底做錯了什麼，要承受這樣的苦難？約瑟被推落坑底，絕望地捲曲著。當他手腳被綑綁，馱在駱駝上，像貨物一樣被賣到遙遠的埃及時，他不知問過多少遍「為什麼？難道因我在家中向父親打的小報告？」但約瑟決心將神的話存記在心。

他被賣到埃及王的護衛長家中為奴，忠心耿耿，很得主人的信任。一個奴隸竟成為宮廷內臣的管家。護衛長水性楊花的妻子，引誘英俊強壯的約瑟，約瑟卻不為所動。他無論在什麼景況中，都忠於他所信靠的上帝，然而他卻為此被打入監牢。

堅持原則不受誘惑，也必須受苦？約瑟在監牢仍舊忠於所信的神。但這接連的苦難使他更親近上帝，「我未受苦以先走迷了路，現在卻遵守你的話。」信靠上帝的人受苦，的確是對我們有益的。

「你本為善，所行的也善；求你將你的律例教訓我！」

詩119：68

◎ 劉大同

聖經啟示有關上帝的性情和誡命的特性是一致的。聖潔、良善、公義。律法是善的，羅馬書7章12節論到律法：「這樣看來，律法是聖潔的，誡命也是聖潔、公義、良善的。」耶穌在世時見證說：「你為什麼以善事問我呢，只有一位是善的（有古卷作你為什麼稱我是良善的？除了上帝以外，沒有一個良善的）。你若要進入永生，就當遵守誡命。」（太19：17）

上帝本來就是良善的化身，祂不可能教訓我們遵守邪惡的律法。但是今天多少信上帝的人，卻視律法為仇寇。每當提到誡命，或避之，或斷章取義引經據典辯證，說什麼「律法已經因為基督降世而被廢除了」，「新約的基督徒不必再遵守律法，全是靠恩典得救。」

但聖經既是上帝所默示的，就絕不應該前後矛盾、似是而非。因此，使徒保羅從神得啟示而寫道：「罪必不能作你們的主，因你們不在律法之下，乃在恩典之下。這卻怎麼樣呢？我們在恩典之下，不在律法之下，就可以犯罪嗎？斷乎不可。」（羅6：14－15）約翰壹書3章4節又有這樣的啟示：「凡犯罪的，就是違背律法；違背律法就是罪。」既然違背律法和犯罪之間可以劃上等號，保羅以上的話換一個寫法，就成了：「這卻怎麼樣呢？我們在恩典之下，不在律法之下，就可以（犯罪）違背律法嗎？

斷乎不可。」

　　神是聖潔的，祂希望信祂的人成聖。神是良善的，祂也願意我們最終達到良善的境地。至終，人的短暫生命和上帝的永恆合一。

　　在這自我為大、遠離神的罪惡世界裡，良善的律法，就是我們生命完美的規範、永生的指引。也唯有良善，聖潔的上帝能教育我們。祂願意將律法賜給我們，為要教導我們學習行善，使我們和祂的生命有分。這麼大的特權，我們豈可忽略呢？

9 | SEPTEMBER

主的信實存到萬代

你創造了世界，
它就堅立不移。

「驕傲人編造謊言攻擊我，我卻要一心守你的訓詞。」

詩119：69

◎劉大同

在今天的大環境裡，「一心守上帝的訓詞」是越來越不容易。多少信徒因為實在受不了人的攻擊，而和世人妥協，放棄了他們的信仰。詩人提醒我們，要更堅持所信的道，一心遵守上帝的訓詞。

要先知己知彼。逞匹夫之勇，赤手空拳地對抗攻擊我們的人，容易一敗塗地。攻擊我們的是誰呢？驕傲的人、說謊的人。這些攻擊我們的人，背後有老奸巨滑的魔鬼做他們的後盾。

魔鬼是從驕傲而生。「明亮之星，早晨之子啊，你何竟從天墜落？你這攻敗列國的何竟被砍倒在地上？你心裡曾說：我要升到天上；我要高舉我的寶座在上帝眾星以上；我要坐在聚會的山上，在北方的極處。我要升到高雲之上；我要與至上者同等。然而，你必墜落陰間，到坑中極深之處。」（賽14：12－15）

光明的天使因為驕傲變成了魔鬼，他又是說謊之人的父親。「你們是出於你們的父魔鬼，你們父的私慾你們偏要行。他從起初是殺人的，不守真理，因他心裡沒有真理。他說謊是出於自己；因他本來是說謊的，也是說謊之人的父。」（約8：44）我們憑一己之力，如何是他們的對手？

對上帝的話不能只是一知半解，要將上帝的誡命存記在心，並且一心遵守。有主住在我們心中，靠著那加給我們力量的，就凡事都能做。雖然驕傲人編造謊言攻擊我們，仍要一心守上帝的訓詞。一心遵守上帝誡命的人，必定是堅心信靠上帝的人。有主與我們同在，我們就一無所懼，而能得勝任何攻擊有餘了。

「他們心蒙脂油，我卻喜愛你的律法。」

詩119：70

◎ 劉大同

心蒙脂油和心明眼亮是多大的對比！在今世能造成一個人的失敗或成功。喜愛神的律法，使人心靈的眼睛明亮，不但今世活得豐富多彩、有意義，更能看見永恆的目標。

我們都清楚，聖經中的「心」，是指人的心思意念，而不是人的心臟。如果人的心思意念被一層脂油所蒙蔽，又怎麼能曉得、能明白上帝的話呢？這是耶穌在世上時，提到當時那些驕傲的文士和法利賽人所引用的經文。「在他們身上，正應了以賽亞的預言，說：你們聽是要聽見，卻不明白；看是要看見，卻不曉得；因為這百姓油蒙了心，耳朵發沉，眼睛閉著，恐怕眼睛看見，耳朵聽見，心裡明白，回轉過來，我就醫治他們。」（太13：14－15）

那些人雖然飽讀經書，但是他們的驕傲自恃，卻成了絆腳石。他們用自己的方法，將律法倒背如流，並且嚴謹地遵守每一條文的字句。然而他們心蒙脂油，無法看出上帝律法中的奇妙。他們堵住耳朵、閉著眼睛，以免心裡明白過來而悔改，上帝就赦免他們。

他們不願意改變舊生活，不捨得放棄原來所喜愛的。他們守住了律法的字句，就沾沾自喜、自以為義。驕傲的心，容不得上帝的律法。今天我們會不會因為高深的神學知識、屬靈的優越

感，蒙住我們的心，而無法體會上帝律法中的精義呢？

耶穌在加利利的山邊教訓群眾時，說：「你們聽見有吩咐古人的話，說：『不可殺人』；又說：『凡殺人的難免受審判。』只是我告訴你們，凡向弟兄動怒的，難免受審判；凡罵弟兄是拉加的，難免公會的審斷；凡罵弟兄是魔利的，難免地獄的火。」（太5：21－22）只有聖靈使之心明眼亮的人，能從心裡喜愛耶和華的律法。

「我受苦是與我有益，為要使我學習你的律例。」

詩119：71

◎ 劉大同

苦難顯明上帝對我們的愛，我們受苦引我們投靠在神的懷裡。忙於享樂的人，無暇學習神的話，忘記神的話是唯一永遠立定的。

中國的聖人孟子在《告子‧下》說：「天將降大任於斯人也，必先苦其心志，勞其筋骨，餓其體膚，空乏其身，行拂亂其所為，所以動心忍性，曾益其所不能。」這大有智慧的話，實在是來自上天的啟示。

「寶劍鋒從磨礪出，梅花香自苦寒來。」正可以作為音樂之父貝多芬一生的寫照。這位偉大的音樂家，他的樂曲響遍世界每個角落。大多數音樂愛好者，都陶醉其優美樂曲、感人的旋律，但卻鮮少有人知道，他一生的遭遇是多麼悲慘。晚年時又聾又病，尤以一個音樂家聽不見聲音，無法欣賞自己的作品被演奏出來，這種悲痛的心情可想而知。

一個歷盡人生的艱辛，還能不屈不撓用全部的生命和心血，為人類創作大量的樂曲，無異於是用自己的痛苦，換來人的歡樂。也許讀者要問，究竟是什麼力量支撐著，經受風雨的摧殘、身心的折磨？最好還是讓他自己來回答。貝多芬曾說：「最美的事，莫過於接近神，並把祂的光芒播於人間。」

「接近神」就是他一生戰勝諸般苦難的祕訣，也是他前進力

量的泉源。他以痛苦揉合在音符裡，化成優美的旋律。靠著接近神支取的力量，將希望的光芒播放人間。這就是他認為一生最美的事。

無怪乎詩人說：「但我親近上帝是與我有益」（詩73：28）。人在苦難時，最容易轉向神，神用苦難使人學習並遵從神的話，使人擔當得起上帝所託付的大任。

「你口中的訓言與我有益，勝於千萬的金銀。」

詩119：72

◎ 劉大同

古往今來，多少擁有天下的君王，富可敵國的財主，於今安在？唯有神的訓詞，神的啟示，對我們世人有永恆的益處，遠勝過千萬金銀。

「基督徒即令花一生的時間閱讀聖經，也難讀得窮盡。他下的功夫越深，鑽研得越精，從聖經所得到的益處也越大。」這是名神學家巴克萊[1]的一句話。

約翰衛斯理[2]說過：「每天要把早晨的時間拿出來讀書，一天24小時，要拿出五個小時讀書。」有人對此不能苟同，理由是：「我對閱讀沒有興趣。」衛斯理的答覆很嚴厲，他說：「沒有興趣，應該培養，要不然就回去幹你的老本行！」

基督徒應該每天閱讀上帝的訓言——聖經。古人曾說：「三日不讀書，便覺言語乏味，面貌可憎。」這也適用在基督徒的讀經習慣上。一個沒有養成良好讀經習慣的基督徒，正如一個言語乏味、面貌可憎的人，世人避之猶恐不及，更不用說因為聽他的見證而相信基督耶穌了。

中國俗語云：「人為財死，鳥為食亡。」明知是身外物，生不帶來死不帶去，似乎少有人於財利當前而不心動的，追求錢財，永遠沒有足夠的時候，縱有千萬金銀，也不一定能確保今生的喜樂。

富人為了錢財夫妻離異、兄弟反目成仇，公公和媳婦對簿公堂。這一類的新聞幾乎天天可見。很多財主保鏢環護，時時活在恐懼之中。「勞碌的人不拘吃多吃少，睡得香甜；富足人的豐滿卻不容他睡覺。」（傳5：12）真是智慧君王的經驗之談，誠哉斯言！

感謝上帝，祂口中所出的一切話，都對我們的生命有益，能幫助我們過得豐富多彩，勝於千萬的金銀。應珍惜上帝為我們著想的益處，啟示我們的訓詞。在一天開始工作前讀一段聖經，將經文存記在心，整天默想其中的精義，能使你終生受用不盡，遠勝金銀。

註1：巴克萊（William Barclay）乃蘇格蘭格拉斯哥大學（Glasgow University）新約及希臘文教授，為當代著名神學家。

註2：約翰衛斯理（John Wesley, 1703－1791）：十八世紀的聖公會神職人員和基督教神學家，創立了衛理宗（Methodism）。他所建立的循道會（也就是後來的衛理公會）帶起了英國福音派的大復興，他將神學理念化成實際可行的社會運動。

「你的手製造我，建立我；求你賜我悟性，可以學習你的命令！」

詩119：73

◎ 羅木華

上帝按照自己的形像創造人，祂說：「我們要照著我們的形像、按著我們的樣式造人，使他們管理海裡的魚、空中的鳥、地上的牲畜，和全地，並地上所爬的一切昆蟲。」（創1：26）這裡所提及的形像和樣式，包括了人的靈感、思想、意志和感情。黑猩猩也有像人的地方，卻不能說是照上帝形像創造的，它只有人的形像，卻沒有能與神溝通的本能。詩人認定上帝創造、建立了他，這是對自我來源的肯定。

解析幾何的創始人笛卡兒的名言：「我思故我在」，表明這位數學哲學家對理性的重視，思想便是存在的基礎。一位美食家打趣的說：「一般人為生存而飲食，我卻為飲食而生存。」說明飲食在他的生命中所占的分量。而耶穌卻說：「經上記著說：人活著，不是單靠食物，乃是靠上帝口裡所出的一切話。」（太4：4；申8：3）肯定了上帝話語對生命的價值。

所羅門王求智慧，他對上帝說：「你曾向我父大衛大施慈愛，使我接續他作王。……求你賜我智慧聰明。」（代下1：8，10）雅比斯求擴張境界，去苦難，他「求告以色列的上帝說：『甚願你賜福與我，擴張我的境界，常與我同在，保佑我不遭患難，不受艱苦。』上帝就應允他所求的。」（代上4：10）

雅基的兒子亞古珥求中庸之道：「上帝啊，有兩件事，求

你在我未死之前成全：使我不撒謊；使我也不窮也不富，只供給我所需要的飲食。如果我有餘，我可能說我不需要你。如果我缺乏，我可能盜竊，羞辱了我上帝的名。」（箴30：7－9，現代中文譯本）耶穌勸我們：「你們要先求他的國和他的義，這些東西都要加給你們了。」（太6：33）

詩人認識到生命的真諦，明白上帝的命令。為要明白上帝的命令，便向上帝求賜悟性，通過悟性去學習。神的命令便是祂的話，也包括了祂的義，詩人所求的近於耶穌的勸勉。

朋友，您向神求什麼呢？

「敬畏你的人見我就要歡喜，因我仰望你的話。」

詩119：74

◎ 羅木華

要敬畏上帝也得下功夫：「側耳聽智慧，專心求聰明，呼求明哲，揚聲求聰明，尋找它，如尋找銀子，搜求它，如搜求隱藏的珍寶，你就明白敬畏耶和華，得以認識上帝。」（箴2：2－5）而且「敬畏耶和華在乎恨惡邪惡；那驕傲、狂妄，並惡道，以及乖謬的口，都為我所恨惡。」（箴8：13）

一個人的行為，也能表現出他對神的敬畏：「行動正直的，敬畏耶和華；行事乖僻的，卻藐視他。」（箴14：2）

敬畏上帝有極珍貴的福分，「敬畏耶和華的，大有倚靠；他的兒女也有避難所。敬畏耶和華就是生命的泉源，可以使人離開死亡的網羅。」（箴14：26－27）

「近朱者赤，近墨者黑」，喜歡與善良的人親近，便能因互動而更加有向善的傾向；喜歡與凶惡的人親近，便可能同流合污而更加有作惡的傾向。同樣，被敬畏上帝的人看見而歡喜的人，必定是有知識和智慧的人，因為物以類聚。聖經說：「敬畏耶和華是知識的開端；愚妄人藐視智慧和訓誨。」（箴1：7）「敬畏耶和華是智慧的開端；認識至聖者便是聰明。」（箴9：10）

「不從惡人的計謀，不站罪人的道路，不坐褻慢人的座位，惟喜愛耶和華的律法，晝夜思想，這人便為有福！他要像一棵樹栽在溪水旁，按時候結果子，葉子也不枯乾。凡他所做的盡都順

利。惡人並不是這樣,乃像糠秕被風吹散。因此,當審判的時候,惡人必站立不住;罪人在義人的會中也是如此。因為耶和華知道義人的道路;惡人的道路卻必滅亡。」(詩1:1—6)

　　這種避惡從善、對上帝敬畏的內涵,可從一個人對神的尊崇景仰表達出來。他在生命、生活的目標中,期望、信賴上帝的指導,因為「誰敬畏耶和華,耶和華必指示他當選擇的道路。」(詩25:12),而且「耶和華與敬畏他的人親密;他必將自己的約指示他們。」(詩25:14)而敬畏上帝的人,必然互相吸引,樂於相交共處。

　　你能辨識敬畏上帝的人嗎?什麼樣的人看見你就歡喜呢?

> 「耶和華啊,我知道你的判語是公義的;
> 你使我受苦是以誠實待我。」
> 詩119:75

◎ 羅木華

受苦的原因很多,可能是環境的逼迫、病痛的困擾、經濟的壓力、感情的創傷,也可能是自作孽或無知作為的結果,甚至是敵人的攻擊。

但作為信徒,我們可以認定,受苦是主所容許的,甚或是主的處罰。

當大衛驕傲數點百姓得罪神之後,上帝給他三個選擇,他很有智慧地選擇了寧願在上帝的手下,他說:「我很為難。我不願被人處罰;我寧願讓上主親自懲罰我,因為上主有豐盛的憐憫。」(撒下24:12-14,現代中文譯本)

上帝的責罰是對人的管教,「因為主所愛的,他必管教,又鞭打凡所收納的兒子。你們所忍受的,是上帝管教你們,待你們如同待兒子。焉有兒子不被父親管教的呢?管教原是眾子所共受的。你們若不受管教,就是私子,不是兒子了。再者,我們曾有生身的父管教我們,我們尚且敬重他,何況萬靈的父,我們豈不更當順服他得生嗎?生身的父都是暫隨己意管教我們;惟有萬靈的父管教我們,是要我們得益處,使我們在他的聖潔上有分。凡管教的事,當時不覺得快樂,反覺得愁苦;後來卻為那經練過的人結出平安的果子,就是義。」(來12:6-11)

上帝管教祂所愛的人,祂的責罰也表達了祂的公義和愛心。

詩人能夠體會到上帝的管教，是基於祂的信實，這是詩人通達之處。被上帝管教時，「你當心裡思想，耶和華——你上帝管教你，好像人管教兒子一樣。」（申8：5）因為「耶和華啊，你所管教、用律法所教訓的人是有福的！」（詩94：12）

篋言關於上帝的管教，也有很好的啟示：「棄絕管教的，必致貧受辱；領受責備的，必得尊榮。」（箴13：18）「棄絕管教的，輕看自己的生命；聽從責備的，卻得智慧。」（箴15：32）至於像約伯一般，受無妄之災的人，更應該體會到祂的信實，而忍耐等候主的解救。

詩人說：「耶和華啊，我知道你的判語是公義的；你使我受苦是以誠實待我。」願這話也是今天我們的禱告。

「求你照著應許僕人的話，以慈愛安慰我。」

詩119：76

◎ 羅木華

接續上一節，詩人認定因被責罰而受苦，是上帝按其誠實而美好的旨意所允許的，便可毫無疑問、毫無保留的，向主要求得安慰，而且要求主「以慈愛」安慰自己。

當一個孩子受父母責罰而受苦時，若心存反叛，把父母想像成窮凶惡極的惡魔，既減不了受罰的苦楚，也學不到教訓，更不能減少將來受罰的可能性，浪費了一個學習的機會。相反的，受罰時能想及父母善良的用心，自然會軟化自己的態度，而更快重獲父母的喜悅。

同樣，當我們在失意或患難時，無論任何環境或際遇，即使受苦，也要認定上帝的信實，記得上帝在聖經中豐盛的應許，便能使我們振作起來。也可仿傚詩人的禱告方法，求主照著祂對僕人的許諾，「以慈愛」安慰我們。

而如此祈求前，先要自我反省，確定我們的確有作上帝僕人的樣式和心態。「豈不曉得你們獻上自己作奴僕，順從誰，就作誰的奴僕嗎？或作罪的奴僕，以至於死；或作順命的奴僕，以致成義。」（羅6：16）

「感謝上帝！因為你們從前雖然作罪的奴僕，現今卻從心裡順服了所傳給你們道理的模範。你們既從罪裡得了釋放，就作了義的奴僕。我因你們肉體的軟弱，就照人的常話對你們說。你們

從前怎樣將肢體獻給不潔不法作奴僕，以至於不法；現今也要照樣將肢體獻給義作奴僕，以至於成聖。」（羅6：17－19）我們「既從罪裡得了釋放，作了上帝的奴僕，就有成聖的果子，那結局就是永生。」（羅6：22）

有了作僕人的樣式和心態，還要「仰望上帝的應許……將榮耀歸給上帝，且滿心相信上帝所應許的必能做成。」（羅4：20－21）

也要牢記上帝的愛，「因為愛是從上帝來的。凡有愛心的，都是由上帝而生，並且認識上帝。沒有愛心的，就不認識上帝，因為上帝就是愛。」（約壹4：7－8）

惟願最終我們能如上帝對以賽亞所說：「到那日，你必說：耶和華啊，我要稱謝你！因為你雖然向我發怒，你的怒氣卻已轉消；你又安慰了我。」（賽12：1）

「願你的慈悲臨到我，使我存活，因你的律法是我所喜愛的。」

詩119：77

◎ 羅木華

詩人敏銳地陳明，個人的生命氣息、生存活動的能力，全來自上帝，且出自祂的慈悲。而詩人要求慈悲得存活的理由，是基於他喜愛上帝的律法。這豈不是舊約條文式的意識和思維嗎？要注意的是，他以喜愛律法作理由，並非以守法律為理由，這一點是我們可以認同的。

既然喜愛律法，何需求神的慈悲臨到，使自己存活呢？可見詩人認識到，律法之外，不能沒有恩典，上帝的律法，表明祂的公義。「這樣看來，律法是聖潔的，誡命也是聖潔、公義、良善的。」（羅7：12）

即使在舊約，上帝也清楚描述，「耶和華在他面前宣告說：『耶和華，耶和華，是有憐憫有恩典的上帝，不輕易發怒，並有豐盛的慈愛和誠實，為千萬人存留慈愛，赦免罪孽、過犯，和罪惡，萬不以有罪的為無罪，必追討他的罪，自父及子，直到三、四代。』」（出34：6－7）

當然新約更明顯地說明，得救在乎恩典。保羅說：「上帝救了我們，以聖召召我們，不是按我們的行為，乃是按他的旨意和恩典；這恩典是萬古之先，在基督耶穌裡賜給我們的。」（提後1：9）又說：「你們得救是本乎恩，也因著信；這並不是出於自己，乃是上帝所賜的。」（弗2：8）

　　但是新約也沒有否定行為的重要性，因為「可見信心是與他的行為並行，而且信心因著行為才得成全。……這樣看來，人稱義是因著行為，不是單因著信。」並且「身體沒有靈魂是死的，信心沒有行為也是死的。」（雅2：22，24，26）

　　今天的經文，很巧妙地讓我們看到，律法與恩典並行，行為與信心並重。可見上帝的公義與恩典，是整本聖經一致的描述，不論在新舊約時代都是並重的。

　　「願你的慈悲臨到我，使我存活，因你的律法是我所喜愛的。」

「願驕傲人蒙羞，因為他們無理地傾覆我；但我要思想你的訓詞。」 詩119：78

◎ 羅木華

從字面看，詩人似乎企圖報復無理傾覆他的人，希望他們蒙羞。當然這種可能性的確存在，但另一種看法卻是：詩人是一位熟識上帝作為的人，了解那些驕傲人的下場。「驕傲的必屈膝；狂妄的必降卑。在那日，唯獨耶和華被尊崇。」（賽2：17）「驕傲來，羞恥也來；謙遜人卻有智慧。」（箴11：2）不幸的是，若干年後，這種情況確實發生在以色列國。

但以理曾如此禱告：「主啊，你是公義的，我們是臉上蒙羞的；因我們猶大人和耶路撒冷的居民，並以色列眾人，或在近處，或在遠處，被你趕到各國的人，都得罪了你，正如今日一樣。主啊，我們和我們的君王、首領、列祖因得罪了你，就都臉上蒙羞。」（但9：7－8）以色列人的歷史，印證了違背上帝律法的禍患。

詩人的智慧，在乎他能警惕，避免蒙羞的行徑。他決意把時間花在思想上帝的訓詞，有如當日約書亞對以色列人入迦南時的勉勵。「這律法書不可離開你的口，總要晝夜思想，好使你謹守遵行這書上所寫的一切話。如此，你的道路就可以亨通，凡事順利。」（書1：8）

以色列人的歷史，是我們的前車之鑑，所以我們要警惕，不可有驕傲的心態。同時要學習耶穌的樣式，祂說：「我心裡柔和

謙卑，你們當負我的軛，學我的樣式；這樣，你們心裡就必得享安息。」（太11：29）

在基督徒的日常生活中，應養成思想上帝訓詞的習慣，「惟喜愛耶和華的律法，晝夜思想，這人便為有福！」（詩1：2）

思念耶穌，還有使徒的話，「同蒙天召的聖潔弟兄啊，你們應當思想我們所認為使者、為大祭司的耶穌。」（來3：1）「我所說的話，你要思想，因為凡事主必給你聰明。」（提後2：7）

也要經常思考有益的事，「弟兄們，我還有未盡的話：凡是真實的、可敬的、公義的、清潔的、可愛的、有美名的，若有什麼德行，若有什麼稱讚，這些事你們都要思念。」（腓4：8）如此我們便可避免成為蒙羞之人。

「願敬畏你的人歸向我，他們就知道你的法度。」

詩119：79

◎ 羅木華

與74節相比，詩人在這裡所表達的意願，就更進一步了，願那些敬畏神的人，超越互相吸引、樂於相交共處的境界，進而有互相歸屬的意向，這是一種更深入關係的期待。

很有可能，詩人是一個有地位的人，是一位領袖，甚至是元首級的人物，有選賢與能的眼光，有容人的廣闊胸襟，期望敬畏神的人歸向他，因為他知道敬畏神的人是有福的。

摩西的岳父勸摩西：「要從百姓中揀選有才能的人，就是敬畏上帝、誠實無妄、恨不義之財的人，派他們作千夫長、百夫長、五十夫長、十夫長，管理百姓。」（出18：21）可見，「敬畏神」是屬靈領袖選拔人才的重要因素。

這節經文聖經新譯本為：「願敬畏你，知道你的法度的人，都歸向我。」可見他本人對上帝律法的重視。凡歸向他的人，都要知曉、明白主的法度。這是一位英明能幹，順服上帝的領導人，預期歸順他的人也知道主的法度，這是詩人對人選的標準。其實更重要的是，共同歸向上帝。

摩西在以色列人進迦南之前，曾苦口婆心地勸他們：當「盡心盡性歸向耶和華——你的上帝，照著我今日一切所吩咐的聽從他的話。」（申30：2）而且向他們說出歸向耶和華的福利：「你若聽從耶和華——你上帝的話，謹守這律法書上所寫的誡命

律例，又盡心盡性歸向耶和華——你的上帝，他必使你手裡所辦的一切事，並你身所生的，牲畜所下的，地土所產的，都綽綽有餘；因為耶和華必再喜悅你，降福與你，像從前喜悅你列祖一樣。」（申30：9－10）

我們也當歸向上帝，就是歸向基督，正如祂為我們祝福禱告時所說的：「使他們都合而為一。正如你父在我裡面，我在你裡面，使他們也在我們裡面，叫世人可以信你差了我來。你所賜給我的榮耀，我已賜給他們，使他們合而為一，像我們合而為一。」（約17：21－22）

但願我們也能說：「願敬畏你的人歸向我，他們就知道你的法度。」

「願我的心在你的律例上完全，使我不致蒙羞。」

詩119：80

◎ 羅木華

在第78節裡，詩人論及把時間用在思想上帝的訓詞；這裡「詩人更徹底地表示他的意願，要心在神的律例上完全，或無可指摘，以避免蒙羞。」（聖經新譯本）有如大衛臨終時對所羅門王的囑咐一樣：「遵守耶和華——你上帝所吩咐的，照著摩西律法上所寫的行主的道，謹守他的律例、誡命、典章、法度。這樣，你無論做什麼事，不拘往何處去，盡都亨通。」（王上2：3）

一種很普遍的信念認為，現今是恩典時代，再講究遵守誡命，便是信奉教條主義，以守誡命去獲取救恩已經過時了。可見遵守上帝的誡命，表明一個人是認識主的。而認識主的人，必然明白祂對人的期望，了解並接受祂的恩典。因為只知道主的公義，不了解祂的恩典，就不完全認識主。

詩人說：「願我的心在你的律例上完全」，靠自己的力量，是不可能的。「所以，在基督裡若有什麼勸勉，愛心有什麼安慰，聖靈有什麼交通，心中有什麼慈悲憐憫，你們就要意念相同，愛心相同，有一樣的心思，有一樣的意念，使我的喜樂可以滿足。……你們當以基督耶穌的心為心。」（腓2：1，2，5）所以心要在主的律例上完全，便需以基督耶穌的心為心作基礎。

耶穌曾說：「你要盡心、盡性、盡意愛主——你的上帝。這

是誡命中的第一，且是最大的。其次也相倣，就是要愛人如己。
這兩條誡命是律法和先知一切道理的總綱。」（太22：37－40）
保羅也勸我們，要有主的愛心：「凡事都不可虧欠人，惟有彼此
相愛要常以為虧欠；因為愛人的就完全了律法。……愛是不加害
與人的，所以愛就完全了律法。」（羅13：8－10）

　　「願我的心在你的律例上完全，使我不致蒙羞。」成為今天
你我的祈禱。

「我心渴想你的救恩,仰望你的應許。」

詩119:81

◎ 羅慧勤

詩人的渴望何其深重、迫切?他在患難時對救恩飢渴得耗盡了他的心神!有多少基督徒經歷過這種渴望的煎熬及其帶來的恩典呢?如果沒承受過火般的試煉,徹底體會到罪惡的可怕,同時心存對上帝至深至切的愛慕,人心又豈會滋生出如斯的渴望、如斯的堅持呢?

人心有無窮的欲望。所有的欲求背後,其實是人心靈深處,對他們的創造主、對真理、對天國深深的嚮往、戀慕?可悲的是,這飢渴已被人的罪惡嚴重扭曲,也被撒但的詭計蒙蔽;人已不再清楚了解自己心之所望了。

人對救恩的飢渴,不論多迫切,都不能把自己領到上帝面前,為自己贏取救恩。人之所以會渴慕救恩,皆因上帝出於自己無限的憐憫與恩慈,先渴望拯救我們這一群可憐的罪人。

上帝渴望施行拯救的心,又豈是我們可輕易體會的呢?上帝的渴望,令祂把獨生子給捨了;上帝的渴望,令耶穌捨棄了天國所有的權柄與尊榮;上帝的渴望,令聖靈願意委屈棲身在充滿罪孽的人心裡;……因此,蒙昧的罪人得以認識他們的救主,並憑著信心領受救恩。

多少基督徒在決志信主或受洗的那一刻,不以為從此享盡主裡的平安和喜樂?即不如此,也斷不會預料有朝一日,會感到上

帝的救恩竟是那麼的遙不可及！如果已得著救恩，又何須繼續渴慕呢？更毋論渴望到心力交瘁！

　　放眼四周，尤其在繁榮的社會裡，大部分基督徒也都活得平安順利。有人說，這是從上帝而來的福氣。是耶？非耶？然而擺在眼前的事實卻是，教會增長率低落，教友靈性軟弱，所傳揚的資訊與現實生活脫節，永恆的福音、現代的真理，淪為空洞的口號！救恩和我們的距離也越來越遠……此時若不像詩人般渴望救恩，更待何時？

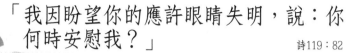

「我因盼望你的應許眼睛失明，說：你何時安慰我？」

詩119：82

◎ 羅慧勤

有一位基督徒在信主前，經歷了一般人難以想像的虐待，心靈和尊嚴都遭到無情的摧殘。信主之後，苦難雖減輕，卻也沒完全遠離他。當他在再次被傷害而傾吐他的哀傷和憤慨時，卻常聽到類似的話：「你要有信心啊！只要你信靠上帝，祂一定幫助你。所以你要喜樂，基督徒是充滿平安和喜樂的！」說的人一副信心滿滿的樣子，聽的人卻顯得益發消沉了……。

哭泣與哀慟，難道就必然只反映了信心軟弱和對上帝缺乏信靠嗎？有些基督徒以為有信心的基督徒在心碎時，也必須喜樂。這錯誤的觀念，令很多基督徒不敢吐露自己的痛苦，有的更極力表現出事事順心的樣子。這也導致一些沒吃過苦的基督徒，對信心和喜樂的認識，只停留在膚淺的階段。因此，本該為受苦的心靈帶來慰藉和治療的福音，有時反而加劇了人的痛苦，也在無意中鼓勵人逃避現實，甚至深化人性的虛偽。這難道對靈命的成長毫無影響嗎？對福音的傳揚沒造成阻礙嗎？

然而，詩人寫的詩篇，卻不乏對不義的控訴及磨難與痛苦的描述。他在近乎絕望的處境裡，依然緊緊抓住上帝的應許，信心的強弱盡顯無遺。當他問上帝，「你何時安慰我」時，他很真實地將他的人性表現出來，基督徒也會在痛苦時渴望儘早得到解脫，這麼問未必是沒有信心，不曾問的人也不見得就是有信心。

除了少數感知極敏銳的人，大多數人只有在經歷了患難後，才懂得體諒他人的苦難。我們不必等到末日，才像但以理的三個朋友，為堅守真理而被丟入火窰。我們需要的是容許上帝帶領我們，認認真真的生活，勇敢、誠實地面對自己；願意為了明白真理而與困惑搏鬥，直至真理浮現為止。寧可被扔進每天生活裡的小火窰，也絕不接受膚淺、狹隘的教導。那時，我們便會依稀看見人子在我們身旁了。

「我好像煙薰的皮袋，卻不忘記你的律例。」

詩119：83

◎ 羅慧勤

剛受洗之後，連做了兩個令人毛骨悚然的惡夢。夢醒後仍然歷歷在目，令人心有餘悸。第一個夢裡有個自稱是地獄官的姥姥來帶我下地獄。第二個夢見我最恐懼的蛇，牠竟爬進位在二樓的公寓！令我感到欣慰的是：我當時雖只是個屬靈嬰孩，卻在惡夢裡想起耶穌，並奉祂的名命令它們離去。話剛說完，地獄官姥姥猛然跳開、消失無蹤。而那蛇即刻變得挺直，飛出窗外，跌在地上，斷成兩截！

只有耶穌曉得那兩個夢到底是怎麼一回事。對我來說，這兩個夢的重點是：我在夢裡想起耶穌並向祂求救，祂應允了我的祈求！耶穌既會眷顧在睡夢鄉的屬靈嬰孩，祂豈會不扶持奄奄一息，像個乾癟的水袋的詩人呢？因此，詩人在困苦中沒忘記上帝的律例。

「人子啊，要吃你所得的，要吃這書卷，好去對以色列家講說。」（結3：1）上帝的話語是我們的靈糧。如同身體的糧食，我們必須把它「吃」了，再消化和吸收。背誦聖經能協助我們記住上帝的話語。然而，死記硬背只能讓人記住字句而不能領悟其精髓。這有如將美食狼吞虎嚥，導致消化不良。我們若要在非常時刻也謹記上帝的話語，被它引領，便得花時間思考、默想聖經的原則。靈糧在被細嚼慢嚥後，能更有效的被消化。

　　懇切祈求聖靈的教導，更是不可忽略的一環。因為只有上帝的靈能將祂的意念闡明，幫助我們領受靈糧的滋養。營養豐富的食物，加上良好的消化系統，可使身體長得健美。然而，若不運動，各種機能不但不能保持在最佳狀態，還會加速退化的過程。因此，想要成為像詩人一樣的健康屬靈人，一定得將上帝的話語實踐在生活裡。如此，上帝的誡命和律例，更便能叫我們的屬靈生命益發堅韌。

「你僕人的年日有多少呢？你幾時向逼迫我的人施行審判呢？」

詩119：84

◎ 羅慧勤

詩人為何問上帝這兩個問題呢？可能是有感於自己時日無多，希望在有生之年，親眼看見逼迫自己的人得到應得的懲罰吧！

在一個禱告會裡，教友甲分享說，看見一名教會裡的母親嚴厲斥責她的孩子，心裡感到很不舒服。教友乙向來是愛心使者。她大義凜然、帶著責備的口吻回應：「我們不應該論斷人。我們應該有愛心，往好處想。她的孩子可能已經不聽話千百次了。她可能是實在受不了才發脾氣的。」現場的氣氛隨即變得凝重起來。牧師輕輕地搖頭歎息，首席長老神情嚴肅。後來，話題被帶到別處去。在這種情況下，有誰敢回應呢？一個不小心，就會被判為沒愛心的人。那是基督徒的死穴！

教友乙事後自滿的重提此事，「基督徒該有愛心，不應該論斷人。那母親的孩子可能已經不聽話千百次了，……。」然而，愛心地雷的確叫人心驚膽戰、步步為營。一位教友不願當愛心啞巴，便答道：「這只不過是其中一個可能性。她也可能是個壞脾氣的媽媽，可能已對她的孩子發過千百次的脾氣了。其實，最正確的答案是──我們不知道事情的真相。」出乎意料之外，教友乙竟激動地哀號：「我以前就常對我的孩子發脾氣！」

聖經說：「我若將所有的賙濟窮人，又捨己身叫人焚燒，卻

沒有愛，仍然與我無益。」（林前13：3）驚天動地的犧牲，也不一定出自愛上帝、愛人的心；更何況空乏的愛言愛語！「人心比萬物都詭詐，壞到極處，誰能識透呢？」（耶17：9）「上帝啊！求你為我造清潔的心，使我裡面重新有正直的靈。」（詩51：10）施行審判是上帝的權柄，明辨是非黑白卻是基督徒的責任。因為上帝賜予了人們觀察、思考和分析的能力。

「不從你律法的驕傲人為我掘了坑。」

詩119：85

◎ 羅慧勤

我們有敵人嗎？他們是誰？他們在做什麼？假如我們沒有詩人一般的認知，會有什麼後果呢？不遵行律法的驕傲人在哪裡？他們又如何為我們「掘坑」？恐怕其中一個「坑」已遍布全地，只是鮮為人所察覺。聖經勸勉我們，「但要凡事察驗；善美的要持守。」（帖前5：21）什麼是善？什麼是美？基督徒有否「凡事察驗」？

在現今的社會裡，「愛心」常常被高舉。不但各種宗教的信眾喜歡強調，沒有宗教信仰的人，也很注重在每天生活裡表現「愛心」。聖經卻告訴我們，在末世，許多人的愛心會漸漸冷淡了。基督徒的愛心和其他人的愛心，有何分別呢？必須有分別嗎？如果沒有又如何？

很多基督徒在有人長期、重複犯錯或犯罪，且嚴重傷害了一些人之後，迫不及待的為他們辯護說：「他不是故意的」，「他是不知道的」，「事情不是你所想像的」，「他天生性格如此」，「他可能有一個很坎坷的童年」，「我相信他是想做上帝忠心的孩子的」，「上帝要我們愛我們的仇敵」等等。

既然連仇敵也愛，為什麼卻不愛被仇敵傷害的人，為他們伸張公義呢？令人心寒的是，若有人提出一些很籠統的說法，譬如：「我們罪人都是很驕傲，很自私的。」幾乎所有的基督徒都

會立刻認同。然而，當他們面對一些真實的事件，必須做出決斷時，除了各種模糊不清，聽起來很善良的話語之外，他們卻不說誰是誰非，無法提出事例來為自己的藉口辯證，也不對當事人直接提說他們所犯的錯。既然沒有錯，自己認罪悔改或是教導他人如此行，更不是他們人生經歷的一部分。

切莫忘了「連撒但也裝作光明的天使」（林後11：14）。凡是以人、以自我為中心的，不論看起來是多麼良善、偉大、神聖，都會誘使我們偏離基督和祂的律法，甚至成為不從律法的驕傲人，為他人掘「坑」！

「你的命令盡都誠實；他們無理地逼迫我，求你幫助我！」

詩119：86

◎ 羅慧勤

有誰能比耶穌更能體諒被無理逼迫的人？又有誰比耶穌經歷過更慘痛、殘酷的逼迫？真正愛上帝的人，又有那個沒遭受過逼迫？要不然，耶穌也不會說，僕人不能大於主人，「他們若逼迫了我，也要逼迫你們。」（約15：20）然而，難道所有的基督徒只是被他人逼迫，從來不曾逼迫他人嗎？逼迫人的只是非基督徒嗎？

基督徒有沒有可能逼迫非基督徒或其他基督徒呢？逼迫人的，會不會把自己看成是受逼迫的呢？基督徒有沒有可能在犯罪之後，不願認罪悔改，也不甘承擔犯罪的後果，而覺得被逼迫？甚至還反過來逼迫指正他罪過的人？基督徒有沒有可能由於無知，而逼迫屬上帝的人？基督徒如何確保自己不在無知的情況之下，逼迫無辜的人？基督徒如何能夠確定，自己是為主的緣故而受逼迫？

聖經預言在末世只有兩群人：一群屬大多數，是逼迫上帝子民的；另一群屬極少數，是遭逼迫的上帝餘民。此時，這兩群人還沒被顯明出來。然而，我們在每天生活裡所做的大大小小的選擇，都在決定我們最終會成為哪一群人。

可怕的是，逼迫上帝餘民的人，竟把自己視為替天行道、屬上帝的人！當年亞當和夏娃，因選擇相信撒但的謊言，而令全人

類陷入罪中。當耶穌被釘十架死時，撒但及他的惡天使以為他們已得勝利！由於不相信上帝的話，以致心眼蒙昧至此田地，豈不悲哀？然而，聖經告訴我們，歷史必將重演！願主幫助我們，免得陷入此可悲又可怕的境地！

　　聖經描述上帝末世時的餘民，說：「在他們口中察不出謊言來。」（啟14：5）「聖徒的忍耐就在此；他們是守上帝誡命和耶穌真道的。」（啟14：12）基督徒若不想成為逼迫者，只有一個途徑，就是：堅守上帝的真理，靠著聖靈，做完全正直無偽的誠實人。

「他們幾乎把我從世上滅絕，但我沒有離棄你的訓詞。」

◎ 羅慧勤

詩人的仇敵不但要他受苦，還想取他性命！可能有人會問，心腸、手段如此狠毒的人，世上有幾人？人們可能認為，這樣的人只屬極少數。

歷史上記載有關人類互相殘殺的例子，多不勝數。近年來，因夫妻不和，殺子女而後自殺的案例層出不窮。各年齡層的人，由於小事情而大發烈怒，並在暴怒下殺人。青少年殺害比他們年幼的孩童；有些更是在毫無動機之下，只為了嘗一嘗殺人的滋味而狠下毒手，實在令人心寒。同時，自殺率也不斷攀升。人們為何如此不愛惜生命？

亞當和夏娃的第一個孩子該隱，就是一名殺人犯。其實每個人，只要處在相應的環境，被施加足夠的壓力，都有可能成為謀殺犯。

一名公認為非常善良的基督徒婦女，卻長期受到年長丈夫的欺壓。有一天，她做了一個惡夢。她夢見自己在憤怒之餘，抓起床頭燈狠狠地襲擊丈夫。她一驚之下醒來，慶幸只是夢一場。才回過神，卻發現床頭燈被折斷了！這善良的女人說：「那天晚上，我重新認識自己。我是有可能殺人的。」

上帝按照自己的形像造人。這形像在人犯罪、墮落後嚴重受損。耶穌道成肉身，最後死在十字架上，為的是讓人能因信稱

義，修復人所擁有的上帝的形像！一切傷害人身心靈的惡事，都無情地蹂躪、摧毀這珍貴的形像；想教人不但在這世上滅絕，更與天國永恆隔絕。除了撒但和他的黨羽，還有誰懷有如此惡毒的心腸？真正愛主的基督徒，不可能參與這種敗壞的惡行。縱使因一時軟弱跌倒，也會嚴厲的自我譴責並痛悔。

詩人在他仇敵企圖滅絕他時，沒有忘記上帝的訓詞。若想最終得救，不能不效法詩人。不然，不論我們看起來是多麼虔誠的信徒，都會淪為那惡者的幫兇，最終被上帝剪除。

「求你照你的慈愛將我救活，我就遵守你口中的法度。」

詩119：88

◎ 羅慧勤

人乃是上帝按照自己的形像造的；被賦予愛人和被愛的能力和需要。能力得到發揮，需要得到滿足，人便活出上帝所賜的豐盛的生命。不幸地，為了得到上帝沒允許的，亞當和夏娃選擇相信撒但的謊言，人類從此喪失了更多上帝原已賜給他們的福分。從此，愛人和被愛的能力不再完美。可悲的是，人的天生需要並沒有因此消失或減少，這些人性的基本需求，在這個墮落的世界裡，再也得不到完全的滿足。人飢渴的心靈，因此不斷地被失望的痛苦侵蝕著。

亞當和夏娃犯罪後，便用無花果樹的葉子做衣服穿；藏起來，躲避上帝。人的罪性，令人不住地在上帝以外，尋求身、心、靈的滿足，並產生難以言喻的、逃避上帝的傾向。愛人和被愛的原始需求，衍生出各種欲求，驅使人們去追求得到滿足。然而，一次又一次的失望，總令人感到受傷。受傷的人很自然地嘗試保護自己，免得再失望、再受傷。也因此，人便壓抑自己想愛人和被愛的需求。否定和壓抑人性的基本需求，無疑是教人不再做人，如此活著的人，和死人又有何異呢？

當基督徒憑著己意，靠著己力，以一己的方式事奉上帝時，何嘗不是在上帝以外尋求滿足，尋求救恩和永生呢？在這個尋覓的過程中，無可避免的，人會以一些不符合上帝旨意的人、事、

物來滿足自己；這便是偶像。拜偶像，在令人永恆滅亡之前，會先令人的心靈逐漸死亡。

「耶穌說：『我就是道路、真理、生命；若不藉著我，沒有人能到父那裡去。』」（約14：6）祂又說：「我來了，是要叫人得生命，並且得的更豐盛。」（約10：10）

在上帝之外，人不可能得到上帝原先所賜的生命。只有上帝的慈愛，能救活垂死的心靈。被救活的人必須謹守上帝的話語，才能繼續活下去，直到耶穌再來！

「耶和華啊，你的話安定在天，直到永遠。」

詩119：89

◎ 張正喜

「上帝說：『要有光』，就有了光。」（創1：3）神用祂的話創造宇宙萬物。希伯來書的作者說上帝：「常用他權能的命令托住萬有。」（來1：3）神的話是帶有能力的，能使無變有，死人復活。換句話說，神的話不單有能力，使無變有，而且能賜生命。因為祂「說有，就有，命立，就立。」（詩33：9）

讓我們花點時間思想，為什麼聖經又稱為上帝的話？它與一般書籍有何分別？特別的地方在哪？

聖經新舊約共有66卷書，作者活在不同的年代、地點，有不同的職業、教育、文化背景。但每一卷書卻有一致的資訊和宗旨，第一是「上帝愛世人，甚至將他的獨生子賜給他們。」第二是「叫一切信他的，不致滅亡，反得永生。」這就是神對世人的愛與救贖計畫。

聖經是人寫的，怎麼可說是神的話呢？保羅說：「聖經都是上帝所默示的，於教訓、督責、使人歸正、教導人學義都是有益的，叫屬上帝的人得以完全，預備行各樣的善事。」（提後3：16－17）彼得又說：「因為預言從來沒有出於人意的，乃是人被聖靈感動，說出上帝的話來。」（彼後1：21）

聖經不僅教導如何認識現在的處境，並且告訴我們，因著神的恩典與慈愛，我們將成為怎樣的人。更重要的是，能天天提醒

　　我們：神的話是有更新力量的，可以照著祂的旨意奔走天路。

　　感謝神！因為祂是自有永有的，因此祂的話有永恆性。舉頭觀看天上的日、月、星辰之運轉，如此井然有序，祂既用全能的話統管宇宙萬有，也必能夠管理你我每一天的生活作息。你我的生命可全然交託給祂。

　　以賽亞說：「草必枯乾，花必凋殘，惟有我們上帝的話必永遠立定。」（賽40：8）是的！神的話永不改變，神的話安定在天。

「你的誠實存到萬代；你堅定了地，地就長存。」

詩119：90

◎ 張正喜

智慧者説：「不可使慈愛、誠實離開你，要繫在你頸項上，刻在你心版上。這樣，你必在上帝和世人眼前蒙恩寵，有聰明。」（箴3：3－4）

「誠實」（Faithfulness）有多重的意思；忠實、信實、誠實。誠實是什麼意思呢？就是真誠實在，真心誠意，實實在在，不虛假，有一顆單純的心，認真嚴謹看待生命的每一個層面。

當一個人誠實面對自己生命的全部時，他就必承認自己的缺乏與不足，才會真心尋求上帝的恩典與憐憫，同時也能將我們的不足，變為神的祝福與榮耀的彰顯。

懷愛倫師母（Ellen White, 1827－1915）於1911年11月21日的「青年報導」寫下了這一段話：「但願青年們記住，在此世必須為永恆建造品格，而且上帝也要他們盡力而為。」耶穌也吩咐我們，「凡要承受上帝國的，若不像小孩子，斷不能進去。」（可10：15）

小孩的坦率真誠，是生命美好的品格特質。「誠實是敬拜神及蒙福的管道」（約4：24；箴28：20），是人與人之間交通的橋樑。在神的旨意中，祂要我們活出見證、榮耀、豐盛的生命，是具有影響力的，來改變我們的周遭。

雖然，那惡者，就是説謊之人的父不守真理，用盡各樣方

法引誘、試探我們，但作為神的兒女，我們當站立穩固，堅持原則。要誠實、勇於認錯，培養良善的品格，因為這是一個使命，也是聖經的原則。

耶穌說：「你們的話，是，就說是；不是，就說不是；若再多說，就是出於那惡者。」（太5：37）

你能經得起這「誠實」的火煉嗎？別忘了使徒的話：「忍受試探的人是有福的，因為他經過試驗以後，必得生命的冠冕；這是主應許給那些愛他之人的。」（雅1：12）是的！神的誠實存到萬代。

「天地照你的安排存到今日；萬物都是你的僕役。」

詩119：91

◎ 張正喜

1972年初冬，我正處於所謂的「叛逆期」。一個嚴寒的清早，我小心翼翼把所有家當打包好，扛在肩上，從宿舍後門走了出去。穿過香蕉園，葉子上冰冷的露水敲醒了意識，卻改變不了離校的抉擇。沿著田埂，邊流淚邊加快步伐，深怕多日來的計畫會因此而失敗。

我趕上了由大津開往屏東的第一班車，分不清是喜是憂，但卻清楚的知道，今天的抉擇是我人生的分水嶺，影響深遠。到達台東已經下午四點，回到家卻空無一人。一會兒，父母從田間工作回來，看見我突然返家，驚訝不已。

「你不是應該在學校上課嗎？怎麼跑回來呢？」爸爸說。

「我要工作，幫助家裡的經濟。」我說。

父親眼中帶著怒火，「聽著，不管如何，你都要回去讀書。我不要你像我，農夫是很辛苦的，了解嗎？」

「我明白，但我不想增加家裡的負擔，也不想讓你們失望。」我說。

爸爸無奈地嘆了一口氣，不再堅持了。從此，我到田裡除草、整地、修剪果樹，有時打零工，賺取微薄的薪酬。這樣的日子持續六個多月。

我受雇的工地離村莊約30分鐘路程。有一天吃過中飯，老闆

不知為何叫我過去，說：「你把這些剩餘的細水管，扛回村辦公處，即可下班，日薪照領。」我納悶，但仍遵命行事，帶著一顆歡愉的心，扛著五、六根水管，蹦蹦跳跳回家。

就在村莊前的叉路上，一輛熟悉的車緩緩行駛過來，我看見坐在前座的梁正雄與艾約翰兩位師長。我驚喜，更是驚愕。這是神奇妙的安排，竟然分秒不差讓我們相遇了，從此又再把我帶回到學校讀書。

神說：「天怎樣高過地，照樣，我的道路高過你們的道路；我的意念高過你們的意念。」（賽55：9）宇宙萬物之運作，是神奇妙的安排。而你我，也有神特別的目地。

「我若不是喜愛你的律法，早就在苦難中滅絕了！」

詩119：92

◎ 張正喜

大二暑假，學校舉辦了一次墾丁戶外露營。幾個同學興高采烈地跑去海水浴場，好好享受墾丁的酷熱和風浪。我和兩位同學自認泳技甚佳，就約定看誰先游到離岸甚遠的安全浮標。當我們奮力向前游去時，聽到遠方傳來的尖銳哨音，但箭在弦上，所謂安全、規則，早已拋到九霄雲外了。

就在我們奮不顧身、全力以赴向前衝刺，為的只是滿足自負的自尊，殊不知危險已悄然來臨。說時遲那時快，就要觸摸到浮標時，一波巨浪打在身上，把我捲入海裡，然後拖曳式地拉向外海，我害怕、驚恐，以為自己就要滅頂了。感謝神的憐憫與恩典，才把我從死亡的邊緣拯救出來。親愛的朋友，這豈不是你我共同的生命經歷嗎？我們多愛偏行己路！

保羅說：「所以凡有血氣的，沒有一個因行律法能在上帝面前稱義，因為律法本是叫人知罪。」（羅3：20）神的兒女雖不是因行為或遵守神的律法稱義，但神的律法卻是我們生活、道德的規範，使我們認識神的屬性，明白祂的旨意，也曉得祂為我們所訂一生的計畫。

神的律法像燈塔，引導祂的百姓過聖潔的生活，並以愛、負責的態度來回應神。當我們按神的律法省察自己時，我們就越發知罪，同時也更清楚地認識到我們真需要救主。

　　是的，神的律法彰顯出神自己，也使我們了解神。祂有憐憫、有恩典、有公義，不輕易發怒，並有豐盛的慈愛和誠實。神的律法是我們人生道路的護欄，能保護我們免於危險患難，指引我們當走的路。

「我永不忘記你的訓詞，因你用這訓詞將我救活了。」

詩 119：93

◎ 張正喜

神曉諭摩西説：「你們佩帶這繸子，好叫你們看見就記念遵行耶和華一切的命令，不隨從自己的心意、眼目行邪淫，像你們素常一樣；使你們記念遵行我一切的命令，成為聖潔，歸與你們的上帝。」（民 15：39－40）

2006年11月，一項最新調查發現，香港有33％受訪市民認為，自己的記憶力差，甚至很差，超過80％希望改善自己的記憶力。從這個調查發現，我們人的記憶是不可靠的，很容易忘事，忘記神在我們身上一切的恩惠。

當我們有需要或在困苦患難中時，我們會對神懇切呼求，甚至許願。但是，一旦事過境遷，平安順遂的日子來到，對於神一切的恩典便全然忘卻。怪不得神吩咐摩西説：「你吩咐以色列人，叫他們世世代代在衣服邊上做繸子……。你們佩帶這繸子，好叫你們看見就記念遵行耶和華一切的命令。」（民15：38－39）

很多時候，不是記憶力的問題，而是注意力、專注力的問題。從以色列人的歷史，可以清楚看見人的軟弱與罪性。不單是以色列人，包括我們在內，常常很快忘記神在我們中間一切的恩典作為。因此，神吩咐摩西，叫以色列人世世代代佩帶這繸子，好叫他們看見，就記得遵行耶和華一切的命令與訓詞。這繸子可

563

幫助我們記憶，叫我們看見那記號，就記得所代表的意義了。

親愛的朋友，當記得，「出於上帝的話，沒有一句不帶能力的。」（路1：37）保羅也說：「這聖經能使你因信基督耶穌，有得救的智慧。」（提後3：15）詩人清楚地知道，犯罪是違背神的心意，然而他更明白，神的話是他得救的盼望。有恆心地閱讀神的話，是提醒我們，也使我們想起神在我們中間一切的恩惠。

「我是屬你的，求你救我，因我尋求了你的訓詞。」

詩119：94

◎ 張正喜

個人對某件事物的歸屬感，會影響他對這件事物的向心力。「我是屬你的」，換句話說，詩人知道他是屬神的，是按著神的形像、樣式受造，他一切的好處不在祂以外，也深知離了神，什麼都不能做。

一個屬神的人，是為主而活，他尋求主面，以主為首。一個屬神的人，他的生活、工作、待人接物，全是為榮耀神、為討神的喜悅，不為自己。

但以理正是這樣屬神的人，「他不願以王的膳和酒來沾污自己，寧可吃素菜喝白水。」（但1：8，12）當伯沙撒王對但以理說：「我聽說你善於講解，能解疑惑；現在你若能讀這文字，把講解告訴我，就必身穿紫袍，項戴金鍊，在我國中位列第三。」但以理卻回答：「你的贈品可以歸你自己，你的賞賜可以歸給別人。」（但5：16－17）

但以理不單如此，更有積極美好的生命見證。但以理書6章4節特別提到：「那時，總長和總督尋找但以理誤國的把柄，為要參他；只是找不著他的錯誤過失，因他忠心辦事，毫無錯誤過失。」可見但以理平時為人處事之一斑。

但以理更追求靈命的成長，每天三次向著耶路撒冷禱告（但6：10）。當逼迫、生命威脅臨到時，他並沒有為自己伸冤，或

利用自己的權力、地位、關係來保護自己，他全然信靠那厚賜與人、也不斥責人的神，他真是屬神的人。

朋友！在今日險惡的環境中，你我有沒有像但以理這樣的勇氣，來見證神，為神而活呢？（提前6：11－12）。願詩人所認定的，「我是屬你的」，也是我們今天的感謝與祈求。

「惡人等待我，要滅絕我，我卻要揣摩你的法度。」

詩119：95

◎ 張正喜

神藉著摩西，對以色列百姓說：「你也要記念耶和華——你的上帝在曠野引導你這四十年，是要苦煉你，試驗你，要知道你心內如何，肯守他的誡命不肯。他苦煉你，任你飢餓⋯⋯使你知道，人活著不是單靠食物，乃是靠耶和華口裡所出的一切話。」（申8：2－3）

認知到患難、苦難是我們生命的一部分，這是非常重要的。在聖經中，常把苦難、患難稱為「試驗」或「試煉」這不是傷害，而是操練、幫助，幫助我們更信靠祂，更親近祂，更榮耀、尊崇祂。

難怪保羅這麼說：「不但如此，就是在患難中也是歡歡喜喜的；因為知道患難生忍耐，忍耐生老練，老練生盼望。」（羅5：3－4）在患難中歡喜，並不是因有了苦難而歡喜快樂，而是「在苦難中」我們仍要歡喜快樂。因為我們深信苦難的背後，必有神一切的美意，我們得勝不是出於自己，乃是信靠神口裡所出的一切話。

「老練」在英文是「Character」意思是品德。換句話說，神用苦難磨練我們的品德，使品德進入到更成熟、完全的地步。神所看重的，不是我的社會成就、地位、身分，祂所看重的，是我是怎樣的一個人。

親愛的朋友！當你我陷入困難時，當然可以向上帝訴苦祈求：「上帝啊，求你不要讓這事臨到我，求你保守我不遇見，求你拿走它。」耶穌也曾這樣祈求。然而，耶穌更願意降服、信靠天父。因此祂最後的結論是：「然而，不要照我的意思，只要照你的意思。」（太26：39）上帝用苦難來教導我們完全地信靠祂，好讓我們越來越像基督耶穌，這是我們一生學習的課題。

「我看萬事盡都有限，惟有你的命令極其寬廣。」

◎ 張正喜

詩人明白人的一生，是何等的短暫、無常、渺小，充滿苦難。以賽亞呼喊：「凡有血氣的盡都如草；他的美容都像野地的花。」（賽40：6）人生短暫如花草般，就像曇花總在夜間開花，散發出陣陣馨香，早上就凋萎。詩人在有限的年日裡，明白自己與神的關係，認識自己的有限及神的永恆性。唯有當人看清自己的有限與渺小，才會對神的無限與全知、全能，產生一顆敬畏的心。

在無限、永恆的神面前，我們了解永恆的神，是超越時空、歷史的，祂是掌管宇宙、歷史的主。因此，當我們認識永恆的價值之後，就當用不同的眼光看待自己的一生，並與祂建立美好的關係。

也唯有如此，才能真正明白生命的方向與意義，並了解自己不過是敗壞且有罪的軀殼。而當一個人願意承認自己的有限性與罪性時，他才能看見神絕對的真理，是唯一永不改變的，並極其寬廣，能使人得自由。

神是永不改變的，神的命令是永遠立定的。這是我們信心、信仰的根基，也是得贖的保障。因此，無論遇到生命的風浪如何險惡，道路如何崎嶇不平，請記得神對你的應許；「上帝是我們的避難所，是我們的力量，是我們在患難中隨時的幫助。」（詩

46：1）「疲乏的，他賜能力；軟弱的，他加力量。……但那等候耶和華的必從新得力。他們必如鷹展翅上騰……行走卻不疲乏。」（賽40：29－31）

　　親愛的朋友，唯有將你我的生命放在祂手中，全然地相信祂的慈愛，完全信靠祂，如此，我們才能擁有那甘甜、豐富的生命。願這節經文是我們今天的祈禱與讚美。

「我何等愛慕你的律法，終日不住地思想。」

詩119：97

◎ 周震魯

詩人歷經了人生的種種磨難，他深知在一切的情境中，唯有上帝的話語是他存活的動力與支助（92節）。面對如此環境的煎熬，詩人在詩篇119篇中有力地表明，他「愛慕」和「遵行」聖經的心志。這兩大主題也成了這一篇的骨幹。

在97至104節這一段中，詩人帶領我們思考「愛慕」的定義與表達（97－98節）、及「愛慕」的結果（98－104節）。

詩人曾說他對上帝話語的愛慕，就「如同喜悅一切的財物」（14節）、且「勝於金子，更勝於精金」（127節）；更形容自己「時常切慕你的典章，甚至心碎」（20節）。詩人對上帝話語愛慕之情，可見一斑。

「我何等愛慕你的律法」，詩人以此強調自己對上帝話語喜歡的程度。他是那麼的渴慕，甚至到了「終日不住地思想」的境界！

詩人如此愛慕上帝話語，對於我們平日讀經靈修的生活，可有怎樣的看見與思考？

1. 我們不應停止每天讀經的生活。

2. 讀經不是出於「勉強」，而是因對上帝話語的切慕；讀經不應隨便，而是要在默想中與上帝相交，並使上帝的聖言成為自己生命的力量。

3. 當我們殷勤尋求上帝的聖言，在我們所行的路上，必看到天上的賜福隨著我們。

　　預言之靈也這樣教導我們：「你在查考聖經時，必須信有上帝，並且相信祂必賞賜一切殷勤尋求祂的人。務要以飢渴羨慕靈糧的心來查考聖經！要在聖言裡挖，像礦工掘地勘探金礦一樣。不可放棄你的搜尋，直到你已查明了你和上帝的關係，以及祂對你的旨意。」（《告青年書》第83章）

「你的命令常存在我心裡，使我比仇敵有智慧。」

詩119：98

◎ 周震魯

詩篇111篇10節：「敬畏耶和華是智慧的開端；凡遵行他命令的是聰明人。」詩人因在上帝話語中經歷上帝的美好，以致在所行的一切事上，讓人看到詩人比仇敵有智慧、比師傅更通達、比老年人更明白！

因我們的「仇敵」將其心思意念放在物質的、世俗的享樂及追求，所以他們的言行傲慢、自大、他們心中無神、目中無人。我們是否也常因外在所顯露的，自覺所有的事都不如他們，反被其外表驚嚇到了，也致使我們在仇敵面前蒙羞？

但詩人在上帝話語裡堅信，「那些受咒詛的傲慢人，和那些偏離你誡命的人，你必斥責他們。」（詩119：21，聖經新譯本）年少的大衛，不因非利士人勢力龐大、巨人歌利亞向以色列人罵陣而懼怕退縮，反而更單靠著萬軍之耶和華的名，以一顆小石頭打死歌利亞（撒上17章）。大衛確實經歷上帝在他敵人面前，為他擺設筵席（詩23：5）的美好。以利亞在迦密山上孤軍面對四十五位拜巴力的假先知，他憑著對上帝的信心及得來的智慧，讓所有拜假神的人都看見：惟有耶和華是神！

相對的，若屬上帝的子民偏離上帝的道，上帝也會藉由其仇敵的手擊打他們，為要讓他們回歸上帝。

以色列百姓曾在什亭與摩押女子行淫、並跪拜她們的假神巴

力・毗珥（民25：1－5）而遭擊殺。事後摩西也再一次在百姓面前，以此慘痛教訓提醒他們，並重申要他們謹守遵行上帝律法；好讓我們的仇敵說，「這大國的人真是有智慧，有聰明！」（申4：6）

　　天父，我清楚地知道：與我們爭戰的仇敵，不是地上的任何人，而是魔鬼；我們面對的，是上帝與撒但、善與惡之間的爭戰（弗6：12－13）。所以，我願將你的命令常存在我心裡，讓人看見，我比我的仇敵更有智慧，讓他們也因此看見：惟有你是賜智慧的神。

10 | OCTOBER

默想主律法者得智慧

我比我的老師更有智慧，
因為我不斷思想你的法度。

「我比我的師傅更通達，因我思想你的法度。」

詩119：99

◎ 周震魯

此節經文在聖經新譯本為：「我比我所有的老師明智，因為我默想你的法度。」綜觀聖經歷史，有許多為人師者，僅僅教導或帶領學生認識屬世的知識及虛妄的追求。

早年在約西亞做猶大王的時代，耶利米先知即嚴厲指出百姓的種種罪孽。然而更嚴重的問題在於「祭司都不說，耶和華在哪裡呢？傳講律法的都不認識我。官長違背我；先知藉巴力說預言，隨從無益的神（偶像）。」（耶2：8）他們原本都應為民眾的師傅，不僅教導屬靈知識，在言行上也當作全民表率。但他們卻帶領百姓行背道之路。

而今我們每位基督徒，都「是有君尊的祭司，……是屬上帝的子民」，為要叫我們「宣揚那召你們出黑暗入奇妙光明者的美德。」（彼前2：9）因著上帝的恩典，我們都負有祭司的特權與職責，在屬靈上，成為未信主親友的師傅，藉著知識上的教導、生活上的榜樣，引領他們歸到我們的大教師耶穌基督名下受教。

因此我們必須學習詩人，常常默想上帝話語，「只要心裡尊主基督為聖。有人問你們心中盼望的緣由，就要常作準備，以溫柔、敬畏的心回答各人。」（彼前3：15）我們當如何在每一天默想上帝的話語呢？

1.「每早晨，這都是新的；你的誠實極其廣大！」（哀3：

23）早晨是一天的開始，頭腦最清楚的時刻；每天第一件事，應該在固定的時刻朝見上帝，成為家庭一起讀經默想的習慣。

2. 首先思想所讀經文的背景與意義。再思考：上帝今天藉著這段經文的用意？對我有何意義？若我是經文中的某一位，我將如何？

3. 再反覆重讀重要或特別感動的經文，並將經文化為禱告。

親愛的上帝：我願常思想你的法度，讓你的話語成為我的生命，以至比我師傅更通達。願你話語使我成為未信者的師傅，好引導他們歸向你！

「我比年老的更明白，因我守了你的訓詞。」

詩119：100

◎ 周震魯

某些聖經譯本將「年老的」譯作「長老」。這個字在希伯來文中意指「有鬍鬚的人」，或許不僅指年長，他還具有特別的智慧、經驗，相當程度的影響力，這是民眾對長老職責的期待。所以他們往往也扮演著地區領袖或部落酋長般的地位，擁有為百姓主持正義或判決（申22：13－19）、甚或領軍抗敵（書8：10）的職責。

「我比年老的更明白」，詩人在這句話中，並不否認長者確實有特別的智慧與能力，因長者歷經一生的「經驗」，而擁有年輕人所沒有的「智慧」。我們確實應常存謙卑的心，在長者面前受教。所以上帝的話語也教導我們：「在白髮的人面前，你要站起來；也要尊敬老人，又要敬畏你的上帝。我是耶和華。」（利19：32）上帝要我們因著對老人的尊敬，也尋求並認識賜予老人智慧的上帝。

話說到此，若有人問：「智慧是從哪兒來的？」試問，我會如何回答？沒有錯，「智慧」就是從「經驗」來的。老年人由經驗的累積，明白了如何辨別事理及為人處世之道，這就是他們的「智慧」了！

當所羅門接續父親大衛的王位時，深知自己「是幼童，不知道應當怎樣出入？」將來又要面對多得不可勝數的人民，心中大

為恐慌；但因著「所羅門愛耶和華，遵行他父親大衛的律例。」他「不為自己求壽、求富」，也不求滅絕仇敵的性命，「單求智慧可以聽訟」，上帝就大大的賜智慧給他。事後，「一日，有兩個妓女來，站在王面前。」為要爭辯誰是孩子的親生母親。在沒有任何科學證實方法的時代，對於一個缺乏斷事經驗的王而言，確實是一大難題！但賜智慧的上帝，卻將這又大又難的事指示他如何解決（王上3章）。

「誰將智慧放在懷中？誰將聰明賜於心內？」（伯38：36）「因為，耶和華賜人智慧；知識和聰明都由他口而出。」（箴2：6）

「我禁止我腳走一切的邪路，為要遵守你的話。」

詩119：101

◎ 周震魯

當「邪路」或譯作「我不該走的路」；亦即偏離真道、離開上帝的路。

我們每天面對的，有哪些事會讓我們走上不該走的「邪路」呢？

所羅門在箴言1章10至15節給青年人的忠告說：「我兒，惡人若引誘你，你不可隨從。」「我兒，不要與他們同行一道，禁止你腳走他們的路。」人不免遭受引誘，因此所羅門繼續對青年人提出勸勉：「因為，他們的腳奔跑行惡；他們急速流人的血，好像飛鳥，網羅設在眼前仍不躲避。這些人埋伏，是為自流己血；蹲伏，是為自害己命。凡貪戀財利的，所行之路都是如此；這貪戀之心乃奪去得財者之命。」（箴1：16－19）人若因被引誘，而走上「我不該走的路」，其後果正是我們要常思考的。

除了人的引誘之外，「世界和世界上的事……就像肉體的情慾、眼目的情慾，並今生的驕傲……」（約壹2：15－16）也常使我們的心動搖。

「世界和世界上的事」確實非常吸引人，但詩人卻寧可「為要遵守你的話」，而不願走一切不該走的邪路。詩人清楚地知道，惟有耶和華是他的福分。因此詩人一再表明要一心遵守上帝的言語（詩119：57），因為「這世界和其上的情慾都要過去，唯

獨遵行上帝旨意的，是永遠常存。」（約壹2：17）

「人不制伏自己的心，好像毀壞的城邑沒有牆垣。」（箴25：28）若縱容自己走在一切的邪路中，將使自己與上帝漸行漸遠。因此，我們必須在行為上遠離邪惡，心中也要常被上帝話語充滿。

「我們必須除掉一切的罪惡。要斷絕凡攔阻我們靈性長進的、所喜歡放縱的每一樣嗜好。我們的右手或右眼叫我們跌倒，務須將它割掉。我們願意棄絕自己的智慧，以赤子之心去接受天國嗎？我們願意撇下自以為義的心嗎？我們願意捨棄世人的讚許嗎？永生賞賜的價值是無限的。我們樂意接受聖靈的幫助並與祂合作，使我們的努力與犧牲，能與所獲得的價值相稱嗎？」（《告青年書》第11章）

「我沒有偏離你的典章，因為你教訓了我。」

詩119：102

◎ 周震魯

詩人不容許自己偏行歪曲之路，因一旦走上歧途，心思被污染而充斥邪惡，結果勢必遠離神的教導，走向滅亡之途（篇5：23）。「因為我遵守了耶和華的道，未曾作惡離開我的上帝。」（詩18：21）詩人之所以能在這充滿罪惡的大染缸中出淤泥而不染，乃是「因為你（上帝）親自教導了我」（詩119：102，聖經新譯本）。詩人越行在神的道上，就越加愛神的律法，這是因神親自用祂自己的教訓來教導他，開廣了他的心，使他可以奔走在神命令的道上（詩119：32）。詩人也說：「我將你的話藏在心裡，免得我得罪你。」（詩119：11）我樂意如同詩人，獨獨讓神成為我的師傅。

摩西曾帶領百姓重溫神為以色列民族所做的大事。之後，向百姓指出有關被立之王的條件及注意事項的指示。被立之王要確為神所揀選的人，因他乃是要治理神的百姓。也因此，神對被立之王有一要求：「他登了國位，就要將祭司利未人面前的這律法書，為自己抄錄一本，存在他那裡，要平生誦讀，好學習敬畏耶和華——他的上帝，謹守遵行這律法書上的一切言語和這些律例，免得他向弟兄心高氣傲，偏左偏右，離了這誡命。這樣，他和他的子孫便可在以色列中，在國位上年長日久。」（申17：18－20）

　　正因王乃一國之君，其言行舉止是百姓注意的焦點及榜樣，所以應該存記並遵行律法書上一切的言語。然而，我們貴為有君尊的祭司、並屬乎神，所有未信者的目光，不更加地注視著我們嗎？我們也如同王一樣，更需要讓神的教訓親自教導我們，好讓我們不偏離神的典章。

　　不僅是我們自己需要上帝話語的教導，我們也應「教養孩童，使他走當行的道。」（箴22：6）「我今日所吩咐你的話都要記在心上，也要殷勤教訓你的兒女。無論你坐在家裡，行在路上，躺下，起來，都要談論。」（申6：6－7），好讓我們的兒女到老也不偏離！

「你的言語在我上膛何等甘美，在我口中比蜜更甜！」

詩119：103

◎ 周震魯

「上膛」，標準本聖經譯為「口裡」。「我必使你的舌頭貼住上膛，以致你啞口，不能作責備他們的人。」（結3：26）可見「上膛」意即「上顎」，和「口中」都是人身體同一部位。詩人使用如此美麗的對句來描寫上帝話語在口中頌念，就有如品嚐珍饈美味，比蜂蜜更加甘甜！

先知以西結曾在異象中，見到神要他吃下那審判以色列百姓的書卷（結3：1－3）。雖然那書卷是帶來毀滅的信息，但在先知以西結的口中卻是甜如蜜。正如使徒約翰也在異象中，見到天使吩咐他吃下小書卷一樣（啟10：9－10）。信息無論是什麼，只要是從神來的，對信上帝的人而言，都是甜蜜的！這正如我們每一天的境遇，未必都順遂，但當有上帝的話語常在我們心中時，我們也必如詩人所說：「這話將我救活了；我在患難中，因此得安慰。」（詩119：50）

當如何讓神的話語，成為我在患難中的安慰與力量呢？主耶穌如此教導我們：「善人從他心裡所存的善就發出善來；惡人從他心裡所存的惡就發出惡來；因為心裡所充滿的，口裡就說出來。」（路6：45）

當我們心中充滿「不可能」的負面意念時，會自然從口中說出來；如果我們口中常說「不可能」，這話語就將一再地深深

銘刻在心中，使我們在這「不可能改變」的「確信」中，更加消沉頹喪！大衛曾說：「就要禁止舌頭不出惡言，嘴唇不說詭詐的話。」（詩34：13）「我的舌頭要終日論說你的公義，時常讚美你。」（詩35：28）我們的口越讚美上帝，我們將看見上帝的能力，越發在我們生命中彰顯。

　　我們蒙受上帝的恩典時，心中也當經常思想：上帝的話語，如何成為我在苦難境遇中的甘甜？也求主賜我智慧，讓我知道如何因著所說出的話語，成為「醫人的良藥」（箴12：18）。求主幫助我，完全棄絕口中負面的話語及一切惡言，讓上帝甘甜的話語充滿我口。

「我藉著你的訓詞得以明白，所以我恨一切的假道。」

詩 119：104

◎ 周震魯

此節經文在現代中文譯本為：「我從你的法律獲得智慧，因此我憎恨邪惡的行為。」聖經新譯本為：「我藉著你的訓詞，得以明白事理；因此，我恨惡一切虛謊的道。」

在這之前，詩人表明不讓自己走邪路偏離主道，因他親自品嚐了上帝話語在他生命中的甘甜，甚至蜂房滴下的蜜也無法比擬！所以詩人繼續以這一節經文來強化其生命的理念。如同保羅在遇見主並體驗神之後，先前以為有益的，現卻在因基督都當作有損的。他更將萬事當作有損的，並以認識主基督耶穌為至寶。（腓3：7－8）

詩人強調，自己因上帝的訓詞而得以明白事理，所以他「恨一切的假道」。大衛的詩也寫道：「我恨惡那信奉虛無之神的人；我卻倚靠耶和華。」（詩31：6）

詩人所恨惡的是什麼？是行惡的人？或是邪惡的行徑呢？「你們愛耶和華的，都當恨惡罪惡。」（詩97：10）「邪僻的事，我都不擺在我眼前；悖逆人所做的事，我甚恨惡，不容沾在我身上。」（詩101：3）

箴言8章13節也說：「敬畏耶和華在乎恨惡邪惡；那驕傲、狂妄，並惡道，以及乖謬的口，都為我所恨惡。」由此可見詩人所恨惡的，不是那行惡的人，而是罪惡的行為。因為詩人深知，

聖潔的上帝必不容這些邪惡的行為及虛謊的假道存在於屬祂的子民中！祂也如此應許：「你喜愛公義，恨惡罪惡；所以神——就是你上帝——用喜樂油膏你，勝過膏你的同伴。」（詩45：7）

然而，對於那因不認識上帝而行惡、甚至因而敵對我們的人，我們應如何面對呢？主耶穌教導我們，要愛仇敵且善待他們！（路6：27－36）他們之所以會行這虛謊的道，就是因為他們不認識上帝。我們唯有以更大的愛與關懷，幫助他們與我們一起走在上帝的真道上

「你的話是我腳前的燈，是我路上的光。」

詩119：105

◎ 羅慧勤

　　一名年輕牧師講了一場題為「耶穌會如何對待莫妮卡陸文斯基？」的證道。陸文斯基（Monica Samille Lewinsky）在1998年和美國前總統柯林頓（Bill Clinton）發生了轟動全球的性醜聞。這牧師引用了約翰福音第8章，行淫時被拿的婦人故事。他的結論是：耶穌會對陸文斯基說：「我也不定你的罪。去吧，從此不要再犯罪了！」（約8：11）

　　難道耶穌對所有罪人的反應都是如此嗎？一位老牧師聽了這道理，提出幾個問題：耶穌愛罪人嗎？法利賽人是罪人嗎？耶穌愛法利賽人嗎？耶穌對待法利賽人的方式，和對待其他罪人有什麼分別？什麼因素導致這些差異？老牧師的答案是：罪人的態度！

　　回到原先的問題：耶穌會如何對待莫妮卡陸文斯基？老牧師的看法是：那就要看她以什麼態度來到耶穌面前。對她如此，對我們每一個人也是如此！

　　那名年輕的牧師和老牧師，用的是同一本聖經，為什麼他們的結論竟會有那麼大的差異呢？人們常說我們必須看上下文，以便能更正確地理解聖經。什麼是上下文？嚴格說，所有經文的上下文是：整本聖經！上帝的話語確是我們腳前的燈，路上的光。然而，被曲解的聖經，也可能被看成是來自上帝的亮光。我們若仰望這光，輕則目眩，重則雙目失明！唯有像詩人般長期順服、信靠上帝，並親身經歷祂，上帝的話語才能真正成為我們腳前的燈，路上的光，引領我們到天國。

「你公義的典章，我曾起誓遵守，我必按誓而行。」

詩119：106

◎ 羅慧勤

詩人多麼熱愛上帝公義的典章；他是多麼的認真，竟為此起誓！我們都應該效法他。立志遵行上帝話語的人，有時必須付出沉痛的代價。這代價令很多人逃避主的呼召。

安息天，教友甲到某教會去，當天有洗禮。在交談中，教友乙低聲地感歎：「某某才來教會不到半年，接受洗禮是為了和某教友結婚，某教友堅持要在教堂舉行婚禮……幫他查經的教友說他還沒查完經。」詩人若知道這種事會有何反應呢？

忠於上帝的後果並不都是負面的。起初的惡劣反應，有時會在時機成熟時結出甜美的果子。恐懼、缺乏遠見是出於不信；妥協把人推入更深的軟弱和不信之中。

甲教會有一少女未婚懷孕，領袖們該如何處置呢？通常，發生事端時，教會都保持了中國人的優良傳統：沉默是金！背後，卻是謠言滿天飛。最後，有些人不再來教會，教友的信心備受打擊。

甲教會卻不如此。整個領導層立刻禱告、商議。資深牧師帶領其他領袖，為犯錯者及其家人進行一系列的輔導，幫助他們了解上帝的公義和慈愛是一體的。結果，少女誠心向上帝認罪，再寫一封懺悔信，正式向上帝的教會認罪，因她的行為令教會蒙羞。接著，資深牧師帶著她向所有的教會領袖認罪、道

歉，因她辜負了他們的愛和教導。當犯錯者願意蒙受羞愧的折磨、謙卑認罪之後，教會領袖便代表全體教會寬恕她。之後，資深牧師禁止所有教友再討論此事。少女和她的孩子在教會的愛和扶持中繼續學習、成長。甲教會因堅守上帝的典章，而贏了一場屬靈戰爭！

主啊！您公義的典章何其美！

「我甚是受苦；耶和華啊，求你照你的話將我救活！」

詩 119：107

◎ 羅慧勤

宿疾復發的甲，病情嚴重，久久未能復原。當人什麼都不能做時，便有時間思考、反省了。甲想起了乙，便發了一封短訊請求乙原諒他一切的過犯。俗語說：「人之將死，其言也善。」一名女基督徒作者卻指出，「很多人在垂死之際，都向上帝懺悔他們的罪。但鑒察人心的主卻深知，祂若讓這些人活過來，他們很快就會故態復萌。」在特殊情境驅使下所吐露的言語即善，也真；只可惜不持久。經不起考驗的善，是善嗎？

幾年前，甲曾和一些人集體傷害了乙。甲不但不自覺有錯，反而認為是乙傷害了他，更因此遷怒於乙。後來，乙多次約見甲以求冰釋前嫌，甲一再地迴避。後來，陳述因甲的過錯所造成的痛楚，懇切請求甲與他會面，按照聖經教導（太5：23；18：15）解決問題，重新和好，並保證一定會寬恕甲的過犯。甲曾一度答應，卻又食言，更指責乙拖延此事。

幾年過去了，乙萬萬沒料到甲會因病重而反思。可惜，甲仍逃避面對自己的過犯，他只想得到乙的寬恕，而不願遵行聖經的教導，履行與乙面談的諾言，他不願知道自己所犯的錯，連親自向乙道歉的勇氣也沒有，這是真的認罪悔改嗎？

乙回覆甲：「你能為你不知為何物的過錯懺悔嗎？我能寬恕你沒說明，也不知道的過犯嗎？上帝會寬恕虛無的罪嗎？猶大和

591

彼得在傷害耶穌後都深感痛悔，兩者的差別在哪？撒該的故事有什麼教訓？」

天國近了！假如基督徒不知道認罪悔改是怎麼一回事，如何準備迎接耶穌復臨呢？甲和乙都是因罪受苦的基督徒，兩人都祈求聖靈的充滿和帶領。上帝的話語救活了誰呢？願上帝幫助我們熱切學習，像詩人那樣親密地與主同行。

「耶和華啊，求你悅納我口中的讚美為供物，又將你的典章教訓我！」詩119：108

◎ 羅慧勤

很多教會熱衷討論如何改善安息日學和崇拜聚會。然而，這些討論都忽略了聖經其中的教導：「所以，你在祭壇上獻禮物的時候，若想起弟兄向你懷怨，就把禮物留在壇前，先去同弟兄和好，然後來獻禮物。」（太5：23－24）可惜，這教導不是被忽略便是被扭曲。

甲要求和乙當天面談，以解決兩人的問題。乙覺得時間太倉促而要求延遲，甲便提議第二天。乙深知他若不同意，甲會認為他故意擺架子，就答應了。結果第二天甲卻因故缺席。過後，甲再要求即日面談，乙因無法抽空而建議另約時間；甲笑著答應，但卻向丙指責乙沒誠意。丙怒斥乙：「甲已多次要求和你面談，而你總是說你沒空！我事前已叫甲要給你充足的時間，準備你們的會面，你卻一直說你很忙！」乙告之丙始末緣由，丙啞然！

缺乏誠信和死愛面子是中國人的劣根性。若我們不追求如詩人的經歷，愛真理勝過愛面子、愛自己，所有的讚美和崇拜全都是徒然！

三名年輕、毫無經驗、剛上任的領袖，和一名長輩必須一起帶領幾十名學生。四名領袖來自四個不同的國家，四種膚色、文化和語言。但他們尊崇同一個權威：聖經。「馬太福音5章23節」是他們處理學生問題的依據，並以身作則。當上帝的子民堅守祂

的話語，聖靈的大能便臨到他們身上。在半年的時間內，一些叛逆的學生開始自動向領袖懺悔，自發地揭露自己的惡行，連這些學生的朋友也漸漸改善他們惡劣的態度。

上帝啊！您忠心的僕人深知您的典章奇妙！您話語的權能深不可測！

「我的性命常在危險之中，我卻不忘記你的律法。」

詩 119：109

◎ 羅慧勤

現今的世代，物欲橫流，到處都是誘惑、陷阱。但是，有些危險，卻不是那麼明顯。尤其是，當上帝的律法遭漠視、踐踏或曲解時，明顯的不義、罪惡也會逐漸變得可以接受。

列王紀上13章所記載的神人，奉耶和華的命在耶羅波安面前預言；其預言也戲劇性的應驗了。神人為了遵守耶和華的吩咐，而拒絕了王上宴請的美意。然而，神人卻相信自稱與神人一樣是先知的老人。老先知欺哄神人，奉耶和華差派天使轉達請神人回家吃飯喝水。因老先知引用了耶和華的名和天使的身分，神人便不疑有詐，接受他的邀請，因而違背了耶和華的話。

不久之前，神人才為上帝責備了離經叛道的耶羅波安，施行了神蹟奇事。但一轉身，他卻輕信老先知的花言巧語。他疏忽的後果是：「永恆的滅亡！」上帝僕人的道路真是危險重重啊！諷刺的是，這次，耶和華的判詞還是透過神人所相信的假先知的口被宣告的。永遠忠信的上帝又怎會叫祂的使者們傳達自相矛盾的信息呢？上帝若要改變祂對神人所說的話，又豈會不親自指示神人呢？

神人的遭遇告訴我們，撒但是會死心不息，一再引誘上帝的子民偏離上帝的旨意，為求滅絕信主的人。我們若不熟悉上帝品格和話語，就會很容易被人絆倒。使徒保羅寫道：「你該知道，

595

末世必有危險的日子來到……凡立志在基督耶穌裡敬虔度日的，也都要受逼迫。」（提後3：1，12）在使徒時代尚且需要警醒預備，我們這世代的基督徒豈不面臨更大的危險嗎？我們若稍微忘記上帝的律法，後果會如何呢？

　　人人都說我們已身處末時，基督快復臨了，我們都得準備好迎接耶穌。誰正在準備呢？「……人子來的時候，遇得見世上有信德嗎？」（路18：8）上帝期盼我們擁有無比的信心準備迎接祂的到來！

「惡人為我設下網羅，我卻沒有偏離你的訓詞。」

詩 119：110

◎ 羅慧勤

各種徵兆顯示我們已身處末時。撒但自知時日無多，正以前所未有的力度，耍弄極盡狡猾隱蔽的手段和詭計，來蒙蔽、欺騙人，以破壞上帝的救贖計畫，令人與永生完全隔絕。「因為假基督、假先知將要起來，顯神蹟奇事，倘若能行，就把選民迷惑了。」（可13：22）我們的處境豈不比詩人更危急嗎？我們能否像他一樣不偏離上帝的訓詞呢？

等候著我們的是一場史無前例的大風暴。「那時，保佑你本國之民的天使長米迦勒必站起來，並且有大艱難，從有國以來直到此時，沒有這樣的。你本國的民中，凡名錄在冊上的，必得拯救。」（但12：1）這是人類史上最黑暗、可畏的時代，因撒但正竭盡所能地毀滅世人。但這也是有史以來最奇妙，最令基督徒期待的時代，因為萬物的盡頭快到了，萬王之王的主耶穌基督快來了！愛主之人全然得救的日子近了！有什麼能比確保我們的名字被記錄在天國的名冊裡更重要呢！

朋友們，你正在為什麼而忙碌呢？什麼是你日夜惦記著的人、事、物呢？你可有為你的永生做準備，好叫耶穌能把你的名字寫在生命冊上呢？切莫忘了大多數人總把畢生的精力耗費在毫無價值的事物上，千萬別步他們的後塵！

聖經說：「當春雨的時候，你們要向發閃電的耶和華求雨。

他必為眾人降下甘霖，使田園生長菜蔬。」（亞10：1）祂要我們以前所未有的熱誠、懇切的心祈求屬天的力量，期待祂的大能，領受聖靈的能力，以便在末了的日子長出基督的身量。

　　然而，春雨是永遠不會沛降在懶散、不忠心的基督徒身上的。它永不可能滋潤、啟動消極祈求、等待的人。倘若你沒有善用上帝已經賜給你的才能和力量，春雨不可能臨到你，使你煥然一新！此刻就是謹守上帝的訓詞的時候，讓我們日後也不偏離。

「我以你的法度為永遠的產業，因這是我心中所喜愛的。」

詩119：111

◎ 羅慧勤

很多國家為了保存自己的民族、文化遺產，不惜耗費龐大的人力、財力。因為這些珍貴的遺產，不只代表著一個國家民族的輝煌歷史、價值和尊嚴，它們也是後代開拓、發展未來的根基和希望。上帝的法度對詩人來說，也同樣寶貴。不論在任何情境，詩人的經歷在在見證著上帝話語在他心中的價值。

耶穌曾說：「你要盡心、盡性、盡意愛主——你的上帝。這是誡命中的第一，且是最大的。其次也相倣，就是要愛人如己。這兩條誡命是律法和先知一切道理的總綱。」（太22：37－40）假如我們想效法詩人，我們便需謹記這兩大誡命。

雖然大部分人都擁有一些愛心，但我們並非天生就懂得如聖經所教導的愛。上帝向我們宣告：「上帝愛世人，甚至將他的獨生子賜給他們，叫一切信他的，不致滅亡，反得永生。」（約3：16）上帝為我們立了榜樣，教導我們如何愛人。上帝的愛不是口頭上的愛而已，祂對我們的愛令祂採取了行動：祂「賜」給我們祂唯一的，最寶貴的獨生子，全天國所景仰，僅次於天父上帝的耶穌基督！

上帝的愛雖然奢侈、豐盛得令人難以置信，卻不是盲目的大方，情緒化的施捨。祂的愛含有非常清晰、明確的目標：「叫一切信他的，不致滅亡，反得永生！」上帝的愛也不是毫不講條

件的。「信」的人不致滅亡，反得永生；不信之人的下場便是滅亡！

我們若像詩人一樣，以上帝的法度為永遠的產業，便會得著所應許的，在基督裡上帝永恆的產業。「上帝就差他兒子的靈進入你們的心，呼叫，『阿爸！父！』可見，從此以後，你不是奴僕，乃是兒子了；既是兒子，就靠著上帝為後嗣。」（加4：6－7）

「我的心專向你的律例，永遠遵行，一直到底。」

詩119：112

◎ 羅慧勤

若沒有聖靈的帶領，沒有任何人能像詩人般，專心一意地遵行上帝的律例一直到底。可喜的是，耶穌對我們說：「我勸你向我買火煉的金子，叫你富足；又買白衣穿上，叫你赤身的羞恥不露出來；又買眼藥擦你的眼睛，使你能看見。」（啟3：18）

身無分文的人，都能向耶穌購買這些美妙的寶物。我們若像詩人般憑藉信心生活，甘心忍受各種痛苦的磨練，如同被烈焰焚燒的金子，我們的靈命便會益發純淨、富足、堅韌。耶穌會為我們披上祂公義的袍子。聖靈也會恩膏我們的心眼，叫我們能明辨真理。

當下的日子可能很難熬，但我們千萬不可忘記上帝的話語。「看哪，我必快來！凡遵守這書上預言的有福了！」（啟22：7）難熬的日子快結束，主再來的日子臨近了，我們只要像詩人般遵行上帝的律例，一直到底，永恆的福樂便是我們的。

時間不多了，我們必須做出明智的抉擇，「因為日期近了。不義的，叫他仍舊不義；污穢的，叫他仍舊污穢；為義的，叫他仍舊為義；聖潔的，叫他仍舊聖潔……那些洗淨自己衣服的有福了！可得權柄能到生命樹那裡，也能從門進城。」（啟22：10，11，14）

　　這豈不是人人夢寐以求的生活嗎？不多時，這一切就會成真了。「我聽見有大聲音從寶座出來說：『看哪！上帝的帳幕在人間。他要與人同住，他們要作他的子民。上帝要親自與他們同在，作他們的上帝。上帝要擦去他們一切的眼淚；不再有死亡，也不再有悲哀、哭號、疼痛，因為以前的事都過去了。』」（啟21：3－4）「看哪！我造新天新地；從前的事不再被記念，也不再追想。你們當因我所造的永遠歡喜快樂；因我造耶路撒冷為人所喜，造其中的居民為人所樂。」（賽65：17－18）

　　願我們在那日，能和詩人歡聚在一起！

「心懷二意的人為我所恨，但你的律法為我所愛。」

詩119：113

◎ 焦望新

有個賣鴨蛋的小販在市場立個告牌：「新鮮鴨蛋在此銷售」。有人說：「老兄，難道你的鴨蛋不新鮮嗎？何必加上『新鮮』呢？」小販想想有道理，就塗掉『新鮮』兩字。第二個人說：「為何要加上『在此』呢？難道你不在這裡賣嗎？」他也覺得有理，就把「在此」塗掉。一個老太太說：「銷售兩字是多餘的，不是賣鴨蛋，難道是送的嗎？」他又把「銷售」擦掉。又來了另一個人，說：「你真是多此一舉，大家一看就明白，何必寫上『鴨蛋』兩字呢？」結果所有的字都塗掉了。

我們在生活中面對許多事情的抉擇，不也是這樣嗎？我們都很希望做正確的選擇，所以做決定的時候，多方考慮周全。一旦做了決定，我們就應該照著去行，這樣才可能有成就。凡事要避免人云亦云，總覺得別人說的有道理，自己拿不定主意，結果一事無成。

當具體實行的過程中，往往會遇到一些阻礙、困難，或是沒有預料到的問題，我們該如何面對呢？重要的是，我們必須清楚知道，最初的決定是否正確？這一點搞清楚了，我們就會願意克服一切困難，達到目標。如果發現原來的決定是錯的，應立刻懸崖勒馬，以免無法彌補。

我們如何能確認自己的選擇是正確的呢？今天的經文訓示：

上帝的律法就是我們「腳前的燈」、「路上的光」（詩119：
105）。我們有了上帝的律法，就能分辨善惡，選擇向善一定是
通往永生的正道。

我們選擇相信耶穌，當祂的愛激勵心田，使之願意接受祂為
個人的救主時，往往我們心中很火熱，願意跟從主到底。但現實
生活會給信仰歷程帶來各樣的攔阻，使我們懷疑是否應該相信，
在這時候，我們就應該有堅定的心志，不要被困難嚇倒。

朋友，你願意一心一意跟從耶穌嗎？我願意！

「你是我藏身之處，又是我的盾牌；我甚仰望你的話語。」

詩119：114

◎ 焦望新

小時候，居住的地方靠近黃河，經常跟著父親到河邊打魚。我們將漁網從河這邊一直拉到另外一邊，然後向河中扔一些石頭，把魚趕往魚網的方向，每當我們幫著父親把網拉上岸時，看到裡面充滿了魚，心裡就特別高興。

有一次打魚滿載而歸，父親背著魚簍，我和哥哥走在後面，經過一片蘋果園時，突然衝出了兩隻凶惡的狼狗，向我們直撲過來。我們兄弟倆都很害怕，趕忙躲到父親身後。父親吩咐我們躲到小山丘後面，他把魚簍放在地下，擋住了兩隻狗的去路。我們從小山丘後面看著，知道父親一定會保護我們。或許是狗不喜歡魚腥的味道，跑到魚簍前就停住了，這時果園的主人也跑了出來，把狗叫回去。現在回想起來，當時，我們一點都沒有懷疑父親的保護，雖然父親並不高大強壯，但是在我們眼中，他就是我們的保護者，是我們的藏身之處和盾牌。

詩人對上帝說：「你是我藏身之處，又是我的盾牌。」大衛王也對此深有體會。當他還是牧童時，上帝就保護他，使他有能力看守羊群，不受野獸的侵害；當他看到以色列人被非利士人歌利亞咒罵、沒有人敢出去與歌利亞對戰時，他拿著機弦甩石，靠著上帝給他的能力和勇敢，將巨人殺死了；當他被掃羅王追殺時，上帝多次保護他，使他不受掃羅的傷害；甚至當他犯錯後，

也願意「落在耶和華的手裡，因為他有豐盛的憐憫。」（撒下24：14）

詩人之所以知道上帝是他的藏身之處和盾牌，就是因為他甚「仰望」上帝的話語。他一定時常將上帝的話語存在心裡，所以很容易在困難時依靠上帝。

我們尊敬的對象才會仰望，我們有所認識，才會尊敬。上帝會保護我們，但我們必須先認識祂，才會在需要的時候尋求祂的幫助。

朋友，你願意仰望上帝的話語，讓祂成為你的盾牌嗎？我願意！

「作惡的人哪，你們離開我吧！我好遵守我上帝的命令。」

詩119：115

◎ 焦望新

最近有一位朋友裝修房子，特意買了一套全新的家具，包括餐桌、椅子、沙發、衣櫃等。那個家具店標榜使用最上等、經過特別處理的實木料，家具不但結實耐用，而且是最新的設計款，價錢雖然貴了一些，但從外表看上去，非常吸引人，朋友買了全套家具。

當家具在屋內就位後，朋友發現衣櫃門沒有關好，上前推了一下，沒想到櫃子的門竟然整個掉了下來，面板也裂開了，露出了夾層裡的木屑。朋友這才知道上當受騙了，原來所有的家具，都不是實木製的，就連家具面板，也全都是仿真木紋的人造板。

真與假原是不相容，但有時假的經過裝扮，也似乎很吸引人。不過假的經不起考驗，一旦被發現，就沒有任何價值了；善與惡也是不相容，但有時惡也會被隱藏起來，看似良善的。

當亞當和夏娃沒有犯罪之前，他們生活在快樂中，上帝也同在。但是上帝警告他們，不可以吃樹上的果子，否則一吃必死。果子本身並沒有毒，應該也很可口、好吃，但上帝告訴人，當人吃果子時，他們就與惡有分，不再是良善的。但夏娃獨自一人來到樹前，聽信蛇美麗的謊言，受迷惑摘下果子吃了。她原本的善就被惡所污穢，也注定要面對死亡了。對於亞當來說，他吃下夏娃手中的果子後，也同樣與惡同伍。

　　由此可見，要離開罪惡，必須脫離罪惡的影響，而對我們影響最大的，就是身邊的人和事。所以，詩人說：「作惡的人哪，你們離開我吧！」可喜的是，人是有希望的，要重新得到永遠的生命，人必須離惡從善，而唯一能使人脫離罪惡的，就是代替人死在十字架上的耶穌。

　　朋友，你願意讓耶穌來幫助你，分辨善惡嗎？我願意！

「求你照你的話扶持我，使我存活，也不叫我因失望而害羞。」

詩119：116

◎ 焦望新

小時候和父親坐火車，由上海回青海西寧，由於沒有直達西寧的火車，到了南京需要購票換車。父親囑咐我：「不要亂跑，看著行李，等爸爸回來。」我等了很久，沒有看到父親的身影，開始感到驚慌無助，父親的話在耳邊響起，我的心安定了。果然，我看到父親從月台另一邊跑來，他一定也著急了，怕我等待時間長而害怕。

父親的話，是支持我的力量。我們的天父上帝，也在天天支持著我們，祂的話永遠不會落空，一定會成就。

以色列王亞哈的時代，人民遭受三年的旱災，沒有收成。先知以利亞得到上帝的指示，要到西頓的撒勒法，在那裡會有一個寡婦供養他。以利亞到了城門，見有一個寡婦，以利亞對她說：「求你用器皿取點水給我喝。」她去取水的時候，以利亞又呼叫她說：「也求你拿點餅給我！」這寡婦家中已經只剩一把麵和一點油，但以利亞對她說：「不要懼怕，可以照你所說的去做吧！只要先為我做一個小餅，然後為你和你的兒子做餅。」因為上帝如此說：『罈內的麵必不減少，瓶裡的油必不缺短。』」婦人就照以利亞的話做了。結果他們一直得以生存，正如上帝所說，麵和油都沒有少。

朋友，你願意讓上帝的話扶持你，不因失望而害羞嗎？我願意！

「求你扶持我，我便得救，時常看重你的律例。」

詩119：117

◎ 焦望新

上帝拯救人的方法是很奇妙的。對我來説，印象最深的一次，是去美國求學後不久，當時買了一輛舊車，經過兩次考照失敗後，好不容易終於拿到了駕照。

有了駕照，自然想開車上路，特別想開遠一點。我們從學校後面的小路開向高速公路的入口，小路曲折迂迴，高低起伏，同學們興奮地談天，我卻緊張得冒汗。車子來到下坡路前的轉彎處，我踩住煞車，盡量減速，卻發現車子不受控制，翻覆在麥田裡。幸虧三人沒有大礙，只有後排的一位女同學脊椎骨受傷，住院兩週後也完全康復了。原來當時天氣太熱，那段路的瀝青有點融化，所以車子在下坡時打滑，失去了控制。

按照自然定律，萬有引力會使車子失去控制，導致車內的乘客受傷，但上帝也是律法的創始者，祂保護我們，使自然的定律暫時失去效用。我心裡充滿了感謝，我相信，是上帝大能的手扶持了我們全車的人。

上帝的律法也和屬靈生命有密切的關係，當我們面對罪惡的引誘時，上帝用祂的律法指正並扶持我們，使其可以戰勝罪惡。

朋友，你願意接受上帝對你生命的完全扶持嗎？我願意！

「凡偏離你律例的人，你都輕棄他們，
因為他們的詭詐必歸虛空。」詩119：118

◎ 焦望新

生活中，不能沒有律法。但並不是所有的人都喜歡律法，特別是那些作奸犯科或趁人之危的，視律法為眼中釘。律法並不會因為惡人不喜歡而消失，相反的，律法顯明了惡人的行徑，暴露所有偏差。

詩人喜愛律法，所以很了解那位設立律法之主的心意，「凡偏離你律例的人，你都輕棄他們，因為他們的詭詐必歸虛空。」

大衛王時代，他的兒子押沙龍叛變，其中一位謀士亞希多弗也在叛黨之中。大衛帶著家人和隨從逃離耶路撒冷，他向神禱告：「耶和華啊，求你使亞希多弗的計謀變為愚拙！」（撒下15：31）

亞希多弗是一個聰明的謀士，「那時亞希多弗所出的主意好像人問上帝的話一樣；他昔日給大衛，今日給押沙龍所出的主意，都是這樣。」（撒下16：23）亞希多弗為了討好押沙龍，請求押沙龍准許他帶領一萬兩千人連夜追趕，在眾人四散時殺死大衛。

如果押沙龍聽了亞希多弗的主意，大衛當夜可能性命難保。但偏離上帝律例的人，他們的詭詐必失敗。押沙龍偏偏沒有聽從亞希多弗的計謀，而聽了大衛親信戶篩的建議，先從以

色列各地召集軍隊，然後再追趕大衛。實際上戶篩是為了拖延時間，使大衛可以趁機逃脫。「亞希多弗見不依從他的計謀，就備上驢，歸回本城；到了家，留下遺言，便吊死了，葬在他父親的墳墓裡。」（撒下17：23）

上帝並不願意拋棄任何人，聖經說，上帝「不願有一人沉淪，乃願人人都悔改。」（彼後3：9）但那些選擇離開上帝的，上帝也不會強迫他們順從。離開上帝是很危險的，因為仇敵撒但隨時想要把我們拉入罪惡中，可是撒但的計謀最終都會失敗，因為耶穌早已經戰勝了撒但。

朋友，你願意緊緊跟隨耶穌，不偏離祂的律例嗎？我願意！

「凡地上的惡人，你除掉他，好像除掉渣滓，因此我愛你的法度。」詩119：119

◎ 焦望新

中國有句成語「大義滅親」，故事源自：衛莊公非常寵愛愛妾的兒子州籲，可是他不務正業，整天只喜歡舞刀弄槍。當時，大夫石碏的兒子石厚，與州籲臭味相投，後來衛莊公死了，公子完繼位為衛桓公。此時，石碏因年紀老邁又不滿州籲的作為，便告老還鄉。

一天，衛桓公到洛邑見周王，州籲和石厚便藉送行殺死衛桓公，奪取了王位，可是不得人心，於是他們想找石碏幫助，以安撫民心。石碏告訴兒子：「你們只要請陳桓公幫忙，得到周王的同意就好了。」

石碏暗中寫信密告陳桓公，讓他幫忙捉拿弒君的兇手。當石厚和州籲來到陳國時，就被抓起來了。接著陳王派人問怎麼處置這兩個兇手。石碏說：「這小子不忠不孝，留他又有什麼用？」於是叫人把他殺了。石碏這種做法得到後人的讚許，稱此行為是「大義滅親」。

上帝的法度和律例顯明人的罪惡，如聖經所說，「因為罪的工價乃是死」（羅6：23）。犯罪的，一定要受到刑罰，這是公義的表現。但聖經說，上帝是慈愛的。公義與慈愛怎能共存呢？羅馬書6章23節接著說：「惟有上帝的恩賜，在我們的主基督耶穌裡，乃是永生。」這就是慈愛的表現，上帝讓耶穌代替人，付上

了死的代價，使我們免受犯罪的後果。

由此可見，上帝是完全公義，也是完全慈愛的，而每一個犯罪的人，都能領受祂的愛。我們需要做的，就是真心相信祂，一生都追隨祂。但那些不願意相信的，上帝不會免除他們要受的刑罰。聖經說，這個世界會有結束的一天，到那時，「不義的，叫他仍舊不義；污穢的，叫他仍舊污穢。」（啟22：11）惡人會被消滅，整個宇宙也不再有罪惡了。

朋友，你願意今天就領受耶穌的救恩，以致不被除滅嗎？我願意！

「我因懼怕你，肉就發抖，我也怕你的判語。」

詩119：120

◎ 焦望新

人做錯了事，就害怕刑罰。

小孩子都喜歡吃零食，我的兩個孩子也不例外。但為了維護他們的健康，便不准他們吃零食，兒子乾脆偷著吃，而且這絕對不是第一次了，因為衣櫃後面，散滿了各式各樣零食的包裝紙。

上帝最初造人的時候，人與上帝的關係是很和諧的，但是，當人吃了分別善惡樹上的果子，違背上帝的命令之後，就害怕見祂，當上帝來到伊甸園中呼叫他們時，他們說：「我在園中聽見你的聲音，我就害怕；因為我赤身露體，我便藏了。」（創3：10）

人因為犯罪，就懼怕上帝，但上帝並沒有叫我們永遠生活在懼怕中。從亞當夏娃開始，上帝就為人開了一條出路，只要人接受並相信耶穌，承認自己的罪，他們就不必承受罪的最終刑罰——永遠的死亡了。

聖經說，耶穌「也照樣親自成了血肉之體，特要藉著死敗壞那掌死權的，就是魔鬼，並要釋放那些一生因怕死而為奴僕的人。」（來2：14－15）所以我們不用怕，雖然在審判時，撒但會控告我們，但耶穌卻會為我們辯護說：「這人雖然犯罪，但是我的血，已經把他的罪洗淨了！」

朋友，你願意抬起頭來，讓耶穌除去你的恐懼嗎？我願意！

「我行過公平和公義，求你不要撇下我給欺壓我的人！」

詩119：121

◎ 顏榮哲

詩篇119篇121至128節是執政者的禱告。他說：「我行過公平和公義。」確定是一位秉公行義的好執行官。

古代執行官的權力大，一念之間，所做的決斷判定，對屬下及人民禍福影響莫大。擁有撒瑪利亞王宮外葡萄園地的拿伯，拒將園地出賣給亞哈王，被王后耶洗別設計誣告，說拿伯謗瀆了上帝和王，遂被正法 ── 拉出城外叫人用石頭打死。雖然用訴訟形式，立假證人，連絡「長老貴冑」，但卻是君王不公不義的典型故事。（王上21：5－10）

無論是中西，古代社會不公不義成為常習，人民財產及個人生命不得保障。當官的「受賄賂，就稱惡人為義，將義人的義奪去。」「稱惡為善，稱善為惡，以暗為光，以光為暗。」（賽5：23，20）完全顛倒是非。

神所「指望的是公平，誰知倒有暴虐，指望的是公義，誰知倒有冤聲。」（賽5：7）因此耶和華要行審判，舊約先知們警告「耶和華的大日臨近」（番1：14），「耶和華的怒氣」將發作。到那日，那些作惡的人，以什麼申報辯護？但那些秉公行義的人可說：「我行過公平和公義，求你不要撇下我。」

「求你為僕人作保，使我得好處，不容驕傲人欺壓我！」

詩119：122

◎ 顏榮哲

結婚後調到一個城市當教牧。一日下午，教堂宿舍外有男人號哭大喊的聲音，我在門口見到一位中年男人，一面捶胸大叫，一面說出被人欺壓的事由——鄰居雖沒有打他，但瞧不起他，經常侮辱賤罵，令他忍受不了。女傳道陪他來到我宿舍，新婚不久的內人也加入了安慰的隊伍，這樣經過發洩和安撫，他暫時平靜了。

他聽了耶穌在世時曾受人譏笑，尤其最後在羅馬總督及公會大祭司審判，受羅馬兵丁戲弄、鞭打、譏笑時，祂都不反罵、不叫、不吭、忍耐。耶穌的回應對他果然生出功效，他不但受了安慰，而且準備好如何與利嘴不饒人的鄰居相處。

顯然他受耶穌的榜樣影響莫大。之後鄰居的冷譏熱罵，他處之泰然，想不到的是，他曾是個反應激烈的熱血漢子，有過打架、爭血氣的記錄。成為基督徒之後，鄰居看他一臉的和善溫柔，與以前判若兩人時，也不再刺激他。在我調任之後，他成為當地教會的長老，將子女全送到教會學校接受栽培。多年後，我甚至為他的長女作媒，嫁給美國一位工程師。她生頭胎時，我們還半夜送她到醫院產房急診室呢！

世上到處有狂傲人、虐待狂、自視過高的人，與之相處久了會受傷。人有才華而能謙卑，實在不多。有些人咄咄逼人，

或以他人為愚昧，自逞智慧（傳7：16－17）。有些人自卑心理反彈，以驕傲裝備傲視四方。傳道書作者自戒說：「我一心要知道，要考察，要尋求智慧和萬事的理由；又要知道邪惡為愚昧，愚昧為狂妄。」（傳7：25）

那位「心裡柔和謙卑」（太11：29）的父勸誡我們：「行事為人就當與蒙召的恩相稱。凡事謙虛、溫柔。」（弗4：1－2）

聽！「謙卑的人，上帝必然拯救。」（伯22：29）

「我因盼望你的救恩和你的公義的話眼睛失明。」

詩119：123

◎ 顏榮哲

從「盼望」神的「救恩和公義的話」，以致「眼睛失明」，這句難解的經文，必須以詩歌的特徵來了解，也必須以經解經。

舊約提過悲傷及憂愁，會使「眼睛乾瘖」、「眼睛昏花」。或許人哭了太多會使眼失明（需要眼科醫生考證），詩篇6篇6至7節提到這種情況：「我因唉哼而困乏；我每夜流淚，把床榻漂起，把褥子濕透。我因憂愁眼睛乾瘖，又因我一切的敵人眼睛昏花。」這人每夜流淚，「把褥子濕透」，結果傷了眼睛。

以賽亞書38章14節提到「我像燕子呢喃，像白鶴鳴叫，又像鴿子哀鳴；我因仰觀，眼睛困倦。」悲哀及仰望，使希西家王「眼睛困倦」、視力減弱。因此本節經文的「眼睛失明」，所表達、強調的是盼望的殷切，類似中國成語：「望穿秋水」或「望眼欲穿」。

神的救恩，只要嘗過的人，都會被祂的大愛所深深感動吸引。神的寶典神奇、簡單，卻大有能力。自古以來，「以馬內利」（彌賽亞）的來臨是以色列的盼望。在亡國流浪他鄉時，他們的盼望更加迫切。

有詩歌這樣描寫：

「以馬內利來臨，來臨，懇求釋放以色列民，

飄流異鄉寂寞傷心，引導盼望聖子降臨，

歡欣，歡欣，以色列民以馬內利必定降臨。」

兩千年前彌賽亞降生，帶來普世的福音及人類盼望的救恩給這世界。望眼欲穿的盼望——救恩，沛降人間。

耶穌說：「我來了，是要叫人得生命，並且得的更豐盛。」（約10：10）祂從不叫人失望。

「求你照你的慈愛待僕人，將你的律例教訓我。」

詩119：124

◎ 顏榮哲

十九世紀的德國哲學家尼采（F.Nietzsche, 1844－1900）挑戰今日的教會及基督徒說：「他們（基督徒）最好唱好詩歌，使我能相信他們的救主；而祂的信徒應該更顯得他們是被拯救的人。」

幾千年來基督徒彰顯他們是一群被救贖的人。在圓形劇場，以血及生命證明他們愛主是真誠的；他們照顧孤單老人、無助孤兒，被社會遺棄的人；照料貧窮、陪伴臨死痛苦的掙扎者。我想歷代基督徒確實唱過真摯動人的歌。英國歷史學家湯恩比（A.Toynbee）在他的著作中，肯定歷史上基督教對社會邊緣者的貢獻。

一切的靈感及向善的力量、慈善的動作，都自拿撒勒人耶穌身上發源。祂是神，但「道成了肉身，住在我們中間，充充滿滿地有恩典有真理。」（約1：14）「他本有上帝的形像，不以自己與上帝同等為強奪的；反倒虛己，取了奴僕的形像，成為人的樣式。」（腓2：6－7）謙卑服務成為基督徒的記號、學習的目標。

耶穌在三年多的公眾生涯中生活，所做之工可集合為三：一為醫療；二為教育；三為傳道。馬太福音書作了綜合的記述：「耶穌走遍加利利，在各會堂裡教訓人，傳天國的福音，醫治百姓各樣的病症。」（太4：23）今日基督教會向世界各地各國傳道

時，也效學耶穌的榜樣：辦學興校，提升人的知識及生活技能；建醫院、診所，治療病人的痛苦；立教堂直接傳道，宣講神的國及神的愛，三者皆表揚「神愛世人」。祂的愛吸引人、感化人、安慰人。

　　人向來自私，在自我尋樂中迷失自己；在罪惡中沉淪；在自以為是中迷航。人只有神的愛，才能找到人生的意義，生活才有了定位，社會才能和諧；人才知道脫離自私，為別人著想，按神的旨意行事為人。

「我是你的僕人，求你賜我悟性，使我得知你的法度。」

詩119：125

◎ 顏榮哲

認識神及了解祂的話，需要聖靈幫助。聖靈是三位一體的真神，聖靈能向我們以參透萬事的方式，啟示我們有關神的知識。至於聖經，是聖靈感動（默示）先知及聖經作者們，寫出神的話來。既然如此，研究聖經的人，也需要同一位聖靈引導，才能把握住神的話。

本日存心節闢了新的一面。要了解神的話，需要「悟性」。「悟性」（希伯來文BIN）在聖經中的使用，舊約四次（全在詩篇中）；新約五次（全在保羅書信上關於禱告及教導）。無論是新約或舊約，其含義是「判斷」、「考慮」、「分別」、「了解」、「細心考量」。英譯經常以Discern（ment）出現。

舊約及新約時代，現代用語「理性」不曾出現（研究聖經因而不特別強調理性）。但悟性所指的「分別」、「了解」、「判斷」是需要的。今日仍有不少人抽取一篇經文斷章取義，方便地「使用」、「引用」、「套用」私人之意，涵蓋天下，當作真理。於是各種地方教會強調獨特教義的事，叢生不斷。

近幾年在中國出現的「東方閃電教會」；領導南美及非洲數百教友，男女老幼集體自殺的獨立教會等。這些人取些聖經經文，曲解引用，加上群眾心理的被迫感，集體自殺躲避今生今世的艱難困苦。必須說一句，並非所有的獨立教會都有邪惡的傾

向，相反地，有些是為了追求創立理想的教會而形成。因此作為神的僕人，研究神的話，要綜合地研究，以悟性「分別」、「了解」、「細心考量」、「判斷」，得知「你的法度」。

我們每人都是神的僕人，要用正確的意思解釋聖經。假如耶和華給我們的燈熄滅了，不是全世界都黑暗了嗎？

耶和華啊，你是我的燈；耶和華必照明我的黑暗。（撒下22：29）

「這是耶和華降罰的時候，因人廢了你的律法。」

詩119：126

◎ 顏榮哲

大自宇宙，小自原子、電子，自然界全靠自然律運行，人間亦然。我們內在的自我、家庭、社會、國家，無一不由秩序運作。

今日，人對神最大的挑戰之一為同性戀。同性戀本多發生在軍隊、監牢、勞工集中營裡，是一種不自然的環境中的錯誤性行為。雖然各國各地，不同文化有若干不同的表現，但自古以來總是不可上檯面，公開承認的行為、生活方式。尤其在東方，孔孟倫理不容許，世界宗教所禁止。性慾本是一種具破壞性的衝擊力量，人類社會若不適當抗制，社會將紛亂不可收拾。有《漢摩拉比法典》可作證。

我們的信仰裡，性慾為神所造，祂立了神聖的婚姻制度，設立夫妻的良範美典。聖經中神對人的愛，以夫妻之愛喻之。夫妻、家庭、戀愛為神所重視。

舊約嚴禁同性戀。「人若與男人苟合，像與女人一樣，他們二人行了可憎的事，總要把他們治死，罪要歸到他們身上。」（利20：13）

希臘以其同性戀在歷史上出名。保羅明說，這些「男和男行可羞恥的事，就在自己身上受這妄為當得的報應。」（羅1：27）指摘「親男色的」（提前1：10）他們「不能承受上帝的國。」

（林前6：10）

　　二十世紀末期，同性戀要求國家政府「一視同仁」，男與男、女與女可成婚共組家庭，無論是「男妻」之結合或「女夫」之婚。同性戀追求一般正常家庭之權利，例如一人死亡之後，由其「男妻」或「女夫」承繼財產權。也承認他（她）們有養子女（領養）之權。小孩在長大過程中，靠著父母親在家中扮演「男爸」、「女媽」之分，認同而學習，知道將來自己長大之後成為男爸、女媽，如何組織傳宗接代。

　　這是耶和華降罰的時候，因為人廢了你的律法。

「所以，我愛你的命令勝於金子，更勝於精金。」

詩119：127

◎ 顏榮哲

自古人愛金子。它燦爛光輝，不易發生化學變化，王家、貴婦很早就作為王冠髮飾。兩河流域的蘇美人，在亞伯拉罕故鄉吾珥發現的王后黃金髮飾，是最早出名的，今日在倫敦大英博物館可見到。它是稀世珍寶，除了黃金價格外，有附加藝術之高價，上古時代的古董。

即使今日中東，娶媳婦必須送金飾──手環、首飾、耳墜、鼻環等為禮，因此在阿富汗戰禍過後，廢墟重建時，金鋪子是最被期望重建的店鋪。從此處可以了解沒金鋪子，嫁娶不能進行，社會活動就停擺。金子在古代及今日生活，占有重要的分量。

神的話比黃金更寶貴，事實上亦如此，今日死海寫本，「以賽亞書」價值連城。現今在耶路撒冷「古卷博物館」所展示的是複製品，真品受到保護，存在嚴密的保險櫃裡，要顧及濕度、光線強弱等，我有幸在1976年見到真品，那時還陳列於大廳中。

基督教非常重視聖經，它是神的話之集成。「聖經是上帝所默示的」。它教訓、督促我們，使罪人歸正；它給了我人生的意義及人生方向，它安慰、鼓勵我；它幫我解答為何人世間有黑暗、罪惡又那麼猖狂；它幫我規劃人生，也給我選擇對象、教導孩子的原則；它給了我在面對人生風浪、邪惡瀰漫四周時，仍持守盼望，信仰典範；它教導我信靠、仰望；它是我腳前的燈，路

上的光。我亦同樣發自心底說：「所以我愛你的命令勝於金子，更勝於精金。」又有何稀奇呢！

神的話創造世界，根植在人心，使人有判斷力。今日社會仍少不了神的話。神的定律安定宇宙，存在原子、動植物、動力、電子、自然界裡。有了這定律，我們生存的世界才能安穩。

我因內在的這個定律，了解有定律的世界宇宙，以致明白賜定律的神。

「你一切的訓詞，在萬事上我都以為正直；我卻恨惡一切假道。」 詩119：128

◎ 顏榮哲

翻開報紙，近幾日的新聞多有關假鈔的報導。香港出現了偽鈔，收到偽鈔哭訴無門，既不能獲得賠償，且不能轉手，因轉手易被警方查獲，追究由來，且知情不報還要坐監，被抓到偽鈔，純是財務上的損失。

真珠，名貴（名牌）裝飾品、化妝品，也出現不少仿冒品，這些皮包、香水、皮衣及化妝品，幾乎假可亂真，除了專家，分不出真假。購買者多為了身分、滿足自我，所以抓到仿冒品時，心理上、財務上兩損失，咬牙切齒，責備自己貪一時之便宜。

藥有偽品，出現在流行病猖狂、病重、藥物供不應求時，偽品混目上市，價格與真品相同，以避免購買者起疑。偽藥通常以無害之食品為材料，但買到偽藥會因為耽延了治療的時間，易有生命危險。

今日存心節提到「真道」與「假道」之分別。由於宗教是一個人包括心靈、金錢、人生的整個投入。信了假道，人生走歪了，浪費寶貴的時間、金錢及生涯，蒙受的損失為最大。以人類始祖信了生命樹上引誘他們相信的假道為例，始祖的損失除了「失樂園」外，死又臨到他們身上，怪不得本詩篇的作者說：我恨惡「一切假道」。

假道的名目很多：無神論、快樂主義、偽道、假宗教，基督

教裡的異端，會使個人、家庭悽慘，得不償失。強調今生快樂至上主義者，耶穌已經斷定他們說：「賠上自己的生命，有什麼益處？」今生得不到生活意義、也沒有家庭與子女的教育方向。

　　我們的確需要像詩人一樣說：「你一切的訓詞，在萬事上我都以為正直；我卻恨惡一切假道。」

「你的法度奇妙，所以我一心謹守。」

詩119：129

◎ 尤安惠

對一般人來說，法度或者律法可一點都不奇妙，反而覺得它是一個痛苦的綑綁：「當這樣行……」「不可這樣行……」。今天經文卻說，上帝的法度奇妙，到底奇在哪兒？妙在哪兒呢？

學生時期很喜愛一位老師，無論是上課或是談天，都非常專心，覺得他所說的話語字字珍貴，不能浪費；甚至準備了一本小筆記本，將他所說的「至理名言」都記錄下來。

當我們喜愛一個人時，他口所出的言語，我們都會覺得重要。我們對上帝的喜愛也是如此，越是熱切愛慕祂，便覺得祂的話語甜美，祂的律法奇妙。約伯曾說：「我看重他口中的言語，過於我需用的飲食。」（伯23：12）

愛要增長，就必須花時間與對方在一起。我們與上帝的關係也是如此。一位牧師常說：「越親近祂，就越認識祂，越認識祂，就越愛祂，越愛祂，就越像祂。」換句話說，我們與上帝在一起的時間越長，就會越愛祂，並且越看出祂話語的美妙。

然而，我們覺得奇妙、美好的事物，必是我們親身體驗過才能知道。未曾嚐過、摸過、感受過，就說美好奇妙，若非盲從就是說謊了。

我們是否體驗過上帝律法的美妙呢？要體驗，就必須透過行

動，實地去做。當我們實行律法時，就會體驗到上帝的奇妙，然後才喜愛謹守遵行，也因而更深地體驗到祂的奇妙，就越發喜愛恪守遵行了。多麼棒的循環啊！難怪詩篇34篇8節說：「你們要嘗嘗主恩的滋味，便知道他是美善；投靠他的人有福了！」

今天讓我們一起與上帝同行，讀祂的話語，實行祂的律法，體驗上帝所要施行的奇妙救恩吧！

11 | NOVEMBER
主的話是公義信實的

主啊，你是公正的，
你的責罰是公平。

「你的言語一解開就發出亮光，使愚人通達。」

詩119：130

◎ 尤安惠

剛受洗的吳姐妹告訴我：「要是能夠早一點認識上帝，明白祂的話語，就不用走冤枉路，下錯許多決定，做那麼多愚蠢事。從前自以為很聰明，但到頭來白忙一場，賠了夫人又折兵。」

幾年前，吳姐妹和比利時籍先生從歐洲回台灣，在東海岸買了一塊地，準備蓋小木屋定居，並開放民宿。沒想到，蓄水池工程的負責人用欺騙手段先拿到款項，工程卻出現諸多瑕疵。提告後，卻使得後續工程中斷，無法如期完工。屋漏偏逢連夜雨，合夥投資餐廳的朋友又欺騙他們，並迫使其退股，付出了上百萬的金錢卻一事無成，使得想回台灣休養的吳姐妹，因此身心巨創，導致病情惡化，甚至必須進醫院開刀。

就在絕望之際，他們認識了上帝，因耶穌的救恩，內心充滿前所未有的平安喜樂；他們渴慕上帝的話語，每天花五至六個小時靈修，藉著殷勤查考聖經及順從上帝的話語，日日得到聖靈光照，思想與心胸皆被開啟。他們無條件撤回告訴，饒恕對方；也不再為失去的金錢感覺不捨，藉著領受並實行健康改良的亮光，身體漸漸康復。

不但如此，當聽見上帝呼召他們作健康佈道時，便立刻答應，並捨棄家中收藏已久、代代相傳的珍貴古董家具和物品。夫

妻倆説：「這些都是屬世的驕傲，更何況背著那麼多重擔（古董），怎能無後顧之憂，為上帝作佈道工作？」

感謝上帝，「你的言語一解開，就發出亮光，使愚人通達。」但願我們日日研讀上帝的話語，藉著聖靈的幫助，順從祂的教訓。唯有渴慕上帝及祂的話語，使我們成為擁有真智慧的人，我們才會明白「確有一個天國要追求」，價值觀與人生的方向正確了，生命就更豐盛。

「我張口而氣喘，因我切慕你的命令。」

詩119：131

◎ 尤安惠

從小生長在基督教的家庭，理所當然上教堂、在教會學校求學，許多聖經章節更是背得滾瓜爛熟。但是我的心卻從來沒有切慕上帝的感受。記得第一次禁食禱告時，才到第二餐，飢腸轆轆幾乎想放棄，到第三餐，已經餓到頭昏、虛弱無力，真的好想吃東西。那時我心想，為何我對上帝及祂的話語，從沒有如此的飢渴？

第一個原因，原來我已經吃飽了，吃屬世的食物而飽。回想那時，非常愛看電視節目，連續劇、日劇、韓劇等影片，常常不到半夜不肯罷休。我也很喜歡電視明星，雖不到瘋狂的地步，但每天的八卦新聞，全瞭如指掌，更愛唱流行歌曲，有時還會去KTV展現歌喉。

當時我還有一個特別的「嗜好」：喜歡參加結婚喜宴及晚會，欣賞別人唱歌、跳舞。我的心思意念、感官情緒及精神、時間，已被這些事物餵飽了，因此對上帝的話語不覺飢渴。就像小朋友吃多了零食，正餐就吃不下，該吸收的營養沒得到，身心靈就不健康。

今天經文說，「我張口而氣喘」，當在追趕時才會氣喘吁吁。詩篇42篇1節中提到：「上帝啊，我的心切慕你，如鹿切慕溪水。」鹿依賴水而活，特別是被獵人追殺時，更渴慕溪水。

　　第二個原因，生命沒有受撒但脅迫，為了得到安逸，漸漸與其妥協。換句話說，沒有為了堅守真理而與罪惡對抗。生命沒有威脅感，就不會依靠上帝，更不需切慕祂的命令。而容易造成與撒但妥協的原因，就是沒有與上帝親近，並吃祂所賜的生命之糧之故。

　　謝謝聖靈感動我，並賜我力量悔改，因為若不做些改變，我將永遠是飢餓虛弱、營養不良的基督徒，更不用說為主作見證、傳福音了。也許之前我已經絆倒許多在天國路上奔走的弟兄姐妹，主啊！請饒恕我。祈求主日日幫助我，因我切慕你的命令。

「求你轉向我，憐憫我，好像你素常待那些愛你名的人。」

詩119：132

◎ 尤安惠

安息日學兒童班有一個四歲小女孩，非常頑皮，不聽話。每次受罰時，不說任何話，無論用什麼方法，她都不開口。後來我也以沉默對待她，這樣約有兩個星期之久。有一次她故意靠近我，要我看她畫的圖畫，我仍然不看不理不睬，當作她不存在，結果她哭了，邊哭邊喚：「師母，師母！」哭得很傷心。我輕拍她：「之前妳不聽話被處罰時，也這樣對待師母。以後要聽話嗎？」她點點頭。

如果有一天上帝不再眷顧我，我一定也像這個小女孩一樣，邊哭邊祈求上帝：「求你轉向我，憐憫我。」聖經士師記也記載了以色列人的經驗。

當以色列人出埃及進入迦南地後，因為沒有聽從上帝的話，所以被交在四圍敵人手中，生活極其困苦，於是上帝興起士師拯救他們。

有一次「以色列人又行耶和華眼中看為惡的事；……離棄耶和華，不事奉他；耶和華就把他們交在非利士人和亞捫人的手中……共有十八年。……以色列人哀求耶和華……，耶和華對以色列人說：『我豈沒有救過你們……你們哀求我，我也拯救你們脫離他們的手。你們竟離棄我，事奉別神；所以我不再救你們了。你們去哀求所選擇的神。你們遭遇急難的時候，讓他救你們吧！』」（士

10：6－14）這真是令人絕望的回答，上帝掩面不顧其哀求。我的信仰人生也是如此嗎？祈求上帝拯救帶領，卻又不願放棄罪中之樂？

　　罪使人與上帝隔離，但上帝是何等慈愛，賜下獨子耶穌基督，饒恕我的罪，使我可以藉著耶穌與上帝親近，我不要再搖擺，更不要隨從世俗的潮流，敬拜有形無形的偶像；我要堅定信仰，終日與上帝同行。主啊！求你轉向我，憐憫我，好像你素常待那些愛你名的人。

「求你用你的話使我腳步穩當，不許什麼罪孽轄制我。」

詩119：133

◎ 尤安惠

不需要教導孩子自私、叛逆，他就會了，人是趨向罪惡的。所以聖經提醒我們：「務要謹守、警醒，因為你們的仇敵魔鬼，如同吼叫的獅子，遍地遊行，尋找可吞吃的人。」（彼前5：8）

許多人包括自稱為基督徒的，都被罪——菸、酒、毒、檳榔、色情、暴力、拜偶像、嫉妒、忌恨、貪心等所轄制，並身受其害。

聽聽一個年輕人的告白：「每次上網，就想進入色情網站，我是基督徒，知道那是罪惡，內心雖然掙扎，但總是無法抵擋慾望，按下滑鼠，進入罪惡的世界。那段時間，信仰生活仍有禱告，但是禱告的很膚淺，總是匆忙結束，因我無法坦然面對上帝。每當我閱讀聖經，聖靈就藉著上帝的話責備我，非常難受。

罪惡感壓在心頭，一天比一天重，終於無法承受。聖靈使我想起耶穌基督在十字架為我擔罪犧牲，心想怎麼能繼續做惡事，讓愛我的主傷心。我哭跪著認罪，祈求上帝的饒恕。哭過以後，我相信上帝已經赦免了我，便再次祈求聖靈賜下力量，使我以後不再被這罪孽轄制。感謝上帝，藉著天天與祂親近，思想祂的話，現在不再看不清潔的影片、書籍，我真的從這罪惡中得到自由了！」

「上帝的道是活潑的，是有功效的。」（來4：12）這個年輕人，因著耶穌的愛受感動而認罪悔改，並藉著上帝的話，秉持不犯罪的決心。

耶穌基督在世上被撒但試探時，祂總是以「經上記著說」來抵擋試探，魔鬼無法勝過，於是離開祂。我們也要殷勤研讀或背誦上帝的話，如此，我們將不會被罪孽所轄制，因為上帝的話能使我們腳步穩當。

「求你救我脫離人的欺壓，我要遵守你的訓詞。」

詩119：134

◎ 尤安惠

作為基督徒，並不是沒有身心痛苦，甚至越忠心，逼迫就越多越深。在聖經裡也早已告訴我們：「凡立志在基督耶穌裡敬虔度日的也都要受逼迫。」（提後3：12）

聖經中，記載了曾經堅持真理的決志，而遭受侮辱及逼迫的先賢們。

約瑟，不願得罪上帝，堅持清潔的思想，正直忠貞的行動，拒絕主人波提乏之妻的色誘，卻被陷害，將他關在監牢裡。但以理，雖然知道被人謀害設計，若在王以外，或向神或向人求什麼，必被扔在獅子坑中。但他不畏懼，仍一日三次，雙膝跪在上帝面前，禱告感謝，與素常一樣。哈拿尼雅、米沙利、亞撒利雅，不顧王的命令，拒絕敬拜尼布甲尼撒王所立的金像，而被扔在烈火的窰中。耶利米，上帝呼召他成為先知，他的警告激怒了君王和首領，以致被丟到淤泥坑中，但他仍忠實傳講上帝的真理。司提凡，因傳講基督為人釘十字架的真理，而被石頭打死。約翰，為上帝的道，並為給耶穌作的見證，被丟到滾沸的熱油鍋，後又被放逐到拔摩荒島。

耶穌曾說：「世人若恨你們，你們知道，恨你們以先已經恨我了。」（約15：18）耶穌自己在地上時的一言一行，都彰顯了上帝的榮耀，祂呼召我們跟隨祂，不是在享受生活中跟隨，而是

在克己、犧牲、屈辱的路上跟隨祂。

保羅說：「我想，現在的苦楚若比起將來要顯於我們的榮耀就不足介意了。……誰能使我們與基督的愛隔絕呢？難道是患難嗎？是困苦嗎？是逼迫嗎？是飢餓嗎？是赤身露體嗎？是危險嗎？是刀劍嗎？……靠著愛我們的主，在這一切的事上已經得勝有餘了。因為我深信無論是死，是生……都不能叫我們與上帝的愛隔絕……這愛是在我們的主基督耶穌裡的。」（羅8：18－39）

無論如何都要相信，上帝必救我們脫離人的欺壓，只要專心遵守祂的訓詞。

「求你用臉光照僕人，又將你的律例教訓我。」

詩119：135

◎ 尤安惠

很多人喜歡算命、看星座、卜卦改運，連店面開幕、婚喪喜慶等，非看黃曆不可，結果反而事事捆綁更加難行。在雜誌上看到一則故事，有人花大錢，把車牌號碼從「46164」改成「53163」，因為他不要「死路一路死」，他要「我生一路生」。

這樣就好像處在伸手不見五指的黑暗中，無法行走也不知往哪裡去。「他們無光，在黑暗中摸索」（伯12：25），「好像瞎子在暗中摸索一樣」（申28：29），每天過著擔心、害怕、憂愁的日子。

感謝上帝，我們認識你，你是創造生命、愛我們的主，在你裡面毫無所懼！耶穌說：「我是世界的光。跟從我的，就不在黑暗裡走，必要得著生命的光。」（約8：12）魔鬼撒但雖然在日常生活的食、衣、住、行上，時刻想法子置我們於死地，但上帝保證：「耶和華卻要作你永遠的光；你的上帝要為你的榮耀。」（賽60：19）這麼美好的應許，不必算命即可得到！

不但如此，上帝賜下聖經及律法，在這黑暗世界中，做我們「腳前的燈，路上的光」。聖經又照明心中一切的黑暗，使我們看清自己是罪人，需要耶穌的救恩，以致離棄罪惡，幫助我日日行走在你的光中，遵行上帝的道。

做上帝的兒女真是幸福，因為：「耶和華是我的牧者，我

必不致缺乏。他使我躺臥在青草地上，領我在可安歇的水邊。他使我的靈魂甦醒，為自己的名引導我走義路。我雖然行過死蔭的幽谷，也不怕遭害，因為你與我同在；你的杖、你的竿，都安慰我。在我敵人面前，你為我擺設筵席；你用油膏了我的頭，使我的福杯滿溢。我一生一世必有恩惠慈愛隨著我；我且要住在耶和華的殿中，直到永遠。」（詩23：1－6）

「我的眼淚下流成河，因為他們不守你的律法。」

詩119：136

◎ 尤安惠

讀到聖經中提及義人與惡人時，通常會將自己歸類在義人中，不認為自己是惡人，並且常常為上帝打抱不平，批評所認為的惡人，甚至幫上帝審判。但誰是義人呢？每一個人包括我自己，不都是需要耶穌公義白袍遮蓋的罪人嗎？

當周遭的兄弟姐妹及家人朋友，不遵守上帝的律法時，我是否存著憐憫，為他淚流成河，為他禱告？並且也深切為自己的罪，祈求上帝的赦免？因為自己常常也是那一個不守上帝律法的惡人。

永遠忘不了大二暑假結束，準備回三育基督學院的那天，母親好言好語指出錯誤，我卻以粗魯的態度、尖銳的言語，刺傷了母親的心。一句對不起也沒有說，就回學校了。十幾年後，心中仍然感到懊悔難過。

我的上帝啊！你是否也常為頑梗的我淚流成河呢？一定是的。因為耶穌也曾經為「那拒絕上帝的兒子，並藐視祂愛的耶路撒冷，就是那不肯信服祂許多偉大的神蹟，反而將要殺害祂的耶路撒冷。」嚎啕哀哭，說：「巴不得你在這日子知道關係你平安的事；無奈這事現在是隱藏的，叫你的眼看不出來。因為日子將到，你的仇敵必築起土壘，周圍環繞你，四面困住你，並要掃滅你和你裡頭的兒女，連一塊石頭也不留在石頭上，因你不知道眷

顧你的時候。」（路19：42－44）

　　求你按你的慈愛憐恤我，按你的慈悲塗抹我的過犯。

　　我知道我的罪惡在我面前，我的罪惡也常在你的眼前。

　　神啊！求你不要離我而去，再次對我顯現你的榮面。

　　不要不要掩面不顧我，求你聽我的禱告。

　　神啊！求你為我造清潔的心，使我裡面重新有正直的靈。

　　不要丟棄我使我離開你的面，不要收回你的聖靈。

　　　　　　　　　　　　　　　── 洪啟元經文摘編

「耶和華啊，你是公義的，你的判語也是正直的。」

詩119：137

◎ 尤安惠

有個父親利用週末假日，帶著9歲的兒子去釣魚。河邊有個告示牌寫著：釣魚時間從早上9點至下午4點。

父親要孩子先仔細閱讀告示牌上的警語。大約下午3點47分左右，男孩感覺釣到了大魚，他大喊父親幫忙，教他如何收線、搏鬥，終於將一條長約65公分，寬約22公分，重約7、8公斤的魚拉上來。

父親緊緊捧著大魚和孩子欣賞，男孩臉上顯得很高興、得意，突然父親看了看手錶，4點12分。他收起笑容對孩子說：「兒子，現在是4點12分，已超過規定的時間，我們必須把魚放回河裡。」孩子趕緊看手腕上的錶，沒錯。但他很不以為然地說：「可是我們釣到的時候還沒4點，應該可以把魚帶走。」父親說：「規定只能釣到4點，我們不能違背。不管何時上鉤，釣上來已超過4點，必須放回去。」

兒子再次哀求父親：「這是我第一次釣到魚，媽媽一定很高興。更何況這裡沒有其他人。」父親斬釘截鐵地說：「雖然沒人看到，但不要忘了，上帝在看！祂知道我們在做什麼。」說完，父子倆將魚放回河裡。小男孩噙著淚水，看著魚兒離去，沒再多說一句話。

多年後，這男孩成為一個有口皆碑的好律師。他在紐約的

律師事務所會客廳裡，掛了一塊扁額，上面寫著：「你們的話，『是』，就說『是』；『不是』，就說『不是』；若再多說，就是出於那惡者。」（太5：37）

每個來找他辦案的人，他都會要求當事人先讀這段話，然後對他們說：「若被我發現你有隱藏案情或不誠實，我會立刻拒絕替你辯護。我無法為不誠實的人申冤，那會違背我的信仰。」

每一個敬畏上帝話語的律師，都不會屈枉正直。

你知道每一件事，絕不會將無罪的看為有罪，有罪的看為無罪。我也要努力在每件事上，像你一樣公義誠實。

9日
11月

「你所命定的法度是憑公義和至誠。」

詩119：138

◎ 尤安惠

剛搬到東海岸的第一個早晨，當我醒來時，看到太陽在海的上頭，感到非常驚訝，以為已經黃昏了，因為在西部，傍晚時夕陽才落在海裡，夜幕漸漸低垂。後來才想起自己身在台灣的東邊，所以太陽在海上是因它從東邊升起之故，之後每當看見東方日出，心中總是感謝上帝的信實。有時烏雲遮蔽天空，看不見日光，但我知道雲散天自晴，上帝命定的太陽仍會在那裡。

我住在東海岸的阿美族部落，每隔一段時間，就會看到海邊有一大群阿美族人，彎著腰撿東西。經過詢問，才知道原來不是撿東西，而是摘取海菜。這裡的老人說，平常因漲潮，除非潛水才能取得。每月的農曆初一和十五，一定是白日大退潮的時段，他們就是在這個時間揀取。老人家憑著過去的經驗，深信每個月的這兩天必是大退潮，從沒失算過，真是奇妙！大自然沒有停止過訴說上帝的信實。

上帝在挪亞出方舟時曾應許，說：「地還存留的時候，稼穡、寒暑、冬夏、晝夜就永不停息了。」（創8：22）到現在，這個應許仍沒有落空。雖然現在全球暖化的問題日趨嚴重，很多人擔心未來會再次發生洪水氾濫，但上帝是信實的，祂必堅定祂的話語。

看見曾為真理熱心與忠誠的弟兄姐妹或是傳道人，轉離上帝

的道而偏行己路時，我們的內心會感到痛苦與疑惑，為何發生這樣的事？但是上帝的真理不會因此而變為虛謊，「人的信心與感情可能有所改變，但上帝的真理卻絕不會改變。」就像太陽雖被烏雲暫時遮蔽，但它仍在那裡。因為上帝所命定的法度，是憑公義和至誠。

願我們仍要堅定信心，站穩在上帝的真道上。

「我心焦急，如同火燒，因我敵人忘記
你的言語。」

詩119：139

◎ 尤安惠

有個小女孩，在學校是出了名的請假大王，因為每到星期六，她就向老師請假要上教會作禮拜。有一次全校週會，老師故意叫她到全校師生面前，請她為全校老師和學生禱告。小女孩好高興，以為有機會可以為上帝傳福音。雖然雙腳在發抖，但是想到要為上帝工作，就鼓起了勇氣，請大家低頭一起禱告。她誠心地祈求上帝賜給全校師生有健康的身體及聰明智慧，待她禱告完畢說：「Ａ－men」時，叫她到臺上禱告的老師跟著說：「Ａ－men，牛肉麵，維力麵還有王子麵。」台下的老師和學生哈哈大笑。可憐的小女孩被捉弄了，當時她好想哭，但她忍耐到放學回家後，才大哭一場。

後來為她查經的教會師母安慰她，說：「沒有關係，當你因耶穌的緣故被取笑時，你就是站在耶穌那裡，耶穌也是站在你這邊。記得耶穌說的嗎？『人若因我辱罵你們、逼迫你們、捏造各樣壞話毀謗你們，你們就有福了。』」（太15：11）小女孩搖搖頭說：「我並不是因為別人捉弄我而難過，是因為他們不尊重上帝，侮辱上帝。」

小女孩的「敵人」──學校師生，他們並不認識上帝，所以不知道要敬畏祂。但耶穌的「敵人」卻是從小認識上帝，且熟悉聖經的祭司長和文士，他們為了自己的利益，竟蒙蔽良心，故意

忘記上帝的話。

　　我們常常以為所做的，是為上帝的工作而擺上，但我們應該要深深思考聖經的這段話：「耶和華喜悅燔祭和平安祭，豈如喜悅人聽從他的話呢？聽命勝於獻祭；順從勝於公羊的脂油。」（撒上15：22）

　　在生活中，你是與上帝為友或與上帝為敵呢？

「你的話極其精煉，所以你的僕人喜愛。」

◎ 尤安惠

聖經雅各書說：「若有人在話語上沒有過失，他就是完全人，也能勒住自己的全身。……舌頭在百體裡也是最小的，卻能說大話。……在我們百體中，舌頭是個罪惡的世界，能污穢全身。」（雅3：2－6）真是句句真確！一天之中，我們說了很多的話，但不知有多少句是造就人的、幫助人的。

一次聽到兩個婦人吵架，互罵之後，其中一個說：「你不是基督徒嗎？不是常上教會作禮拜嗎？哼！什麼基督徒，講話那麼惡毒！」

任何一個基督徒聽到此，都會感到難過。可是我們常常有意無意做了同樣的事。可能不是和人吵架，卻是在人的背後說抱怨的、批評的、毀謗的、嫉妒的及罵人的話。但「掩藏的事沒有不顯出來的」（路8：17）。

記得嗎？米利暗和亞倫毀謗摩西的話，「耶和華聽見了」，上帝對他們說：「你們毀謗我的僕人摩西，為何不懼怕呢？」「耶和華就向他們二人發怒而去」，後來米利暗長了大痲瘋（出20：2，8－10）。我們所說的每句話，也包括對家人說的話，上帝都聽見了。

我們對外人好像比較容易和顏悅色，對家人卻常說出不溫柔的話。在家裡，若是我帶點憤怒的語調，或大聲地對我先生說

話，1歲9個月大的女兒就會對我大喊：「不要！」我馬上降低音量，溫柔地說話。

　　十分感謝上帝賜給我一個「溫柔的提醒者」，而且更好的是，將我們的心充滿愛、清潔、正直的話，如此就能說出鼓勵、安慰、清潔的話。「因為他心怎樣思量，他為人就是怎樣。」（箴23：7）

　　我們所言要小心，但上帝的話語卻極其精煉，句句都有價值，沒有無用的成分，也只有上帝的話能給我們真愛和永遠的生命。願我們喜愛並擁有祂的話語。

「我微小，被人藐視，卻不忘記你的訓詞。」

詩119：141

◎ 尤安惠

被傷害、被欺負、被藐視，都令人非常難受，但絕對沒有比耶穌受苦與羞辱來得大。我們是為自己而痛苦，但耶穌不是。「他被藐視，被人厭棄；多受痛苦，常經憂患。」（賽53：3）是因為「他誠然擔當我們的憂患，背負我們的痛苦；……他為我們的過犯受害，為我們的罪孽壓傷。」（賽53：4－5）且細細思想耶穌為我們所做的：

「拿耶穌的人把他帶到大祭司該亞法那裡去，……祭司長和全公會尋找假見證控告耶穌，要治死他。……他們就吐唾沫在他臉上，用拳頭打他，也有用手掌打他的，說：『基督啊！你是先知，告訴我們打你的是誰？』……」

「到了早晨……大家商議要治死耶穌，就把他捆綁，解去，交給巡撫彼拉多。……他們便極力地喊著說：『把他釘十字架！』……巡撫的兵……戲弄他，說：『恭喜，猶太人的王啊！』又吐唾沫在他臉上，拿葦子打他的頭。戲弄完了，就……帶他出去，要釘十字架。」

「……從那裡經過的人譏誚他，搖著頭，說：『……你如果是上帝的兒子，就從十字架上下來吧！』祭司長和文士並長老也是這樣戲弄他，說：『他救了別人，不能救自己！他是以色列的王，現在可以從十字架上下來，我們就信他。他倚靠上

帝，上帝若喜悅他，現在可以救他，因為他曾說，我是上帝的兒
子。』……約在申初，耶穌大聲喊著說：『……我的上帝！我的
上帝！為什麼離棄我？』……耶穌又大聲喊叫，氣就斷了。」
（太26：57—27：50）

當我們想念耶穌時，一切痛苦都變輕了，心也寬闊了，沒什
麼好計較的了。只能從內心感謝祂說：「感謝讚美主！我微小，
你卻顧念我，唯願全心愛你、為你而活來回報你。」

「你的公義永遠長存；你的律法盡都真實。」

詩119：142

◎ 尤安惠

大衛會唱歌、寫歌，他所寫的詩篇，呈現了他對上帝的認識與信靠。「他們無故地為我暗設網羅，無故地挖坑，要害我的性命。……他們向我以惡報善，使我的靈魂孤苦。……當他們有病的時候，我便穿麻衣，禁食，刻苦己心；……好像他是我的朋友，我的弟兄；我屈身悲哀，如同人為母親哀痛。……我的上帝我的主啊，求你……判清我的事，伸明我的冤！……按你的公義判斷我，……我的舌頭要終日論說你的公義，時常讚美你。」（詩35：7—28）

確信上帝是公義與慈愛的大衛，也曾經歷過上帝憑著祂的公義，拯救他脫離仇敵的陷害。所以，他能夠完全交託，並謙卑順服祂的律法，耐心等候上帝成就祂的旨意。他如此倚靠上帝，就算生命遭到威脅，他仍唱著：「上帝啊，我心堅定，我心堅定；我要唱詩，我要歌頌！我的靈啊，你當醒起！……主啊，我要在萬民中稱謝你……因為，你的慈愛高及諸天；你的誠實達到穹蒼。」（詩57：7—10）

先知以賽亞也曾鼓勵我們：「我要照耶和華一切所賜給我們的，提起他的慈愛和美德，並他向以色列家所施的大恩；這恩是照他的憐恤和豐盛的慈愛賜給他們的。」（賽63：7）

所有喜愛耶和華律法，晝夜思想的蒙福義人，一同與大衛歌

唱吧！雖然生活不是天天順利，事情不是樣樣如意，仍然要唱感恩讚美的詩歌。不是掩飾，也不是逃避，而是謙卑地相信，有一位全知全能、公義慈愛、誠實正直的上帝，掌管我們的人生。

少年前鋒會的團規律，其中一項條例是：「我要時刻心中歌頌」，希望它也成為我們的生活態度。讓我們經常在低頭時，認識自己的不足，學會謙卑；抬頭時，認識創造生命的神，心存感恩。

詩人的讚美：「你的公義永遠長存；你的律法盡都真實。」願這也是今天你我對神的讚美！

「我遭遇患難愁苦，你的命令卻是我所喜愛的。」

詩119：143

◎ 尤安惠

今天的經文，使我想起王弟兄的經歷。

王弟兄前幾年在北部工作時，領受了上帝的愛及祂的話，但真理卻「擾亂」了生活，每到星期六都掙扎著，是工作還是守安息日。但他心裡非常明白上帝的旨意：愛祂就要遵守祂的命令。靠著上帝的恩典，他勝過撒但，決志無論如何都要遵守真理，以表達對上帝的愛，他也順從聖靈的聲音，放棄工作，回到家鄉。

但是順從上帝的旨意，並沒有讓他的生活一帆風順。鄉下的工作機會少，又因守安息日沒有固定工作，全家陷入貧困。雖然省吃儉用，但四個孩子常常沒有錢繳學費，家裡需要用錢時，口袋卻是空的。王弟兄並不求上帝給予很多，只希望生活安穩，他說：「身為家中男人，卻無法使家人得到基本的照顧，感到非常灰心，並懷疑上帝的恩典，甚至於想結束自己的生命來逃避。」

還好妻子也是愛主的姐妹，她鼓勵丈夫：「上帝絕不會使愛祂、遵守祂誡命的兒女作乞丐，你看，上帝使我們有房子住，每餐吃得飽（採野菜吃），衣服穿不完（撿二手衣穿）。還有教會裡有許多弟兄姐妹們，幫忙照顧四個孩子，應該要為此感謝上帝！」的確，上帝的恩典夠我們用，他們雖然生活貧窮困苦，卻沒有任何債務，所擔心的學費與家庭必要開支，上帝都供應。

　　王弟兄一家人雖過得很辛苦。但他説：「可能上帝在操練我的信心與耐心。我不會放掉那已經抓住上帝的手，雖然生活多有愁苦，我卻喜愛遵守上帝的話語。我願意放棄這個世界，因我深知所信的是誰，祂為我預備永久家鄉的應許，必定成就。」

　　聖經説：「敬畏耶和華的，大有倚靠；他的兒女也有避難所。」「耶和華的名是堅固臺；義人奔入便得安穩。」（箴14：26；箴18：10）

「你的法度永遠是公義的；求你賜我悟性，我就活了。」

詩119：144

◎ 尤安惠

報紙寫著：「經濟上，近幾年來錢越賺越少，人越來越窮，物價越來越貴、交通罰款越來越多、健保費越來越重，但官商勾結、重大貪污案卻沒有減少。社會上，治安敗壞，倫理不張、道德淪喪，自殺、擄人勒贖、殺人搶劫、詐財、強姦等重大刑案層出不窮。」

聖經上說：「你該知道，末世必有危險的日子來到。因為那時人要專顧自己，貪愛錢財，自誇，狂傲，謗讟，違背父母，忘恩負義，心不聖潔，無親情，不解怨，好說讒言，不能自約，性情凶暴，不愛良善，賣主賣友……愛宴樂，不愛上帝。」（提後3：1-4）

這是我們所處的世代，離棄公義法度的世代。

在聖經裡，我們早已看見違背上帝律法的，其實都有相同的結果。在挪亞時代，「耶和華見人在地上罪惡很大，終日所思想的盡都是惡，……世界在上帝面前敗壞，地上滿了強暴。……上帝就對挪亞說：『……我要把他們……毀滅。』」（創6：5-13）

在亞伯拉罕時代「耶和華將硫磺與火……降與所多瑪和蛾摩拉。」（創19：24）以色列被擄前，人民拜偶像、殺人流血、不誠實、不公義等背逆行為層出不窮，最後毀滅與擄掠臨到他們。

上帝説：「我的民因無知識而滅亡。……忘了你上帝的律法。」（何4：6）現今也是如此，我們擁有許多知識，卻沒有得永生的知識，這罪惡的世界也將如此滅亡。保羅勸勉我們：「你們要謹慎行事，不要像愚昧人，當像智慧人。要愛惜光陰，因為現今的世代邪惡。不要作糊塗人，要明白主的旨意如何。」（弗5：15－17）

當洪水毀滅全地時，只有敬畏上帝的挪亞一家人得救。我們也要悔改，忠心順從上帝的律法，預備迎見祂。詩人説：「你的法度永遠是公義的；求你賜我悟性，我就活了。」願這也是今天我們的祈求。

「耶和華啊，我一心呼籲你；求你應允
我，我必謹守你的律例！」 詩119：145

◎ 吳忠風

每當兩個孩子向我索求時，我常不經意地回應：「只要你們
聽話，爸爸就買給你們。」在我滿足孩子們需要的同時，
我更看重他們聽話，這是否意味著條件交換呢？我想不是的。

　誰不願將好東西給兒女呢？耶穌説：「你們雖然不好，尚且
知道拿好東西給兒女，何況你們在天上的父，豈不更把好東西給
求他的人嗎？」（太7：11）做父親的很清楚知道，小孩願意聽話
順服，對他們一生正面的影響，遠比滿足他們現在的需求重要得
多了。

　人有犯罪的天性，保羅不也説：「……我肉體之中，沒有良
善。因為，立志為善由得我，只是行出來由不得我。」保羅赤裸
裸地道出人性的無奈，「我真是苦啊！誰能救我脱離這取死的身
體呢？」感謝神，保羅提出了解決的方法，他説：「感謝上帝，
靠著我們的主耶穌基督就能脱離了。」（羅7：18，24，25）

　在「遵行」這件事上，上帝知道我們的軟弱，所以差派耶穌
拯救。祂曾經歷了超過我們所遇到的苦難、引誘，最終祂都未曾
犯罪，且勝了這世界。祂賜下寶貴的應許，信靠祂，我們也可以
得勝。

　有一位弟兄每天最少抽兩包菸。他很清楚知道必須戒掉，但
都徒勞無功。在灰心喪志之時，看到一份傳單，上面寫著「不要

懼怕，有一位神可以幫助你。」他打電話到教會尋求幫助。

　　後來，他整晚向神哭泣呼喊，求上帝幫他戒斷菸癮。到了清晨，他已精疲力竭。按照習慣，他會抽幾口香菸，但不知為什麼，竟然一點菸癮也沒有。從那一刻起直到如今，他再也沒有抽過一口菸。

　　這是真實的見證與經歷，只要我們一心呼籲，神願意來幫助我們，成就美好的事物。

「我向你呼籲，求你救我！我要遵守你的法度。」

詩119：146

◎ 吳忠風

為何要遵行上帝的話？為了今生的益處？為了躲避刑罰？為了永遠的生命？耶穌對我們說：「你們若愛我，就必遵守我的命令。」（約14：15）「有了我的命令又遵守的，這人就是愛我的；愛我的必蒙我父愛他，我也要愛他，並且要向他顯現。」（約14：21）

耶穌期望我們遵行命令，乃是出於我們愛祂。因為祂清楚知道，愛使我們與祂更加緊密，這種關係是最大的力量，塑造我們更像祂。

彼得三次不認主，耶穌三次問他：「你愛我比這些更深嗎？」彼得說：「主啊，是的，你知道我愛你。」（約21：15）彼得的人生從此有了重大的改變，福音因著他愛主的心，得以堅固與傳揚。

雅各為了愛拉結，在舅父拉班家裡工作七年，聖經說，他看這七年如同幾天。在愛裡，時間已了無意義，困難也不再是困難。詩人對神的愛，就是這麼深，這愛逼使他在患難中呼求神，求神救他，讓他得以活著，因為活著才可以遵守神的法度！

對詩人而言，他深信他可以如此歌頌他的神：「看哪！上帝是我的拯救；我要倚靠他，並不懼怕。因為主耶和華是我的力量，是我的詩歌，他也成了我的拯救。」（賽12：2）上帝的應

許：「你一生一世必得安穩——有豐盛的救恩，並智慧和知識；你以敬畏耶和華為至寶。」（賽33：6）在生命的艱難時刻，仍維護著他的信仰。

「誡命是燈，法則是光，訓誨的責備是生命的道。」（箴6：23）這樣的教導是詩人熟悉的，因此他渴望，若能死裡逃生繼續存活，他願意仍然「在公義的道上走，在公平的路中行。」（箴8：20）因為「敬畏耶和華在乎恨惡邪惡」（箴8：13）。

親愛的朋友，今天，你向神呼籲什麼呢？你用什麼來懇求祂垂聽你的呼籲呢？詩人的禱告，可以作為你今日的祈求嗎？

「我趁天未亮呼求；我仰望了你的言語。」

詩119：147

◎ 吳忠風

在一個小組聚會裡，有人提出這個假設性的問題：「如果你是聖靈，人心給你三個時段去挑選，你會選擇那一個時段進入人心工作？是一天的開始（清晨）？或是一天的中間（白天）？或是一天的結束（黑夜）？」多數人選擇了一天的開始。他們提出了各自的理由，其中最具說服力的，就是「經驗法則」。唯有親身體驗清晨的美好，才會了解箇中滋味，不然再美妙動聽的說詞，也只不過是空談罷了。

摩西的詩歌：「求你使我們早早飽得你的慈愛，好叫我們一生一世歡呼喜樂。」（詩90：14）道出了他的經驗法則。曠野嗎哪的餵養，也是在清晨。先知耶利米也如此讚美：「每早晨，這都是新的；你的誠實極其廣大！」（哀3：23）若我們懂得清晨享受神屬靈的餵養，我們的一生就容易活在神的恩典裡，沒有懼怕，只有數不清的歡呼喜樂。

聖經記載耶穌在世留下的榜樣。「次日早晨，天未亮的時候，耶穌起來，到曠野地方去，在那裡禱告。」（可1：35）這是耶穌的經驗法則。在祂一天忙碌生活的開始，先從親近天父獲得屬靈的飽足，就有足夠的能力來應付一天的挑戰，有屬天的智慧來應對一天的人事物；也有非凡的勇氣來面對未知的一天。這也是耶穌得勝的祕訣。

　　我親愛的阿姨是多年的教友，卻是睡覺的「覺」友，屬靈生命如同行屍走肉般沒有活力與生氣，從未享受過在主裡的真實滿足與喜樂。直到她開始在早晨讀經、默想及禱告後，她屬靈的生命完全翻轉過來，充滿著熱忱與喜樂。因著她的見證與服事，帶領多人信主，成為撒但眼中名符其實的「恐怖分子」。這是她的經驗法則。

　　親愛的朋友，詩人說：「我趁天未亮呼求；我仰望了你的言語。」這也是今天你想對神說的禱告嗎？讓我們在一天開始前，先親近神，飽得祂的慈愛，好叫我們一生一世都能歡呼喜樂！

「我趁夜更未換將眼睜開，為要思想你的話語。」

詩119：148

◎ 吳忠風

坊間流行一些有關冥想、靜坐、內省的書籍，藉由一些方式，你可以自在地走出心靈困境，找到屬於你的心靈淨土。這些書籍的共通點是：相信自己有絕對的能力幫助自己。

我不曉得這類書籍幫助了多少人，但透過神的話語與千萬人的見證，我清楚明白，人絕對無法靠著自己的能力來解決人的問題。若是可以，今天的社會就不會淪喪到這個地步了。

「我靠著那加給我力量的，凡事都能做。」（腓4：13）因為「在人這是不能的，在上帝凡事都能。」（太19：26）我們必須承認人有侷限。在數學的法則裡，任何數字加上無限大，就是無限大。我們就如同有限的數字，若是加上無限大的神，我們就成為無限大。要如何與神連結呢？默想就是最佳的管道。透過思想祂的話語，我們的心思意念就對準了神，就能順利與祂「連線」了。

教會裡有一位的弟兄分享他默想的經驗，每當靜心思想所讀的經文時，那段經文就能在職場、家庭與人際關係上光照他。常常在他最需要的時候，曾思想過的話語，很奇妙、自然地進入心中指引，雖然有時仍會犯錯，卻能更加體驗神的恩典，下次不再犯同樣的錯。

因著思想神的話語，他的屬靈生命提升了，聖靈更加容易

進入心中作工，當聖靈運行在生命裡時，我們就成為「屬靈」的人。

　　聖經應許我們：「這律法書不可離開你的口，總要晝夜思想，好使你謹守遵行這書上所寫的一切話。如此，你的道路就可以亨通，凡事順利。」（書1：8）

　　你正陷入泥沼，無法掙脫嗎？對前方的道路，徬徨憂愁嗎？我誠懇地邀請你，打開神的話語來默想，「上帝為愛他的人所預備的是眼睛未曾看見，耳朵未曾聽見，人心也未曾想到的。」（林前2：9）

「求你照你的慈愛聽我的聲音；耶和華啊，
求你照你的典章將我救活！」 詩119：149

◎ 吳忠熙

撒母耳記上7章2至3節記載著，「約櫃在基列‧耶琳許久。過了二十年，以色列全家都傾向耶和華。撒母耳對以色列全家說：『你們若一心歸順耶和華，就要把外邦的神和亞斯她錄從你們中間除掉，專心歸向耶和華，單單地事奉他。他必救你們脫離非利士人的手。』」第12節又說：「撒母耳將一塊石頭立在米斯巴和善的中間，給石頭起名叫以便以謝，說：『到如今耶和華都幫助我們。』」

從聖經記載的以色列歷史中，上帝是「以便以謝」的神。在亞伯拉罕、以撒、雅各、約瑟的經歷裡，上帝提供了最需要的幫助。從摩西帶領以色列人出埃及，在曠野中流浪，神供給嗎哪吃；使磐石出水；穿了四十年的衣服鞋子沒有破；晚上火柱給予溫暖；白天雲柱抵擋熱光。

「以便以謝」的神也透過約書亞，成功帶領以色列人越過約旦河，進入了上帝要給予的產業——流奶與蜜的迦南地。祂使得尼希米仰望神，經歷祂的幫助，將耶路撒冷被拆毀的城牆、被火焚燒的城門、被凌辱的百姓，重新建造起來。

「我要向山舉目；我的幫助從何而來？我的幫助從造天地的耶和華而來。」（詩121：1－2）要如何才能經歷「以便以謝」的神呢？要如何才能感受神的同在同行呢？要如何才能使上帝聽到

呼求呢？我們必須效學撒母耳，帶領以色列人「傾向耶和華」的
經歷。

　　不僅如此，還必須專心歸向耶和華，單單事奉祂！關鍵問題
是「三心二意」，又要神，又要傾向世界。神的要求是：要對祂
「一心一意」，正如撒母耳對以色列人說的，「你們要專心歸向
耶和華」，我們就會經歷到「以便以謝」的神，祂將以大能大力
來幫助我們。

「追求奸惡的人臨近了；他們遠離你的律法。」

詩119：150

◎ 吳忠風

詩人顯然陷入了艱困的處境中，因此呼喊「追求奸惡的人臨近了；他們遠離你的律法。」「奸惡的人」是與「你的律法」相背離的。什麼是詩人認識的神的律法呢？

以色列人曾向上帝提出一個問題，說：「我們要去獻祭了，神啊！我們當獻什麼好呢？」先知彌迦蒙神的啟示，回答說：「世人哪，耶和華已指示你何為善。他向你所要的是什麼呢？只要你行公義，好憐憫，存謙卑的心，與你的上帝同行。」（彌6：8）這就是「神的律法」。

當福音進到台灣原住民的社會後，起了巨大的變動。許多不合乎人道的生活方式逐一改變了，上帝的話語成為部落向上提升、向前邁進的力量。今天多數的原住民是基督徒，縱然部落裡還是有許多缺失之處，但不可否認的，當你進入原住民的聚落時，可以深深感受到純真熱情的氛圍。上帝的能力改變了人心，也改變了整個原住民的社會。

在一次的研經中，我問了一個問題，什麼是「善」？有人就像是順口溜地說：「做好事、說好話、存好心」每一個人都承認，社會需要更多這樣的人，但很少人覺得自己有如此行的必要。其實，假若想為實現這個理想找到答案，最好的出發點就是你自己。人最容易犯的通病，就是自以為是的糾正別人，卻很少

自我反省。

　　蔣經國先生曾說：「與其咒詛四周黑暗，何不燃亮一枝蠟燭？」這句話對基督徒而言，更是貼切。既然我們被比喻是燈，我們就應當發光。縱然不能作燈塔指引遠方，蠟燭總可以照亮家人及鄰舍吧！

　　在可行的時候，讓我們從自己做起，以公義約束自己，尊重別人；真心關懷貧乏、遭難之人；願意藉由與神同行來淨化自己、感化別人。因此，當災難臨到時，詩人的祈求也可以成為我們向神的呼籲，因為我們沒有偏離神「你的律法」！

「耶和華啊，你與我相近；你一切的命令盡都真實！」

詩119：151

◎ 吳忠風

聖經說：「你要知道耶和華——你的神……是信實的上帝；向愛他、守他誡命的人守約，施慈愛，直到千代。」（申7：9）詩人或許從以色列人的歷史中，以及自身經驗裡，認識上帝命令的真實性。

以色列人脫離在埃及為奴之苦，就在四十年滿足的時候，1月14日，他們進入了應許之地，並吃了當地所出的土產。

上帝說耶路撒冷必荒涼七十年，果然，從主前606年巴比倫王攻入耶路撒冷，直到主前536年，古列王將以色列人釋放回國重建耶路撒冷。上帝的預言應驗了。

人類歷史中最大、卻是最卑微的表現——耶穌的道成肉身，也是在「及至時候滿足」的時候，「上帝就差遣他的兒子，為女子所生。」（加4：4）聖經有三百多次明白論到救主耶穌的復臨，幾乎所有的先知與聖經作者，都論述到這最大的主題，但這事至今仍未應驗。

上帝是信實的，所以所言也是真實的。雖然「基督復臨」今日還未成就，卻因神的信實，已在千萬人的生命中產生了巨大的影響。

在我傳道的經驗中，可以見證當人接受基督再來的真理，並開始仰望等候救主復臨時，他的生命便有了一個新的目標，更容

易忍受今生的苦楚；雖處貧困卻能知足，不再貪愛世俗之物。

　　難怪聖經中的先賢們，會有這樣的表現與回應，「這些人都是存著信心死的，並沒有得著所應許的；卻從遠處望見，且歡喜迎接，又承認自己在世上是客旅，是寄居的。說這樣話的人是表明自己要找一個家鄉。他們若想念所離開的家鄉，還有可以回去的機會。他們卻羨慕一個更美的家鄉，就是在天上的。所以上帝被稱為他們的上帝，並不以為恥，因為他已經給他們預備了一座城。」（來11：13－16）因為祂的應許是真實的！

「我因學你的法度，久已知道是你永遠立定的。」

詩119：152

◎ 吳忠風

約書亞經歷了不平凡的一生，在他年邁體衰、年數已盡的時候，他召集全以色列人，向他們宣告他人生最重要的選擇，並勸勉他們要專一敬拜耶和華上帝。

「現在你們要敬畏耶和華，誠心實意地事奉他，將你們列祖在大河那邊和在埃及所事奉的神除掉，……至於我和我家，我們必定事奉耶和華。」（書24：14－15）約書亞的話，實際上也就是詩人的體驗。

上帝的話語具有永恆性，就如同祂的神性與品性一般。約書亞從曠野的經歷中認識了祂。「斥責紅海，海便乾了；他帶領他們經過深處，如同經過曠野。」（詩106：9）渡過紅海的經驗，證實祂是創造宇宙萬物的主宰，大自然也臣服在祂的權勢之下，祂是無所不能的主。

出埃及記13章21至22節，說祂是有憐憫的上帝。

申命記5章1節，也說祂在西乃山頒布了十條誡命，前四條說明人與神的關係，後六條說明人與人的關係，祂是有原則公義的上帝。

出埃及記16章35節，說到耶和華是供應的上帝。

「這要在耶和華面前、會幕門口，作你們世世代代常獻的燔祭。我要在那裡與你們相會，和你們說話。」（出29：42）會幕

的被建造，更重要的是讓以色列人知道，上帝與他們同在。

　　詩人也體會了約書亞的宣告，以敬拜事奉耶和華為他生命中最重要的選擇。你呢？但願這也是你今天的讚美：「我因學你的法度，久已知道是你永遠立定的。」

「求你看顧我的苦難，搭救我，因我不忘記你的律法。」

詩119：153

◎ 沈金義

人生不如意事十常八九。上帝並沒有應許祂忠心的兒女沒有苦難，但是祂應許賜下勇氣、忍耐，使我們能勝過諸般試煉。保羅說：「我的恩典夠你用的」（林後12：9），「應當一無掛慮，只要凡事藉著禱告、祈求，和感謝，將你們所要的告訴上帝。上帝所賜、出人意外的平安必在基督耶穌裡保守你們的心懷意念。」（腓4：6－7）上帝要我們以禱告祈求來化解苦難。

禱告祈求有兩種方法，一是默禱；一是大聲呼求。

有個女人患血漏，她已經受盡折磨十二年了。依照摩西律法，這婦人是極為不潔淨，她所摸過的東西，都會成為不潔的。（利15章）

血漏症在猶太人「他勒目」中，至少記載十一種以上的醫療方法，這女人遍訪名醫，各種醫治方法都用盡了，錢也用完了，病不但沒起色，反而更加嚴重。我們可以想像當時她因這苦難的沉重心情。然而，耶穌的出現帶來無限的希望，「她來到耶穌背後，摸他的衣裳繸子；因為她心裡說：『我只摸他的衣裳，就必痊癒。』耶穌轉過來，看見她，就說：『女兒，放心！你的信救了你。』從那時候，女人就痊癒了。」（太9：20－22；可5：25－34）

身為瞎子是苦難。耶利哥瞎子巴底買，在路旁討飯。他聽

見人們談論耶穌醫病的大能，也想得醫治。當他聽見耶穌經過面前時，大聲呼求主的憐憫，耶穌說，要我為你做什麼？他說，我要能看見。耶穌因著巴底買對祂的信心，使他立刻能看見。（可10：46－52）

　　筆者服役時，有一次連續數天行軍，一天晚上實在太勞累了，在懸崖轉角處，忘了轉彎就直走，等驚醒時前腳已踩空，心中馬上迫切默禱：「主啊救我！」本來我都走最後面的，但那晚卻有人在我身後跟隨，他馬上伸手救我上來。感謝主在危難中的救助。你是否也願意在苦難中，呼求主的拯救呢？

「求你為我辨屈，救贖我，照你的話將我救活。」

詩119：154

◎ 沈金義

自從始祖墮落後，在亞當裡的都死了。保羅說：「這就如罪是從一人入了世界，死又是從罪來的；於是死就臨到眾人，因為眾人都犯了罪。」（羅5：12）如今藉著耶穌稱義得生命。「因一次的過犯，眾人都被定罪；照樣，因一次的義行，眾人也就被稱義得生命了。」（羅5：18）

1. 上帝的話使人重生得新生命（約3：1－21）

法利賽人尼哥底母是猶太的官，想見耶穌以確認自己是否配得永生。耶穌洞悉他的內心，回答說：「人要不是從水和聖靈重生，就不能成為上帝國的子民。」（約3：5，現代中文譯本）藉著順從上帝的話，接受全身入水的浸禮，並一生一世聖靈的引導，使罪人得新生命。

有一位姐妹和不信主的人結婚，婚後才發現他是個酒鬼，常常醉臥路旁，但姐妹每次仍以愛心相待。四十年過去了，有一次，他又喝得不醒人事，這位姐妹依舊以愛心對之，忽然他問：「妳為什麼一直那麼關心我？」這位姐妹說，因為耶穌愛我，所以我愛你，耶穌也愛你。這上帝的話——愛的邀請，使他接受耶穌救恩。

2. 上帝的話使人得更豐盛的生命

當耶穌來到加利利海邊，呼召彼得和約翰時，他們是年輕力

壯、血氣方剛的漁夫。他們接受主愛的呼召，三年半在耶穌親自教導下學習。上帝話語的價值觀，取代了原有的世俗價值觀，使他們由依靠自己、驕傲、自私，成為依靠聖靈、謙卑愛人，能為主用。

　　他們由原本只能在加利利海打漁過活的一生，因上帝的話，成為活耀當時羅馬世界，更引領三千、五千人歸主。上帝藉著他們留下的聖言，今日仍引導願意接受的人，得更豐盛的新生命。你是否願意讓上帝的話進入心中，使你重生，獲得更豐盛的新生命？

「救恩遠離惡人，因為他們不尋求你的律例。」

詩119：155

◎ 沈金義

以下是十九世紀末，美國康乃爾大學有名的實驗：先將一鍋水加熱，然後迅速將一隻青蛙丟入鍋中，青蛙馬上火速跳出鍋外。實驗人員約過了半小時，再將此青蛙放入加滿冷水的鍋中，慢慢加熱，青蛙仍在鍋中悠閒地游動著，直到水溫升高足以致死，牠已經沒有機會再跳出熱水鍋了。

這個實驗顯示，面臨明顯的危險，一般人都會逃離，但是漸近式、慢慢的危險，人們反而不易察覺。一個人要成為惡人，遠離救恩，並不是一朝一夕即可造成的。詩篇的序言，間接描述了犯罪的步驟：「不從惡人的計謀，不站罪人的道路，不坐褻慢人的座位，惟喜愛耶和華的律法，晝夜思想，這人便為有福！」（詩1：1－2）

1. **先聽惡人的計謀**：經由眼睛和耳朵，先接受在遠距離經過包裝的引誘，接著面對面討論，進而同意並接受惡人的圖謀。夏娃在伊甸園中，撒但附身在蛇身上，牠先用懷疑的口氣對她說：「上帝豈是真說不許你們吃園中所有樹上的果子嗎？」（創3：1）經過一番對話，撒但瓦解了夏娃對上帝的禁令，同意撒但的計謀。

2. **和惡人同路**：同心，才能同行（摩3：3），夏娃同意蛇的計謀後，和蛇同行。「於是女人見那棵樹的果子好作食

物，也悦人的眼目，且是可喜愛的，能使人有智慧，就摘下果子來吃了。」（創3：6）

3.**坐褻慢人的座位**：加入惡人團體。夏娃墮落後，成為撒但引誘人犯罪的媒介。「又給她丈夫，她丈夫也吃了。」（創3：6）

青蛙遇熱馬上會逃開，但是慢慢加熱，牠就不知不覺被煮熟而死亡。若蛇馬上要夏娃吃下分別善惡果，夏娃一定會反對，但是經由一點一點邪說的侵襲，她不知不覺離開上帝，成為撒但的同路人。撒但如同吼叫的獅子遍地遊行，尋找可吞吃的人，讓我們每時每刻警醒。

「耶和華啊，你的慈悲本為大；求你照你的典章將我救活。」

詩119：156

◎ 沈金義

聖子上帝道成肉身來到世上，親嘗我們人世間一切的苦難。祂親自體會，有大憐憫且大有能力，並且樂意拯救我們。保羅說：「他也曾凡事受過試探，與我們一樣，只是他沒有犯罪。所以，我們只管坦然無懼地來到施恩的寶座前，為要得憐恤，蒙恩惠，作隨時的幫助。」（來4：15－16）聖經引用以賽亞書的話來描述耶穌：「壓傷的蘆葦，他不折斷；將殘的燈火，他不吹滅。」（太12：20）

腓利求耶穌，將父顯給他看，主耶穌說：「看見了我，就是看見了父。」（約14：9）我們藉著耶穌的事蹟，真正認識了天父的大慈愛。

上帝愛悔改的罪人。在浪子的比喻中，小兒子攜帶巨款離家，在遠方任意放蕩、浪費貲財，耗盡一切所有，只好從事猶太人所不恥、最下等的養豬工作，藉以維生。

在窮困潦倒中，浪子想到父家的富裕，就認罪悔改，回到父家。相離還遠，父親看見他，就動了慈心，擁抱他的頸項，連連親吻。要僕人拿兒子當穿的袍子、戒指、鞋子來給他穿戴，並宰肥牛犢大大慶祝。浪子預表人離開上帝，喪失了一切上帝的形像，經過認罪悔改，慈愛的上帝再次恢復罪人兒子的名分。一個人悔改，全天庭都歡喜快樂。（路15：11－24）

　　保羅説：「惟有基督在我們還作罪人的時候為我們死，上帝的愛就在此向我們顯明了。」（羅5：8）一般宗教是人來找上帝的救恩，人為自己的需要設計救贖；但耶穌的福音是上帝尋找罪人。你是否願意像浪子一樣，以現在的情形，立刻回到慈愛天父身旁，讓祂恢復你上帝兒子的寶貴名分？

「逼迫我的，抵擋我的，很多，我卻沒有偏離你的法度。」

詩119：157

◎ 沈金義

亞當、夏娃墮落後，上帝宣布世上進入善惡之爭和人得蒙救贖的應許。「我又要叫你和女人彼此為仇；你的後裔和女人的後裔也彼此為仇。女人的後裔要傷你的頭；你要傷他的腳跟。」（創3：15）

該隱殺亞伯顯出善惡不相容的特性；約翰指出這種互不相容的真相。「不可像該隱；他是屬那惡者，殺了他的兄弟。為什麼殺了他呢？因自己的行為是惡的，兄弟的行為是善的。」（約壹3：12）

主耶穌應許說：「在世上，你們有苦難；但你們可以放心，我已經勝了世界。」（約16：33）祂又為跟隨祂的每一個人禱告說：「我不求你叫他們離開世界，只求你保守他們脫離那惡者。」（約17：15）我們身處善惡之爭中，跟隨耶穌者難免因行善受苦難，但主應許我們，祂的恩典不但夠我們用，並且得勝有餘（林後12：9；羅8：37）。

但以理被擄到巴比倫，以不吃王膳顯明在飲食上忠心。他在王的工作上盡忠職守，以致連嫉妒他的人，都無法從工作上尋找害他的把柄。最後他們發現但以理是一位虔誠祈禱者，每天三次面向耶路撒冷禱告。他們就要求大利烏王立一道命令，三十日內，不得向王以外的神或人祈求。

　　但以理知道這是一道不能被更改的禁令，仍在自家樓上，開窗面向聖城，如素常相同一日三次禱告。但以理因而被丟入飢餓獅群的坑中，但是上帝封住獅群的口。但以理面對逼迫急難至死忠心，上帝照他從上面得的信心，保守他十分平安。

　　彼得說：「你們若因行善受苦，能忍耐，這在上帝看是可喜愛的。」（彼前2：20）讓我們天天依靠主恩，至死忠心面對逼迫，直到祂來。

「我看見奸惡的人就甚憎惡，因為他們不遵守你的話。」

詩119：158

◎ 沈金義

耶利米書31章3節說：「古時耶和華向以色列顯現，說：我以永遠的愛愛你，因此我以慈愛吸引你。」上帝是愛的源頭，祂以永遠的愛愛世人，用愛吸引人。上帝愛世人，但祂恨惡罪。第二條誡命介紹上帝是忌邪的。「不可跪拜那些像，也不可事奉它，因為我耶和華──你的上帝是忌邪的上帝。」（出20：5）罪使上帝不聽我們呼求。「耶和華的膀臂並非縮短，不能拯救，耳朵並非發沉，不能聽見，但你們的罪孽使你們與上帝隔絕；你們的罪惡使他掩面不聽你們。」（賽59：1－2）

當尼尼微大城的罪惡達到主前時，上帝差約拿傳遞，四十日之後尼尼微必傾覆的信息。全城認罪悔改，上帝就後悔不把所說的災禍降與他們了（拿3：4－10）。當尼尼微全城的人和罪分開，他們就脫離滅亡。

約瑟被賣到埃及波提乏家，耶和華與他同在，他就百事順利。主人的妻子要引誘約瑟犯罪，但是他恨惡罪，因此他堅決地說，「我怎能作這大惡，得罪上帝呢？」（創39：9）

罪人和罪聯合在一起，好比一個人身上沾滿汽油，火遇到汽油就燃燒，連穿著汽油衣服的人也一齊燒毀。上帝的審判如同火，當耶穌第三次復臨執行審判時，上帝硫磺火湖的火遇到罪就燃燒，若有人仍和罪相連，他就被扔在火湖裡永遠滅亡（啟20：13－15）。當我們還有機會時，讓我們遵守上帝的律法，領受上帝的愛，遠離罪，名字登錄在生命冊上。

「你看我怎樣愛你的訓詞！耶和華啊，求你照你的慈愛將我救活！」詩119：159

◎ 沈金義

釣魚有祕訣。有一次假期，到日月潭享受潭上風光，順便觀看釣客釣魚，一時興起也釣起魚來，藉以培養耐性。經過一整天，在那麼大的潭裡，居然只釣起兩條小魚，心中感觸良多，回家前全部放回潭中。

但是50公尺處的釣客，卻釣到約30公斤重的大魚，真是羨慕不已，回家前和他閒聊一下，他分享釣大魚的祕訣。原來他為今天的垂釣已預備多時，幾星期前就到此定點，用他獨特飼料餵食，等大魚習慣來此覓食，也就是他使用獨特魚餌下竿收獲的時候。那一條比半個人身子還長的魚，證明他所言非假。

上帝的話是祕訣，照著做一定會成就。

耶穌最後一次上耶路撒冷前，衪來到迦百農，遇見收丁稅的。衪以問題試問彼得，君王向自己兒子或外人收稅？彼得說外人。耶穌說既然如此，兒子就可以免稅了。但是為了和諧，要彼得往海邊去釣魚，把先釣起來的魚拿起來，開了牠的口，必得著一塊錢，作為兩人的稅銀（太17：24－27）。

雖然此納稅事件記載到此就突然終止，留下想像的空間。但我們可以肯定的是，耶穌吩咐彼得之後，彼得一定是相信主的教導，所以就立刻往海邊垂釣，打開捕獲第一條魚的嘴，果然得到一塊錢。他立刻趕回家，將兩人的稅銀交給在家等收丁稅的人。

　　筆者18歲慕道時，首先認識的聖經章節是：「萬軍之耶和華說：你們要將當納的十分之一全然送入倉庫，使我家有糧，以此試試我，是否為你們敞開天上的窗戶，傾福與你們，甚至無處可容。」（瑪3：10）

　　這章節中「以此試試我」，特別吸引當時年輕、想試試上帝的我。什一捐還成了讀書爭取獎學金的祕訣，在全班50多人和全校幾千人中，每學期都領全班或全校前三名的獎學金直到畢業。

　　今天邀請您，以上帝的話作為您成功的祕訣。您願意嗎？

12

懇求主救贖者讚美歌唱

我誤入歧途，像一隻迷路的羊，
求你來尋找我，因為我沒有忘記你的誡命。

「你話的總綱是真實；你一切公義的典章是永遠長存。」

詩119：160

◎ 沈金義

上帝的話都是真實的，祂的預言和應許必然應驗。按當下的處境，有以下幾種情況：

1. **立刻應驗**。當亞倫舉杖擊打河水時，河水都變作血了。當摩西聽命取爐灰站在法老面前，向天揚起時，人和牲畜身上成了起泡的瘡（出7：20；9：10）。

2. **等一下應驗**。亞伯拉罕99歲、撒拉89歲時，上帝應許他們明年要生一個男孩，要取名叫以撒。雖然亞伯拉罕、撒拉的年紀都已經老邁，撒拉的月經已經斷絕，但在上帝手中沒有難成的事。因此「撒拉懷了孕；到上帝所說的日期，就給亞伯拉罕生了一個兒子。」（創21：2）

3. **經過長時間才應驗**。亞當和夏娃犯罪後，上帝宣布福音的應許：「女人的後裔要傷你的頭；你要傷他的腳跟。」（創3：15）「女人的後裔」是單數，他是指女人的一個後裔，就是耶穌。耶穌要徹底打敗撒但，撒但只能傷耶穌的腳跟。從上帝應許救主，到公元31年，耶穌在十字架上成就救恩，這救贖應許實現的經過，約有四千年。撒但最終將在基督耶穌第三次再來時，被丟入火湖中，完全而永遠地被毀滅。

4. **條件性的應驗**。上帝應許「你們祈求，就給你們；……」

（太7：7）當我們順從上帝，照上帝的旨意求時，上帝必垂聽。但我們的罪孽，會使主不聽我們（賽59：1－2）。

5. **基督榮耀復臨必將應驗**。饑荒（太24：7）、瘟疫（路21：11）、地震、福音廣傳（太24：14）、社會問題（提後3：1－5）、神蹟奇事（路21：11）等基督再來的兆頭，都一一顯明此預言正在應驗中。

基督耶穌榮耀再來的應許必將應驗，讓我們準備好迎接祂的榮臨。

2 日
12月

「首領無故地逼迫我，但我的心畏懼你的言語。」

詩119：161

◎ 黃淑美

領袖與詩人顯然站在相反的位置上，詩人認為對的，領袖判定是錯。權力的威力在此展現無疑了。

領袖不一定是處理政治的人，在現代生活裡，他可能是老師，可能是父母，可能是上司，總之，在權力的分界點上，他們擁有的多過他們管理的對象。

權力的使用，多半在乎擁有權力的人，他們的人生觀和價值觀決定了許多東西。能夠規範權力的使用者，大概只有比他們更有權力的人，或是已存在的客觀設定。

對詩人來說，天地間最大的，是創造宇宙的神，祂「說有，就有。命立，就立。」祂的話帶著能力。因此他說：「我的心畏懼你的言語。」（詩33：9；詩119：161）

在聖經裡，詩人聽見神在他面前宣告說：「耶和華，耶和華，是有憐憫有恩典的上帝，不輕易發怒，並有豐盛的慈愛和誠實，為千萬人存留慈愛，赦免罪孽、過犯，和罪惡，萬不以有罪的為無罪，必追討他的罪，自父及子，直到三、四代。」（出33：6－7）

他在上帝的律法中，看見神對人的要求，就是慈愛和公平。「不可心裡恨你的弟兄；……卻要愛人如己。」（利19：17）

「你們施行審判，不可行不義；在尺、秤、升、斗上也是如

696

此。要用公道天平、公道法碼、公道升斗、公道秤。」（利19：35－36）

也許，對當時的人而言，「為銀子賣了義人，為一雙鞋賣了窮人。」（摩2：6）只是「人不為己，天誅地滅。」人天性的表現而已。但對詩人而言，這背離了神，也背離了他自己。

權力、地位，無法使擁有權力的人更好，除非他認識自己、認識神。

「我喜愛你的話，好像人得了許多擄物。」

詩119：162

◎ 黃淑美

得到擄物，一定是因為打勝仗，於是敗方的所有物，都歸屬得勝者。這究竟是何等喜樂的事，對我而言，卻無從經驗。比較多的體現，是從比賽競爭中得勝獲獎；或逛街購買喜愛的商品，用金錢換得。

我的母親喜歡去日本旅遊，因為語言可通。每當旅程結束後，就是我們獲得禮物的時刻。我們每家都會分享吃的、穿的、用的，還包括紀念品等。有時最後不夠了，她自己甚至一樣也沒留下。她常說的兩句話是：「錢就是要花的，留著幹嘛？」「買東西送人，比買給自己還快樂。」我母親的「擄物」是用金錢換來的，但她的喜樂顯然比較特別，不是因為擁有，而是因為分享。

原文裡，「你的話」指的是「你的應許」。意思是：「我喜愛你的應許，好像人得了許多擄物。」

「應許」其實指的是「答應了，但要合乎條件才能兌現。」女兒過八歲生日時，我在賀卡上「應許」她，可以想十件事情，是可以跟我一起做的，像：一起逛街、一起做蛋糕、一起預備豐盛的晚餐……。那是一件特別的生日禮物，卻必須能夠兌現才有意義。

詩人對上帝「應許」的看重、熱愛，是因為他相信且經驗

過，知道上帝不開空頭支票。上帝「應許」什麼，也必然按著祂所說的成就。如聖經所記：「雅比斯比他眾弟兄更尊貴，他母親給他起名叫雅比斯，意思是：我生他甚是痛苦。雅比斯求告以色列的上帝說：『甚願你賜福與我，擴張我的境界，常與我同在，保佑我不遭患難，不受艱苦。』上帝就應允他所求的。」（代上4：9－10）

我們都可像雅比斯一樣向神祈求，如果我們也有詩人般的心意，「我喜愛你的話，好像人得了許多擄物。」我相信神的應允必不耽延。

「謊話是我所恨惡所憎嫌的，惟你的律法是我所愛的。」

詩119：163

◎ 黃淑美

「愛」與「恨」，是兩種截然不同的感情，它所牽動的理性判斷與行為舉止，相差豈止千萬里。我從聖經與耶穌的十字架，學會了「愛」與「恨」的差別，兩者都是犧牲，但「愛」是自我犧牲，「恨」是犧牲對方。顯然對詩人而言，「上帝的律法」與「謊話」，確實是站在相反的位置上。

我以為「愛」與「恨」最讓人害怕的，不是它的內涵，而是模糊與虛假。如果人的感情是「恨」，他的行為舉止反應也是「恨」，倒是明白多了。但如果人的感情是「恨」，為了完成某目的，用「虛假」來模糊真正的動機，他的行為舉止反應卻是「愛」，那就真令人心寒喪膽了！這是何等的喪心病狂啊！因此詩人說：「謊話是我所恨惡所憎嫌的」。

根據聖經的記載，「死亡」進入這個世界，是因為有謊言之故。耶穌在世時曾說：「魔鬼……他從起初是殺人的，不守真理，因他心裡沒有真理。他說謊是出於自己；因他本來是說謊的，也是說謊之人的父。」（約8：44）

對詩人來說，「行審判不憑眼見，斷是非也不憑耳聞；卻要以公義審判貧窮人，以正直判斷世上的謙卑人。」（賽11：3－4）這樣的一位神，「公義必當他的腰帶；信實必當他脅下的帶子。」（賽11：5）祂是絕對與謊言對立的。祂既是這樣的一位

神，因此祂所設立的律法，也會是公義與慈愛的彰顯。

上帝的話就是律法，永遠不與虛謊妥協。因此在聖經的最後一卷書裡這樣寫著：「一切喜好說謊言、編造虛謊的」（啟22：14－15），不能得權柄到生命樹那裡去。

但願詩人的心聲，也是你我的渴望。

「我因你公義的典章一天七次讚美你。」

詩119：164

◎ 黃淑美

聖經有許多耐人尋味的記錄。關於戰爭，有一段這麼寫著：「官長要對百姓宣告說：『誰建造房屋，尚未奉獻，他可以回家去，恐怕他陣亡，別人去奉獻。誰種葡萄園，尚未用所結的果子，他可以回家去，恐怕他陣亡，別人去用。誰聘定了妻，尚未迎娶，他可以回家去，恐怕他陣亡，別人去娶。……誰懼怕膽怯，他可以回家去，恐怕他弟兄的心消化，和他一樣。』」（申20：1－8）

這是何等符合人性的規範呀！

談到土地的使用，另一段這麼寫著：「你曉諭以色列人說：你們到了我所賜你們那地的時候，地就要向耶和華守安息。六年要耕種田地，也要修理葡萄園，收藏地的出產。第七年，地要守聖安息，就是向耶和華守的安息，不可耕種田地，也不可修理葡萄園。……」（利25：2－7）

這大概是最早關於環保的明文規定吧！

至於人與土地的買賣，這樣說著：「你要計算七個安息年，就是七七年。……共是四十九年。……第五十年，你們要當作聖年，在遍地給一切的居民宣告自由。這年必為你們的禧年，各人要歸自己的產業，各歸本家。……」（利25：8－17）人賣身為奴失去自由與資產買賣的損益，是應該有限期與限制的。

　　耶穌在對應撒但的試探時，曾說：「人活著，不是單靠食物，乃是靠上帝口裡所出的一切話。」（太4：4）是的，上帝的話、祂的典章裡，有比食物更寶貴的真理存在。

　　詩人說：「我因你公義的典章一天七次讚美你。」這也是你今天的讚美嗎？

「愛你律法的人大有平安，什麼都不能使他們絆腳。」

詩119：165

◎ 柯以琳

我的信心是軟弱的，因為我的朋友曾叫我：「看開點，仰望上帝。」但她在生命的一場搏鬥後放棄了。我不知道我該倚靠誰。

我的信心是軟弱的，因為我不知道我還能撐多久。地球還是照樣地旋轉，卻沒有人回頭看看我，把我從黑暗中拖出來。現在，暴風或平靜對我來說都不重要了。

我嘗試整理頭緒。學會了邏輯思考，所以我相信可以得到一個合理的結論。但一天變成一個星期，然後變成一個月，日復一日的思考，徘徊並沒有終止。只有混亂，沒有和平。

我仍在尋找生命的意義。聽人說，人生真正重要的東西，是臨終前所在意的事情：不要讓自己在八十歲的那天醒來，發現多麼地後悔，……，或者更壞的，是突然發現自己活不到八十。

然而，有人跟我說，人生的盼望和希望還是存在著。如果你做甲，就會得到乙；如果你不要隨便玩弄丙，就不會淪落到丁的地步。只是，在人生最低潮的時候，你該如何相信這個定律呢？如果人們不相信我正承受著壓力和苦難，我怎麼可能相信他們真的認識生命呢？

我的信心是軟弱的，因我只是個年輕的旅人，而你是那智慧的開端。歷代不都是這樣不斷地開始生命的旅程嗎？在生命的賜

予之後，開始追尋。

　　太陽西下了，我得停筆了。還有這麼多事情要做，還有這麼多話還沒說，你還可以給我另外一次機會嗎？另一次機會把你的旨意活出來？因為我不想失敗，你知道這不是我心甘情願的。

　　愛我，父親，因為我是你的孩子；讓我因為愛你的律法，所以什麼都不能使我絆腳。求你一生一世都與我同行。阿們！

> 「耶和華啊，我仰望了你的救恩，遵行了你的命令。」
>
> 詩119：166

◎ 柯以琳

今天，我為世界的和平禱告。

不是為了政治家，不是為了戰亂中的國家，而是為人。我為你禱告。

生命如此短暫，你怎麼能繼續爭戰呢？生命可以是如此美麗，你怎麼能夠殺害呢？

你在今天繁忙的腳步中歇歇吧！想一想你的人生，世界可以變好，不用流無辜人的血，但那需要智慧、獻身，和一顆有恩慈的心。

與其憤怒，不如選擇和平；與其苦毒，不如選擇饒恕。

那會是一個人生旅程的開始。

當你選擇擁抱生命，你會發現，其實我們都需要對方。一個沒有父母的孤兒，不管是阿拉伯人、猶太人、白種人或印度人，人可以經歷心中的喜悅，不管他是健康的、生病的或在痛苦當中，透過友誼，種族跨越它們各個界限、膚色，忘記它們的標籤，階級開始消失。

就是今天，做一個好的朋友吧！讓這世界更美好。

我為你禱告。

「我心裡守了你的法度；這法度我甚喜愛。」

詩119：167

◎ 柯以琳

有天晚上，我跟一位大學同學聊天，談到她在學校看到作弊的事情。她十分困惑，因為不知道是否該報告老師。她問：萬一讓同學猜到是自己「告密」，要怎麼辦呢？為什麼她一方面感到內心有一股正義感，但另一方面又覺得自己很自私，好像是為了己利而去「告發」他人呢？每個人真的有義務抓住犯錯的人嗎？

她的問題讓我開始思考，人到底是靠著什麼分別對錯、採取行動？如果說我們有法律上的責任，好像太含糊了；說是對犯錯者的警告，又好像不完全是重點。同學母親叫她別管他人的閒事，但這真的只是多管閒事嗎？

其實我們每個人在做選擇的時候，都再次接受或反駁了某種價值觀。所謂的道德觀或「法度」，都是在人生中的選擇逐漸磨練成形。

這讓我想到，身邊長輩待人處事的獨特智慧。我自認年輕，生活經驗少，有時難辨對錯好壞；當我對某個生活中的選擇感到困惑時，長輩們卻經常提供另一個觀點，讓我看清自己的處境，做出較為明智的決定。令我感恩的是，他們很多都是多年的基督徒，對於世界的認識、聖經的教導上，具有豐富的經驗和知識，我常從他們身上學到重要的功課。

　　聖經給了我們許多簡單而清楚的法度，在十條誡命上，上帝說：「除了我以外，你不可有別的神……。不可妄稱耶和華 ── 你上帝的名；……。當記念安息日……。當孝敬父母……。不可殺人。不可姦淫。不可偷盜。不可作假見證陷害人。不可貪戀……。」（出20：3－17）

　　你在遵行上帝的律法上，有比以前進步嗎？你對人對己是不是比過去更成熟、更負責呢？

　　但願這是你今天的努力。

「我遵守了你的訓詞和法度，因我一切所行的都在你面前。」

詩119：168

◎ 柯以琳

回憶有時缺乏一種真實感，直到我終於回到那片熟悉的老家，才發現早已忘了曾經擁有多大的空間。離開多年，我忘了這種感覺：清涼的樹蔭、空曠的草皮、新鮮的空氣。大自然原來真的好美，前方層層疊疊的山峰，與台北窗外的景色，著實有許多的不同啊！

早晨的天空白雲朵朵，千姿百態妝點藍天，煞是美麗！我把手提電腦搬到後院，放在一張小木椅上。心裡非常的快樂，這正是我現在需要的：不是一張螢幕上的照片，而是活生生的親身經驗。為什麼我徘徊了這麼久，才在熟悉的老家中找到一心嚮往的呢？

正前方的那棵木瓜樹，和一隻停在晾衣架上的烏秋，寧靜地完成了視線內的圖畫。該如何形容那種感覺？當你望著那片毫無遮蓋的大地，你才能不得不信，你「一切所行的」都展現在上帝面前。

籬笆上停了另一隻烏秋，同樣一身烏黑的羽毛。白色的小蝴蝶在院子裡飛舞著……為什麼飄來的一陣冬風，竟然是那麼清涼？

在城市住了這麼久，早以為人是世界上最重要的生物。是的，聖經告訴我們，我們比「天上的飛鳥還貴重」，但世界把這

個真理扭曲了。

　回到鄉下是一種幸福。它讓我想起小時候的單純，成長中的迷惘，又透過時間，看到我這多年來生命中種種奇妙的經驗。

　我渴望當我回到城市之後，不要忘記偶爾抬頭看看藍天。

　詩人說：「諸天述說上帝的榮耀；穹蒼傳揚他的手段。這日到那日發出言語；這夜到那夜傳出知識。無言無語，也無聲音可聽。它的量帶通遍天下，它的言語傳到地極。」（詩19：1－4）這話是真的！

　也許當人生陷入低潮時，我會記起今天的經歷，然後願意再次回到這片大自然，重新找到那看顧我的造物主。

「耶和華啊，願我的呼籲達到你面前，照你的話賜我悟性。」

詩119：169

◎ 蘇春惠

當我讀到這個章節時，是第一次認真的讀它。這是詩人的禱告，而在這一節裡，我看見了詩人在他軟弱時，他渴望親近主，要從神那裡得到悟性。

在英文聖經（KJV）的版本裡，詩人卻說：「讓我哭泣來到主前（Let my cry come near before thee）」，哭對很多人來說，是一種軟弱的表現，但詩人卻無所畏懼地寫下了他的經驗。

我們會在何種情況下哭泣呢？對小孩子來說，任何情況都可以，但對大人而言就不同了，非到生離死別，人是不會輕易落淚的。無論如何，哭泣是一種情緒的宣洩，當詩人來到神面前哭泣時，可知他與神的關係是如此親密，若不是他對神有深入的了解，知道神體恤我們的軟弱，他絕不會如此禱告，就像知己一樣，可以毫無掩飾。

詩人所認識的這位神，是否也和你所認識的一樣呢？是可以讓人靠近的。他對神的信任，是否也是你的？因為神是他無助時唯一的依靠，因此他對神做了如此懇切的禱告。

此外，詩人也跟神祈求悟性。這悟性是根據神的話而來的，因為他知道上帝的話大有能力，可以幫助我們面對每天不同的難題，這裡面的應對，真的需要「悟性」，或可說是「理解」。

保羅也勸勉我們：「你們要謹慎行事，不要像愚昧人，當像

智慧人。要愛惜光陰，因為現今的世代邪惡。不要作糊塗人，要明白主的旨意如何。……凡事要奉我們主耶穌基督的名常常感謝父上帝。又當存敬畏基督的心，彼此順服。」（弗5：15－21）

願詩人的懇求，「耶和華啊，願我的呼籲達到你面前，照你的話賜我悟性。」也是你我今日的禱告。

「願我的懇求達到你面前，照你的話搭救我。」

詩119：170

◎ 蘇春惠

三年前剛從一間教會轉調至另一間任職，不到半年的時間，一切都還在探索及適應中，發生了一場車禍。車禍發生的時間是預備日的下午，我按著平常的規矩，開車出門採買安息日中午聚餐的食物。就在一個轉彎處，一輛機車撞上了，我下車查看他的狀況時，眼前是一個面目全非的人躺臥在地上，鮮血不斷湧出。當時腦子一片混亂，真是嚇壞了，而唯一記得的，是我未間斷祈求上帝保守他的性命，心中不斷出現這節經文：「上帝是我們的避難所，是我們的力量，是我們在患難中隨時的幫助。」（詩46：1）安慰我混亂的心思。

等待救護車的時間裡，我仍未停止禱告。因為，此時此刻只有上帝能幫助、安定我的心，使我有清楚的頭腦，處理這一切。現在回想，那天神垂聽了我的禱告，「我的指望在乎你！」（詩39：7）祂安排了許多不認識的人來幫忙，有的人借手機；也有的人一直陪伴我到醫院、警察局；還有人來到家裡，陪我一起度過漫長的一夜。

我的家人也用禱告來堅固我，更感謝神的是，在那段時間，是祂的話語：詩篇，伴我度過那人生最黑暗的夜晚。經過此事，我對神的認識又更加深了，因為我深深體驗到祂是又真又活的神，且是以馬內利——與我們同在的上帝。

　　可拉的後裔曾寫過這樣的詩：「我的心哪，你為何憂悶？為何在我裡面煩躁？應當仰望上帝，因他笑臉幫助我；我還要稱讚他。」（詩42：5）是的，我們應當仰望上帝！

　　就如今天的經文所說，「願我的懇求達到你面前，照你的話搭救我。」我們懇求，上帝會照祂的話搭救我們，耶穌也說：「你們祈求就給你們。」我相信上帝的應許，你也相信嗎？現在，讓我們來到這位願意搭救你我的上帝面前吧！祂的應許永不落空。

「願我的嘴發出讚美的話，因為你將律例教訓我。」

詩119：171

◎ 蘇春惠

今天的報紙提到，為要改善教育制度中的體罰，建議老師們多用「四讚美一糾正」的方式來教導孩子。由此可知，人不論大小，都喜歡受到別人的讚美及肯定，有人因著讚美，而改善了家人之間的關係；有的人改變了工作態度，有的人甚至改變了一生。

近二十年來，基督教界吹起一陣敬拜讚美的風潮，這個運動大大地改變了許多教會的聚會形式，甚至也影響了福音派的傳統教會，從禮儀式的敬拜，進入到另一種較自由的敬拜方式。對基督徒來說，敬拜讚美神是很重要的，不單在聚會時要讚美，更要建立一個讚美的生活，無論在何時何地都要讚美祂，不忘記祂的慈愛，因祂的慈愛是永遠長存的。

就如大衛所說：「上帝啊，你是拯救我的上帝；求你救我脫離流人血的罪！我的舌頭就高聲歌唱你的公義。主啊，求你使我嘴唇張開，我的口便傳揚讚美你的話！」（詩51：14－15）

以賽亞如此宣布說：「在那日，你們要說：當稱謝耶和華，求告他的名；將他所行的傳揚在萬民中……。你們要向耶和華唱歌，因他所行的甚是美好；但願這事普傳天下。」（賽12：4－5）

詩人說：「你們要讚美耶和華！我的心哪，你要讚美耶和

華！我一生要讚美耶和華！我還活的時候要歌頌我的上帝！」
（詩146：1－2）

讚美不是一種交易，說了然後要求上帝的祝福；讚美是對上帝愛的回應，是對上帝感恩的祈禱。從上帝得到喜樂、讚美，是對上帝的接納與肯定，讚美是接受上帝對我們一生一切的安排。

你對神的讚美有多少？只有在喜樂中嗎？在患難中更要如此，這是要為我們成就大事的時候，更是我們信仰的檢測站。

你多久沒有讚美神了呢？開口讚美吧！

「願我的舌頭歌唱你的話，因你一切的命令盡都公義。」

詩119：172

◎ 蘇春惠

舌頭的功用很多，可以說話、唱歌、品嚐食物的味道等等，透過它，也可以檢視身體狀況？但使用最多的，是用來說話、歌唱。

現在的歌手很多，但其中有一位讓我印象深刻。她曾來台灣開過演唱會，名叫蓮娜瑪莉亞‧克林佛*，1968年出生於瑞典。3歲開始學游泳，4歲開始拿針刺繡，5歲時完成了第一幅十字繡作品，並開始學裁縫，中學時縫製了第一件洋裝。

15歲時，進入瑞典游泳國家代表隊，18歲參加世界冠軍盃比賽，打破世界紀錄，以蝶式勇奪多面金牌。音樂更是她的最愛，進入大學專攻音樂，至今成為全球知名的演唱家，榮獲瑞典皇后個別接見，在全球共發行了8張CD專輯，舉世聞名。

看她的經歷似乎與一般人沒有什麼不同，但是，她是個一出生即沒有雙手、左腿只有右腿的一半長的人。這樣的人，卻活出這麼不同的人生，甚至是精采的人生，這全在於她的父母從小用心培養她。雖然曾遇到許多的問題，但信仰卻是他們生活最大的支柱，藉著禱告，他們祈求神的幫助，因此造就了她喜樂的人生。她用歌聲安慰了許多四肢健全的人，藉著歌聲傳達信仰，她是舌頭的好使用者。

但聖經也警戒我們：「若有人在話語上沒有過失，他就是完

全人,也能勒住自己的全身。我們若把嚼環放在馬嘴裡,叫牠順服,就能調動牠的全身。看哪,船隻雖然甚大,又被大風催逼,只用小小的舵,就隨著掌舵的意思轉動。這樣,舌頭在百體裡也是最小的,卻能說大話。……舌頭就是火,在我們百體中,舌頭是個罪惡的世界,能污穢全身,也能把生命的輪子點起來,並且是從地獄裡點著的。」(雅3:2-6)

你的舌頭用來做什麼呢?是道人長短,或是只會怨天尤人呢?但願我們的舌都能用來歌頌神的恩典。

*編按:蓮娜瑪莉亞・克林佛著,《用腳飛翔的女孩》,傳神愛網資訊有限公司,2001年。

「願你用手幫助我，因我揀選了你的訓詞。」

詩119：173

◎ 蘇春惠

在十五世紀時，德國一個小村莊裡，住了一個有十八個孩子的家庭。父親是一名冶金匠，每天辛勤工作18小時，以維持全家的生計。生活依舊窘迫拮据，然而其中兩個孩子，仍懷著同樣的夢想，希望能發展藝術方面的天分。

他們了解父親無法在經濟上同時供應，因此以擲銅板決定：一人先到藝術學院讀書，另一人則到礦場工作賺錢供應所需，四年後才到藝術學院就讀，由學成畢業的人賺錢支持。結果弟弟亞爾伯勝出，他在藝術學院表現突出，作品甚至優於教授。

畢業後，他並沒有忘記承諾，立刻返回家鄉尋找哥哥法蘭西斯。在家人為他準備的盛宴上，亞爾伯起立答謝哥哥的支持：「現在輪到你了，哥哥，我會全力支持你到藝術學院攻讀，好實現你的夢想！」

法蘭西斯流下眼淚，邊搖頭邊說：「不，不！看看我這雙手，四年來在礦場的工作，已經毀了它，我的手關節動彈不得，現在連舉杯為你慶賀也不可能，何況是揮動畫筆或雕刻刀呢？不過，看到你能實現夢想，我十分高興！」

幾天後，亞爾伯不經意地看到法蘭西斯跪在地上，合起他那粗糙的雙手祈禱著：「主啊！我這雙手已無法讓我實現成為藝術家的夢想，願您將我的才華與能力，加倍賜給我的弟弟亞爾

719

伯。」原本對哥哥已十分感激的亞爾伯，見到這一幕，立刻決定繪下哥哥的這一雙手。五百年後的今天，亞爾伯‧丟勒（Albecht Durer）的這幅「祈禱之手」，仍最為人熟悉。

還有一雙手，比這祈禱之手更讓人感動，那就是耶穌帶著釘痕的手。祂的手使我們被擄的得釋放，醫治心靈的憂傷，叫瞎眼的能看見，瘸腿的能行走，帶領我們走過人生的低谷，止息生命中的風浪，供應我們生活的所需。祂的手是我見過最美的手！

「耶和華啊，我切慕你的救恩！你的律法也是我所喜愛的。」　詩119：174

◎ 蘇春惠

耶和華啊，我切慕你的救恩！詩人在尋求主的幫助時，深深地向主這樣祈求，寫下了這極美的詩句。你是否仍記得求主幫助的時刻呢？

還記得在多次急難與緊急的時刻裡，自己總會用盡所有以為對的及可行的方法，來解決眼前的困境，最後的結果卻往往更糟，甚至更加嚴重並難以處理。直到最後已經無計可施時，才會驚醒，趕緊帶著忐忑不安的心向神訴求，尋求幫助與解決。神的恩典是美的，祂總是在最需要的時刻，為我解決了當下的難題。我記得那時候的自己，是多麼地渴慕祂的救恩啊！

在經句的後半段，有更重要的提醒：「神的律法」。詩人提及他喜愛神的律法，特別是當他犯下過錯，再次來到神面前時，他更加的明白，遵守祂的律法，就是最切慕救恩的行動表現。

忙碌的生活裡，我們是否忘卻了切慕祂的救恩和律法呢？聖經裡有許多章節提到「切慕」，那是一種期盼與渴望的心，更是一種對你我的提醒和鼓勵。

整卷詩篇的開端：「惟喜愛耶和華的律法，晝夜思想，這人便為有福！」（詩1：2）詩人以自身的經歷驗證。摩西在即將離世之前，也諄諄訓誨以色列百姓：「……你們若聽從耶和華——你們上帝的誡命，就是我今日所吩咐你們的，就必蒙福。你們若

不聽從耶和華……偏離我今日所吩咐你們的道，去事奉你們素來所不認識的別神，就必受禍。」（申11：26－28）

何妨在每天開始之前，靜下心來，切慕祂的救恩，喜愛祂的誡命、律法。相信神必在每天的生活當中保守賜福你，因祂的恩典足夠我們取用！

「願我的性命存活，得以讚美你！願你的典章幫助我！」

詩119：175

◎ 蘇春惠

想像大衛王被迫逃離家鄉，四處躲避敵人追殺的日子，當時他的心情，可不比近代戰爭逃亡的將領來得輕鬆啊！從一國之君到四處流竄的境地，迥異的心境轉折，須藉著強大的力量才得以維持。若沒有這股力量，相信脆弱不堪的人性早已無法承受了。

詩人這句話：「願我的性命存活，得以讚美你！願你的典章幫助我！」應該也是當年大衛走投無路、心裡害怕至極所發出的禱告。他迫切地需要祂的幫助。

舊約裡大衛的故事，彷彿事件歷歷在目。你看見大衛的興盛，也看見錯謬；看見他的驚懼，也看見堅信後的平靜。是這股強大的力量，使大衛得以有力地再次站立；也因這股力量，讓我們見證造物主的大能，更讓我們看見神柔美的一面。

不要害怕向神尋求幫助，因為祂是應許的神，是有慈愛的神。君王大衛都有犯錯跌倒的時候，更何況平凡的你我？然而因著主的愛，我們不會因為犯錯、跌倒、迷失，而不為主所看重。神無時無刻都在傾聽你我的呼求，神樂見我們如同詩人一樣，發自內心向祂呼求。讓我們毫無保留地、單單與神交談，讓祂為你擔憂吧！

無論現況處於失意，或有許多擔憂，放下心吧！讓我們像

耶利米一樣地懇求：「耶和華啊，求你醫治我，我便痊癒，拯救我，我便得救；因你是我所讚美的。」（耶17：14）

不要忘記！大衛、耶利米在呼求之後，是全心的讚美。因為神垂聽了他們的呼求，神聽見了他們的需要。今天更要相信，神必定聆聽呼求，祂樂意聽見需要，更甘心成為我們的幫助。因為這是祂早已應許我們的（詩34：8）。唯有親身嘗試，你才能知道，那來自於祂的真實美善。

願神的典章，在今日成為你、我的祝福！

「我如亡羊走迷了路，求你尋找僕人，因我不忘記你的命令。」

詩119：176

◎ 蘇春惠

不久之前，阿姨在蘆洲買了新房子，媽媽特地從南部上來，要我帶她去阿姨家。上了公車後，一邊聊著阿姨新家的環境，一邊看著窗外是否到站，但是車子竟抵達了終點站，我詢問司機，他說不是這班車，同一車號但有分「紅字」及「綠字」，兩條的路線不同。那時我才恍然大悟，我搭錯車了，更慘的是我們迷路了，不知自己在何處，最後，只好向阿姨求救。

我自認是方向感不錯的人，但還是有失誤的時候。基督徒的人生，不也是如此嗎？以為自己信心十足，在信仰的道路上不會跛腳，和彼得一樣，跟耶穌大聲宣告：「眾人雖然跌倒，我總不能。」（可14：29），卻難免有失足的時候。

幸好，我記得阿姨家的電話，可以帶我們走出迷途。這就有如我們有神的話（約14：6），並把它記在心裡，就可以帶領我們順利走出人生的十字路口一樣，並且我們有好牧人耶穌，祂會來尋找我們。

耶利米先知在極為痛苦之時，向上帝呼喊說：「耶和華——萬軍之上帝啊，我得著你的言語就當食物吃了；你的言語是我心中的歡喜快樂，因我是稱為你名下的人。」（耶15：16）但願我們都能效學先知，記著神的話語，並成為我們信仰生命最佳的保命符！

「我的性命幾乎歸於塵土；求你照你的話將我救活！」

詩119：25

◎ 蔡佳珍

國中三年是我最晦暗的日子，每天的功課壓力倍增，學校生活受挫，例如：人際關係失利、老師教導方式不當（叫罵體罰的方式）、被男同學性騷擾，在家中與妹妹不睦，經常吵架、打架，覺得父母偏心等，讓我開始懷疑生命的價值與意義究竟為何！

在我孤單無助的時候，想起幼稚園、國小讀的教會學校，曾告訴我們有一位神──耶穌，可以向祂禱告，於是我說：神啊，請你幫助我！

高中考上明星學校，換了一個新的環境，原以為我可以重新開始，但是情況並未改善，面臨更重的課業，一群陌生的老師與新同學，反而讓我產生更多的不適應與壓力。漸漸地，我被死蔭籠罩，心中常有了絕生命的念頭。上課坐如針氈，時常發抖、精神無法集中、記憶力減退。精神科醫生檢驗出我得了中度憂鬱症，對自己的未來一片茫茫，我幾乎絕望。

就在此刻，學長來班上宣傳團契。我想自己陷入這樣的慘境，若是真有一位上帝存在，或許祂可以幫助我，於是我抱著嘗試的心情參與。剛開始還有一點恐懼，曾經想要放棄，但神又把我找回。我漸漸認識信仰，知道真有一位上帝存在，祂愛我並接納我，連我的頭髮祂都數過了（太10：30），於是我如溺水之人

抓到浮木，又如久旱逢甘霖，飢渴慕義地探索神的話語，尋求祂的面。神也大大地翻轉我的生命，使我由一個陰鬱、絕望的人，逐漸轉為開朗、積極、生活有目標有盼望。

「我的性命幾乎歸於塵土；求你照你的話將我救活！」神是信實有憐憫的，當我第一次向祂發出呼求的時候，祂已垂聽。祂為我預備了一間離家最近的學校，並在我最痛苦難受的時候，指引我親近祂。

人的盡頭就是神的開頭，我的性命是被神救回來的，生命在於主，祂說有，就有；命立，就立（詩33：9），祂的時間不錯誤。靈魂的復甦是神的賜予，我的力量在於神，盼望在於神，我的幫助是從造天地的耶和華而來。

「求你使我明白你的訓詞，我就思想你的奇事。」

詩119：27

◎ 蔡佳珍

詩篇1篇2節説：「惟喜愛耶和華的律法，晝夜思想，這人便為有福！他要像一棵樹栽在溪水旁，按時候結果子，葉子也不枯乾。凡他所做的盡都順利。」神的話語是我們力量的來源，是我們腳前的燈、路上的光，也是我們行事為人的準則。這個世代太混亂，對錯真假難以辨別，有些道理看似真理，實際上卻不是。在這真假不明的時代，我們該如何適從呢？我們該如何判定黑白、明白是非呢？

此時，我們只能倚靠上帝的道了，上帝的典章從兩千多年前就立定，從未更改，從未動搖，經歷了無數個時代，仍然歷久彌新。耶穌基督一生的故事，遭遇各樣的試探網羅，卻以神所賜的智慧勝過，不畏強權持守信仰，為拯救我們靈魂的工作不辱使命，及至最後走上十字架的道路，如此精神，無異是我們最好的楷模。

舊約、新約中歷代無數先知使徒們的故事也是我們的榜樣，代代印證上帝話語的信實並傳承。上帝的道永久長存，世上萬事難料，唯有上帝的話語千年不改，永久適用，是我們判定事情的量尺。既能光照我們，給我們力量面對挑戰；也能成為我們的武器，敵擋惡者的攻擊。

主啊，現在是個混亂的世代，看到每天驚世駭俗、非比尋

常的新聞事件，我們知道你快來了。求你幫助我們，不在這洪流之中沉沒；求你幫助我們，賜下渴慕你話語的心在我們裡面。每天固定查考你的話語，並給我們力量遵行你的道，讓你的話語作我們腳前的燈、路上的光。在每天忙碌的生活中，時時想念你的話，在遇到艱難、無助的時候，學習定睛在你身上。思索你在世上的光景，就能以同受苦難為福，知道世間只是短暫，將會過去，但你的話語、國度，卻是永久為我們長存。在困難中能常存忍耐、心存盼望，我們只需跟隨你的腳蹤繼續奔跑，忘記背後，努力面前，向著標竿直跑，為要跑到終點得著獎賞。

「求你使我離開奸詐的道，開恩將你的律法賜給我！」

詩119：29

◎ 蔡佳珍

「有一條路，人以為正，至終成為死亡之路。」（箴14：12）「地獄之門是寬的，路是大的，進去的人也多；永生之門是窄的，路是小的，找著的人也少。」（太7：13，14）

上帝造人何其美好，但自亞當夏娃犯罪，罪就入了世界，一代傳一代，代代相傳，世上沒有義人，連一個也沒有。人人身上都背負著來自先祖的罪性遺傳（原罪），成為罪的奴役，心裡所充滿的都是奸詐、惡念，想要靠著自己的力量掙脫，卻是不能，一再向罪惡妥協屈服，心靈固然願意，肉體卻軟弱了（可14：38）。所以我們當祈求主將祂的道賜給我們，繫在我們的頸項、刻在我們的心頭上，好叫我們行路時，或向左向右都不偏離，行走在神的正路上。（箴4：37；賽30：21）

親愛的天父，求你憐憫，因我們何其軟弱，陷在混亂的世代中無力掙脫，稍不留神就為惡所勝。我們中間沒有義人，我們不過都是些得蒙救贖恩典的罪人而已，求你幫助我們在這樣的世代中，仍然能夠警醒守候，不至迷失，因為唯有你是我們的力量。

主啊，求你幫助我們有智慧、能夠明白是非、分辨善惡，求你給我們勇氣，做出正確的選擇，勇敢堅決地向罪犯說不。主啊，我們中間好些人，過去曾經犯過大錯，行走在你不喜悅的道路上，雖我們已決定與過去的罪斷絕，但有時仍陷軟弱，落入試

探，求你給我們力量，面對自己的軟弱，斬斷一切捆綁我們、纏繞我們的罪，遠離過去的陰影，讓我們重新在你裡面得到自由，因為你說你的靈在哪裡，哪裡就有自由。

主啊，求你的靈充滿我們，釋放我們，讓我們得以享自由。求主保守我們的心，勝過保守一切，因為一生的果效是由心發出。求主不斷用話語充滿我們、提醒我們，使我們得以用這些話，敵擋那惡者的攻擊與謊言，就像耶穌三次用神的話敵擋撒但一樣（太4：1－11），叫我們滿有能力、滿有力量、滿有主的榮光，行走在主的道路上。

> 「求你照你的慈愛聽我的聲音；耶和華啊，求你照你的典章將我救活！」
>
> 詩119：149

◎ 蔡佳珍

前陣子經歷屬靈空前的低潮，幾乎有一個半月沒有好好禱告，也沒有動力讀經。聖經擺在桌上卻無力打開，即便打開讀了，腦中也一片空白，自己似乎像以賽亞所描述的：「你們聽是要聽見，卻不明白；看是要看見，卻不曉得。」（賽6：9）那是個與我無關的故事，我沒有興趣，讀了也無法吸收、無法思考。神的話與我之間有道牆，上帝的話無法進入心中……那是很痛苦的，對屬靈的話語不再有飢餓的感覺，心裡空空的卻不會餓，知道自己缺乏卻不想填滿。

有一天，我真得受不了了，我對神發出呼求，說：「主啊，我不知道為什麼我會陷在這樣的景況中，我不知道自己怎麼了，可是我相信一切都在你手中。我相信你愛我，雖然現在我感覺不到，但求你幫助，不要離開掩面不看我。只有你能幫助我，走過心靈的空虛與低潮；只有你了解我的處境，能完全接納我。我要回到你溫暖的懷抱，我要安歇在你的溪水旁，因我知道無論天涯海角，你都在那裡！」

很奇妙地，自從我做了這個禱告之後，第二天，我的屬靈景況開始復甦，消化管道被神開通，我又可以「吃」神的話了。我像耶利米一樣，再次經歷「我得著你的言語就當食物吃了；你的言語是我心中的歡喜快樂，因我是稱為你名下的人。」（耶15：

16）就像生病的人，我先從稀飯開始吃，然後才慢慢吃多一些。聖經告訴我們：「少壯獅子還缺食忍餓，但尋求耶和華的什麼好處都不缺。」（詩34：10）我又開始經歷「我愛你的命令勝於金子，更勝於精金。」（詩119：127）

神是慈愛的，祂會聽我們的禱告，祂知道我們所能承受的，祂會搭救祂的兒女。祂是信實的，憂傷痛悔的心祂必不輕看，壓傷的蘆葦祂不折斷，將殘的燈火祂不吹滅。

「行為完全，遵行耶和華律法的，這人便為有福。」

詩119：1

◎ 黃淑美

耶利米不是說得很清楚：「人心比萬物都詭詐，壞到極處」（耶17：9）嗎？這出自聖經的人性觀，如何讓詩人的話得以應驗，使人足以領受神的祝福？我在耶穌的話裡找到答案。

當一位產業甚多的青年來到耶穌跟前，詢問人怎樣才可以領受永生時，耶穌的回答不單讓這位有心人憂憂愁愁地走了，連耶穌身旁的門徒也不禁疑惑起來，導致耶穌不得不公布標準答案以寬慰人心。

我十分喜歡耶穌說的這句話：「在人是不能，在上帝卻不然，因為上帝凡事都能。」（可10：27）它簡單清楚地說出了亙古以來的奧祕，此亦是基督教的基本信仰。

然而，「蒙福」人人都想，但如何與「上帝凡事都能」掛鉤呢？因為在這句詩裡，行為的完全，遵行耶和華律法的，是人而不是神呀！

我女兒生下來就有先天性肌肉萎縮症（Congenital Muscular Dystrophy）。小時候她還可以自己走路，只是很容易跌倒，力氣也不夠，常需要旁人的幫助。她曾寫過一首小詩，談她在父母的愛裡得到的快樂。

「媽媽是快槍手，可以一下子射好幾顆「愛的子彈」給我！爸爸有一千隻手，隨時可以借一隻來扶持我！被打中了好幾顆子

彈，借了無數次的手，讓我非常感激，非常快樂！」

　　媽媽愛的子彈，有時也許會亂射；爸爸扶持的手，有時也許會出差錯，但在這一些不夠完全的行為裡，父母出自內心的「愛」，卻讓一個身體不夠健全的孩子，感覺何等快樂。

　　耶穌在教導門徒「愛的功課」時，祂最後的結論是：「所以你們要完全，像你們的天父完全一樣。」（太5：48）是對上帝的「信」與從上帝而來的「愛」，使我們領受到上帝的賜福。

「遵守他的法度，一心尋求他的，這人便為有福。」

詩119：2

◎ 黃淑美

小時候，只有爸爸一人工作賺錢，媽媽就在家照顧我們四個小孩。我們年齡相近，媽媽性子急，脾氣不好，所以她用鐵的教育，誰不聽話就受罰，有時事情鬧大了，還會全部一起挨棍子。因此對我們來説，媽媽的話一定要記清楚，那就是法律。

有一次，媽媽出門買菜，鄰居給我們一人一盒冰淇淋，我們拿著冰淇淋坐在太陽底下，等媽媽回家。鄰居説：「趕快吃呀！都融化光了。」我們説：「不行，要等媽媽看過才可以吃，這是規定。」鄰居又説：「沒關係，妳們先吃，我等下告訴媽媽，保證她不會打妳們。」當時，我們三個彼此對望，將眼光轉到逐漸融化的冰淇淋，心裡真是捨不得，直到媽媽買菜回來後，冰淇淋已經化光，手中只剩下盒子，竟然也沒有一個人敢吃！

對當年幼小的我們而言，媽媽的話就是法度，遵守她的法度就不會受罰，媽媽的笑容、快樂，是我們最大的獎賞，一心尋求她的心意，這人就有福了。然而這樣的蒙福是帶著懼怕的，我們怕受罰、怕挨打，因此奉行媽媽的規定，絲毫不敢違背。

長大後，媽媽不再用打的管教方式，我們也開始有了個別的想法和做法，無須凡事都要報備、聽從。然而有特別的情況，我們仍會告訴母親，想知道她有何看法，因為我們知道，媽媽的愛是超越世界上所有人的，她會竭盡所能，從經驗與益處來判斷，

提出她的建議，並且我們深信，縱然決定不聽從，她雖會難過，仍依然不減對我們的愛。

　　我從母親身上，認識遵守上帝法度的快樂，相信一心尋求祂的人，真的很有福。

「這人不作非義的事，但遵行他的道。」

詩119：3

◎ 黃淑美

當我懷第一個孩子時，大概就像天下許多母親一樣，十分戒慎恐懼，呵護備至，深怕一個不留神，誤了胎教，傷了孩子。孩子足月而生，健康活潑，十分懂事。於是，按照我和先生自訂的家庭計畫，半年之後懷了老二。

老二生下來之前，我已小心翼翼地預備老大的心靈，要做個快樂的好哥哥。女兒從醫院回家之後，我發覺他竟然不肯用杯子喝水，反而像妹妹一樣，用奶瓶喝水。

經過一段相當長的時間，無論我怎樣教導他，鼓勵他，警告他，他還是依然如故，於是我又拿出法寶：「老大照書養」，參考了一些書上的建議後，為他舉辦了一個慶生會，邀請院子裡的小朋友來，熱熱鬧鬧地慶祝他長大。

慶生會結束後，我一邊告訴他：「你長大了，要用杯子喝水，不要再用奶瓶了。」一邊當著他的面，將奶嘴一個個剪斷丟掉。兒子靜靜地看著我的動作，聽我的講解，沒有反駁，我很開心總算找出一個解決辦法了。但是自第二天起，他開始拒絕喝牛奶，直到今天！

做母親的經驗讓我學習到，即使十分認真、努力，想成為兒子的好母親，無意做不對的事，努力遵行當做之理，我仍然有可能犯錯，仍然會在無意間傷了孩子。

　　我體悟到自己的不完全，能力智慧的不足，在無法挽回的錯誤與傷害中，只能謙卑地懇求主的幫助，用祂的全能彌補我的缺失，使遺憾減至最低。

　　我的福氣是：我知道，不是我的行為完全，不是我有辦法遵行祂一切的吩咐，是祂的慈愛，是祂的信實，使我雖錯，仍能昂首前行。

「耶和華啊，你曾將你的訓詞吩咐我們，為要我們殷勤遵守。」

詩119：4

◎ 黃淑美

孩子幼小時，我是全職媽媽，一手包辦家中大小事項。當時我們住在鄉下校園裡的宿舍，生活環境很單純，那真是一個教養孩子的好地方。電視是用來看錄影帶的，孩子們也不會戀慕它，他們更喜歡在生活中發掘驚奇與驚喜。

下雨天，如果沒有打雷，雨也不會太大，我就讓他們換上雨衣雨鞋，在雨中散步，或乾脆踩水、踢水，看水花濺得到處都是爛泥巴，大概此時此刻再沒有比這更吸引人的了。

天氣好，我們會在房子外搭帳篷，將棉被、枕頭通通搬到戶外，露宿星斗下，在東拉西扯的笑談中沉沉睡去。

有時太陽太大，我們就留在家裡，教他們背唐詩、背聖經詩篇，然後連同孩子的搗蛋、不耐煩，一塊兒錄下來。

那時對於孩子，我沒有很清楚的訓詞，頂多是：外出一定要跟媽媽報備；妹妹容易跌倒，要小心；把飯菜吃乾淨等。他們做得不對、不好，我就立刻糾正，告訴他們原因，並要求應該如何做才正確。

上帝為疼愛我們，卻因不能常與我們同在（不是祂不能，是我們不要！），於是祂將訓詞寫下，巴不得我們明白祂的心意，知道祂的愛，殷勤遵守祂的吩咐，使我們走在坎坷的人生道路上，常有平安與喜樂。

　　唯有體會出父母的愛，才會覺得父母的訓詞可以保守我們，值得我們遵守；唯有看出父母擁有自己所缺乏的寶貴經驗與知識，我們才會願意聽從他們的吩咐，不隨從自己的心意。

　　耶利米曾如此禱告說：「主耶和華啊，你曾用大能和伸出來的膀臂創造天地，在你沒有難成的事。」這也是我對祂的認識與祈禱。

「但願我行事堅定，得以遵守你的律例。」

詩119：5

◎ 黃淑美

爸媽結婚後，約一年一個生下我們四人。我排行老大，下面兩個妹妹，最後一個是弟弟。根據媽媽的說法，她說四個孩子當中，她最疼愛我。她並沒有因為弟弟是老么，也是唯一的男孩，而特別疼他。

但在記憶裡，我恐怕是四個孩子當中，被打最多的一個。

爸爸整天忙工作賺錢養家，媽媽愛乾淨又急性子，四個孩子成天要吃要喝還兼玩耍加打罵，怎會不惹惱她？於是我就成了「典範」，媽媽午睡休息，如果有人大聲吵醒了她，我準是第一個受罰；有人不小心弄壞了東西，一定又怪到我頭上；我像是老母雞，得把弟妹保護好，不要讓媽媽這隻老鷹吃掉了！

媽媽說我小時候，常常喜歡繞著她問東問西：煮飯為什麼會有蒸氣？米怎麼會變成飯？媽媽說我煩死人了，回答我的常是一頓罵。

成長，有時就是讓妳看見自己也看見別人。

當自己成為母親之後，我彷彿有能力穿越時空阻隔，了解當年的我，以及當年母親的心境。多麼希望當年，自己可以認識得更清楚，行事堅定卻非倔強，遵從母親的吩咐，得她的歡心，少挨皮肉之痛。

就像聖經《The Clear Word》版對這節經文的意譯：「How I wish that my nature were inclined to do what you ask me to do.」願我對上帝，也有如詩人般天生的順服。

「我看重你的一切命令，就不至於羞愧。」

詩119：6

◎ 黃淑美

爸爸媽媽婚後就住在臺安宿舍裡，起先還兩家員工共分一間房，後來才擁有獨立完整的空間。最初我們住在黑松汽水廠對面的宿舍，每到五點下班時間，就有許多的腳踏車出籠，好不熱鬧。我會注意此情景，是因為這時如果爸爸已經下班了，他就會抱我站在高椅上，對著窗邊小小的黑板，練習用右手寫字。對他們而言，慣用左手是件麻煩事兒。

我們很少有玩具，玩辦家家酒就是發揮創意的時刻，想像力的加入，使得遊戲玩起來，不會因為缺少道具而乏味，反而更有興致。

那時，許多同學家裡都有削鉛筆機了，但我們還是都得靠爸爸的巧手。平常一人一兩枝鉛筆，加起來不多，但遇到考試，爸爸就辛苦了。我們會挖出各式各樣的鉛筆，請他幫忙削尖。爸爸一一應允，並要我們早點兒上床睡，無須擔心。

第二天，無論多早起床，那如小山般的鉛筆，一定個個筆鋒尖銳整齊地平放在餐桌上，彷彿等著上考場，要為我們多拿一點分數！

一向沉默安靜的父親，很少命令我們，但只要他開口，我都會仔細聆聽，照著去做。在父親心裡，我們都是他的寶貝，他知道我們的需要，他也會盡力幫助我們。當我看重父親的話時，我

就不至於羞愧。

　　對於地上的父親，我是如此信賴；對於那位眼不能見的天上的父親，我也是如此。我可以驕傲的說：五十年來，因我看重祂的一切命令，我真的沒有羞愧。

「我學了你公義的判語，就要以正直的心稱謝你。」

詩119：7

◎ 黃淑美

我們上學之後，媽媽開始經營一間小小的福利社，那是在醫院角落，一樓到二樓之間的轉角空位。

放學或週末，我們幾個小孩就要輪流幫忙照顧店面。說好幾點到幾點是誰值班的，但往往有什麼好看的電視節目，總會讓人難分難捨，我們常為此而大動肝火。

福利社的生意並不好，媽媽想辦法賣點別的，於是有了散裝餅乾和頗負盛名的滷蛋及滷豆干。

爸媽會先買整桶的餅乾，一是蘇打餅，一是椒鹽餅乾，分六片或八片包裝。破的不能賣，就是我們的獎賞了。有時沒幾片破的，我們趁媽媽沒注意時，不小心弄破幾片，然後快樂的留下來享用。

幫忙煮滷蛋最不好玩了。我們常常在放學之後提著菜籃，到雜貨店買雞蛋，選沒有破、大小一致的。買回來先輕輕的清洗，不然破了就損失了，再放進大鍋裡煮，加鹽，水滾了轉成中火。煮到雞蛋殼出現裂痕了，再關火冷卻，最後再剝蛋殼，放進滷湯，煮一兩個小時再夾出來。

有一次，爸媽趕著出門，叮嚀我把滷蛋的工作做好，我一邊洗一邊生氣，問：「滷蛋又不吃蛋殼，幹嘛每次都要洗？」媽媽匆匆忙忙出門，只丟下一句話：「如果不先洗，煮蛋時破了，髒

東西不就跑進蛋裡面，你還敢吃嗎？我們不敢吃的東西，怎麼可以給別人吃呢？」

　　媽媽的回答深植我心，從此我再也沒有為洗蛋而發怒了。她的正直與善待他人，對我而言就是公義，我也由此學了榜樣。

　　「我學了你公義的判語，就要以正直的心稱謝你。」

「我必守你的律例，求你總不要丟棄我 。」

詩119：8

◎ 黃淑美

聖經可以更深入探究，深入的根基常是原文。這一節經文在希伯來原文裡，主要有四個字：「守」、「律例」、「總」、「丟棄」。

「守」有「看守」、「遵守」之意，在新約希臘文裡，有譯成「小心的」（太6：1）；「總」有「甚」、「大大」的意思；「丟棄」，有「離開」、「斷」、「撇」之意。

我覺得最有意思的是「律例」。在希伯來原文裡，竟然是「常俸」或作「分」，而在新約希臘文裡，有譯作「恩賜的」（雅1：17）。

如果單獨閱讀這節經文，可以說是詩人的許願：我必小心看守你所賜的，求你大大的（絕對的）不離開我。

女兒從小身體不好，很少單獨行動，身旁總有人陪伴。兒子就不同了，健健康康的他，想去哪說一聲就走了。之後，我們搬到新加坡，我忙碌研究所的課業，使他更須獨自處理許多事。

那時只認為兒子從小就很懂事，他一定可以體諒父母的分身乏術，同時也證明自己長大了，可以獨當一面。我們常往好的一方看，卻沒料到在孩子的懂事、堅強之外，他仍然有作為一個孩子的需求，渴望父母的陪伴、父母的參與、父母的「不離開」。

在過於忙碌中，我把兒子當作家裡的另一個大人，與我一

起分擔大小事情，包括照顧自己。我們對女兒的細心照料，兒子也是付出者，而非在他原來的角色裡，與女兒成為接受照顧的孩子。兒子越大，與我們的距離也越來越遠，直到幾乎像是斷了線的風箏。

　　小時候，也許他曾多次在心裡吶喊：「媽，我必小心看守你所賜的，求你大大的（絕對的）不離開我。」然而，我卻在尋求自我生命的開展中忽略了他。在無法挽回的錯誤中，父神啊！我只能轉而懇求你，求你赦免我的罪，將你所賜給我的孩子再帶回身邊。

「少年人用什麼潔淨他的行為呢？是要遵行你的話。」

詩119：9

◎ 黃淑美

這是一個知識爆炸的時代，人人尋求各行各業的專業成長，越專精於某一領域，他被器重的機會也就越大，獲得的報酬也會相對的提升。但在人人忙碌於追求知識的日子裡，上帝在聖經裡提醒我們：「敬畏耶和華是知識的開端，愚妄人藐視智慧和訓誨。」（箴1：7）

追求自我生命的開展，是這一世代的主題，聖經裡有幾個關於這個追求的提醒：

1. 「他給正直人存留真智慧，給行為純正的人作盾牌。」（箴2：7）

2. 「不可使慈愛、誠實離開你，要繫在你頸項上，刻在你心版上。這樣，你必在上帝和世人眼前蒙恩寵，有聰明。」（箴3：3－4）

3. 「你要保守你心，勝過保守一切，因為一生的果效是由心發出。」（箴4：23）

4. 「要使你的泉源蒙福，要喜悅你幼年所娶的妻。……願她的胸懷使你時時知足，她的愛情使你常常戀慕。」（箴5：18－19）

5. 「誡命是燈，法則是光，訓誨的責備是生命的道，能保你遠離惡婦，遠離外女諂媚的舌頭。」（箴6：23－24）

6.「酒能使人褻慢，濃酒使人喧嚷，凡因酒錯誤的，就無智慧。」（箴20：1）

7.「你豈要定睛在虛無的錢財上嗎？因錢財必長翅膀，如鷹向天飛去。」（箴23：5）

智慧之王所羅門在晚年的時候，寫了箴言之外的另一本「傳道書」，他在這本書的最後做了這樣的總結：「你趁著年幼、衰敗的日子尚未來到，就是你所說，我毫無喜樂的那些年日未曾臨近之先，當記念造你的主。」（傳12：1）這是對年輕人真誠的提醒！

「我一心尋求了你，求你不要叫我偏離你的命令。」

詩119：10

◎ 黃淑美

讀這一節經文，感覺好奇怪！為什麼詩人會寫下這一句祈求的話呢？上帝怎會「叫」我們偏離祂的命令？

從這首詩的第一節起，不都是一心肯定，凡聽從神話語、誡命的人，都是有福的？

詩人相信，當人如此順服時，「就不至於羞愧」（6節），神也不會丟棄他（8節）。顯然，詩人寫作至此，開始要進入另一層不同的描述。神沒有對他說，祂改變了原初對他的教導；是他自己，在人生的閱歷中，實踐了從小所知的肯定原則，卻經驗了從前所不知的被否定經歷。

詩人看重神的律例典章，奉為圭臬，小心遵守；但他所獲得的回報，卻看不見是祝福，倒是羞愧滿懷，感覺被神丟棄。因而不禁讓他懷疑，神是否叫他要偏離祂原先的命令？

妹妹罹患第三期卵巢癌，事前沒有一點癥兆。她動了手術，並接受六次化療，在十分痛苦的化療後遺症裡，開始尋求自然療法來幫助身體恢復健康。

她上自然療法新起點的課程，很認真地改變飲食生活習慣，但新方法的實踐，只帶來了很短暫的復元的好消息，接著體重直線下降，癌指數（CA125）節節升高。

我曾陪她到韓國麗水療養病院（Yeosu Sanitarium Hospital），

那裡有六十多位癌症及重症病人，有許多獲得痊癒的美好見證。她在那裡住了一個月，天天爬山運動，吃天然有機食物，情況似乎很好，但回來驗血之後，情況卻剛好相反，癌指數已上升超過三百！

我們如何能在看見相反的結果之餘，仍然確信原先的原則是對的？這是極大的考驗。詩人選擇了一條不易走的小路，你呢？

編後感

　　時兆出版社每年都要出版一本華文的靈修書籍，幫助基督徒屬靈生命的紮根與成長，多年來都以翻譯之靈修書為主。然而華人基督徒遍及全球，有許多好牧者與信徒，私下以為或可集眾人之信仰經驗，藉創作彼此分享、勉勵，朝天國邁進。而我們為什麼會選擇詩篇119篇，請參閱蕭希聖老師的「導讀——旅人的祈禱」，在此不另說明。

　　於是在2006年9月下旬，此新構想浮上心頭並積極進行，渴望尋找一些華人，一起撰寫一本晨鐘課。最初的理想，是希望不同地區、性別、年齡與身分的華人，都有人參與寫作。那時原計畫想找366位，一人寫一篇。但在後來實際執行時，發現比預期困難得多，加上當時事務繁雜、無法專心處理，最後在邀請到廿二位作者答應參與之後，就沒有再進行邀約了，現在回想仍覺惋惜。

　　詩篇119篇特別的地方，在於它的176節經文，是按照希伯來文字母，共分22段（請參閱導讀）。於是編輯部想出的方法是：每位作者按抽籤方式，在重複的兩循環經文中，各寫一段，最後不足一年篇數的14節，由一位作者補足。

　　編輯部同仁於該年12月18日下午1點30分，在我們牽手禱告後抽籤，決定了每位作者的經文。比較可惜的是：當初答應撰稿的人當中，後來有人因故退出，或寫不足原訂篇幅，因而有幾位作者寫了超過十六篇的稿子，而有人只寫了四篇；原訂作者數也因此增加了兩位，共計有廿四位。

　　2007年4月30日，大部分的作者都完成所託、寄回稿件。6月11日，我將整理好的稿子交給時兆出版社，終於可以卸下重任，而由出版社接續最後的校稿、設計、編排、印刷與行銷工作。

　　願上帝賜福給所有參與的作者與讀者們，讓我們同得聖靈的恩膏，豐盛我們的生命！

黃淑美　謹識

時 兆

SIGNS OF THE TIMES

一份身、心、靈合一的優質雜誌 ── 送祝福給親朋好友吧！

　　創刊自1905年，一世紀以來，不斷以上帝的美好信息與無數讀者分享，增長我們身、心、靈的健康，並促進家庭的美滿與和諧。

　　每期探討時勢潮流、切入重要議題，呈現最具探討心靈意義及閱讀價值的內容，對於從一般家庭婦女到日理萬機的社會菁英族群而言，時兆月刊已經成為他們遵行基督徒生活指標的最佳訊息來源。

　　內容包含信仰生活、家庭教育、健康飲食、聖經管理智慧、社會趨勢與環保，提供讀者多元化的選擇。

家庭與健康月刊國際中文版
信仰人生、健康飲食、家庭教育三大主題，滿足全家大小身心靈的需求。

訂閱專線：(02) 2772－6420
郵政劃撥：00129942
郵政帳戶：基督復臨安息日會時兆雜誌社

財團法人登記證書：台北地方法院第一冊23頁第十號　登記日期：民國39年10月28日
行政院新聞局版　北市誌~1243號　執照登記一類新聞紙類　中華郵政北台字第0282號

定　　價：一年12期NT$1, 200元　美金US$45元（航空）

國家圖書館出版品預行編目資料

心靈晨澂：366個智慧良言／時兆編輯部 編著

－－初版. －－臺北市：時兆, 2007.09

面；　　公分.－－（勵志叢書；3）

ISBN　978－986－83138－3－5　（精裝）

1.基督徒　2.基督教 － 靈修

244.9　　　　　　　　　　　　　　96014328

編　　　　者	時兆編輯部
董　事　長	胡子輝
發　行　人	周英弼
出　　版　者	財團法人基督復臨安息日會台灣區會時兆出版社
服　務　專　線	886-2-27726420
傳　　　真	886-2-27401448
地　　　址	台北市10556八德路二段410巷5弄1號2樓
網　　　址	http://www.stpa.org/
電　子　信　箱	stpa@ms22.hinet.net
主　　　編	黃淑美
責　任　編　輯	周麗娟、由鈺涵
文　字　校　對	由鈺涵、陳美如
美　術　設　計	時兆設計中心 林俊良
法　律　顧　問	統領法律事務所
電　　　話	886-2-23212161
台灣總經銷	東芝文化事業有限公司
電　　　話	886-2-82421523
地　　　址	台北縣235中和市中山路二段315巷2號4樓
I　S　B　N	978-986-83138-3-5
定　　　價	新台幣420元
出　版　日　期	2008年1月　初版1刷

時兆讀友回函

謝謝您購買時兆的出版品，希望您看了很滿意。也請費心填寫此回函卡，讓我們可依此提昇服務品質，我們並將不定期寄上最新出版訊息，以饗讀者。

您購買的書名：_____

姓名：_____ 性別：□男 □女

生日：_____年_____月_____日

地址：□□□_____

聯絡電話：_____ 傳真：_____

若您願意收到時兆不定期的新書資訊或優惠活動，請留下您的E－mail：

_____

學歷：□高中及高中以下 □專科及大學 □研究所以上

職業：□學生 □軍公教 □服務 □金融 □製造 □資訊 □傳播
□自由業 □農漁牧 □家管 □退休 □其他

您覺得本書價格：□偏低 □合理 □偏高

您對本書的整體評價：（請填代號1.非常滿意2.滿意3.普通4.不滿意5.非常不滿意）

書名____ 內容____ 封面設計____ 版面編排____紙張質感_____

您從何處得知本書消息？

□教會 □文字佈道士 □書店（店名：　　　　　　）□親友推薦
□網站（站名：　　　　　　）□雜誌（名稱：　　　　　）
□報紙 □廣播 □電視 □其他：

您通常透過何種方式購書？

□教會　　　□文字佈道士　□逛書店　　□網站訂購　□郵局劃撥
□電話訂購　□傳真訂購　　□團體訂購　□其他：

您喜歡閱讀哪些類別的書籍？

□宗教：□靈修生活 □見證傳記 □讀經研經 □慕道初信 □神學教義
□醫學保健　□心靈勵志　□文學　　　□歷史傳記　□社會人文
□自然科學　□休閒旅遊　□科幻冒險　□理財投資　□行銷企劃
□其他：

對我們的建議：

_____

_____

_____

請沿虛線對摺，謝謝！

366個智慧良言
心靈晨澱
Quiet Moments
366 Days of Wisdom